晋东海◎编著

汽车维修企业经营与管理
（第3版）

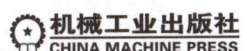

本书针对汽车维修企业的现状和普遍存在的问题，从以下几个方面对汽车维修企业进行立体剖析：汽车维修企业现状分析与运营策略、机电服务流程、钣喷标准流程、客户关系管理、服务营销、人力资源管理、行政管理和财务管理。本书不仅为汽车维修企业运营与盈利提供了系统的管理策略，更为汽车维修企业永续健康发展提供了系统的解决方案。另外，书中还有很多经典的管理案例和实用小故事，以小见大明示汽车维修企业管理法则。

本书是汽车维修企业管理的规范化参考书，可供汽车维修企业中高层管理人员参考，也可作为高校汽车服务管理类专业的教材。

图书在版编目（CIP）数据

汽车维修企业经营与管理/晋东海编著 .—3 版 .—北京：机械工业出版社，2018.7

ISBN 978-7-111-59936-4

Ⅰ．①汽… Ⅱ．①晋… Ⅲ．①汽车 – 修理厂 – 工业企业管理 Ⅳ．①F407.471.6

中国版本图书馆 CIP 数据核字（2018）第 099024 号

机械工业出版社（北京市百万庄大街22号 邮政编码100037）
策划编辑：杜凡如　责任编辑：杜凡如　朱琳琳
责任校对：王　欣　责任印制：张　博
三河市国英印务有限公司印刷
2018年7月第3版第1次印刷
169mm×239mm ·22.75 印张 ·425 千字
0001—3000 册
标准书号：ISBN 978-7-111-59936-4
定价：69.00元

凡购本书，如有缺页、倒页、脱页，由本社发行部调换

电话服务　　　　　　　　　　　网络服务
服务咨询热线：010 – 88361066　　机 工 官 网：www.cmpbook.com
读者购书热线：010 – 68326294　　机 工 官 博：weibo.com/cmp1952
　　　　　　　010 – 88379203　　金 书 网：www.golden – book.com
封面无防伪标均为盗版　　　　　　教育服务网：www.cmpedu.com

前　言

汽车是改变世界的机器，越来越多的人类的活动正在被汽车改变着。人们在基本解决了衣、食、住之后，首先考虑的就是行。如今，我们的出行已经与汽车无法分离。要想让车畅行天下无忧，需要汽车维修企业作为坚强的后盾。然而，在我国，汽车行业处于一个巨变的时代，机遇与挑战并存，汽车维修行业也面临着越来越激烈的市场竞争。

汽车行业的每一个人都有机会参与中国汽车行业格局巨大变化的活动，并有机会加入一个分享中国汽车行业巨大蛋糕的行列，汽车行业的每一个人绝不是在简单地销售汽车类产品和汽车本身，而是在提供汽车类生活，提供一种人类不断追求的美好的汽车生活，舒适的生活，方便的生活，有尊严、有价值的生活。同样，每个人都无法忽略汽车带给商业社会的变化，汽车在改变人类生活的同时，改变了人们的工作效率，也改变了人们的工作方式，更改变了人们的工作生活习惯。对于逐步走向市场经济的社会来说，车主对汽车的需求也不再简单的是速度、效率、豪华，其追求的是有车一族的气质、身份和专业性。同时，车主对汽车维修企业的要求也不仅仅是维修保养，更需要汽车维修企业能够提供一条龙服务，除了能够满足汽车本身的需求之外，更要求能够为自己带来其他需求的满足。因此，汽车维修企业接触客户的活动，就不仅仅是提供服务可以涵盖的，汽车维修企业应该成为车主的顾问，是车主改变自己生活和改变自己机遇的顾问，是车主在第一时间想到的顾问，是车主第一时间要沟通的顾问。因此汽车维修企业不能单纯地提供维修和服务，而应该提供客户所需的一切服务，最佳状态就是与客户建立互利互惠的利益链条。

目前，我国汽车维修企业绝大多数是民营企业和私有企业，它们大都采用粗放式、随机性管理，普遍缺乏模式化、可以复制的运营模式和管理制度。随着企业规模的不断扩大和市场的日趋成熟，原有简单的、靠感觉和靠亲信管理企业的模式很大程度上制约着企业的永续健康发展。

汽车维修服务是一个相当复杂的过程，企业维修保养的是"车"而非"客户"，"车"不会说话，而"客户"会说话。企业面对的是形形色色的不同的客户，这些客户在不同的时期、不同的状态会有不同的表现和需求。一个成熟的汽车维修企业，既要努力满足客户的需求，又要达到自己企业产品和服务尽量多售出的目的；既要让不同层次的客户满意，又要实现企业的永续健康发展。因此，汽车维修企业的员工绝对不是在单单地提供维修和服务，而是在提供给客户一个美好的、舒适的、方便的、赏心悦目的使客户感觉受到尊敬的汽车生活服务。因此，汽车服务不仅是一门艺术，更是一门高雅的艺术。

汽车维修企业的竞争力如果仅仅维系在一个领导者身上，企业的这种发展是难以永续的。一个优秀的汽车维修企业要实现永续健康发展，就要使企业管理者的岗位上永远屹立着优秀的管理者，这就要靠系统完整制度的建立，也就是现代企业制度。解决了制度问题后，企业的创新精神、经营管理变革等就会随之而来，企业管理者的岗位上就可以永远屹立着优秀的管理者。

要使汽车维修企业真正建立起符合自己企业的制度，既需要改善企业内部环境，又需要改善企业外部环境，更需要企业决策层不断地自我修炼和提升。本书从五大方面进行了系统阐述：第一，应该了解行业整体的发展，更要了解维修企业当下面临的实际问题，从而做到知己知彼，运筹帷幄；第二，应该建立系统化的人力资源管理制度，并建立人力资源管理的不断自我诊断和优化提升制度，营造一个使企业管理者能够带领团队与时俱进、因事而变的内部环境；第三，应该建立完整的客户管理制度，系统地分析客户的需求，站在客户的角度了解客户的需求，制订有针对性的客户关系维系方案和方法，提升客户满意度和忠诚度；第四，应为企业创造一个互利共赢的外部环境，与同业合作、与异业联盟，实现共赢；第五，汽车维修企业决策层应该不断进行自我修炼，提升自己的心理素质和决策意识，并学会在复杂的行业竞争中练就与人交往和合作的技巧。本书针对汽车行业整体现状、汽车维修企业面临困境、服务营销、服务流程、人力资源管理、人力资源诊断、客户关系维系、企业对外合作、企业管理层内功修炼、自身人脉拓展、领导如何合理有效授权几个方面给出了系统的解析，并配有许多管理小故事和企业成功案例，供汽车维修企业领导层学习和借鉴。

总之，本书是一部实践性、应用性很强的汽车维修企业管理和决策指南，汇集了当下实用的管理经验和具有前瞻性的思想精华，可以全面地指导企业永续健康发展，实现基业长青。本书可以作为汽车维修企业永续健康发展的参考书，可供企业管理层使用和参考，同时也可以作为中专、大专及本科等汽车营销和服务管理专业的教材。

当前，国内的汽车维修行业没有成型的模式，也没有可以照搬过来直接使用的模式，所以应因变而变，在发展中不断学习，在学习中不断进步。如果书中有不足之处，欢迎提出，在此表示感谢。

编者

目 录

前言

第一章 汽车维修企业现状分析与运营策略 ……………… 1

- 第一节 目前汽车维修企业的现实困境 …………………… 2
- 第二节 汽车维修企业应对市场变化的措施 ……………… 3
- 第三节 汽车维修企业紧急情况处理及意外防范 ………… 7
- 第四节 汽车维修企业的危机预防与处理 ………………… 12
- 第五节 运营盈利策略 …………… 23
- 第六节 汽车维修企业售后运营考核指标 ………………… 48

第二章 汽车维修企业机电服务流程 ……………………… 53

- 第一节 主动揽客 ………………… 54
- 第二节 客户预约 ………………… 56
- 第三节 互动式客户接待 ………… 59
- 第四节 对客户的全面贴心关怀 … 66
- 第五节 零部件进销存管理 ……… 68
- 第六节 维修作业和管理控制 …… 72
- 第七节 车辆终检和车辆清洗 …… 87
- 第八节 结算和交车 ……………… 89
- 第九节 客户跟踪服务 …………… 92

第三章 汽车维修企业钣喷标准流程 ……………………… 97

- 第一节 客户预约 ………………… 98
- 第二节 道路救援 ………………… 101
- 第三节 接待和定损 ……………… 103
- 第四节 客户关怀 ………………… 109
- 第五节 零件订购和预拣 ………… 111
- 第六节 工单排程和派工 ………… 112
- 第七节 钣喷维修过程及品质控制 … 118
- 第八节 结算和交车 ……………… 125
- 第九节 客户跟踪回访 …………… 126
- 第十节 钣喷业务市场运营策划 … 130

第四章 汽车维修企业客户关系管理 ……………………… 132

- 第一节 客户关系管理的重要性和迫切性 ………………… 133
- 第二节 客户关系管理技巧 ……… 135
- 第三节 在处理客户关系中修炼自身 ……………………… 138
- 第四节 汽车维修企业 VIP 客户管理的措施 …………… 143
- 第五节 汽车维修企业客户异议和投诉的处理 …………… 144
- 第六节 客户关系管理的工作流程和规范 ………………… 149
- 第七节 客户满意度分析和让客户满意的诀窍 …………… 154
- 第八节 提升"内部客户"满意度的途径 ………………… 162

第五章 汽车维修企业服务营销 ………………………… 168

- 第一节 服务营销概论 …………… 169
- 第二节 服务营销流程 …………… 177
- 第三节 散客户开发宝典 ………… 186
- 第四节 电话营销流程和

	基本话术 ……………	206	
第五节	事故车开发流程和技巧 ……	221	
第六节	保险续保流程和营销策略 ……………	229	
第七节	营销客户报备管理 …………	237	

第六章 汽车维修企业人力资源管理 …………………… 241

第一节	人力资源管理发展史及重要性 ……………	242
第二节	汽车维修企业人力资源管理的现状分析 …………	245
第三节	汽车维修企业的选人策略 ……………	250
第四节	汽车维修企业主要职位分析 ……………	251
第五节	汽车维修企业的人力资源管理妙招 ……………	268
第六节	汽车维修企业的合理留人和流人 …………	271
第七节	汽车维修企业的绩效考核和薪金机制 …………	272
第八节	汽车维修企业的培训 ………	280
第九节	汽车维修企业领导者如何合理授权 ……………	284
第十节	汽车维修企业人力资源诊断 ……………	294

第七章 汽车维修企业行政管理 …………………… 307

第一节	行政部门组织机构图与岗位职责描述 …………	308
第二节	行政部门工作流程 …………	313
第三节	前厅接待礼仪 ……………	315
第四节	行政部门各岗位工作职责 ……………	317
第五节	安全知识 ……………	324

第八章 汽车维修企业财务管理 …………………… 332

第一节	战略成本管理 ……………	333
第二节	财务管理分析 ……………	339
第三节	财务管理制度 ……………	341
第四节	汽车维修企业纳税评估案例 ……………	349

附录 …………………………………… 355

第一章 汽车维修企业现状分析与运营策略

第一节　目前汽车维修企业的现实困境

目前，国内汽车行业正处于巨变之中，作为汽车行业一部分的汽车维修企业，大都面临许多困境，面对市场的变化，不知如何应变。下面就汽车维修企业面对的困境进行分析。

1. 汽车维修企业自身定位模糊

企业处于自身发展的什么时期？处于局部区域市场的什么位置？核心竞争力是什么？企业运营状况如何？作为汽车维修企业的管理层，应该为其所在企业设定一个清晰的市场定位，因为只有找准企业所处的位置，才能够为企业设定符合自己发展的良好的规划。

国内多数汽车维修企业没有制订全面的发展策略，内部服务项目不够全面，新项目的规划运作不太合理。这些企业仅仅是靠产品的价差赚取利润，而不是根据企业的特点、客户的需求引进新产品和新项目促使企业全面发展，没有形成具有自身特色的服务模式，汽车维修企业的经营管理模式、业务流程和岗位设置都没有进行针对自身特色的设定和修改，仅仅是照搬成形的模式。

2. 汽车维修企业发展规划不清

许多汽车维修企业没有设定未来三年、五年乃至未来十年的发展蓝图，许多管理层抱着走一步看一步的想法和能赚多少就赚多少的态度在运作自己的汽车维修企业。作为人，要有自己的理想和目标，作为企业更要有自己的发展规划。汽车维修企业只有制订合适的发展规划，才会有前进的道路，才会在企业内部形成向心力，才能最大化地发挥团队协同工作的能力，才能稳定企业员工，降低人才流失率，从而一步步实现企业的目标。

制订企业的发展战略，一般而言，要根据企业的实际情况选择适合的发展战略。

3. 汽车维修企业对外合作单一

目前，大多数汽车维修企业把80%以上的精力放在开发客户上，与其他行内同业者合作很少。汽车维修企业与上游厂家的关系是合作关系而非伙伴关系。汽车维修企业应该与同一区域、同一品牌、竞争品牌、不同模式的企业都有合作关系，关键是如何设定计划去把握。因为存在的就是合理的，存在的就会有其特点，每个汽车维修企业都应该从行内其他企业身上找到闪光点，并拿来试用，采用适合自己企业的措施和方法，促进企业更快地进步。例如，豪华车专修的客户开发模式，轮胎专修店的集客模式，大型美容装饰

第一章 汽车维修企业现状分析与运营策略

店系统化、流程化的美容装饰服务项目，音响店内成熟化的音响改装，快修店内精细化的轮胎机油更换服务，汽车 4S 店内舒适的客户休息场所，大修厂与单位客户良好的合作关系等。如果每个汽车维修企业都能够放下自己的身段，谦虚地向对方学习，不仅会提高自己企业的竞争力，而且会提升整个汽车维修企业的价值，让汽车维修企业整体水平提升一大截。

4. 汽车维修企业内部管理混乱

许多汽车维修企业内部流程化管理缺乏，大部分靠一两名业务能手在管理和运作企业，如果发生中高管理层辞职的情况，该企业最少在半年内都处于动荡之中。同时，企业缺少程序化、系统化的内部管理，导致人浮于事，缺乏凝聚力和向心力。

汽车维修企业员工内部争斗激烈，缺乏团队合作精神。随着社会的进步，汽车维修企业行业也在发展进步，但在许多汽车维修企业中，各部门之间、部门内部、企业上下层之间，以及股东之间形成较强的内部争斗，缺乏同心协力一起向前的团队精神。

5. 汽车维修企业大部分靠与保险公司的合作盈利

传统汽车维修企业经营状况的好坏，80%依赖于投资人与保险公司的合作。这样的企业不具有持续发展的动力和方法。汽车维修企业应该学会逐步建立自己企业的知名度和美誉度，逐步从靠关系维系吃饭向靠自己的服务吃饭过渡。

6. 汽车维修企业的经营成本偏高

汽车维修企业的经营成本有前期的固定投入、折旧成本、日常的运营成本、对外的公关成本、内部专业人才队伍素质不高和团队不稳定造成的偏高的人才成本，同时日常还会发生不可预计的损坏成本，这些都会造成成本偏高。

7. 汽车维修企业领导层缺乏紧急事件的应对能力及自身提升能力

汽车维修企业的决策层没有为企业制订紧急情况的应对措施，如果发生紧急的事件，应对起来非常棘手，也比较混乱。汽车市场在进步，汽车行业在巨变，汽车维修企业决策层只有不断地进行自身能力的提升，才能应对市场的变化，才能在市场竞争中站住脚。

以上全面介绍了汽车维修企业面对的机遇和困境，作为汽车维修企业，下一步如何发展，请参考本章第二节的内容。

◆ 第二节 汽车维修企业应对市场变化的措施 ◆

处于汽车行业巨变中的汽车维修企业，如何根据可能的竞争格局去寻找自己的发展空间？面对当前激烈的竞争环境应该实施哪些举措？如何做大做强自己的企业？如何将企业经营得与众不同，特色鲜明？汽车维修企业的决策层针对上述问题，应该制订合理有效的，并且适合自己企业的应对措施。

1. 设定企业未来中长期的发展目标，制订比较完善的发展规划

对于汽车维修企业，如果没有自己的发展目标和计划，就会如同无头的苍蝇，到处碰壁，这会导致军心涣散，员工离职率较高，客户满意度降低，最后导致大量客户流失，企业将会面临倒闭的危险。

任何汽车维修企业都要根据自己的实际情况，结合当地及当前市场的实际情况，制订自己企业短、中、长期的发展目标，并在不同的阶段制订合理的发展规划。例如，企业在发展初期应该设定多长时间达到盈亏平衡点，应该如何制订内部的激励措施，如何进行成本分析、计算折旧等。进入盈利阶段之后，内部的核算措施是否应该修订，内部的激励措施是否应该调整，内部的折旧计算是否应该加快等。如果企业进入稳步发展阶段，管理层应该考虑是否扩大规模，是否减少成本，是否应该建立更加稳健的发展措施等。

如果汽车维修企业仅有不到三个店面的经营规模，建议企业发展到成熟阶段之后，要么直接转让；要么对其他汽车维修企业进行收购，形成自己的集团规模；要么加入大的集团，自己占有部分股份。当汽车行业发展到一定时期之后，汽车维修企业仅仅靠自身的力量将无法应对市场的变化和竞争对手的冲击。

一个人只顾眼前的利益，得到的终将是短暂的欢愉；一个人目标高远，但也要面对现实的生活。一个企业只顾短期的利益回报，终将很快被社会淘汰！只有把理想和现实有机地结合起来，才有可能成为成功的人。一个企业只有把短期目标与长期目标有机地结合起来，才能永续健康发展。有时候，一个简单的道理却足以给人意味深长的启示。

2. 与合作伙伴建立共赢的战略合作关系，共同挖掘汽车行业的大金矿

汽车维修企业最关键的是要与零配件供货商建立合作共赢的关系。汽车维修企业不仅要学会与直接负责自己企业的区域负责人建立良好的合作关系，而且还要与上游厂家的高层管理者及市场部等其他部门建立良性的互动关系。这样便于了解上游厂家未来的发展规划和战略决策，以及现在的市场措施，以便企业设定与之匹配的运营计划，制订适合的运作措施，力争成为上游厂家树立的样板企业，或者成为上游厂家新策略运行的试验田。无论是样板间还是试验田，自己企业都将获得许多额外的支持，汽车维修企业的管理层也将结识许多上游厂家的管理层，从而形成合作共赢的良好关系。

汽车维修企业可以通过在竞赛中获奖、单一项目中获得好的排名、事件

第一章　汽车维修企业现状分析与运营策略

营销或通过提供良好的建议等方法加强与上游企业的合作关系，同时进一步得到上游企业市场部和管理层的重视。

3. 加强内部系统化管理，实现管理流程化

1）树立以客户服务为中心的经营理念。客户是第一位的，企业经营的好坏，很大程度上取决于客户。

2）努力打造企业的服务品牌，从汽车维修企业这个产品的创造者——员工身上着手开始。从企业的经营理念、企业文化、服务意识、服务态度、服务专业水平和专业技术等多方面对员工进行培训，企业应建立一套完整的服务培训体系及相关的教材。培养团队的经验分享和共同提高氛围，可分小组（营销、客服、维修和美容加装等团队）进行成功案例分享会，要求大家对工作进行总结、交流和提升。优秀服务人员的流失，会造成公司的客户流失，这对公司是一个莫大的损失，因此公司要从员工的待遇、培训晋升和激励制度等方面服务好员工。汽车维修企业要树立"只有公司服务好员工，员工才会服务好本公司的客户"的理念来打造服务团队，从而保证服务团队的稳定性。

3）加强客户关系管理，留住老客户，增加新客户。挖掘客户资源，建立客户关系管理系统和相关的管理制度并提高执行力，将顾客由新客户及时转化为二次进店老客户，对客户做到有效的沟通和管理以及及时有效的"一对一"服务。

4）严格控制成本和费用。要在全员中树立成本观念，将成本和费用的控制指标化，直接分到相关责任人，同时建立相应的激励政策，将成本与费用的控制与员工的奖金联系起来。

5）要使汽车维修企业的利润来源多元化。除了正常的维修产值外，要加强美容、加装附件、精品产值的提升，特别是美容装饰等方面的毛利率比较高。深入挖掘与汽车相关的服务，增加新的服务项目，做到人无我有，人有我精。另外，二手车交易也可以作为一个新的利润增长点。

6）建立售后服务专家顾问团队。售后服务顾问团队的水平直接关系到企业的维修业务量，要从服务态度、专业水平、产值和接车台次等方面制订相关的激励政策，提高服务顾问的积极性和业务能力。

7）打造和培养维修保养明星技师。汽车维修企业不仅要激励和评比营销方面的人才，也要对汽车维修技师加大评比和激励力度。可以通过打造维修服务明星技师，向客户展示优质的维修技术和服务水平，这有助于企业美誉度的提升，减少汽车维修保养方面的投诉，打消客户的顾虑，促进店内维修保养量的稳步增长。同时加强内部激励制度建设，对于维修车间的管理制度,企业都有自己的规定,但制度的执行力则不尽相同,特别是维修保养车间,要向客户展现本店的服务、技术水平。维修保养车间必须按要求将看板管理、工艺流程、质量监控、工具及物料管理等方面融入日常经营活动中,使之成为维修车间的行为习惯,这样客户才能感受到服务井井有条、工作有节奏,也就自然放心在此消费。

8)加强对企业各团队成员的培训,提高其技术能力和执行能力。加强营销培训、客户服务培训、投诉处理培训、增值服务培训、公关培训和市场推广宣传培训等,提高企业整体的能力和水平,从而提高企业的竞争力。

9)加强各部门之间和部门内部的沟通,尽量减少内部矛盾与斗争。制订各部门的奖励制度;定期(每年一个月)的轮岗制度(特别是非技术岗位);各部门负责人轮流主持的月会制度;制订针对不同层面和不同目的的奖励制度;定期进行各部门中层之间、部门内部或全体成员聚会,加强员工的相互沟通,减少矛盾。

10)努力打造自己的服务品牌。在企业内部可以为知名的机油、轮胎、美容、装饰、汽车电器和汽车音响等品牌设立单独车间,适时地建立自己品牌的维修保养装饰分店体系,逐步打造自己的品牌。

4. 汽车维修企业内部人力资源的全面提升

(1)经营者 作为汽车维修企业的经营者需要更多地深入了解行业,分析产业政策,建立正确的营销理念,掌握汽车服务营销手段,全面了解汽车上、中、下游产品及相关服务的运作,如信贷、保险、租赁和置换等。需要不断调整产品和服务策略,以引导或适应消费需求的变化。

(2)管理者 管理者需要建立目标管理体系和绩效评估系统,并贯彻实施。除此之外,管理者必须学会成为一名出色的教练,要有销售服务的基本功、很好的团队管理能力、较高的销售技能、到位的员工培训技巧,以及合理的人际处理艺术。

(3)员工 不论是销售者还是服务者,都必须全面了解企业产品和服务项目,这就要求相关人员首先要有一定的技术基础;其次,还必须了解客户心理,再次才是销售或服务的技能技巧。员工只有充分了解产品和服务项目才能成为车主的好顾问。

5. 设立系统的服务补救方案,提升客户满意度

汽车维修服务具有无形性、异质性、不可复制性及生产与消费的同时性等特点。在服务的过程中,难免会出现一些令车主不满意或引起车主投诉的事情发生,这就要求汽车维修企业制订系统的服务补救方案,当出现服务失误之后,采取系统的服务补救措施,纠正错误,提升客户的满意度,从而提

升企业的口碑和形象。

对于服务失误，无论是由企业的内部原因，还是客户方面的原因，或者是不可分辨的其他原因造成的，汽车维修企业都要针对三个原因造成的失误，制订三种灵活机动的处理方案，力争在第一时间进行服务补救，使客户满意，同时也避免给自己企业造成较大损失。

在企业发展的大道上，肯定会遇到许多的困难。但我们不知道的是，在前进的道路上，搬开脚下的绊脚石，有时恰恰是为自己的企业在铺路。

6. 设定一套紧急情况处理方案，应对突发事件

对于突发事件的发生，汽车维修企业应设立突发事件应急处理小组，由总经理、服务经理、营销经理、财务经理、客户关系经理和技术总监等组成。对于发生的突发事件，视事件的性质来确定小组的组长，尽量由客户关系经理担任组长。设立一套事件处理流程，具体限定当事人、中层主管、总经理和应急事件处理小组有多大的权利，在何种情况下要向董事会汇报，何种情况下要向厂家汇报。如此这些问题，应制定相关的制度和措施。

事后控制不如事中控制，事中控制不如事前控制，可惜大多数的企业经营者均未能体会到这一点，等到错误的决策造成了重大的损失时，才寻求弥补之策。而往往是即使请来了名气很大的"空降兵"，结果也于事无补。

世界上没有十全十美的事情，任何企业都有可能面对各种紧急的情况和问题，关键是如何去处理和预防，请参考下一节内容。

◆ 第三节 汽车维修企业紧急情况处理及意外防范 ◆

汽车维修企业的安全管理指的是运用各种管理方法或制度，在意外事件尚未发生前，极力预防汽车维修企业内各种可见的或潜在的危险，以降低企业的财务损失，确保员工、客户及其他相关人员的人身安全。一般安全管理项目包括防抢、防盗、防火及停水、停电等意外事故处理，种类繁多，各项目又可分为预防措施与应变措施。

一 汽车维修企业消防安全防范和处理

"慎防火灾"这句警语用在汽车维修企业中是最恰当不过的，因汽车维修企业的电器设备繁多，另有化学产品等危险品，稍有不慎，极易引发火灾。引发火灾的因素是多种多样的，未熄灭的烟蒂、电线漏电与犯罪纵火等都会引发火灾。所以，汽车维修企业管理层负有检查安全，防范火灾隐患的

责任。

1. 防火注意事项

1）车间内不得用明火,禁止吸烟,未熄灭的烟蒂不要带入车间。

2）灭火器具装备良好、整洁、摆放正确,员工必须掌握防火知识和消防器材的使用方法。

3）应经常检验灭火器及消防栓,以免失效。

4）工作中需要使用火器及易燃物品时,应随时注意防止危险发生。

5）重视用火后的处理工作,下班后的用火情况应向领导汇报。

6）在指定场所吸烟,不允许行走吸烟,禁止乱扔烟蒂。

7）禁止在消防通道、避难出口、配电室及消防设备处放置物品。

8）易燃、易爆危险物品不可靠近火源附近,油漆等不可放置于电源插座附近。

9）电线配线老旧、外部绝缘体破裂或插座头损坏时,应立即更换或修理。

10）发现电线老化、过载冒烟时,应迅速切断电源,切勿用水泼洒,以防漏电伤人。

11）确定所有的开关及插座都有覆盖壳。

12）所有有关供电工程,都由合格的电工完成。

13）每日工作结束时,必须清理检查电源及各种开关是否确实关闭。防火检查不可遗忘,以防万一。

14）平时要加强员工消防知识的学习,让员工学习救灾常识,实施救灾编组,训练正确使用消防器材的方法。例如,泡沫式灭火器不可直接喷入燃烧的液体内,仅让泡沫轻轻落于火焰表面即可,二氧化碳式灭火器尽可能接近火焰直接喷射,气体灭火器及干化学剂灭火器直接喷于火焰基部。

2. 发生火灾时的人员疏散

1）最靠近火灾发生场所的客户优先疏散。

2）老弱妇孺优先疏散。

3）指导疏散时要注意安全,不可慌乱,而且必须大声呼叫、指示。

4）一旦将人员疏散至安全地带后,禁止客户返回取物。

5）关闭火灾区域的防火门,并在此前确认已无人员处于火灾现场附近。

6）检查厕所、隔间内是否还有人。

7）指导火灾区的客户离开火灾地点,反方向从安全门疏散。

8）当安全门无烟火冒出时,指导高楼层的客户向低楼层疏散。如遇烟火时,则改由从反方向的安全（门）楼梯向低楼层疏散。

第一章　汽车维修企业现状分析与运营策略

9）疏散当中如遇浓烟迫近时要使用湿手帕、湿毛巾将鼻、口掩住，必要时使用室内消防栓射水援护。

10）指导火灾楼层的客户从各安全（门）楼梯向下层疏散。

3. 发生火灾时的应变措施

1）如遇店内火警，应立刻关闭电源开关。如火势不大，可用灭火器灭火，切勿惊慌大叫。

2）如隔壁或楼上发生火灾，应查看火势大小是否会波及本店，切勿惊慌失措。

3）电线走火除立刻切断电源外，切勿用水乱泼，以免火势蔓延，并尽量隔离空气灭火。

4）如火势太大，无法控制，应立即拨打119报警，并打开安全门，让客户循序逃出，店内工作人员应保持镇定，稳定店内秩序，并检查厕所等室内是否有未逃出的客户，派两名男性工作人员保护财务人员携财务及会计资料离去，工作人员最后再顺序离开。

二　汽车维修企业发生停电、停水的处理

如果汽车维修企业接到停电或停水的通知，应提前做好告示准备。如是紧急发生停电或停水事故，应尽快安排检修以排除故障；如不能立即恢复供电、供水，应立即通知客户并告明状况。

对不能等候的客户，应尽量先使车辆恢复正常状况并交还客户，对尚未完成的服务项目应不予收费，可与客户另外约定时间提供服务。对等候着的客户，应妥善安排至休息区，施工车辆应予以良好的防护，直至恢复供电后继续施工。对约定接车而无法按时交车的客户，应及时联系和通知，重新约定时间。完工后可根据情况由店经理批准给予客户一定的优惠以表示歉意和对客户信任、配合的感谢。

三　意外伤害的防范及处理

1. 如何防止意外事件的发生

1）停车下车前，员工必须提醒客户注意以下事项：

① 停车后请不要忘记拉上驻车制动器，拔下车钥匙，并随身携带。

② 请带走车内的贵重物品，并妥善保管。

③ 请收好汽车天线，以免损坏。

④ 请不要在无人照看的情况下将车长时间停放在服务现场。

⑤ 请在接受服务前确认所需的服务内容及价格。

⑥ 请不要随意动用经营设备。

⑦ 请不要在车间吸烟。

2）服务完毕的客户须知：

① 付款前请核对并检查服务内容及服务质量。

② 移动车辆时请仔细观察周围状况。

3）工作人员须知：

① 一旦地面有油渍、水渍，必须马上清理干净。

② 在雨雪天，及时清洁和抹干地面，避免路滑造成滑倒或摔伤。

③ 清除在工作区、通道、储藏区及进出口的障碍物。

④ 修理或更换有缺口的桌椅和其他安装物。

⑤ 笨重物品正确储存及稳固放置。

⑥ 训练相关人员正确使用各电器设备，定期检查插座、插头、电线和电路开关，发现有破损时应立即请专业人员修理。

⑦ 作业区域、仓库及其他储存有危险品的地点禁止吸烟及禁明火。

⑧ 按标准流程规范作业，注意车辆安全。

⑨ 客户带着儿童时，应将其带至休息区，如有儿童在店内跑跳、吵闹，或是在门口玩耍，则应立刻规劝儿童，并将其带回交予其家长，要求其家长予以照看监管并告之危险性，以避免事故的发生。

2. 偷窃行为的防范

1）了解偷窃者的行为特征。

2）如发现有人视线留意四周的情况，并在与店员目光接触时会立刻躲开，长时间在店中晃来晃去，则要注意这个人的行动，予以防范。

3）注意奇装异服、穿着与季节不符的衣服的人员。

4）注意拿大袋子的客户。特大袋子是偷窃者常用的工具，如发现客户漫无目的地在店里选来选去时，就要提高警惕。

5）注意结群进入店铺、行为夸张怪异的人。经常有几个人结群进店，其中一人或两人向店员问东问西，给同伙制造偷窃的机会。

3. 对偷窃行为的应对方法

1）注意偷窃者的眼神。

2）所有员工都要提高警惕。

3）操作完毕（包括施工车间），应及时将工具、物品等归位，以避免无意地由客户带走丢失。

4）营业结束后，确保所有门窗已关闭锁住。所有车辆尽可能停在室内场地，并检查车辆门窗是否已闭锁在防盗状态。

第一章　汽车维修企业现状分析与运营策略

5）留意行动鬼鬼祟祟的客户。

6）发现偷窃者已得手，先主动上前提示结账，"这个也要吗？""那些需要给您包一下吗？"，让偷窃者主动放弃行窃。

4. 处理偷窃的原则

1）不能限制偷窃者的自由，不能扣留其个人证件和物品。

2）处理事件时，应在公开的场合，但要避免在营业场所中处理，以免影响销售和汽车维修企业的品牌形象。

3）已成事实，应请专管部门人员处理，如公安机关。

4）处理偷窃事件时，应寻求其他同事的帮助，多人配合，协助处理。

5. 异常警讯的防范管理

员工不告而别是指敏感岗位员工没有辞职就离开，当员工不告而别时，要马上清场，并清点所有钥匙是否有遗失，必要时更换所有的锁。检查现金，清点账面与实际商品数量，防止现金、商品短少。在收银机上或其他高处的设备及商品处发现现金，要了解在此时段内轮班人员是哪些人。要确实贯彻每日现金清点作业与交接作业，并且立即当场询问员工该现金的由来。员工的行为举止怪异或工作态度改变时，应主动关心该名员工，并询问其是否有工作上的不如意或家中有事，或者感情纠葛等。问题严重的员工，要谨防其违规违法。空箱是指店内发现未依规定放置的空的商品包装，如发现空箱，应检查员工的出入库手续是否有缺失，并寻求改进。详细检核出售商品的数量与实际库存，慎防商品遭窃。

6. 恶性事件紧急处理

有条件的汽车维修企业可实现与公安 110 的联网，以便突遇紧急事件，尤其是突发抢劫或客人斗殴事件时能及时报警以得到有关部门的及时协助处理，防止后患。

如遇突发恶性事件，员工应保持冷静，以免当事人受到刺激，引发其暴力倾向，并及时报警。工作人员应注意观察和记下肇事者或歹徒的特征，以便公安部门前来处理和日后追究经济损失。任何人员发现可疑情况或突发事件时，应立即通报汽车维修企业负责人并报警，对可疑物及可疑情况严密监视，不触摸、不移动，尽可能保持现状，等待公安部门前来处理。

社会是一个变化的社会，汽车市场是一个巨变的市场，每一个汽车维修企业也在变化，没有一家汽车维修企业是完美无缺的。因此汽车维修企业都要做好应急方案的制订，争取在发生紧急情况时使企业的损失降到最低，特别应该制订一套预防问题发生的系统方案，在日常的企业运行中预防问题的发生。

一般认为，足以解决企业经营过程中的各种棘手问题的人就是优秀的管理者，其实这是有待商榷的。俗话说，预防重于治疗，能防患于未然，更胜于治乱于已成，由此观之，企业问题的预防者其实优于企业问题的解决者。

面对如此多变而又深具中国特色的国内汽车行业，每一个汽车维修企业只有练好自己的内功，做好危机的预防和处理，才能在未来发展中把风险最小化。请参考下一节的内容。

◆ 第四节　汽车维修企业的危机预防与处理 ◆

汽车维修企业的经营活动总是伴随着企业与外部世界的交流及内部员工与股东间利益的调整。由于不同的企业与企业之间、个体与个体之间、企业与个体之间的利益取向不同，从而不可避免地导致它们之间的各种利益冲突。

汽车维修企业的危机管理就是对企业的公共关系危机的预防和处理。汽车维修企业在日常的经营活动中必然要面对其与消费者、媒体、合作伙伴、政府相关部门等不同类型的关系的处理，汽车维修企业与这些公众的关系就是公关。

当一个汽车维修企业与公众的关系恶化到对企业自身的机构构成重大破坏性的威胁之后，危机管理的作用就会开始显示出来。在目前汽车市场逐渐成熟，消费者日趋理性，国家尚没有汽车赔偿的相关法律文件的情况下，汽车维修企业危机管理的重要性也逐步开始显现。

如果说"汽车维修企业危机"一词对大多数汽车维修企业中高层管理者来说比较陌生的话，那么对"3·15曝光""企业员工罢工""商业秘密泄露""行业监管封门""媒体曝光""客户抱怨堵门""客户当众砸车""车辆自燃""车辆失控事故""税务特别稽查""债主聚众上门催债"等一定不会陌生。事实上，上述这些词汇就是对汽车维修企业在经营活动中所面临的危机的描述。我国汽车维修企业正在经受着这些问题的困扰，其中部分汽车维修企业更是因此造成严重损失。

当汽车维修企业面临各种危机时，不同的危机处理方式将会给企业带来截然不同的结果。成功的危机处理不仅能成功地将企业所面临的危机化解，而且还能够通过危机处理过程中的种种措施增加外界对企业的了解，并利用这种机会重塑企业的良好形象，即所谓的因祸得福，化危为机。与此相反的是，不成功的危机处理或不进行危机处理，则会将企业置于极其不利的位置：以新闻媒介为代表的社会舆论压力将使汽车维修企业形象严重受损；危

第一章　汽车维修企业现状分析与运营策略

机来源一方的法律或其他形式的追究行动将使汽车维修企业遭受巨大的经济损失；汽车维修企业员工因为无法承受危机所带来的压力而信心动摇甚至辞职；新老客户纷纷流失等。

一　汽车维修企业危机产生的背景

经济的发展带来了人们收入水平的提高，而收入水平的提高又使得人们对精神追求更加青睐。人们在享受汽车维修企业提供的产品和服务的同时，对它们的服务水平和道德标准也有了更高的要求，因此，作为汽车维修企业经营活动的最终服务对象，车主对汽车维修企业经营活动的监督就更加积极，而这种积极的姿态则构成了对汽车维修企业的巨大压力。汽车维修企业经营者明白，这种关注的压力既可以形成对汽车维修企业的赞美，也可以构成对汽车维修企业的恶评。这种关注压力的存在，构成了汽车维修企业危机产生的强大背景力量。

作为危机管理的核心，危机处理工作成果决定着企业在危机中的命运，这就是汽车维修企业的危机管理。

所谓汽车维修企业危机管理，就是指企业在经营过程中针对其可能面临的或正在面临的危机，就危机预防、危机识别、危机处理和汽车维修企业形象恢复管理等行为所进行的一系列管理活动的总称。具体说来，汽车维修企业危机管理包括以下几方面主要内容：

1. 汽车维修企业危机预防（事前管理）

1）危机管理意识的培养。
2）危机管理体制的建立。
3）危机管理资源的保障。
4）危机管理技能的培训。

2. 汽车维修企业危机处理（事中管理）

1）危机信息的获取传递。
2）危机处理机构的建立。
3）危机事态的初步控制。
4）危机事件的全面评估。
5）危机处理计划的制订。
6）危机处理计划的实施。

3. 危机恢复管理（事后管理）

1）危机处理结果的评估。
2）恢复管理计划的制订。

3）恢复管理计划的实施。

汽车维修企业危机管理是企业经营管理活动中不可或缺的一个环节。国外一些大公司都设有专门的危机管理机构，并且一般其主管都是由公司首席执行官兼任。这些危机管理机构中的大多数人员都是兼职的，而且其中绝大多数都是公司部门主管以上人员和公司外聘顾问。这样的组织结构保证了企业在面临危机时的反应速度和效率，从而确保了对危机事件的成功解决。而在中国的汽车维修企业里，基本上看不到这样的组织机构存在。在中国汽车维修企业高层的眼里，企业危机是无法预测和管理的，因此不可能为此设立专门的管理机构，当然也没有这方面的人才储备。所以，一旦发生危机事件，国内的汽车维修企业领导层往往会六神无主，惊慌失措，继而导致应对失策，全盘皆输。

二 汽车维修企业危机的预防

危机管理的功夫，不在处理，而在于预防，正所谓防患于未然。虽然说任何汽车维修企业都可能遇到危机，但是这并非说危机不可预防。而事实上，几乎所有的危机都是可以通过预防来化解的。一般说来，危机事件的发生多半与汽车维修企业自身的行为过失有关，或是因为违反法令；或是因为不解民情；或是因为管理失当；或是因为产品、服务缺陷所致。当然，其中偶然也有因政府行政过失、媒介妄言轻信或车主贪婪鲁莽而起，但多数还是根在汽车维修企业，责在自身。正因为如此，汽车维修企业才应该通过预防措施，减少甚至杜绝危机事件的发生。

危机预防的功夫，重在教育和培训。汽车维修企业任何行为都是通过人的行为来实现的，对企业员工进行危机管理教育和培训就显得十分重要。而危机管理教育首先在于危机管理意识，也就是说让所有汽车维修企业员工都明白危机管理的重要性和必要性，提高员工对危机事件发生的警惕性。其次在于培训员工的销售和服务技能，保证汽车维修企业产品和服务的质量。再次在于培养员工团队合作精神，即与同事合作，减少内部摩擦；与政府相关机构合作，减少汽车维修企业违反汽车行业相关法令的机会；与商业伙伴合作，减少与伙伴的争执与纠纷；与车主良性互动，减少车主对企业产品和服务的不满与抱怨；与新闻媒介合作，减少媒介对企业的误解与曲解。最后便是辅导员工要以大局为重，避免因小失大。

危机预防的功夫，也在于企业保障。符合危机管理要求的企业保障，要求汽车维修企业在进行内部架构设计时，必须考虑到以下几个问题：

1）确保组织内信息通道畅通无阻，即汽车维修企业内任何信息均可通

第一章　汽车维修企业现状分析与运营策略

过企业内适当的程序和渠道传递到合适的管理阶层。

2）确保企业内信息得到及时的反馈，即传递到企业各部门和人员处的信息必须得到及时的反应和回应。

3）确保组织内各个部门和人员责任清晰、权利明确，即不至于发生互相推诿或争相处理。

4）确保组织内有危机反应机构和专门的授权，即组织内必须设立危机应急处理小组并授权其在危机处理时的特殊权力。如此一来，组织内信息通畅，责权清晰，一旦发生任何危机先兆均能得到及时的关注和妥善的处理，而不至于引发真正的危机。

危机预防的功夫，还在于资源准备。汽车维修企业的资源准备分为人力资源和财力资源两个部分，但其中最为关键的是人力资源准备。处理危机事件，关键在人，而不在物或其他。人力资源的准备既要有汽车维修企业内部的人力资源，也要充分利用社会上的人力资源，即外部人力资源。汽车维修企业内部的人力资源准备主要集中在建立企业自身的管理团队，其中包括技术经理、服务经理、营销经理、保险经理、客户关系经理、总经理、法律顾问和谈判能手。而外部人力资源的准备则在于行业专家、银行高层、媒介精英、政府官员和专业公关人士等。由于危机处理对于参与人员的素质要求很高，如果不能提前安排这些人员，就很难在危机发生时找到合适的人员，从而导致延误战机和危机处理失败。

汽车维修企业应该建立危机预防与处理机制，并成立危机预防与处理小组，由总经理任组长，客户管理经理任协调员，另外还应加入销售经理、服务经理、技术主管等定期召开危机预防与处理会议，并制订公司危机的处理程序和相关的责任人，尽量把一些潜在的危机提前进行化解。

三　危机的处理

危机处理是危机管理的主要环节。一旦汽车维修企业发生危机事件，危机处理就显得极为重要，因为它事关汽车维修企业的生死存亡。

危机处理是一个综合性、多极化的复杂问题，汽车维修企业在进行危机处理时，必须遵循一些基本的危机处理原则：

1）高度重视，高层躬亲，不能掉以轻心，麻痹大意。

2）及时反应，即时处理，不能拖拖拉拉，贻误战机。

3）高瞻远瞩，顾全大局，不能斤斤计较，因小失大。

4）合理合法，有取有舍，不能以非抑非，无视国法。

5）亡羊补牢，整顿提高，不能伤好忘痛，一犯再犯。

汽车维修企业在遵守上述处理原则的同时，还应按照合理的程序来处理危机事件，方可做到临危不乱，张弛有道。一般来说，危机处理应按如下的程序来进行：

（1）听取危机事件报告及评估　危机事件的发生往往是十分突然的，而且来势汹汹，但这绝对不能影响汽车维修企业总经理的冷静和沉稳。因此，当危机事件发生时，企业负责人首要的事便是召集企业高层听取关于危机事件的报告。报告应由一线员工或亲历员工汇报，力求准确、全面、详尽、客观。不能对危机事件的重要细节隐而不报，并且必须站在客观的立场进行报告，因为多数时候汇报人在汇报时会有意无意地为自己或为公司开脱责任，隐瞒一些可能涉及自己或公司责任的事实或情节，从而影响对危机事件的全面正确评估。当企业总经理和其他中层听完汇报之后，必须在最短的时间内对危机事件的发展趋势、给公司可能带来的影响和后果、公司能够和可以采取的应对措施及对危机事件的处理方针、人员、资源保障等重大事情做出初步的评估和决策。

（2）组建危机处理小组　当总经理对危机事件做出了初步的评估和决策之后，紧接着的工作便是成立危机处理小组。危机处理小组的职权应为处理危机事件的最高权力机构和协调机构，它有权调动公司的所有资源，有权独立代表公司做出任何妥协、承诺或声明。一般情况下，危机处理小组应由汽车维修企业总经理担任负责人，而小组的其他成员，至少应包括公司法律顾问、公关顾问、服务经理、营销经理、客户关系经理、财务经理和技术主管。危机处理小组在必要时可分为两个小组，即核心小组和策应小组。核心小组主要由汽车维修企业总经理、营销经理、服务经理、技术主管、财务经理和客户关系经理组成，必要时可聘请律师和公关专家；策应小组由总经理、谈判负责人和财务经理组成。其中，核心小组的任务是执行谈判、交涉、决策和协调任务；而策应小组则是负责实施解决方案和提供资源保障任务。所有核心小组成员都必须具有如下一些基本的素质：

1）头脑冷静、反应敏捷、意志坚强、大方自信。
2）专业出色、善于沟通、思维全面、进退有度。
3）客观公正、仪表端庄、精力充沛、身体健康。

（3）制订危机处理计划，全面调配资源　危机小组成立之后，首要的工作便是了解客户需求，并同时了解客户详细的资料。

1）客户的工作企业和家庭背景。
2）客户的人脉圈。
3）客户车辆的性质（公/私）。

第一章　汽车维修企业现状分析与运营策略

4）客户在车辆出问题之后的反应等。

同时根据现有的资料和情报及汽车维修企业拥有或可支配的资源来制订危机处理计划。计划必须体现出危机处理目标、程序、组织、人员、分工、行动保障和行动时间表及各个阶段要实现的目标。其中还需要包括社会资源的调动和支配、费用控制和实施责任人及其目标。计划制订并获通过后，策应小组便立即开始进行物质资源调配和准备，而核心小组成员则要立即奔赴危机事件现场，展开全面的危机处理行动。

（4）危机处理　核心小组在到达危机事件现场后，首先进行事件的了解和核实，检查是否有与汇报不符的事实和情节。如有，则需要立即对危机处理计划进行有针对性的调整；如无，则按原计划进行。危机处理根据危机事件的性质和情况不同，一般按如下方式进行处理：

如果危机事件尚未在媒体曝光，则必须控制事件的影响，在对事件进行充分调查了解的基础上，根据法律和公理，果断做出处理决定。在这一阶段，汽车维修企业可以在合理合法的前提下适当让步，争取牺牲小利换来事件的快速处理，以免因事态的进一步恶化而带来无法控制的企业声誉损失。但同时需要注意的是，在该阶段的处理方案中，必须对危机事件另一方的保密责任和违约责任进行严格的规定，以防其事后反悔，从而导致企业方被动。

如果危机事件已由媒介公开并已造成广泛影响，则危机处理应将重点转到媒介公关上来。当然，对危机事件本身的处理也需要尽快完成。对媒介的公关，主要方式是让媒介了解事实真相，引导其客观公正地报道和评价事件。如果事实真相对企业不利，则危机处理小组必须表现出真诚的悔意和改正的决心，并强调该次事件的偶然性和企业的改正措施及时间表，以及企业承担责任的方式和范围，以取信于媒介和其受众。如果事实的真相对企业有利，则危机处理小组必须充分利用媒介揭示事实真相，让媒介充分了解事件原委并引导其对事件本身进行客观的报道和评论。努力塑造企业的受害者形象，博取舆论的同情，特别是不要指责此前那些对企业进行过负面报道的媒介，而要引导其视线，唤起其良知和公义之心，让其自行对其此前的报道进行更正。与此同时，危机处理小组还必须通过法律专家和顾问向危机事件的另一方施加法律压力，迫使其承认过错，承担责任，达成解决方案。

另外，危机处理小组在通过引导媒介进行事件报道的同时，必须对汽车维修企业的经营状况、业绩、产品和服务的特色及企业文化等进行广泛的宣传，让关注事件的受众更多地了解和认同企业。在必要的情况下，企业还可以对发展战略和经营计划进行适当的介绍，或是对与危机有关的汽车维修企业产品或服务进行详细的介绍和说明,以期引起舆论的关注和兴趣。这就是所谓的利用危机,化危为机,将坏事变成好事。

在危机处理过程中,不论与媒介或是与另一方当事人打交道,危机处理小组都必须注意权衡利弊得失,相机而动,随时调整处理策略,切忌冲动和斤斤计较。除此之外,危机小组在处理过程中还必须与当地政府保持联系,必要时可寻求当地政府支持和帮助。

所有的危机处理过程中,都必须注意尊重当事人的习惯和当地的风俗,尊重当地的文化和宗教,其中当然包括对客户的尊重。汽车维修企业的生存是百年之计,而危机事件只是其中一个故事,汽车维修企业必须将目光放远,该取舍时就果断取舍,无须拘泥于一时一事。

汽车维修企业在危机处理过程中的所有表现将被舆论视为企业的一面镜子。企业在危机处理过程中所表现出来的风度和态度、真诚和善意,以及牺牲和妥协都将成为企业形象的一个重要部分。因此,所有参与危机处理的人员必须自始至终表现出良好修养,不得因个人行为而影响企业的形象和声誉。反之,汽车维修企业则应利用这样的机会,在公众心目中树立正面形象。

汽车维修企业危机处理的过程,从一开始就应被视为企业与社会公众沟通的一个过程。无论危机事件涉及的对手是个人还是企业,是政府还是新闻媒介,企业都应充分利用这个机会广交朋友,特别是与新闻媒介和政府打交道的时候更是如此。实践证明,一次成功的危机处理,往往能为汽车维修企业带来新的关系资源和公众支持。

汽车维修企业的危机小组在危机处理中,每一个人都要注意自己的言行举止,特别要注意以下几点:唯利是图、敷衍了事、毫不理会、口径不一、隐瞒事实、故意拖延、推卸责任、消极应付、当面据理力争。

汽车维修企业危机处理中最重要的一句话是:"不要使危机演变为危机事件"。而在当前,汽车维修企业最大的危机就是"企业从上到下没有危机意识,当发生危机时不知如何应对"。

(5)汇报结果,总结经验教训 危机事件解决方案的达成和实施,并不意味着危机处理过程的结束。对汽车维修企业来讲,最重要的一个危机处理环节便是总结经验教训。这个环节之所以如此重要是因为汽车维修企业可以从这个环节中发现汽车维修企业经营管理中存在的问题,并且有针对性地进行改进和提高。同时,汽车维修企业还可以从中总结经验,并进行发扬光大。

在危机处理过程中,汽车维修企业往往会发现一些平时未能发现的一些问题,特别是与引发危机事件有关的问题。这些问题中有些是偶然的,有些

第一章　汽车维修企业现状分析与运营策略

是制度性的，有的则是人为造成的。随着危机事件的处理，这些问题也逐渐暴露出来，而且这些问题的暴露还会使企业发现一些与之相关联的、与危机事件无关但也很重要的问题。汽车维修企业则可以通过对暴露出来的问题的分析，进行必要的改革和调整，从而避免犯更大的错误。

同样，在危机处理过程中，汽车维修企业也会发现一些平时未能发现的长处，或是未能发现的资源。这样的发现将有利于企业将这部分资源进行有效的利用或将这部分长处进一步强化，突出其重要性。除此之外，汽车维修企业还可以通过危机处理来积累包括危机处理经验在内的各种经验，建立起一些平时没有机会建立起的社会关系资源，如媒介关系和政府关系或是与车主的互信关系。一些更成功的危机处理还会通过危机处理来进行广泛的正面宣传，扩大汽车维修企业的社会影响，提升企业的知名度和美誉度，从而积累企业的品牌资源。

四　汽车维修企业危机的事后处理

汽车维修企业危机管理的最后一个课题是在危机处理完毕之后，根据汽车维修企业从危机处理过程中总结出的经验和教训，进行企业经营管理活动的改进。

汽车维修企业对其经营管理活动进行的改进，主要是根据在危机处理过程中发现的问题和总结的经验来进行的。其主要内容是对企业存在的问题进行解决和对企业积累的经验进行推广。例如，有的汽车维修企业发现其组织内部信息沟通不畅是危机事件发生的根本原因，则其要进行的改进包括重新设计汽车维修企业的组织结构，强化组织内部的信息沟通渠道和反馈渠道，从而避免因信息沟通不畅而再次引发危机事件；有的汽车维修企业发现是其基层员工素质低下而引发的危机事件，则改进必须包括对基层员工的考核和培训，甚至进行必要的更新；有的汽车维修企业发现是经营指导理念引发了危机事件，则必须改变其经营指导理念，以免重蹈覆辙等。

汽车维修企业进行推广的经验或强化的东西主要是在危机处理过程中发现的汽车维修企业引以为傲的东西，如汽车维修企业的凝聚力、合理的工作流程、广泛的社会关系资源、员工的高素质等。汽车维修企业经验的推广能增强员工的信心和自豪感，同时也有利于培养出汽车维修企业的竞争力。因而，汽车维修企业应善于从危机中发现自身企业的优点和长处并加以推广和利用。

危机恢复管理中十分重要的一个方面就是对危机处理过程中发现的问题有针对性地开展一系列的汽车维修企业形象恢复营造活动，包括投放汽车维修企业形象广告、产品广告，推出企业全新的服务，调整企业的管理团队，引进新的形象良好的高层管理者,以及公布企业新的市场拓展计划和未来发展计划等。通过一系列有针对性的形象恢复管理活动,充分利用公众对企业的关注力尚未减弱之前的宝贵时间,改变公众对企业的印象并增加其对企业未来的信心。

五 汽车维修企业危机处理如何借用外力

很难想象每个汽车维修企业都能建立起一套行之有效的危机管理体制并储备足够的危机处理资源,当然这主要是指人力资源,但几乎每个汽车维修企业都可能会遇到危机事件。如此的一对矛盾存在,自然也就孕育了一个充满生机的危机管理中介服务市场,这也符合当前社会分工日渐专业化的趋势。虽然目前中国危机管理专业服务市场尚不发达,但显然已有汽车维修企业注意到了这个商机的存在。一些公关公司、管理顾问和咨询公司也推出了危机管理服务项目,其中重点是危机处理服务。

一个成熟的专业化危机管理服务机构,其核心资源是其人力资源和关系资源。人力资源部分应至少包括法律专业人士、管理专业人士、谈判专家、媒介管理精英等;而其关系资源则应包括著名专家学者、社会知名人士、社团领袖和一流管理者智库。

汽车维修企业在无法或没有建立专门的危机管理体制时或自有的危机体制无法产生作用时,可以充分借用外力,即专业的危机管理服务机构来为企业提供危机管理或危机处理服务,以避免因自己无力处理而勉强为之带来的巨大损失。一般情况下,专业机构的服务水准高于汽车维修企业自身的组织,因为专业人员有更丰富的经验和专业素质,而且他们在处理危机时不受情绪的干扰,这是汽车维修企业自身危机处理小组较难做到的。

任何企业和个人都无法阻止危机的发生,任何危机都会遵循一个原则——事后控制不如事中控制,事中控制不如事前控制。如何做到事前控制呢?这就需要汽车维修企业具备预防危机发生的方式、方法,并形成制度化,以下是危机处理的预防措施:

1)对每一次投诉、抱怨都必须立即着手处理,不要推诿,并且一定要处理好。抱怨常常对客户满意度产生破坏作用,并损害经销商、员工和品牌的声誉。

2)无论客户的投诉是否有道理,哪怕是最微不足道的抱怨,企业也不能听之任之。

3)即使时间紧迫,也应该以平和的方式让客户把话说完,并仔细倾听。

4)如果客户抱怨的声音过大,应礼貌地打断客户,将他们带到合适的

第一章　汽车维修企业现状分析与运营策略

房间。

5）对于非常激动的客户，可以通过巧妙的提问（什么时候，哪里发生，怎么发生等）引导他们对问题本身进行思考，从而使客户的情绪冷静下来。

6）对于合理的抱怨，不要立即寻找责任人，而应该对客户的问题表示理解，并且询问客户有没有解决问题的建议。

7）尽量以通俗易懂的方式解释复杂的技术事项。

8）为了将客户产生的不信任感降到最低，不得将处理投诉看作偶然的行为。在有问题或返修时，亲自将车辆交付给客户，并让客户确认问题已经得到排除是非常重要的。

9）即使客户提出无法接受的要求，也必须保持冷静，并阐明自己的立场。存在疑问时，始终以有利于客户的方式做出决定，特别是在细节问题上。但不要为了息事宁人而做出可能无法遵守的承诺。

10）最后，询问客户对建议的解决方式是否满意，再次表示道歉，并以友好的方式将客户送到大门口。

11）在处理完客户抱怨后一到两天内，如果再打电话询问客户是否满意，可以额外增加客户的印象分。

危机并不可怕，可怕的是当面对危机时不知如何应对，更有甚者，推卸责任，企图蒙混过关。殊不知，如果此次危机没有处理好，更大的、更猛烈的危机很快就会来临。也许到那时，想及时处理也已经来不及了。汽车维修企业还是应尽快建立危机处理小组，编制危机应急处理文件，形成制度化，从而做到临危不惧。

在创造完美中发现不完美，在面对危机时创造转机，这才是成熟的汽车维修企业的生存之道，也是持续健康发展之道。没有危机的企业在当今世界是不可能存在的，不敢面对危机并创造转机的企业不能是一个良性运行发展的企业。风雨之中的国内汽车维修企业要想进一步发展，危机预防和管理非常重要。

危机处理案例分析——汽车熄火案例

2015年的某一日，某高端品牌汽车4S店在一家媒体上见到一篇有关其负面影响的报道：一位王先生的汽车在正常保养后不久，经常出现突然熄火现象，并且维修多次后故障现象依然存在。直至王先生在高速路上行驶时险些发生事故。剑锋已直指汽车4S店，事情极为严重。

这引起了汽车4S店上下的极大关注。

问题：客户车辆维修后第一次出现问题后，对汽车4S店进行反馈没有？是谁负责处理的？

当天，该公司客户关系部李经理马上向总经理汇报，简要地说明问题严重性之后，立刻召集由总经理、站长、技术总监、服务经理、法律顾问等人员组成的危机处理小组，就此事进行了深入研究与讨论，以求快速且有效地扭转不利局面。

问题：李经理做了什么？我们能做到吗？

总经理严正声明，无论责任在谁，我们都不能逃避，应马上着手部署任务，兵分两路，双管齐下。一方面，服务经理立刻与车主预约时间，亲自造访面谈并协商解决方法；另一方面，李经理主动与媒体联系，表明公司的态度，并责成技术部门尽快查明故障所在。

问题：此时他们还应该做哪些工作？

为搞清楚事实真相，李经理仔细查询了该车主的几次维修保养单，逐一认真审阅了每次的维修项目，并与服务经理及技术总监共同分析发现：车主一个月前进行15000km的项目保养，期间维修工在拆装计算机搭铁线后没有按规定拧紧螺栓，但未及时检测到，这就为车辆日常驾驶埋下了隐患。一周后，遗留问题弊端终于暴露，导致车辆驾驶过程中出现熄火现象，拖回4S店检修，但仍未彻底解决，就这样，细节上的一时忽视酿造了一个大错误，以致车主为之付出非常大的代价。结果这个事件的责任在公司一方。

问题：责任在公司一方，李经理该如何面对？

问题清晰后，总经理责成李经理马上与媒体联系组稿，针对这一事件客观而公正地予以表述，并真诚地表示公司愿意由此对车主造成的损失给予补偿，认真吸取这一沉痛的教训，加大相关方面的管理力度，杜绝类似情况再次发生，并公布了总经理电话，告知客户可随时向公司最高领导投诉。

问题：汽车4S店在与客户的谈判中会遇到什么情况？

针对这一危机，由于公司快速而果断的处理，不利影响得以及时遏制，该事件没有继续扩大且得以平息。

问题：此次危机处理到此就结束了吗？

对于此次危机事件，表面上，外界压力减轻了，而内部管理压力相应上升到非常紧迫的地位。为此，总经理召开全体员工会议，对这一事件首先做了自我检讨，并对自己主动处以2 500元的责任罚金，随后追究站长、

> 服务经理、技术总监甚至具体到维修技师及班组长的事故职责，分别处以500～1 500元罚款，同时向公司公开做检查。
>
> 问题：总经理受到处罚后，应该还要做些什么？
>
> 针对以上的案例，企业危机出来之后，内部如何协调？外部如何协调？如何与危机直接相关人员协调？如何借用外力的影响处理危机？如何快速处理危机事件？如何将损失降到最低？如何转"危"为"机"？这些都需要企业决策层具备相当的快速反应能力，善于斡旋的沟通能力，以及果断稳健的决断能力。

◆ 第五节　运营盈利策略 ◆

一、零件篇

1. 如何提升零件的毛利？

答：开源与节流并用。首先提升进厂台次，同时促进单车产值提升，增加零件的销售；其次降低零件成本，除了原厂指定的零件之外，另外选择的零件至少有两个供货商，通过对比，以及让供货商之间竞争，降低零件的成本。

2. 如何提升库存周转率？

答：
$$库存周转率 = \frac{过去12个月零件销售成本总和}{过去12个月平均每月的库存成本}$$

一家良性运营的汽车维修企业，其零件库存周转率在8～10次是比较合理的。可以通过以下方式提升库存周转率：一是准确预测未来两个月常用件的使用量；二是非常用件客户需要支付60%的定金才能下订单；三是定期处理超过一年的滞销库存。

3. 如何提升库存准确率？

答：库存无法一直保持100%的准确，但是维持在99%的准确率水平还是可以做到的。一是所有的零件必须有编号，所有的零件供货商也要有编号，零件从订货到入库再到出库，都使用同一编号，避免出错；二是零件库房陈列分类化，入库和出库电子化扫描，提升陈列和出库的准确性；三是严格借件和外销件管理，借件必须当日归还，外销件尽量现金结算，如果需要物流代收款和延期结算，需要提请服务总监同意。

4. 如何提升零件供应满足率？

答：我们有时无法100%地了解客户的需求，但是我们可以尽量100%地满足其需求，这就需要提升零件供应满足率。零件部门应分析过去至少三年，不同车型的客户、在不同月份，需要的零件明细，只要单一零件年周转四次以上的，都可以列入常用零件，提前备货。而对于非常用件，没有必要一定提升满足率。

5. 如何降低滞销库存比例？

答：第一，非常用件订货需要客户预付至少60%的定金；第二，老车型库存件如果超过三个月出库为零，从第四个月开始，尽快低价销售给零件批发商或小型维修厂。

6. 如何加快零件订购周期？

答：及时了解上游厂家的库存动态，如果发现部分常用件和易损件出库频率加快，库存较少时，提前下订单，提前备货，以免出现上游厂家缺货导致订货周期变长；与本地区至少两家维修企业建立合作伙伴关系，紧急件和缺货件相互调配，缩短订货周期；根据零件历史需求记录，提前订购季节性需求的非常备库存件，需求期到来时，正好零件也到货。

7. 如何降低零件损坏比例？

答：第一，降低物流环节的损坏比例，选择管理规范的物流公司，并且建立损坏额外赔偿条款；第二，降低库存环节的损坏比例，特别是易损件，要采用特殊的存放方式；第三，降低零件加装环节的损坏比例，特别对于零件试用环节，建立完整的零件拆装流程以及零件试用流程。

8. 如何降低到货不用比例？

答：常用件到货不用，很快就可以出货完毕。关键是非常用件到货后，因为种种原因客户不用，成为滞销库存。如果是事故车，需要等保险公司定损完毕，客户已经确定在本店维修，并且在工单上签字，零件才能下订单；如果客户自己修车需要非常用件，客户需要提前支付60%的零件定金，才能下订单；如果是协议单位客户，需要他们单位报销负责人的同意。

9. 如何提升到货验货比例？

答：大件和易损件以及电子类零件需要100%验货，特别是单件大金额的零件，一定做到签收100%验货，从而保证货品使用的可靠性。对于常用件和非电子类零件，需要进行随机验货，同时在日常使用时，开箱之后也要检验一次，发现问题，及时告知供货商，问题比较大，可以通知供货商现场查看。

10. 如何提升旧件利用比例？

答：对于客户留下的旧件，定期进行分析，分为可以直接使用，修补后可以使用以及不可再使用三种，并且分类存放，对于部分对价格比较敏感的客户，推荐其使用旧件，提高旧件使用比例。

11. 零件如何灵活定价，提升盈利？

答：常用件定价要低于市场统一价，非常用件可以与市场价同步，保险公司索赔件定价要灵活，主要是要把利益理顺，总毛利合理就行，不要追究某几个零件的毛利。

12. 如何让客户相信零件价格不贵？

答：价格贵与不贵，是一个相对的概念，如果是常用易损件，一定不能高于同类竞争对手的价格；如果是价格不透明的配件，标价时尽可能是厂家统一价或者略低于厂家建议价；尽可能在醒目位置把常用保养的收费标准标示出来，让客户看到标准，心中产生信任。

13. 如何降低零件进货成本？

答：一是大批量进货；二是现金直接结算；三是更换供货商降低成本；四是抓住零件促销时机进货。

14. 如何提升零件缺件结案率？

答：缺件结案率原则上不能低于 85%。如果企业的缺件结案率低于 85%，一是要提升自己对库存的零件把控能力，二是提升对上游厂家的库存流量的了解，三是与同业关系的协调，这三个方面都需要做好。

15. 如何降低零件库房成本？

答：第一，加快零件周转率，使业务扩大也无须增加库房面积；第二，充分提升仓库面积利用率，把仓库的可用面积发挥到极致，降低库房成本。

16. 如何进行合理的库存搭配？

答：零件库存的比例设定为 20% 的快速周转常用件、60% 的正常周转配件、15% 的非常用件和 5% 的滞销件。

17. 如何进行零件索赔？

答：汽车 4S 店零件索赔有三种模式：一是常规索赔，基本上不高于厂家正常设定的标准，厂家基本上一年稽核一次；二是特别索赔，对于非常规索赔，每个厂家都设定有分级权限，要合理地利用特别索赔；三是召回索赔，召回又分内部召回和公开召回，企业要善于运用厂家召回索赔政策，获取利润。如果是非厂家授权汽车 4S 店，可以对上游供货商进行索赔，供货合同中设定索赔的权限以及索赔的处理流程。

18. 如何设定零件的库存金额？

答：零件库存的金额不是越小越好，而应该是在达到零件满足率最大化之后，尽量让零件库存最小化，同时也要考虑物流成本以及紧急订货的额外成本。

二 财务篇

1. 如何提升售后服务产值？

答： 汽车服务产值＝进厂台次×单车产值

如果要提升服务产值，必须要在提升进厂台次和提升单车产值两个方面下功夫。进厂台次包括机电进厂台次和钣喷进厂台次，机电进厂台次的提升主要是正常保养的进店客户，业内（4S店）比较通行的一个标准是一年内客户流失率低于5%，两年内客户流失率低于10%，三年内客户流失率低于15%，通过日常的服务促销活动拉动客户进店。而钣喷进厂台次主要是事故车的进厂台次，一是与关联的保险公司建立紧密的合作关系，二是要让客户续保，给予客户潜在的优惠，用利益吸引客户进店。

单车产值的提升，主要是机电工单单车产值的提升：一是及时发现客户车辆需更换的配件，说服客户更换；二是通过增值延伸服务，发掘客户的潜在需求，说服客户消费，让客户购买，如深度养护产品、汽车精品、车主用品等。

2. 如何提升售后服务毛利

答： 售后服务毛利＝售后服务产值－售后零件和耗材成本

上面已经论述过了服务产值的提升，然后就是降低零件和耗材的成本。零件的成本降低在本节"一、零件篇"中已介绍过，而耗材的成本降低，不是越低越好，主要是度的把握。比如，钣喷油漆和辅料的成本大约控制在18%比较合理，如果高于18%，说明油漆和辅料的损失较大；而成本低于18%，则说明未按钣喷规定的流程和要求喷涂漆面，会影响喷涂的效果，同时降低客户满意度。

3. 如何提升工时产值贡献？

答：在西方国家，工时成本比较高，同时工时贡献基本上占到售后服务贡献的60%以上。而在国内，4S店工时的贡献基本上占到售后服务贡献的30%左右，普通维修厂在20%左右，而快速保养店和小型维修厂几乎为零。而实际上，零件的加价率和工时的收费是不冲突的。客户的进店检查也要收合理的检查费；如果是故障诊断，更要收故障诊断费，不管客户是否在店内维修；如果是事故车定损，也要加上保险索赔的工时费；就连厂家的召回活动，也要厂家给予一定的索赔工时费。汽车维修企业应把维修、保养、诊断、钣金、喷漆完整的、系统化的工时收费标准制订出来，并且公示出来，绝大多数的客户也会认可。

第一章　汽车维修企业现状分析与运营策略

4. 如何提升事故车产值？

答：一是让保险公司主动送车；二是从竞争对手手中抢车；三是让客户主动送车。无论是哪种方式，让事故车进店，都仅仅完成了第一步。而要提升事故车产值，需要提升新车的保险销售和售后车辆的续保金额，保险公司与维修企业的结算原则上不高于1:1，也就是汽车维修企业给保险公司保险金额贡献50万元，保险公司给维修企业事故车最高结算50万元。所以续保和事故车的结算是有机连接在一起的。汽车维修企业要提升事故车产值，首先要提升保险的销售额，而提升保险销售额可以采用如下方式：新车买保险送精品券，续保赠送保养券，拉动客户新车购买保险和售后续保。

5. 如何提升精品收入利润？

答：提升精品的销售，降低精品的进货成本。提升精品的销售可以用分季度推出不同的组合产品促销来提升业绩，也可以用灵活的内部员工奖励提升业绩；成本降低可以采用同一品牌两家同时供货的方式，也可以采用同一类产品选用三家供货商合作的方式。一句话，通过市场的竞争让供货商降低成本。

6. 如何提升续保收入和利润？

答：对于保险续保，当前保险公司之间竞争比较激烈，一家汽车维修企业至少要选择三家保险公司，原则上续保的比例是5:3:2，根据上月各家保险公司贡献的事故车的产值大小，决定该保险公司本月续保比例是扩大还是减小，用客户续保金额的力量来影响保险公司。客户续保时，可以把保险销售的利润全部返给客户和销售保险的员工，以促进保险的销售。

7. 如何降低企业运营成本？

答：企业的成本包括零件成本、人工成本、管理成本、营销成本、折旧成本，这里仅仅谈人工成本和营销成本。汽车维修企业的人工成本和营销成本并不是越低越好，而是要维系在一个合理的比例。在当前，汽车维修企业的人工成本在15%左右，最高在20%。如果人工成本低于平均值太大，说明企业优秀人才不足，或者说明企业人才不足，绝大部分员工在超负荷工作；如果开业一年以上企业的人工成本超过售后产值的20%，说明企业员工过多，或是员工工作的主动性和积极性没有发挥出来，产值太低，亦或是车间工位利用率太低，工时效率太低，影响当日的完工台次。

8. 如何降低坏账、死账比例？

答：如果没有任何理由，超过六个月未收的账款称为坏账，超过一年以上的未收款称为死账。这里可以设定一个账款额度指标和账款期限指标：最大的账款额度=欠账单位过去平均六个月贡献的毛利；账款期限原则上最多三个月，特殊的政府单位可以延长到半年结算一次。从源头上不能避免的坏账和死账，企业要设定专门的人进行催收。

9. 如何降低财务风险？

答：财务风险基本上包含投资的风险、库存的风险、应收账款的风险和税务的风险。投资的风险基本是新项目的引进，是董事会决定的；库存的风险需要财务部门定期介入审计其零件的周转率和滞销库存的比例；应收账款的风险，包括金额的控制、比例的控制以及账期的控制；税务的风险要由会计师事务所提供指导。

三 运营篇

1. 如何进行主动揽客？

答：从新车销售那一刻开始，企业就不能静静地等待客户主动上门。而是要养成从新车交付的那一刻开始，就要计划如何让客户再次进店，业内所有的人都知道，汽车维修企业从新车到车辆报废赚得的售后利润是一台新车利润的20倍。可以采用以下几种方式让客户进店：一是进店首保时才把保养手册给车主；二是进店保养送精美礼品；三是进店保养送工时券；四是进店保养送保养券；五是送精品券；六是送机油；七是送机油滤清器；八是送出租车费；九是送加油卡；十是送延长保修。以上十种方式，无论是政府单位客户、企业客户，还是个人客户，一定至少有一种方式能够满足客户的需求，从而促进客户再次进店。

2. 为何进行客户预约？

答：对于出现客户在进店高峰阶段排队等候的情况，无论车主还是企业都不想看到。这就需要建立良性的客户预约制度，提高客户预约的比例，对汽车维修企业的客户接待起到削峰填谷的作用，最大限度地提升车间的工位利用率，同时提升客户进店及时开工和完工比例，进而准时交车。

3. 如何提升预约比例？

答：客户的预约比例达到50%是比较合理的，也就是超过50%的进店保养是预约客户，这样可以充分发挥车间工位的利用效率。而要提升预约比例，一是企业自己要主动预约客户，利用电话预约提醒、短信预约提醒、微信预约提醒等手段，满足不同类别客户的需求；二是培养客户主动预约的习惯，利用预约进店有礼、预约进店无须排队等手段提升客户主动预约进店率。同时利用举办客户会议的机会，强调预约的优势。可以计算，当每日进店台次超过车间工位的3倍时，如果不提升预约的比例，车间管理将是一个非常忙乱的状态。

第一章　汽车维修企业现状分析与运营策略

4. 如何完成有效预约？

答：让客户养成预约的习惯，不代表就完成了有效预约，原则上，客户比预定时间提前 15min 和延后 15min 进店，都称为有效预约。实际上遵守规则都是慢慢培养出来的，但前提一定要按规则运营。把有效预约的比例设定为考核的标准。

5. 如何增加延伸服务产值？

答：延伸服务有许多种，对于汽车 4S 店来讲，养护产品的贡献是最易提升的，其次是精品的贡献，最后是车主用品的贡献。而要提升延伸服务的产值，第一要选定合适的产品，产品要与企业相匹配，与客户需求相吻合；第二要建立一个良好的绩效考核体系，用奖金激励的手段促进员工把延伸服务推荐给客户。

6. 如何提升客户进店台次？

答：客户进店是企业盈利的前提和保障，提升客户进店台次，是企业首要的任务。进店台次提升的方法，一是让客户主动进店，二是拉动客户进店。对于正常保养的车辆，主要是制订完善的促销政策，让客户主动进店；而对于大修车辆和事故车，重点是第一时间知道客户的需求，并使用策略，努力拉动客户进店。

7. 如何进行贴心服务？

答：汽车维修企业要创造贴心关爱服务，就要从购车的那一刻开始，提供包括日常节日祝福、生日礼品、恶劣天气提醒、保养到期提醒等服务。客户车辆进店之后，第一时间称呼出客户的姓氏、夏天一杯冷饮外加一个小湿巾、冬天一杯热饮外加一个热毛巾、主动把客户送到客户休息区并帮客户找到合适的位置，客户离店时挥手送别，客户离店后三日内回访等，让客户从内心感觉到自己受到的关怀无处不在。只要客户有任何的需求，都能及时得到满足，并且有时超出客户的需求。这样的企业才能给客户创造出贴心的关爱服务。

8. 客户休息区如何创造温馨感？

答：客户休息区的布置，首先要把功能区分得比较清晰，至少包括休息区、上网区、儿童活动区、非吸烟区四个区域，如果空间足够大，可以再增加健身区、按摩区、影视区、品茶区、VIP 客户区。休息区进行功能区分类之后，还要进行温馨布置，无论地板还是座椅都应是暖色调。黑色、红色是尽量避免使用的。同时在各个功能区增加温馨提醒小卡片，最新的报纸、杂志以及最流行的书籍和行业资讯等，让客户能够及时获得汽车行业的最新资讯。

9. 如何准确报价？

答：正常保养的价格必须牢牢记住，备件的价格一定与市场价格和厂家报价同步，同时每月进行一次系统报价核查，对于没有及时进行的价格调整，核查时要及时修正。另外对于特殊协议单位的报价，在系统中进行明细标注，输入客户车辆信息后，自动跳出协议的折扣，服务顾问可以直接打折后进行报价。而对于事故车，要参照保险公司的协议定价，进行报价。

10. 如何进行合理报价？

答：价格不是越低越好，更不是越高越好。价格低，客户满意，但利润低，违背了企业生存就要盈利的原则；而价格报高，可以暂时实现了企业盈利的目标，但造成的客户不满意以及可能造成的客户流失，从中长期来看，得不偿失。企业合理报价，对度的把握非常重要。建议选用以下原则：做到在当地市场行情的5%上下波动，能够做到零件100%地及时满足，能够给客户安全放心的承诺。

11. 如何提升车间工位利用率？

答：对于机电车间，原则上一个工位每天的完工台次为三台车，如果车间工位平均每天完工车辆不足三台，而车间又比较忙碌，这就是工位有效利用率不高。可以通过以下措施提升工位有效利用率：一是建立至少两个快速保养专用工位，其中一个为预约保养工位，设定在45min内完成一台车的保养，加上进车送车花费15min。午休1h也轮班休，这样两个快速保养工位，每天可以最高完工车辆16台次，可以大大缓解车间其他工位的拥挤状态。二是建立一个诊断工位，对于在客户接待区无法完工的故障诊断，可在诊断工位进行。三是车间技师小组建立专人取件制度，对于解决故障所需要的零件，提前让零件部门备好，技师小组取件人员及时取件，节省施工零件等待的时间。

12. 如何进行品控？

答：品控包括施工过程控制和事后检测控制，这两个是不矛盾的。对于简单的保养项目，施工过程无须进行质检，完工后的质检达到60%即可，因为保养小组已经进行了自我质检。而对于故障维修和大修，就要达到100%的完工质检率，同时也至少要达到80%的施工工程品质控制率，防患于未然，以免出现内部返修的情况，导致延迟交车，引起客户的抱怨。

13. 如何提升一次修复率？

答：一次修复率可以从以下方面进行提升：一是车间服务顾问、维修技师、零件部门之间信息要畅通，以免出现零件使用错误和工单填写错误的情况；二是车间技师的诊断能力需要有保障，可以及时准确地发现车辆的故

第一章　汽车维修企业现状分析与运营策略

障,并能制订可行的维修方案;三是车间要加强维修过程品控,把未修复的故障消灭在萌芽状态。

14. 如何提升单车产值?

答:这里重点介绍机电单车产值。

$$机电单车产值 = 机电工单产值/机电工单数量$$

对于单车产值的提升,降低机电工单数量是不能采纳的办法,只能提升机电工单产值。在进店台次不变的情况下,提升机电工单产值的办法有:一是进气系统清洗、油路系统清洗等深度养护项目的推荐;二是客户延伸产品的推荐;三是即将到期件的按时更换。无论采用哪种办法,只有与客户建立良好的信任关系,客户才可能听从建议,接受服务项目,从而提升机电单车产值。业内,现代汽车、起亚汽车4S店机电单车产值在600元左右;福特、别克、丰田、日产、本田、大众等品牌汽车4S店的平均机电单车产值在1 000元左右;奥迪汽车4S店的平均机电单车产值在2 000元左右,奔驰和宝马汽车4S店的平均机电单车产值在4 000元和3 000元左右。

15. 如何提升工时产值?

答:当前在欧美市场,工时产值占售后产值的60% ~ 70%,而在国内正好相反,工时产值占售后产值的30% ~ 40%。但是随着人工成本的增加,工时收费的标准也会越来越高,工时产值占售后产值的比例也会越来越大。针对当前工时收费标准低的情况,汽车维修企业可以采用把工时收费细化的办法,提升工时产值。比如,如果客户在本店进行故障维修,免检测工时费,如果客户检测完毕离开,需要收故障检测工时费;对于大修车辆和事故车,把每个项目的工时都进行标注,然后形成工时价格,而不要采用打包的模式报工时总价,这样也在无形中提升了工时的贡献;对于软件升级以及召回的车辆,无论对客户是否收费,都要明晰地在工单上标注正常收费工时的价格(不是索赔价),让客户形成没有免费工时项目的印象,并且提醒是厂家给客户提供的费用。

16. 如何提升钣喷产值?

答:钣喷产值与事故车的进厂台次密不可分,而事故车产值的提升与保险销售的总金额以及与保险公司的关系处理密不可分。要想提升事故车产值,一是加大保险销售,提升保险销售金额,拉动保险公司主动送事故车;二是用利益的力量拉动车主主动回店进行事故车维修,如续保送保养、续保送积分(积分可以抵现金)、续保送交强险等手段,如果客户出事故后,不回店维修,赠送部分打折或免除,从利益上拉动客户主动回店。

17. 如何提升养护产品产值和利润?

答:　$$养护产品的产值 = 养护产品的售价 \times 养护产品的销售数量$$

对于养护产品的售价，同一档次的汽车维修企业，价格相差不大，只有通过养护产品销售数量的提升来拉动养护产品产值的提升。而要提升养护品的销售数量，需要把供应商—客户—服务顾问—零件部门四方的力量紧密地联合在一起，发挥合力，促进养护产品销售数量的提升。

$$养护产品的利润 = 单件的利润 \times 销售的数量$$

当销售的数量基本恒定时，汽车维修企业就要提升单件的利润来提升养护产品的利润，这就需要降低单件的进货成本来实现。

在实际的运作过程中，汽车维修企业不能把这两个措施同时使用，一开始就降低成本，可能导致供货商合作积极性不高，结果使养护产品的销售数量降低，就算进货成本降低了，但是企业的实际利润降得更低。

18. 如何提升精品装饰产值？

答：汽车4S店精品装饰的贡献来自两个方面：一是新车销售时的贡献；二是客户进店维修保养时的贡献。分析得知，不同时期进店的这两类客户（也许是同一个客户），其对精品的需求有非常大的差别。购买新车时基本上听从销售顾问的介绍，或者听从业内人士的建议，对品牌和价格都不是非常敏感，基本认为别人车上有的东西我车上也要有。汽车4S店可以采用套餐的模式销售给客户。而进店维修保养时，客户如果对精品有兴趣，也是经过深思熟虑的，而且会货比三家，不会轻易购买。所以在新车销售时对销售顾问可以采用阶梯式的绩效提成模式，鼓励销售顾问向新车购买者推荐精品。对于进店保养的客户，则需要配置性价比较高的，并且有一定品牌知名度的，最好是比较高端的产品和服务项目，促使客户购买。

19. 如何提升新车保险和续保单比例？

答：首先这里设定一个客户购买保险的比例标准。新车保险客户购买比例的最低值为85%，理想值是100%。

$$续保比例 = 当月的续保单数 / 过去三年维修进店客户总数量$$

续保比例的最小值是30%，理想值是50%。每个保险公司的折扣、报价区别也不大，因此保险比例增加的重点是把握客户的心理需求，并且使其得到超出其期望值的满足，从而让客户满怀欣喜地购买保险。方法有：一是送精品券；二是送保养券；三是送手机充值卡；四是送商场购物券；五是送机油和机油滤清器；六是推荐新客户奖励；七是出事故全程跟踪；八是代客理赔。

20. 如何提升收费服务实施率？

答：
$$收费服务实施率 = 收费工单数量 / 总工单数量$$
$$总工单数量 = 收费工单数量 + 免费工单数量$$

第一章 汽车维修企业现状分析与运营策略

要提升收费服务实施率,就是要降低免费工单数量。而免费工单的数量也不是降得越低越好,降低到零更是不可能的。免费工单分几种情况:对于超过一个月没有使用的车辆,对于要长途出行的客户,对于二手车即将要交易的客户,这些类别的客户进店就是为了检查车辆。如果经过检查没有发现故障,在预检单上写出检查安全即可,可以写出最近需要保养和更换的项目。而对于经过检查,已经发现有需要保养的项目和更换的零件,客户因为价格原因、服务态度原因、不能享受促销的原因、不能按时完工原因等,造成客户零消费,企业就要从根本上找原因。第一跟踪企业的零件外卖,看外卖的零件与进店零消费的客户有无联系,如果有,立即清除;第二看是否是竞争对手装扮的客户,如果发现是,把这类客户列入黑名单,下次进店直接礼貌地拒绝提供服务;第三对于因为价格和促销不能满足客户需求的情况,企业内部的制度要适当灵活,给服务顾问授予一定的权力,采用办法留住客户;第四对于服务态度的原因造成客户的零消费,可以建立准客户的客户经理负责制,让这类客户无论发生任何事情,能第一时间找到客户经理,由客户经理协助客户解决所有进店事宜,对于这类客户,客户经理制是一个很好的策略。

21. 如何设定售后产值目标?

答:售后产值目标是根据历史数据和预计下一年的新车销售数据来计算的。举例说明:假设 2016 年 12 月,一家开业 3 年的汽车 4S 店,有客户 3 000 个,2017 年预计销售 1 500 台车,此品牌客户正常的年进店台次是四次,平均单车产值是 1 000 元。2017 年的客户进店台次 = 3 000 × 30% × 4 台次 + 3 000 × 50% × 2 台次 + 1 500 × 1 台次 = 8 100 台次,平均每月进店 675 台,月非事故车产值为 675 台次 × 1 000 元/台次 = 67.5 万元,非事故车占比 70%,月产值为 67.5 万元 ÷ 70% = 96 万元。这是一个保底的值,如果与保险公司合作得很好,可以提升事故车产值;如果养护产品销售不错,也可以提升养护产品产值。设定目标时可以上浮 10% ~ 15%。

22. 如何设定售后产值各项指标的标准?

答: 售后服务总产值 = 机电产值 + 钣喷产值

产值 = 正常保养产值 + 深度养护产值 + 正常维修产值 + 事故车产值

事故车产值不能低于贡献给保险公司保险金额的 70%。接上一个例子:2017 年 3 月,总产值设定为 150 万元,机电产值/钣喷产值 = 60/40,3 月份机电产值目标是 90 万元,事故车产值目标是 60 万元,养护产品贡献应为 150 万元 × 15% = 22.5 万元,进厂台次应为 1 500 台,续保单数目标应为 3 000 × 40%/12 单 = 100 单,新车销售目标是 150 台,保险销售目标为 120

单。续保单平均价格为3 000元/单,新车保险平均价格为3 500元/单,3月份保险贡献目标=3 000元/单×100单+3 500元/单×120单=72万元,保险公司应该结算事故车的金额目标=72万元×0.7=50.4万元,设定的目标与计算目标基本吻合。这样的目标设定才是比较符合实际的,也是可以实现的。

养护产品的目标值也可以采用数量设定,月度销售数量目标=当月进店工单数量×2个/车,3月份养护产品的销售目标是900台次×2罐/台次=1 800罐。

注:每个品牌的单车产值不同;同一品牌在开业初期和成熟期的单车产值不同;不同企业的机修产值和事故车产值的比例不同,事故车产值比例应该为30%~40%,太高和太低都是不正常的。

23. 如何让客户年进店四次以上?

答:一台车年均行驶里程为2万km上下,以5 000km保养一次计算,年进厂台次在四次以上的客户是企业的忠诚客户。根据行业内部分企业的历史数据得知,如果一个企业的忠诚客户占到客户总数的30%以上,企业已经树立了比较强的核心竞争力,不会因市场变化而对业绩造成影响。绝大部分开业三年以上的汽车维修企业在维系老客户方面已经建立了成形的制度,过保修期的客户流失率应控制在15%以内,保修期内的客户流失率应控制在5%以内。而对于普通维修企业,能够拥有20%的忠诚客户已经很好了,要让客户达到年进厂四次以上,需要采用拉动的方式吸引客户。同时采用主动出击的办法,请客户过来;另外采用积分倍增计划,年进店四次以上免工时、送赠品、零件折让、保养三次送一次等活动吸引客户,拉动客户年进店四次以上,培养忠诚客户。

24. 如何设定员工激励制度?

答:企业的绩效考核制度需要随企业的变化而变化,但是无论如何变化,绩效考核与业绩紧密挂钩是不二的选择。比如售后部门的员工奖金总额=零件产值的1%+工时产值的20%;然后根据员工级别工资设定的比例进行调配。总之,员工的月度收入与其月度贡献要紧密挂钩。

25. 如何设定服务顾问绩效考核?

答:服务顾问的工资=基本工资+(工时提成+配件提成+索赔提成+养护产品提成+续保提成+精品提成)×考核总系数

考核总系数=接车台次系数×贡献产值系数×客户满意度系数×客户投诉系数×工单完整系数×考勤系数

也就是贡献总额决定自己的奖金基数,而对公司制度的遵守与否决定自己的考核系数,让员工自己决定自己的绩效所得。

第一章 汽车维修企业现状分析与运营策略

26. 如何设定车间技师绩效考核？

答： 车间技师小组的提成总额 = 工时提成 + 配件提成 + 延伸服务提成

设定小组有甲、乙、丙三人。

$$技师甲的月度工资 = 小组提成总额 \times \left(\frac{技师甲设定的工资}{甲、乙、丙三人的工资总和}\right)$$

如此设定车间技师的绩效考核，就可以充分发挥车间每个人的战斗力，同时让能力强的组长愿意带动徒弟成长，因为只有自己的小组多干，获得的提成才更多，自己才能拿到更多的工资。

27. 如何设定零件部门绩效考核？

答：零件部门的提成总金额 =（零件贡献 + 旧件利用贡献）× 零件绩效考核系数

零件绩效考核系数 = 零件周转系数 × 零件满足系数 × 滞销零件系数 × 零件投诉系数

同样，零件部门的绩效考核主要与零件的贡献挂钩，零件绩效考核系数决定奖金的系数，可以有力地调动员工的积极性。

28. 如何设定车间主管绩效考核？

答： 车间主管的绩效考核 = 基本工资 + 绩效奖金基数 × 绩效考核系数

绩效考核系数 = 产值完成系数 × 一次修复系数 × 客户满意系数 × 厂家特别政策执行系数

车间主管基本工资和绩效奖金的比例大约控制在 7∶3，最多不超过 6∶4。如此设定，一个车间主管可以比较均衡地调动车间员工的积极性，完成设定的目标。

29. 如何设定精品的绩效考核？

答：新车销售顾问和服务顾问精品的提成 = 总金额 × 提成系数 + 促销品的奖励

唯一不同的是服务顾问仅仅设定一个提成系数，而新车销售顾问要设定至少两个提成系数。比如单车贡献超过 1 000 元，提成比例为 5%，单车贡献低于 1 000 元，提成比例为 3%；同样每月贴膜低于三单，每单提成 300 元，每月贴膜高于三单，每单提成 400 元，促进精品的销售。而对于服务顾问就只设定一个提成系数，对于超过设定的精品贡献金额的可以特别奖励。

精品部门员工的工资 = 基本工资 + 绩效奖金

$$个人的绩效奖金 = 精品部门总的提成奖金 \times \left(\frac{个人的工资}{精品部门员工的工资总额}\right)$$

如此设定可促进大家齐心协力，共同进步，预防大家互抢单子，互不帮助的现象发生。

30. 如何借助上游厂家盈利？

答：汽车4S店除了正常的零件返点和新车返点之外，一定要借助上游厂家的政策实现盈利最大化。一是索赔盈利；二是召回盈利；三是利用客户投诉盈利；四是利用申请折扣件盈利；五是利用厂家的竞赛盈利。

31. 如何借助合作伙伴盈利？

答：汽车4S店和汽车维修企业都有自己的合作伙伴，就是自己使用的产品的供货商。例如，第一，养护产品，如果选择一个好的供货商，他们可以把系统的推介方式、提成方式、套装模式直接整理好，汽车维修企业直接使用即可，短期内即可实现最大化盈利，即把成功的经验直接移植使用；第二，合作伙伴赞助的广告费、促销品、诊断工具和设备、劳保用品都是企业盈利的手段；第三，借助合作伙伴对自己企业员工专业知识方面的培训、广告的宣传等间接地提升企业的盈利。

32. 如何借助媒体盈利？

答：一是厂家赞助的媒体费用，可以用在企业的其他广告宣传上；二是让媒体通过软性的广告包装企业，提升企业品牌影响力；三是企业自己开办内刊杂志，通过合作供货商广告、第三方广告来盈利；四是借助与媒体合作，举办论坛盈利。

33. 如何借助员工盈利？

答：有远见的投资人和管理层应该树立借助员工盈利的观念。比如，借助员工的力量拉动事故车进店；借助员工的力量处理重大客户投诉，降低损失；借助员工的力量发现新的商机等。

34. 如何实现客户进店立即接待？

答：客户进店之后，出现无人接待的情况，一般是服务顾问忽视了已经进店的客户，或者在工作时间做与工作无关的事情。对于这一情况，日常要树立维修接待区工作时间一直有人值班的制度，就算所有的服务顾问都在接待客户，也要有服务助理、服务总监或者车间主管临时在接待区迎接客户。

35. 如何控制客户流失率？

答：对于汽车4S店而言，如果首年客户流失率超过5%，就要从以下几个方面分析：一是客户转到同品牌汽车4S店，对于这类客户，主要了解客户是就近去了其他4S店，还是自身的服务态度、服务报价等原因，分析出原因之后，就算这个客户无法再次回店，也可以避免更多同类客户的流失；二是去维修厂和快速保养店了，这类客户主要看重价格，在该类车主的汽车发生大故障和大事故时，汽车4S店可以努力拉动这类客户；三是事故车的

第一章 汽车维修企业现状分析与运营策略

流失，新车保险和续保金额与保险公司事故车贡献没有有机地连接起来，加上事故车报价体系没有与市场同步，造成保险公司没有把事故车安排到自己的店内。

36. 如何降低失联客户比例？

答：失联客户的比例设定控制在3%是比较合理的。这里首先对失联客户进行细分：一是客户车辆转手；二是客户车辆调往外地；三是客户联系方式更改；四是客户更换新车；五是客户对企业不满。无论何种情况，事后弥补的概率都比较低。企业应该从源头上控制失联客户比例：一是客户信息及时更新；二是回访时及时咨询车主信息并更新；三是建立消费积分卡制度，客户留在积分卡上的信息真实性更高。

37. 如何让流失客户再次回店？

答：超过半年未进店的客户，我们定义为流失客户。让流失客户再次进店，汽车维修企业付出的代价比让一个新客户进店更高。对于这类客户，一定要用一种可以打动他/她的方式让其回店，普通的折扣和一般的礼品对于已经流失的客户，基本上没有吸引力。可以采用以下方式进行尝试：一是通过与其关系不错的朋友的建议；二是至少六折的价格吸引；三是符合其需求的礼品；四是原有积分的清零活动；五是免费的机油+机滤赠送。总之，用让客户满意的方式吸引其回店。

38. 如何快速完成召回目标？

答：汽车4S店每年都会执行厂家的内部召回和公开召回活动，但是有的汽车4S店完成召回进展非常缓慢，完全靠客户自己安排时间进店。而要快速完成设定的召回目标，需要从以下几方面入手：一是厂家设定时间的召回完成比例计入服务总监的考核目标；二是完成召回活动的工单，服务顾问和车间技师也能拿到绩效提成；三是客户关系中心设定每天召回客户进店的目标，并完成客户预约进店；四是对于在召回目录的客户，采用进店赠送特别礼品的方式，促使客户主动进店。

39. 如何控制折扣金额？

答：单一工单的折扣比例无法衡量，但是可以衡量单一工单的总金额以及月度、季度车间折扣金额占服务产值的比例。企业可以设定两个指标：一是折扣月度、季度总金额上限；二是月度、季度折扣总金额占服务产值的比例上限。两个权限可以分开使用，也可以同时使用，哪个成本最小，采用哪个。

40. 如何控制促销费用？

答：可以设定年度促销费用、季度促销费用。每月、每季度进行核算。

如果当月的促销费用超标，下个月就要适当地控制促销费用。与折扣一样，促销的目的是增加客户进店台次，提升客户单车产值。如果服务产值提升较大，促销费用超出了预算也是值得的。

41. 如何进行企业公共关系的维系？

答：企业公共关系的开发和维系是企业运作不可缺少的一个部分。这里要特别说明的是，公共关系不是指请客送礼等传统的简单关系维系，而是统指企业要良性运行，需要一个宽松健康的外部环境，这就需要公共关系部门进行运作。一是与媒体处理好关系；二是要与行业协会建立互动关系；三是定期举行公益活动树立企业形象；四是针对大客户进行公关，拉动政府和企业车辆进店；五是进行危机公关以及紧急事件的处理。

42. 如何设定员工工资？

答：首先了解本区域售后服务员工的工资情况，企业原则上不能低于行业平均水平，并且要大约高于平均水平的10%～20%，提供给员工有竞争性的工资。对于工资的设定，在建店开业初期，可以采用"工资＋绩效＋补贴"的形式给予员工满意的工资；对于进入快速成长期的企业，采用"基本工资＋绩效提成"的办法，鼓励员工多劳多得；对于进入稳定发展期的企业，可以采用"基本工资＋绩效考核＋综合考评"的办法，发挥员工的创造力。

43. 如何降低人工成本？

答：不能通过降低员工工资来降低成本，只有提升售后服务产值，才能降低工资占产值的比例。

44. 如何提升售后服务吸收率？

答：　售后服务吸收率＝售后服务部门的毛利/企业所有的运营开支

当售后服务吸收率高于1时，企业才算进入了一个良性运营的阶段。企业的运营管理开支基本上不会下降，只有提升售后服务的毛利才能提升售后服务吸收率。

45. 如何提升收银结算效率？

答：收银结算时间原则上不能超过3min，实际上收银结算效率的提升，贵在提前准备：一是客户结算方式的提前标注（挂账、现金结算、刷卡结算）；二是客户折扣签字的提前完成；三是与客户项目核对的提前完成；四是快速完成结算单以及发票。实际上收银结算效率80%是由服务顾问提前准备得是否充分决定的。

46. 如何降低车间技师的停歇时间？

答：　　　　车间维修技师的停歇时间比例＝

$$\frac{(维修技师总的工作时间 - 维修技师用在收费工时上的工作时间)}{维修技师总的工作时间}$$

合理的比例应该是小于10%，当然0是最好的。造成车间技师停歇时间比例较高的原因有以下几个：一是车辆在车间的流动效率不高，占用工位；二是维修技师的派工安排不合理，等待时间较多；三是零件部门效率低，技师等待零件时间过长；四是返修率高。

47. 如何提升车间维修效率？

答：车间维修效率是指车间维修技师在规定的标准时间内实际完成操作的能力。

$$车间维修效率 = 产生的总标准工时 / 分配维修工单总时间$$

合理的比例应该是135%~150%。如果低于100%，说明企业可能具备以下问题：维修技师能力低；工作分配不当，没有把技师的能力发挥出来；车间工组不全；车间工位不足或者布局不合理；零部件缺乏。另外，如果维修效率超过150%，也表明企业可能有维修评估不适当、维修不适当、返工维修收费等缺陷，也要尽快改正。

48. 如何提升车间的工时效率？

答：企业售出的工时占维修技师可使用的时间的百分比，就是工时效率。

$$工时效率 = 售出的总工时 / 维修技师可使用的总时间$$

工时效率最低不能小于90%。工时效率低的原因与车间维修效率低的原因基本是一样的。

49. 如何提升客户维修推荐比例？

答：维修推荐是指客户愿意把为自己维修车辆的企业推荐给其他车主。维修推荐比例 = 愿意推荐的客户数量/参与维修推荐活动的客户总数量，85%就是一个比较合理的数据。提升客户维修推荐的方式：一是一次性修复客户车辆；二是给出推荐者奖励；三是给出被推荐者进店奖励；四是尽量满足客户额外的要求。

50. 运营管理的概念是什么？

答：所谓运营，就是创造资产增值的可能；所谓管理，就是降低保护资产的成本。运营是选择对的事情做，管理是把事情做对；运营是指涉及市场、客户、行业、环境、投资的问题，而管理是指涉及制度、人才、激励的问题。简单地说，运营关乎企业的生存和盈亏，管理关乎企业的效率和成本。

51. 汽车维修企业运营管理的六大关键指标是什么？

答：一是盈利能力，包括售后服务毛利润、毛利率、费用吸收率等；二是业务能力,包括维修台次、服务产值、单车产值、配件周转率、配件满足率、精品和延伸服务收入等;三是服务能力,包括预约达成率、一次修复率、客户满意度等;四是管理能力,包括准时完工率、准时交车率、生产率、工时效率、工单合格率等;五是内部能力,包括工位周转率、工位利用率、工位人员比例、技师效率等;六是市场开发能力,包括客户保有量、新增客户数量、客户流失率、客户回店率、市场占有率等。

52. 如何降低汽车维修企业运营成本?

答:一是零件成本控制,提升零件满足率,降低滞销库存的比例;二是时间效率提升,派工合理,提升车间的生产率和工时效率,提升准时交车率;三是设备成本降低,做好日常保养,提升设备完好率、工位周转率;四是人力成本降低,不是降低人员的工资和奖金,而是提升人员的效率,提升人均工单数量和人均贡献产值。

53. 如何进行运营数据分析?

服务顾问的日人均接车台次为 8~12 台次。

技师维修单数 = 月维修单数/维修技师总数,为 60~100 单,合理的是 80 单。

当日交车率 = 当日进店当日交车的台次/当日进店的总台次,应大于 80%。

服务流程执行率 = 执行规定的项目数量/应该执行的总项目数量,应大约为 85%。

技师生产率 = 技师实际工作时间/员工在店时间,应大于 80%。

工位周转率 = 月交车台次/(月工作日×工位数量),应大于 3。

设备工具完好率应大于 98%。

54. 如何制订年度市场推广计划?

答:这里对新车销售的年度推广方案不予介绍,仅仅介绍汽车售后的年度推广方案。每年的年末,都要制订下一年度的市场推广方案。制订原则:第一,设立下一年度售后服务产值目标、服务盈利目标、进店台次目标、客户满意目标、客户流失目标等几个关键指标,然后围绕这几个目标实施年度的市场推广方案。第二,根据本年度五大指标的完成情况,找出完成不好的要在下一个年度提升的指标。第三,根据上年度的市场推广费用的使用比例和下一年度的产值目标,来设定下一年度的市场推广费用。比如,上年度市场推广费用预算为 60 万元,实际使用 65 万元,完成了设定的 240 万元售后服务产值目标的任务。那么在下一年度还要按照上一年度的市场推广费用占售后服务产值的比例来设定,也可以略高。如果市场推广费用未使用完,但

第一章　汽车维修企业现状分析与运营策略

完成了售后产值目标，或者市场推广费用的使用超标，却没有完成设定的售后产值目标，下一年度，都要适当降低市场推广费用占售后服务产值的比例。第四，制订出市场推广计划后，企业要经过中高层会议的讨论，对于无法完成的指标要适当地调整，最后形成一个执行性较强的年度计划书。

四　精品篇

1. 如何提升精品业绩？

答：　　　　　精品产值＝销售数量×单品价格

单品的价格提升不太容易，只有靠配加高端的产品进行组合。精品产值的提升主要靠销售数量的提升实现。销售数量的提升，首先是产品配置要多元化，建立上、中、下三个价格体系的产品；其次是采用令员工满意的绩效提成体系，充分调动员工的积极性，促进销售和产值的提升。

2. 如何搭配精品项目

答：汽车精品搭配时，除了遵循上、中、下三个价格原则外，一定要形成比较完整的产品搭配，无论是车用还是车主用，都要走精细化、完整化的道路，尽量满足每个车主的需求。

3. 如何制订精品促销政策？

答：除了正常的春、夏、秋、冬四季促销以外，可以针对单独的客户群体制订促销政策，比如导航升级时制订新加装导航促销政策；召回活动时，制订预防性产品促销政策；另外，户外用品、高端皮鞋的节日促销等都可以较好地提升精品的销售业绩。

4. 如何制订精品绩效考核体系？

答：要提升精品的业绩，企业首先要制订良好的绩效考核体系。制订考核体系只需遵循一个原则：最大限度地发挥员工的积极性。可以采用分级提成模式、单品促销提成方式和积压库存促销考核方式。原则上提成比例为5%～8%。

5. 如何提升导航加装业绩？

答：一是对现有的导航不太满意的客户，推销给客户高端品牌的导航；二是原车不带导航的，推荐给客户与其车辆匹配并且符合其心理价位的导航；三是在春季旅游、秋季旅游、春节假期推出导航促销活动；四是针对出差频繁的客户，推出定期免费升级活动，以及免费道路咨询活动。

6. 如何提升汽车隔热膜业绩？

答：80%的车主购车时要在本店贴膜，为实现这个目标，对销售顾问要有绩效考核。比如，一是当月贴膜3车以上的，每车提成350元，3车以下的，每车提成200元；二是对于贴高端膜的，每车提成500元；三是对于事故车补贴膜的,提成车膜价格的5%。企业要选一两种业内知名品牌隔热膜进行推广,如龙膜、量子、贝卡尔特、3M、强生等。

7. 如何提升脚垫、座套业绩?

答:脚垫是车主的常用品,汽车4S店一般直接赠送一套,但是一部车最少需要两套脚垫,这样便于雨天及时更换。座套分春夏季凉垫和秋冬季保暖垫。对于脚垫和座套这些常用品,除了定价比较合理之外,产品配置要丰富化,要能够满足不同客户的需求。

8. 如何推广车主用品?

答:车主用品可以分为车主自己使用、自己家庭使用、送礼使用三种情况。对于汽车维修企业而言,车主用品一定要选有一定品牌知名度的产品,如果市场价格又不是很透明就比较好匹配,如茶具、厨具、皮鞋、腰带、眼镜、手包、行李包、手表、玉镯、剃须刀、按摩椅、保健品、茶叶等。同时要有一定的促销力度,比如购买即赠送20%的精品券、买一送一、免费试用或推荐有礼等。

9. 如何满足车主潜在需求?

答:任何人都有自己的潜在需求,车主也不例外。对于客户的潜在需求,如笔记本电脑、手机、手表、衣服、高端饰品等,可以采用代客购买购物卡的方式满足客户的需要。另外,定期进行客户需求的问卷调查和回访,了解客户的需求,补充新的产品和项目。

10. 如何进行汽车精品部门定位?

答:无论是汽车4S店还是一般汽车维修企业,汽车精品的销售都要放在附属的位置,都是为了提升新车的销售和售后产值。

五 延伸服务篇

1. 延伸服务内容有哪些?

答:汽车维修企业延伸服务的内容主要有自驾游、聚会、健身、育儿讲座、奢侈品鉴赏、高端车品鉴等。延伸服务不是以营利为目的的,而是吸引客户眼球的一个手段或者一个平台。借助于延伸服务活动的开展,无论企业的业内口碑、客户的忠诚度,还是新客户的加入,企业的回报一定是正数,只不过短期内无法用金钱来衡量。

2. 汽车俱乐部如何盈利?

答:汽车俱乐部的收入有车主缴纳的年费、赞助商的赞助费。车主缴纳年费可以免费参加至少六次活动;车主活动可以找赞助商,让其冠名,从而收取一定的费用。

第一章　汽车维修企业现状分析与运营策略

3. 如何获得企业赞助款？

答：年用量在50万元以上的供货商，可以让其赞助广告和促销活动；对于想进入企业的潜在合作伙伴，可以通过让其赞助客户活动、改造车间、送维修工具的方式来间接得到赞助款。

4. 如何与网络、杂志等媒体进行链接？

答：建立自己的企业网站，不仅与行业知名网站链接，同时可以让客户在网络平台上订购自己心仪的爱车，可以让客户进行预约进店，也可以让客户在客户群中找自己想结识的客户，也就是要好好发挥网络平台的功能。另外，企业建立自己的DM杂志也是不错的选择，不仅宣传了企业，还可以包装客户，吸引合作伙伴（机油供应商、轮胎供应商、油漆供应商）赞助。

六　安全生产篇

1. 如何提升门卫安全？

答：汽车维修企业的门卫制度与普通企业的门卫制度有很大的不同，他们不仅站岗值勤，而且要对出厂的车辆进行"看单放行"，在最后一道关口预防车辆的丢失。另外，访客车辆以及公司内部车辆分放不同的区域，保安负责看管。

2. 如何提升车间安全管理？

答：车间的安全分为以下几个方面：一是技师操作的安全；二是车辆移位的安全；三是用电的安全；四是用气的安全；五是使用化学试剂的安全；六是配件领用的安全；七是涂装的安全；八是试车的安全。

3. 如何提升车辆钥匙管理？

答：所有进店维修保养车辆的钥匙必须实行专柜上锁管理，维修过程中需要起动车辆或者移动车辆的，必须到车辆钥匙保管员处登记后领用钥匙，使用完毕送回并登记，车辆钥匙可以由车间主管、服务顾问主管或者服务总监助理负责保管。同时每天都要进行一次在修车辆、完工未交车车辆的钥匙登记和盘点。企业行政部和财务部每周要对在修车辆、完工未结账车辆进行一次盘点，做到车辆保管的100%安全。

4. 如何防漏电？

答：一是预防车辆的漏电，起动中不能用手接触车辆电器部分；二是预防电动工具的漏电，使用电动工具前，务必进行一次安全检查；三是预防车间设备漏电，车间用电设备由专人护理，非负责人不能直接操作；四是预防办公室漏电，办公室除办公设备和饮水机外，不能使用其他电器设备；五是车间照明用电的安全，车间应使用节电无影灯，不仅节电而且地面无影，预防事故发生。

5. 如何预防钣金涂装事故？

答：预防钣金涂装事故要从以下七个方面进行：一是打磨操作的安全；二是钻孔操作的安全；三是调漆过程的安全；四是钣金涂装过程的安全；五是漆面护理过程的安全；六是配件拆装过程的安全；七是拆卸件存放保管的安全。

七 企业定位篇

1. 如何找到企业盈利点？

答：首先分析企业所在区域的市场整体情况，分析企业的优势，定位好企业的运营方式，然后开足马力向前冲。比如品牌专修模式、专门钣金喷漆模式、快速保养模式、变速器专修模式、车辆改装模式、旧件翻新模式等。

2. 如何使企业盈利最大化？

答：首先对企业过去三年的产值和利润进行分类，找到产值排名前五位的和盈利排名前五位的项目。如果进入了盈利排名前五位的项目，而没有进入产值排名前五位，这就是企业下一步要重点关注的项目，加大推广力度，实现盈利的最大化。比如，汽车维修企业养护产品的运作，虽然养护产品产值仅占服务产值的12%左右，但是养护产品的盈利占服务产值盈利的至少20%，企业就应该在养护产品的推广上做出完整的计划。

3. 如何设定企业中长期发展规划？

答：企业的中长期计划要提前五年制订，根据企业在区域市场所处的位置，找到适合企业的发展规划。一是未来扩大规模，建立连锁店；二是增加并购；三是向上游进军，涉及零件和客户俱乐部，形成生产—运营—客户一条龙服务；四是在适当的时候打包转让；五是在一定时期退出市场。不同的规划决定了企业当下的定位和运作模式，因此企业要形成短-中-长期规划比较完美的融合。

八 汽车金融篇

1. 汽车4S店选择与金融公司合作还是与银行合作？

答：与上游厂家的汽车金融公司合作是必不可少的，最好的一个组合是客户零售信贷采用上游厂家的汽车金融公司信贷，而企业信贷采用多种组合形式，把金融成本降低到最小化。

2. 如何计算汽车4S店的新车库存融资产品的费用？

答：一是车辆管理费用，车辆管理费用（包括保险费用）将按照发车台数计算。二是融资利息，融资利率标准请参见汽车金融公司发布的公告。

第一章　汽车维修企业现状分析与运营策略

3. 存货融资利率是否与中国人民银行的基准利率联动?

答：存货融资利率属于商业行为，受中国人民银行的基准利率的影响，但不是立即联动的。从长期来看，存货融资利率会根据中国人民银行的有关商业贷款政策的调整而调整。

4. 如何确定汽车4S店的新车库存融资额度?

答：融资额度根据汽车生产厂家年度销售目标、库存周转天数以及车辆的平均批发价格（含增值税），并综合汽车4S店实际资金需求来确定。

5. 汽车4S店何时需对车辆进行还款?

答：（1）还款期限　如下任何一种情况发生后的两个工作日内，汽车4S店必须按车辆批发价格的100%还款。

1）汽车4S店将车辆销售给最终客户。

2）汽车4S店将库存的车辆，附加条件发往其二级汽车4S店。

3）汽车4S店已收车并已从最终客户处收到车款的50%以上（含）。

4）汽车4S店将车辆拖离汽车金融公司批准的营业场所或临时展点。

（2）半款付款　如车辆从汽车生产厂家发出后的180天还在汽车4S店的库存中，汽车4S店必须部分清偿此车辆的贷款，部分清偿金额为车辆批发价格的50%。

（3）融资期限到期　车辆从汽车生产厂家发出后满360天还在汽车4S店的库存中时，汽车4S店必须全额清偿此车辆的贷款。

6. 如何计算融资利息?

答：　　单台车辆应收利息 = 单台车辆贷款余额 × 存货融资利率 × 单台车辆实际融资期限

存货融资利率以汽车金融公司公布的利率调整公告为准。

利息计算从车辆自汽车生产厂家发车之日起至车辆最终清偿日止，按实际融资天数计算，算头不算尾。

7. 汽车4S店何时支付融资利息和管理费用?

答：汽车金融公司每月初计算现行利率下存货融资车辆在上月所产生的利息和管理费用，并将账单连同每台车辆详细结息单寄送给汽车4S店，并告知汽车4S店支付的指定日期。账单支付时间：当月支付上月所有车辆产生的融资利息和管理费用；还款日期以汇款到达汽车金融公司账户为准；每月15日为还款到期日，到期日如遇周末或公共假日，则为15日的前一个工作日。

8. 利息是否有发票，利息是否可以在循环额度中扣除?

答：汽车金融公司会根据相关规定出具结息单，而且按月计算。汽车4S店收到结息单，按月支付给汽车金融公司。利息不会采取从授信额度中扣除的方法收取。

9. 如何计算逾期利息？

答：如果汽车金融公司在指定的时间内没有收到汽车4S店的付款，将会自逾期日起计收逾期利息并在下月寄送的账单中征收逾期利息。逾期利息的计算方法如下：

逾期利息 = 逾期应付费用（包括融资本金、利息和车辆管理费用）× 存货融资利率 × 150% × 逾期天数

> **举例：**
>
> 某汽车4S店7月应付费用（存货融资利息+车辆管理费等其他应付费用）为1 000元，到期日为8月15日，但汽车金融公司直到8月19日才收到款项，逾期天数为4天，存货融资利率为8%，逾期利息为
>
> 1 000元 × 8% × 150% × 4/360 = 1.33元
>
> 这部分逾期利息会显示在下月账单上。

10. 库存车辆合格证的管理要求有哪些？特殊情况如何处理？

答：汽车4S店应确保在向汽车金融公司付款后才能从保险柜中领取合格证；汽车4S店付款前不得将合格证移出或转交任何其他地方保管。

汽车金融公司对汽车4S店库存融资车辆合格证的管理要求如下：

1) 合格证存放地点。车辆合格证应存放于汽车4S店指定的防火保险柜或被汽车金融公司核准的其他地址的指定防火保险柜中，并由汽车4S店合格证出入库人员（以下称"合格证管理员"）负责保管。如需更换合格证存放地址，应事先向汽车4S店金融服务总监申请并得到汽车金融公司核准后再予以更换。

2) 合格证出库许可。除复印需求外，合格证在向汽车金融公司完全清偿车辆贷款前不得从上述指定保险柜中取出。

3) 合格证入库信息。入库时，合格证管理员应在合格证登记本的"合格证入库记录"栏下填写完整的入库信息，包括入库日期、合格证编号（后6位）和车架号（后6位）栏。

4) 合格证出库信息。出库时，合格证领取人员以及合格证管理员在"合格证出库记录"栏下填写完整的出库信息，包括领用人签收（由合格证领取人员签字）、出库日期、保管人（由合格证管理员签字）签字。

5) 注释栏。如遇特殊情况需要备注，由合格证管理员或财务经理或其授权人员负责填写注释栏。

第一章 汽车维修企业现状分析与运营策略

6）汽车 4S 店对合格证月度盘点。汽车 4S 店财务经理或其授权人员最迟须在下月的 5 号前对库存合格证进行月度盘点，并在合格证登记本下方的"月末账面结余件数""月末实际盘点件数"处登记盘库数据，并在"财务经理复核"处签名确认。

7）合格证缺失处理方法。如发生融资车辆合格证的遗失、损毁、盘点短缺等特殊情况，汽车 4S 店应在第一时间与汽车 4S 店金融服务总监联系。

8）汽车金融公司对合格证盘点。汽车金融公司有权对汽车 4S 店保管的车辆合格证及合格证登记本进行不定期检查。

> **提示：**
> 合格证管理员和主管应该非常小心，保证每一辆融资车都被及时、准确地记录在合格证登记本中。如果有合格证漏记的情况，将导致合格证盘点违规和罚款，影响汽车 4S 店的盘点记录。

合格证特殊情况的处理方式：

① 正常情况下，车辆合格证在汽车生产厂家发车时随车（或邮寄）发送至汽车 4S 店。汽车 4S 店如没有随车（或合理时间内邮寄）收到车辆合格证，或对收到车辆合格证有异议，应在"整车分拨交接单"上注明，并及时接洽汽车金融公司汽车 4S 店融资作业部门，如需重印车辆合格证，应取得汽车金融公司的批准。

② 当汽车 4S 店违反汽车金融公司对于车辆合格证的管理要求发生严重违规，经由汽车金融公司管理层决定，将取消汽车 4S 店直接从生产厂家收到合格证的资格。车辆合格证将由汽车金融公司汽车 4S 店融资作业部门保管，确认汽车 4S 店还款后，通过邮寄方式向汽车 4S 店寄送车辆合格证。

③ 如汽车 4S 店领取合格证后发生遗失情况，需重印车辆合格证，汽车 4S 店须向汽车金融公司提交"合格证、铭牌、免检单补办（更换）申请表"或"合格证补发申请表"加盖公章传真至汽车金融公司汽车 4S 店融资作业部。汽车金融公司审核后，以传真方式通知汽车生产厂家办理相关事宜，制造商负责给汽车 4S 店寄发重印的车辆合格证。

11. 如何盘点库存车辆和合格证？

答：汽车金融公司将在存货融资协议项下随机对汽车 4S 店进行车辆和合格证库存盘点。该盘点将在对汽车 4S 店日常经营影响最小的情况下进行，如果汽车金融公司员工明确提出需要帮助，汽车 4S 店需给予积极协助以使该项工作顺利完成。

（1）盘点内容

1）车辆是否放置在适当的场所。
2）车辆的车况是否良好。
3）还款情况是否正常。
4）帮助汽车4S店管理库存，并确保及时按要求清偿车款。
5）车辆合格证是否按照汽车金融公司的要求管理。

（2）在盘点中通常需要汽车4S店提供的帮助
1）在进行车辆盘点中汽车4S店负有积极配合和协助盘点员完成车辆盘点活动的任务。
2）汽车4S店需对某些情况进行解释，并确保真实性。
3）汽车4S店应提供相关文件，如出库单、销售发票、客户车款交纳收据、销售合同、销售日志、车辆订购单、保修卡等。
4）汽车4S店应协助盘点员查看车辆里程表。
5）盘点车辆合格证时，汽车4S店应从保险箱中取出合格证，并提供某汽车金融存货融资车辆合格证登记本。

（3）在几种特殊情况下盘点需要汽车4S店提供的帮助
1）若有修理车辆，应提供以下信息：车辆送到修理厂的日期，修理厂的地址、电话号码和联系人的姓名。
2）非现场展示的车辆（如购物中心、广场、非4S店的展点）：提供获得4S店融资作业部事先批准的"附条件销售车辆临时展示申请"的书面证明。
3）车辆已被售出或车辆合格证已交零售客户：提供销售日志、出库单和发票并立即安排付款，提供汽车4S店零售客户的名字及车辆送回汽车4S店或交给零售客户的日期。
4）车辆退回汽车生产厂家：提供申请车辆退回的书面证明，车辆何时以何种方式退回至厂家，如果车辆没有被退回，提供其位置以及负责处理车辆退回申请的汽车生产厂家工作人员的姓名。
5）运输到其他汽车4S店或其他地址的车辆：提供该汽车4S店的名称、地址、联系方式及运输事由。
6）丢失或被盗的车辆：提供警方报告的细节，如果已经申请了保险理赔，提供相关资料。

在每次车辆及合格证盘点结束后，汽车金融公司将视情况反馈盘点结果。如后期有再次盘点，汽车4S店应给予积极配合。

◆ 第六节 汽车维修企业售后运营考核指标 ◆

汽车维修企业售后运营考核的日常指标见表1-1～表1-13。

第一章　汽车维修企业现状分析与运营策略

表1-1　一次修复率指标

指　标	一次修复率
定　义	一次性修复的工单在总工单中所占的比例
计算方法	$\dfrac{\text{一次性修复的工单数}}{\text{总维修工单数}} \times 100\%$
备　注	目标值为95%，实际最低不得小于85%
意　义	一次修复率过低表明汽车维修企业的技术诊断和维修能力不足，或者维修、检验、试车流程不完善。同时，过低的一次修复率会使客户对企业丧失信心，并最终降低客户的忠诚度

表1-2　客户满意度指标

指　标	客户满意度（CSI）
定　义	客户在最近一次接受服务后的总体满意情况
计算方法	$\dfrac{\text{成功回访的对服务表示满意的客户数}}{\text{成功回访的本月接受服务的总客户数}} \times 100\%$
备　注	理论目标值为100%，实际最低不得小于75%
意　义	客户满意度过低表明汽车维修企业的服务运营状态欠佳（技术诊断和维修能力不足、零件库存不足或结构不合理，服务顾问的工作技能不足、工作欠佳等）。客户满意度低最终会降低客户的忠诚度并导致客户流失

表1-3　零件库存周转率指标

指　标	零件库存周转率
定　义	该期间的零件销售成本和平均库存成本的比例
计算方法	$\text{周转率} = \dfrac{\text{该期间的零件销售成本}}{(\text{初期库存成本} + \text{末期库存成本})/2}$
备　注	零件销售和平均库存都应当按照成本价格计算
意　义	周转率过低表明汽车维修企业的库存结构不合理，或者总零件库存相对于车辆保有量来讲太大。这会影响企业的零件盈利能力，并占用大量资金

表1-4　维修工单数指标

指　标	维修工单数
定　义	每个月内汽车维修企业的所有机电维修工单数量和钣喷工单数量
计算方法	机电维修工单数 + 钣喷维修工单数
备　注	无理论目标值，但可根据保有量来计算最小值
意　义	分析每月的维修工单数的波动或异常变化，有利于企业发现自身问题或市场变化，从而更好地提供服务，提高客户满意度

表1-5　生产率指标

指　标	生产率
定　义	技师计时的可销售的工作时间与可用工作时间之比
计算方法	$\dfrac{\text{计时的可销售工作时间（含零售、索赔、内部）}}{\text{技师的可用工作时间}} \times 100\%$
备　注	理论目标值为100%，实际最低不得小于85%
意　义	生产率高表示有足够的工作做，车间工作流程顺畅，技师人数配备合理。生产率低则表示客户预约欠佳，零售和保修客户的入厂率不够，需要进行市场推广活动，同时也可能表示技师配备太多

表1-6　生产效率指标

指　标	生产效率
定　义	技师完成维修后，该工单的结算工时和打卡工时的百分比
计算方法	$\dfrac{\text{出票结算的工作时间（零售、索赔、内部）}}{\text{技师计时的该工单的工作时间}} \times 100\%$
备　注	实际最小值不得低于85%
意　义	生产效率过低表示技师没有在合理的时间内修好车辆，或者是技师技能不够，或者是车间的设施、设备不够完善，或者是内部流程不畅。最终会影响企业的场地使用效率，降低其盈利能力

表1-7　单个技师服务车辆数指标

指　标	单个技师服务车辆数
定　义	汽车维修企业截至当月的车辆保有量除以其机电维修技师的数量
计算方法	$\dfrac{\text{该汽车维修企业截至当月的车辆保有量}}{\text{该汽车维修企业截至当月的机电维修技师数}}$
备　注	理论值为200
意　义	按照汽车维修企业的车辆保有量来计算该企业应配备的技师数量，以免造成企业人力成本的浪费，同时，也间接地保证了维修技师的任务量和基本收入

表1-8　每工单的零件销售额指标

指　标	每工单的零件销售额
定　义	汽车维修企业固定时期内，每个维修工单的平均零件销售金额
计算方法	$\dfrac{\text{固定时期内的零件销售金额}}{\text{固定时期内的维修工单数}}$
备　注	暂无理论值
意　义	每工单的零件销售额过低说明客户车辆的车况较好，也可能说明企业的服务回访员没有很好地引导客户来维修车辆。每工单的零件销售额过高，说明客户的车辆使用成本较高，也可能说明该企业的客户中没有太多的新客户加入，是原有客户的车辆行驶里程的增加导致维修成本的提高

第一章　汽车维修企业现状分析与运营策略

表1-9　零服吸收率指标

指　标	零服吸收率
定　义	汽车维修企业的零服毛利在其当月的运营成本（不含销售部费用）中所占的比例
计算方法	$\dfrac{当月的（服务、零件、钣喷）毛利收入}{当月的（固定费用+服务、零件、钣喷营业费用+工资）运营成本} \times 100\%$
备　注	销售部费用主要指销售部人员的工资、新车利息和新车广告等费用
意　义	零服吸收率是衡量售后服务盈利能力的一个重要指标，参考值在70%～100%，如果比例超过100%，说明售后服务的毛利收入已经能够维持企业的日常运营

表1-10　零件一次满足率指标

指　标	零件一次满足率
定　义	在第一次需求时，从零件仓库直接发出的零件项数占到维修车间所需零件总项数的百分比
计算方法	$\dfrac{从零件库直接供应的零件项数}{维修车间所需的所有零件总项数} \times 100\%$
备　注	目标值为92%
意　义	一次满足率过低表明汽车维修企业的零件库存不够或结构不合理，这将导致客户为同一故障二次进厂，或失去客户。同时，也造成滞后交车或待料时间过长，从而浪费人力、物力

表1-11　总库存和呆滞库存比例指标

指　标	总库存和呆滞库存比例
定　义	呆滞零件在总的库存零件中所占的比例（以金额计算）
计算方法	$\dfrac{呆滞库存的金额}{总库存的金额} \times 100\%$
备　注	金额按采购价计算。经计算该比例为0.3%较合适。应在每个月滚动计算
意　义	呆滞库存比例高会影响该汽车维修企业的现金流和盈利能力。同时，占用库存的空间，并有在库存期间损坏的风险

表1-12　客户回访率

指　标	客户回访率
定　义	客户在其车辆接受服务的一周内接到回访电话的比率
计算方法	$\dfrac{一周内接到回访电话的客户数}{当月接受了服务的总客户数} \times 100\%$
备　注	理论目标值为100%，实际最低不能小于70%
意　义	客户回访率过低表明汽车维修企业的服务回访员配备不足，或对客户不够重视。这样就无法及时准确地得到客户对企业的意见或建议，并进行改善。如果客户不满意，一般不会主动致电企业，他们会寻求其他汽车维修企业，这样就导致了客户的流失，也导致客户失去了对企业的信任和忠诚度

表 1-13 客户信息准确率

指　　标	客户信息准确率
定　　义	经过核实后，信息准确的客户数量占成功核实了信息的客户总数量的比例
计算方法	$\dfrac{\text{信息核实准确的客户数量}}{\text{成功核实的客户数量}} \times 100\%$
备　　注	理论目标值为100%，实际最低不得小于70%
意　　义	客户信息准确率过低的直接后果就是汽车维修企业无法联系到客户，无法进行预约，也无法在召回等活动中主动联系客户，只能被动地等待客户前来接受服务。同时在企业的市场活动中，也无法将相关信息及时地传递到客户手中

汽车维修企业售后运营考核运营指标分析见表1-14。

表 1-14 运营指标分析

评估指标	合理值	说　　明
非事故车产值占总产值的比例	40%~50%	低于40%，说明客户日常保养进厂太少；高于50%，说明事故车贡献值少
深化保养产值占总产值的比例	5%~10%	
售后员工工资占总产值的比例	10%~15%	
工时产值占总产值的比例	10%~15%	
平均服务顾问每天接车台次	8~10台次	
平均工位日工单	3	每个工位平均每天接车台次
库存周转率	4次/年	
内返率	<5%	内部检查返修车辆数量/当月交车台次
外返率	<2%	客户投诉返修车辆数量/当月交车台次
客户投诉比例	<5%	当月客户投诉数量/当月服务接车台次

第二章 汽车维修企业机电服务流程

汽车维修企业的工作就是一点一滴地跟客户建立良好的关系，提高客户满意度，这就需要汽车维修企业建立相应的标准化服务流程。标准化服务流程的核心精神就是竭尽全力，为客户提供最好的服务，使客户的车辆性能恢复如初，同时也让客户感到满意。

◆ 第一节　主动揽客 ◆

招揽客户之道，在于把握客户车辆的保养时机，由售后服务部门与客户主动积极接触。这样可以确保客户车辆处于良好的使用状态，保证行车安全，尽量拉动客户回厂。

汽车维修企业运作的关键是要在日常工作中下功夫编制定期保养客户一览表，做好客户档案管理，力争及时而全面地与客户联系。

一　编制定期保养客户一览表

1）售后服务部门从客户档案中抽出定期保养对象，编制定期保养客户一览表。

① 操作方法：客户首次来店后，每隔 3 个月敦促其来店一次，并于实施日期前 1 个月的第 1 周编好定期保养客户一览表。

② 必要物品：客户档案、定期保养客户一览表。

2）根据定期保养客户一览表制作定期保养特邀函。

① 操作方法：于该期保养前 1 个月的第 2 周之前印妥定期保养特邀函。

② 必要物品：定期保养客户一览表、定期保养特邀函。

二　服务顾问负责积极开展招揽客户活动

1）服务顾问根据定期保养客户一览表邮寄定期保养特邀函。

操作方法：于该期保养前 1 个月的第 3 周寄出定期保养特邀函，客户凭邀请函可以享受工时 8.5 折和零件 9.5 折的优惠，让客户"名利"双收，拉动客户回厂，并且提前设定好每个回厂客户车辆需要做哪些检查和保养，使客户提前感觉到自己非常被"关爱"。

2）服务顾问根据定期保养客户一览表和客户档案，给已邮寄出定期保养邀请函的客户打电话联系，做进一步的追踪邀请。

步骤一：打电话追踪客户，争取做好来店预约。

步骤二：争取与打电话追踪的客户直接商谈（追踪情况要记录下来）。

步骤三：如果客户没有立即同意预约，则要把理由写在定期保养客户一

第一章　汽车维修企业现状分析与运营策略

览表上面。

步骤四：确认客户的车辆是否已报废，客户是否已搬家、换车等，服务顾问必须负责做好客户档案的修改或作废处理，并报给客户关系部门。

三　制订促销方案

服务主管与服务顾问共同研究探讨，周密制订敦促客户来店的促销方案，提升进厂台次。

1）服务顾问必须根据定期保养客户一览表，针对未来店做保养的客户的理由进行分析，找出原因，制订改进策略。

2）服务主管必须针对超过60天未来店做保养的客户的理由，进行系统的分析，研究和制订改善方案，并付诸实施。

四　客户档案的建立

客户档案是有关客户车辆和客户个人信息的有价值的信息数据库。汽车维修企业应该尽量做到为每辆车建立一个客户档案。

客户第一次来店时，服务顾问就应尽量详细地填写客户档案，了解客户要求，目标是使首次来店的客户成为企业管理内的固定客户。对于客户不愿意提供的个人资料，要给予充分的理解。已建立档案的客户，每次来店所做的保养和修理，服务顾问都要在客户档案中进行规范记录，并可根据实际情况的需要制订预约管理制度。服务顾问在客户档案相应栏目记录统计，或根据客户档案的记录填写定期保养客户一览表，方便客户来店方案的制订。

由于经常会发现诸如客户地址或拥有的汽车等信息变化，服务顾问必须时常更新相关记录，以向客户提供高质量的服务。

1. 添加新客户档案的标准

对来店新客户，必须在第一时间内进行客户信息添加，并建立客户档案，客户档案分为纸质档案和电子档案。

客户档案包括：客户车辆信息、服务和维修的记录、客户个人的资料、保养记录、车检记录、预约保养、服务记录、客户其他相关资料。

2. 如何使用客户档案

为了确保客户能够在良好状态下使用车辆和确保企业收入，服务顾问可经常给客户档案数据库中的客户邮寄定期保养特邀函，促进客户回厂进行定期保养。对于那些不来企业进行定期保养的客户，应设法弄清其原因，并利用这些信息找出企业存在的问题，以改进不足之处。

客户档案必须根据登记月份和字母顺序进行分类和保存，以方便信息管理，并能在需要时立即查到所需信息。

3. 定期保养客户一览表

每月汇集下列四项的结果并召开会议进行分析。

1）发送的直接邮件的比率（实际发送的数目/理想车辆的数目）。

2）通过电话进行直接联系客户的比率（接触客户的数目/理想车辆的数目）。

3）获取预约的比率（预约客户的数目/理想车辆的数目，包括主动客户预约比率和被动预约的比率）。

4）客户不来厂接受服务的原因，例如：

① 已在其他竞争对手处进行保养。

② 本企业服务费用太高。

③ 来厂路程太远。

④ 上次来厂时，店面服务没有达到客户的要求。

◆ 第二节 客 户 预 约 ◆

一 客户预约制度

所谓预约，就是在接受客户主动预约时，根据企业本身的作业容量定出具体作业时间，以保证作业效率，提升工位利用率，并均化每日的作业量。

客户预约制度是指每 15min 安排一个客户预约登记，每小时预约 3 个客户，这样每小时有 15min 的自由时间，既可以方便客户自己安排时间，避免客户不必要的等待，同时又可以运用这 15min 来正确识别出客户的需求。通过预约，汽车维修企业可以更好地安排工作，同时缓解服务顾问的工作压力，减少在服务高峰期的拥堵。

实施客户预约制度可确保服务部的顺利运作，还可以结余更多的时间用来讨论车辆的状况和客户的维护需求。

二 客户预约流程

客户预约流程分为以下两个主要部分。

（1）对客户

1）预约使客户可以合理地安排时间，可选择方便的时间到厂维护，计划好自己日常工作的安排。

2）当预约的客户准点到达后，可以无须等待就得到接待，这使客户到

第一章　汽车维修企业现状分析与运营策略

厂后感到快乐以及汽车维修企业专业、高效的服务。

3）客户预约时，服务顾问和预约专员每次的回答必须是一致的。当客户依照预约时刻到厂时，可以在欢迎看板上确认预约的时间，负责接待自己的服务顾问是谁，这对客户来说从一进厂就是一个很好的指示，进厂前3min，会决定客户此次接受服务之行的满意度。

（2）对企业本身

1）当超过50%以上的客户与汽车维修企业做好准点预约时，就解决了汽车维修企业每天两次高峰时段的拥堵问题（9：30～11：00，15：30～17：00）。

2）准点的预约可使企业更好地安排员工的工作，使规定的任务能够在规定的时间内完成。

3）当客户联系企业做预约时，客户需求的详情可以得到确认和做相应的更新，这使企业在日后可以有效运用这些数据做市场活动和客户跟踪。

4）不管谁负责登记预约，对每位预约的客户都使用统一的话语。使用欢迎看板是汽车维修企业在客户到达时提供的一种问候的方式，这同时也是和客户确认一次他们是否依照预约准时到来，再次强调预约流程。

除此之外，在客户来店之前服务顾问还需根据预约日期编排准备工序，汇编整理成企业经营业绩的基础资料。

做好预约服务的关键在于管理方法要简明扼要，同时让服务顾问、预约专员、车间技师以及客户都比较满意。

三　预约受理

预约受理可以由服务顾问负责。

1）根据企业的作业容量（技术工人全体的综合作业效率）受理保养预约。操作时要掌握计算公式：技术工人数×作业时间/日＝作业容量/日。受理时，服务顾问必须确认包括客户要求事项和指定时间在内的预约条件。

2）预约回厂的客户在总作业容量中所占的比例，可在确保未预约客户回厂的余量原则下，各企业自行斟酌选择适合自己的比例。受理客户预约时，服务顾问要竭尽可能照顾客户的方便。但为了避免空等，服务顾问必须劝导客户尽量在非修理高峰时间来店保养。

3）按项目设定标准作业时间，作为受理预约的依据（例如，5000km保养＝60min；1万km保养＝90min）。

4）受理预约后，服务顾问应立即制作维修管理卡，把它贴在维修管理看板上。操作方法有如下三种：

① 受理预约后,服务顾问应在定期保养客户一览表标注"已受理",把客户档案并入已受理类,归档管理。

② 维修管理卡上必须注明"客户姓名""车种""要求事项",然后将其贴于预约客户一览表内。

③ 维修管理卡应于预约当天,从作业预约移至作业管理。

预约标准作业流程见表2-1。

表2-1 预约标准作业流程

作业流程图				审 批	编 制
流程名称	客户预约流程	编号			
文件编制单位	服务部	日期			
服务顾问					客户

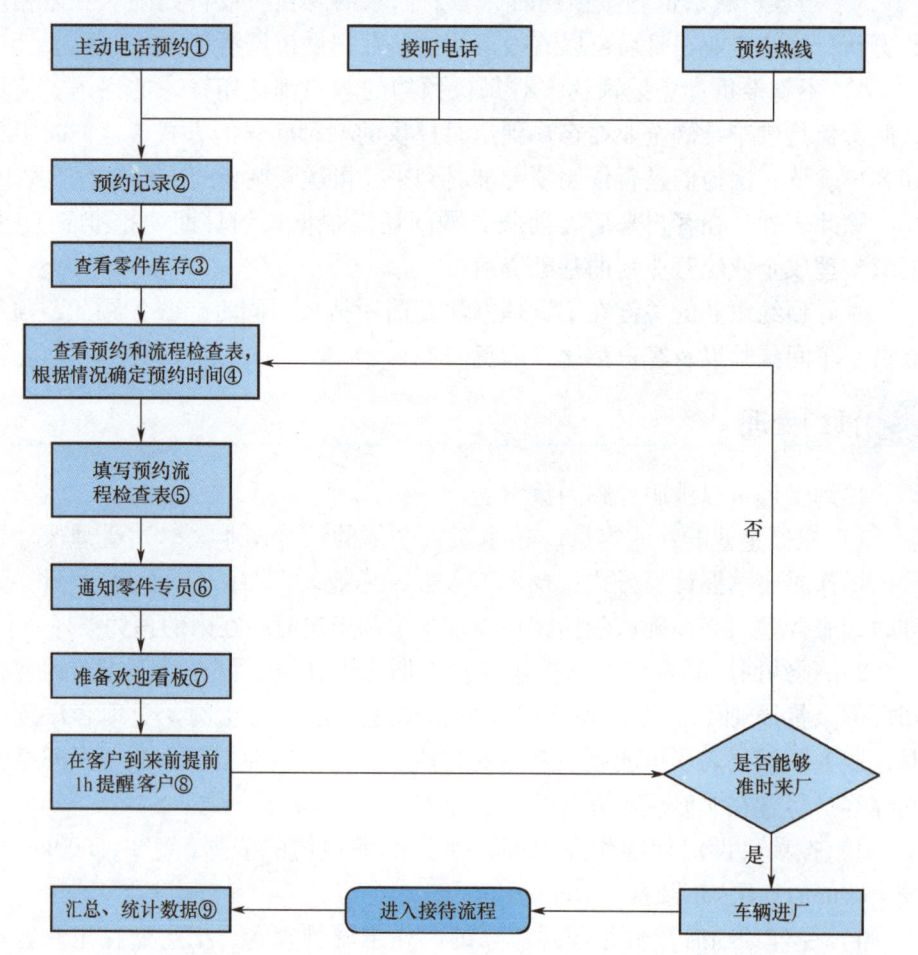

第三节　互动式客户接待

一　互动式客户接待的目的和目标

互动式客户接待可为客户提供一个友好的环境，在此可以对客户的车辆进行系统的检查；可以使服务顾问更好地了解客户的需要，展示其专业知识，更为重要的是可以建立起信任关系。

互动式检查车辆的主要目的是，通过使维修程序尽可能地透明化，帮助客户与汽车维修企业建立相互信任的关系。

1. 陪同客户检查车辆

当车辆送到企业进行维修时，汽车维修企业在进行任何修理前都应该对车辆实施"免费的检查"，并由服务顾问准确地告诉客户有关车辆的状况。该程序有助于帮助客户指出其车辆存在的所有问题，并可帮助客户确定对其车辆进行何种修理。

当对车辆实施检查，并且客户也参与其中时，因为客户能够亲自看到其车辆的状况，客户与服务顾问之间的关系将会更为融洽和信任。作为该检查程序的一部分，服务顾问还应向客户提供有关零部件的可获得性及其费用，以及准确地告知何时可以取车等信息。

在开始对车辆实施任何相关工作前，服务顾问应确定所需要的零部件。若该零部件没有库存，那么则应当采取措施尽早地获得该零部件。在与车间主管讨论分配维修技师当天的工作任务时，车辆的状况报告将有助于服务顾问计算修理所需要的时间。

2. 独自检查车辆

当车辆被送到企业进行维修时，如果客户没到场，在进行任何修理前企业也应对该车辆实施"免费的检查"，服务顾问可通过电话将费用、取车时间，以及所需要的其他修理项目等通知客户。

开始对车辆进行修理前必须征得客户同意，如果客户是公司或其他单位，则服务顾问必须在当天尽早地完成有关故障和费用的准确报告。

无论如何，客户车辆受理工作应该从与客户的寒暄开始，服务顾问对待客户要面带笑容，言谈要和蔼亲切，对于客户的陈述一定要用心听取，以免有误。服务顾问举止要彬彬有礼，行动要迅速敏捷，这是赢得客户的安心和信赖的条件。从受理、诊断、估价一直到交车为止，汽车维修企业应尽可能指定一名服务顾问专责处理。

二 互动式客户接待标准作业流程

互动式接待标准作业流程见表2-2。

表2-2 互动式接待标准作业流程

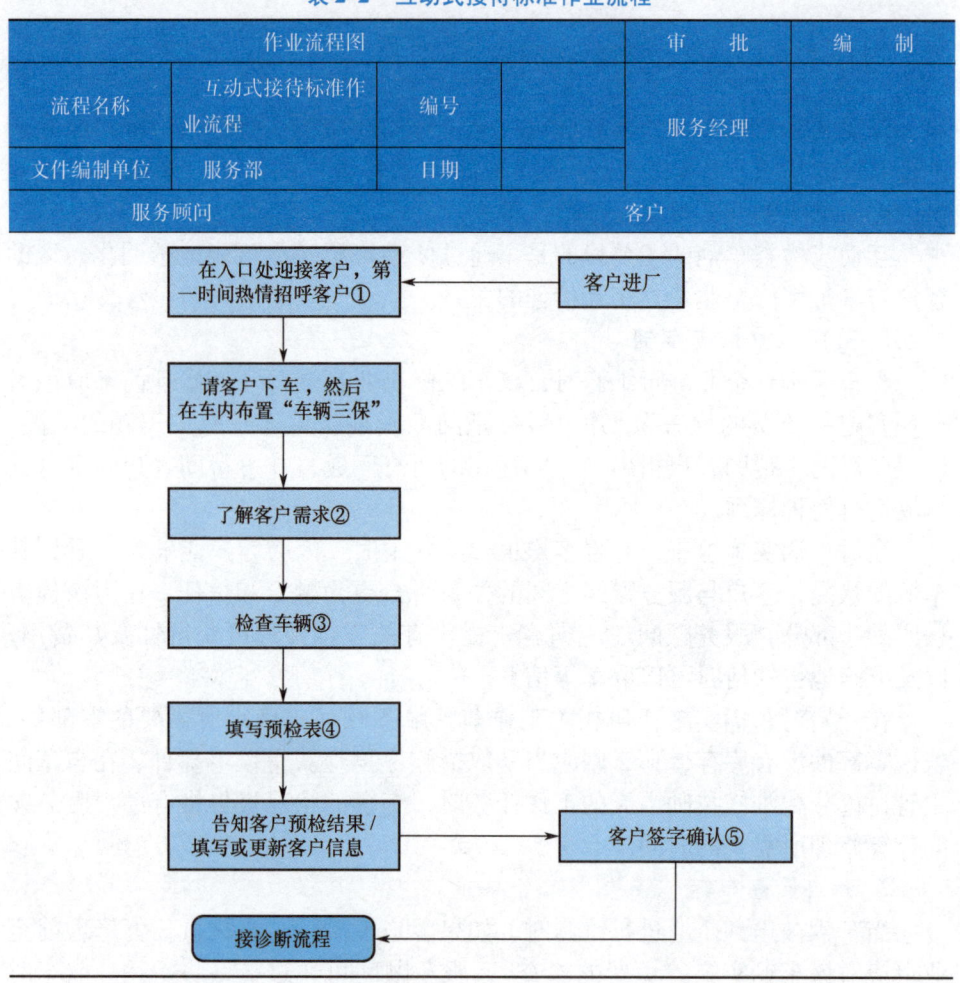

1. 服务顾问（如果忙时由专门的迎宾小姐）迎接客户

1）客户光临时，前往迎接、致意。第一印象最为重要。若服务顾问在客户抵达时能遵守下列基本原则予以接待，则通常会给客户留下一个良好的印象。注意：千万不要让客户等候。客户最痛恨被忽视而必须等待，所以在客户到达时，服务顾问应马上和客户打招呼，告诉客户你马上就来，改善接待响应时间。具体接待时，应注意以下事项：

① 用最友善的微笑接待客户。一个亲切的微笑是接待客户好的开始。

② 让客户体验到关怀之情。服务顾问应表现出对客户的关注。

第一章　汽车维修企业现状分析与运营策略

客户的车辆一定是有了问题或者到了定期保养时间，否则他不会来这里。如果服务顾问对客户的问题表现出真诚的关注，客户将很快平静下来，并对服务顾问所在的部门印象深刻。

2）服务顾问确认客户来意。获得客户、车辆信息不正确或不完整时，会衍生各种问题。例如，零件部门可能要浪费许多时间，来确认该车需要使用的正确零件；保险公司可能拒绝一项保险索赔申请。所以，服务顾问要完整填写维修工单的各个部分，特别注意日期、行驶里程及汽车 VIN（车辆识别）码。

3）服务顾问仔细聆听，确认、记录客户的意图。听到客户的反馈时，服务顾问应立即在问诊表上填写客户的要求。服务顾问在店外迎接并接待客户，安装服务三件套组件，确认客户回厂的目的，进行车辆问诊。接待时，服务顾问向客户车辆发受理号码，在车辆问诊表上填写受理号码。

服务接待区应设置专门的迎接人员（迎宾小姐）。迎接人员判断来厂的客户是否是进行车辆服务的，然后让待修客户拿顺序表等待服务顾问。

2. 服务顾问进行客户接待

接车顺序表要在服务接待区设置，平时服务顾问拿给客户，在高峰时客户迎接人员帮客户取用。

服务顾问要完成规定的一系列受理业务。即使一般修理事项，也要在所能理解的范围内填写到车辆问诊表上，然后交给由车间主管指定的技师。

3. 服务顾问受理车辆

1）服务顾问应当着客户的面为车辆安装保护罩、服务三件套。

2）车辆外观环绕检查。服务顾问应对整个车辆实施外观检查、贵重物品确认，确认车体伤痕、其他故障、超过使用界限的状态、行驶里程、VIN 码等，并填写在车辆问诊表上。车辆问诊结束后，服务顾问向客户说明填写在车辆问诊表上的内容和外观检查的结果，让客户签字。

3）确认并提供必要的服务。服务顾问应将车辆问诊表直接交给车间技师，口头交代与客户交谈的有关要求。接受车间主管派工的技师要初步确认从服务顾问处获得的信息，集中在不明点实施问诊。这一步骤，填写维修工单的人员应为服务顾问。

4）引导客户到客户休息区（不需要问诊时），此时企业全体人员要向在店内遇到的客户致意。

5）服务顾问遇到新客户，应填写新客户档案。

> 注意：
> ① 今后继续来店保养时，应与原有客户一视同仁，认真管理。
> ② 客户较忙不能久等时，填写基本的客户信息即可。

4. 客户车辆诊断和费用预估

客户车辆诊断是为了进一步确认客户车辆的故障现象，使之具体化，以便深入探讨故障原因。对于客户提出的问题，原则上必须通过车辆的故障再现手法加以确认。如果故障原因无法确定，故障的排除就不能迅速准确，故客户所述务必真实可靠，这样才能下达正确而有效的作业指示。

熟练使用 5W2H 方法：
1）Why——目标，目的。
2）Who——谁参与。
3）Where——发生地点，场所。
4）What——要做什么，有何特性。
5）When——什么时候，到何时为止。
6）How——怎么做，何种方法。
7）How much——预算，必要费用预算。

（1）询问故障现象，确认客户的反映（问诊） 技师问诊时，按受理顺序实施。如果需要咨询客户，而客户此时在休息厅等待，用号码呼叫客户，或者由服务顾问到客户休息区请客户到现场，初步确认从客户处取得的信息后开始进入问诊作业。

如果故障现象不明确，让车间资深技师进行故障现象确认，并仔细聆听客户诉说发生故障时的详情。

技师问诊结束后，服务顾问向客户说明填写在车辆问诊表上的内容和外观检查的结果，取得客户签字确认。

（2）车辆故障的再次确认 再现客户所述的故障现象，做进一步确认。
1）操作方法一：故障现象的确认，要在客户陪同下（最好与车间技师一起）进行，以便正确掌握情况。
2）操作方法二：根据需要，使用检测仪器进行测试。
3）操作方法三：如有必要应与客户一起进行试车，以确认故障现象，并填写在问诊表上。

（3）车间技师推测故障原因 如果遇到故障诊断仪器无法检测客户车辆的情况，则技师应推测故障原因。
1）根据具体现象判断其正常或异常，向客户耐心细致地询问真实情况。
2）通过诊断结果，参考故障实例集、维修手册，推测发生故障的原因。
3）根据对故障原因的判断，列出具体作业内容和所需零部件。

如果遇到原因难以判明的故障时，服务顾问可请客户留下车辆，以便进一步深入调查故障原因。

（4）服务顾问估计施工费用 在服务接待区应设有一个价目表系统。该价目表系统可以演示客户修理所需的费用，包括所需零部件的详细报告、工

第一章 汽车维修企业现状分析与运营策略

时费用及完成修理所需的时间。在同一时间内，如果客户同意以所报的价格进行维修工作，企业则承诺以所报的价格完成该项修理。这将避免使客户产生疑惑，避免不必要的"意外"，并向客户、车间和零部件部门提供详细信息。服务价格客户确认标准作业流程见表2-3。

表 2-3 服务价格客户确认标准作业流程

作业流程图			审批	编制
流程名称	目录式报价流程	编号		
文件编制单位	服务部	日期		
客户	服务顾问		车间	零件部

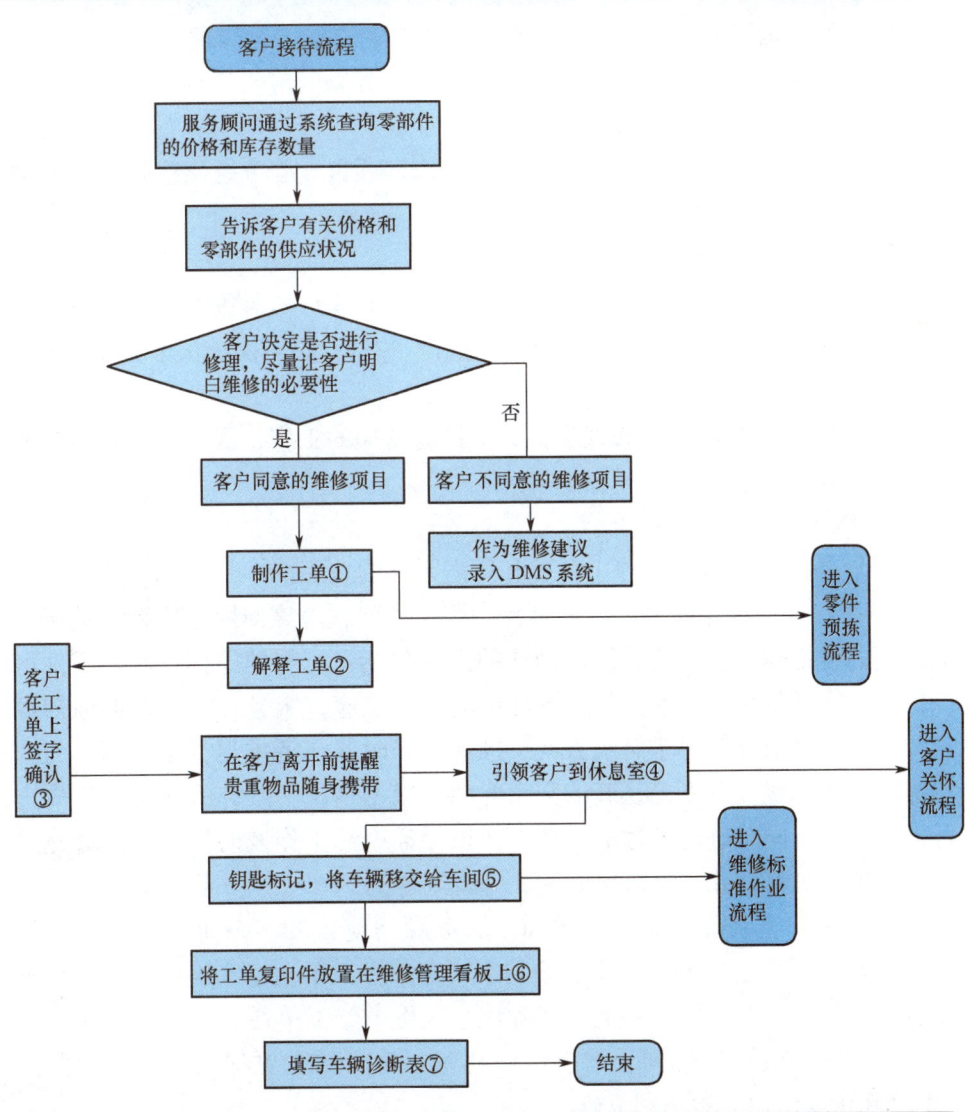

1）预估费用的目的。预估费用是在开始对车辆进行任何工作前，告诉客户准确的维修费用，做到让客户明白消费。

2）预估费用所涉及的关键因素。

① 对于客户。

a. 检查车辆之后，并在开始任何工作之前，服务顾问告知客户有关维修其车辆的费用。

b. 以在计算机屏幕上显示的方式告知客户有关的费用或"报价"，这会消除"这是大约价格"的想法，并表示提供的是"确定的价格"。

c. 若可能，在客户留下车辆前服务顾问应告知客户零部件是否有库存，或预计有可能延迟完工，让客户决定是否将车辆留下进行修理。

d. 若需要进行进一步的诊断，在诊断后服务顾问应告知客户该修理所需要的费用，通常是电话通知。

e. 若在维修的过程中发现了应增加的修理项目，服务顾问应告知客户增加的费用以及变更后的取车时间等。

② 对于汽车维修企业。

a. 一旦完成了对车辆检查，服务顾问就应向客户提供维修报价。除非需要增加维修工作，该报价将会成为最终报价，在完成维修之后就不需要再进行维修工单的"计价"。

b. 若需要对车辆增加修理项目，则针对增加的工作，服务顾问必须与客户联系并取得其同意。

③ 公开透明的服务报价。

a. 服务顾问应确认维修工时费和所需零件的费用。

b. 一旦客户确定所需的维修项目，服务顾问就应该使用报价系统进行相关方面的价格确认。报价系统需确认的内容包括：所需的零件、所需零件可以供应、零件价格、工时。如果零件不能满足供应，服务顾问应立即通知客户并向其解释情况并寻求解决方案，推迟维修时间或者推迟交车时间，为客户提供代步车辆，重新确认新的交车时间。根据情况，服务顾问可安排先进行拆装工作，同时进行零件的借调工作以保证维修工作及时完成，或者先进行其他项目维修，或推迟维修时间，等待零件到达。

c. 在客户签字确认维修工单前，服务顾问应告知客户维修项目和价格（含总价）。如果客户同意，则必须请客户在维修工单上签字确认。一旦客户和服务顾问共同在维修工单上签字确认，这份维修工单便成为企业和客户之间的具有法律效用的合同。维修价格和完工时间的变更都须经过客户同意（签字确认或微信、短信回复确认）。

第一章　汽车维修企业现状分析与运营策略

5. 服务顾问设定完工时间

1）服务顾问根据工时计算作业时间，使用维修管理看板确认作业进度。

2）服务顾问仔细了解客户要求的取车时间，以便设定交车的预定日期和时间。

6. 交车时间征求客户同意

1）服务顾问向客户说明作业内容、估计金额和交车日期及时间。向客户说明时尽可能避免使用专业词汇，力求简明扼要。

2）服务顾问向客户说明费用明细，并针对报价金额、交车日期和时间，征求客户意见。

3）服务顾问拿出打印好的显示价格的维修工单，请客户签字确认。

4）服务顾问把维修工单贴于维修管理看板上。

5）服务顾问与零部件部门联系，通知零部件出库，发送零部件出库通知单（系统自动生成或者电话通知），由零件库房打印。

7. 服务顾问向客户说明交车程序

① 向客户说明取车时，企业可以接受的客户支付费用的方法。

② 向客户说明接车维修工单的作用。接车维修工工单一式四联，各联用途如下：

第一联：客户取车联兼估价联。问诊后交给客户，内容包括估计的修理内容及费用，并获得客户的认可；同时在客户取车时使用。

第二联：维修联。由服务顾问填写，包括问诊结论、作业内容、估价，交车间技师。保养、修理作业结束后，车间技师将此单交给服务顾问，并随客户结算联一起。

第三联：客户保存联。修理结束后交给客户，内容包括技术工人实际作业内容及相关费用，客户提车后保存此联。

第四联：结算联。客户结算时交财务人员做账和结算。

> 注意：工单上要清清楚楚、明明白白地把配件费用和工时费用表列清楚，目的就是要向客户提供清晰的费用明细，既能增强客户安心感，同时也能够更好地树立企业的形象。另外，免费检查的项目最好也在工单上显示出来，让客户感觉自己的车辆在厂内受到非常好的礼遇。清晰明白地向客户报价，让客户放心地在店内消费是服务顾问报价的最终目的。

③ 服务顾问确认客户是留下等待维修完工，还是离开等通知。服务顾问把需要等候的客户带到客户休息区。如果客户不在店内等候，则服务顾问应根据客户要求向其介绍周围街道情况和邻近的交通设施。

第四节　对客户的全面贴心关怀

所有的汽车维修企业都知道客户满意非常重要，没有客户的满意就不可能有企业永续经营的基础和动力，但如何做到客户满意，降低客户投诉的发生，这是摆在每个企业面前的一个重要课题。当客户进入店面之后，人和车基本上会分开，客户在客户休息区度过30min到2h，客户关系管理部的客户服务人员如何让客户满意地度过等待车辆完工的时间，这是摆在客户关系管理部面前的重要课题。

汽车维修企业首先应该为客户提供经过适宜布置的休息区，该区域应备有电视、杂志、饮料等，还可以向客户提供带有电话、上网和打印功能的商务区，最好还能提供女士专用休息区和设有娱乐设备的儿童区。其次，还应该向客户提供车辆作为代步工具，如借用/租用车、免费班车等。通过上述服务可以向客户表明企业对客户的关心。另外，如果条件允许，可以建立自己的VIP客户休息区，提供更加贴心全面的关怀服务，如台球、影视、按摩椅、可视电话和互动电视等。

客户关怀的目的之一是，在客户的车辆进行维修时，可以使客户选择等待或是在客户离开店面时向其提供选择性的交通方案。

这一步的关键要素涉及两个主要方面：一是提供每日最新的报纸、电视和影碟机、最新的车辆产品介绍、附件资料/展示品、通向展示车辆的通道、通向车间的通道、儿童娱乐区、安静的工作区、茶水间（茶和咖啡）、女士休息区。二是在客户等待时，汽车维修企业可以借此机会向客户介绍其所设置的延伸服务项目，如汽车精品附件和车主自己使用的物品（剃须刀、户外装备）等。

如果遇到由于等待时间过长而选择离开一段时间再回来取车的客户，则客户关系管理部门应该协助客户选择借用/租用车，或者是其他的交通方式帮助客户到达目的地。

对客户的贴心关爱服务可以通过以下几方面体现：

1）为客户叫出租车（送客户去工作场所/回家）。

2）提供有关公共交通的告示，指定专人负责，时常更新该告示。如果想真正做到超越客户的期望，汽车维修企业可以免费为客户提供公交卡。

3）提供客户等待时的相关物品和服务：最新的报纸和杂志、电视、饮料、零食，设立儿童活动区、非吸烟区、上网区，建立VIP客户休息区。

客户关怀标准作业流程如图2-1和表2-4所示，企业可参考该流程进行

第二章 汽车维修企业机电服务流程

客户关怀服务。

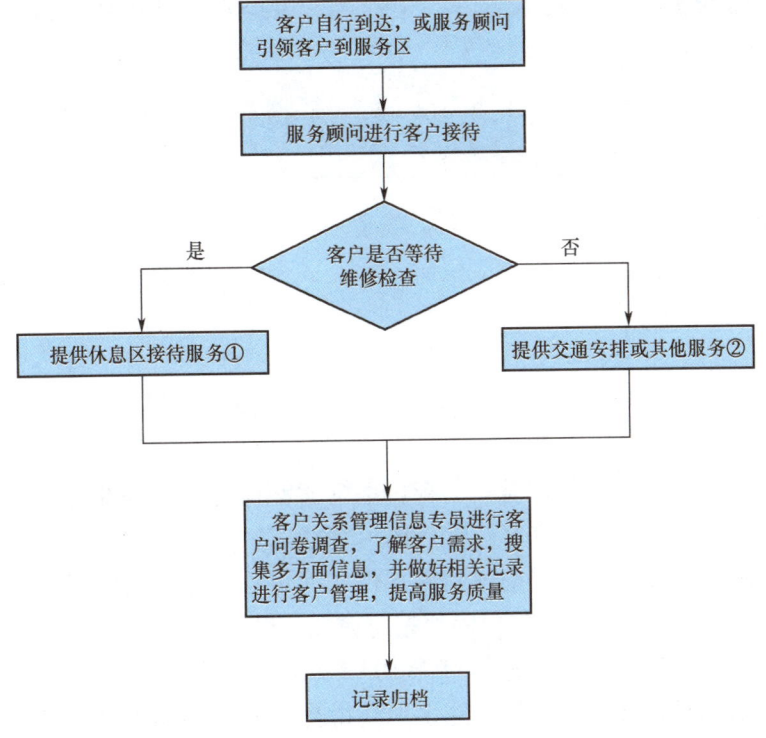

图 2-1 客户关怀标准作业流程

表 2-4 客户关怀标准作业流程

作业指导书			审 批	编 制
流程名称	客户关怀标准作业	编号	服务经理	
文件编制单位	客户关系管理部	日期		
作业编号	作业名称	作业说明及操作要点		辅助表单及资料
①	提供休息区接待服务	透明舒适的客户休息区为客户提供： 1. 茶水、饮料、棋牌 2. 商务区域、儿童娱乐区 3. 电视影碟、最新的报刊、杂志、儿童读物、信息指南、交通线路图、试驾线路图及车辆信息小提示 4. 介绍俱乐部定期多样化的客户关怀服务活动，对客户进行生日问候，派送生日贺卡，同时还为客户代办新车上牌、年检、预订酒店、机票等		

			（续）
作业编号	作业名称	作业说明及操作要点	辅助表单及资料
②	提供交通安排或其他服务	1. 服务顾问应将客户要求接送的信息提供给客户关系管理部 2. 由客户关系管理部安排车辆为客户进行短程接送服务或为客户代叫出租车服务	

总结：客户满意不仅仅是一句话或者一件事，让客户非常满意，应该从点点滴滴做起，真正让客户感到受到了贴心关爱，从而使客户对企业的忠诚度大幅提高。

第五节　零部件进销存管理

汽车维修企业内部管理统一的报价系统能够预先向零件部门提供相关信息，这样就可以及时地告知客户零件的可用状态，并同时可以向零件部递交零件预订单，以便让技师提前得到零部件，缩短等待零件的时间，有助于达到100%的零件供给，由此可以确保按时完成车辆的维修。

零部件库存管理的目标是尽可能100%地满足车间的零件需求。零件预拣的主要目的是，使零件部尽可能多地获得当天所需要的零件信息。此要素可以分成两个主要部分。

1. 零件部

1）在车辆预检时，就可以确定所需要维修保养车辆的零部件的可用状态，由此零件部可以通报（电子或手动）所需要的零件。

2）零件部的工作人员可以在技师来领料之前拣出所需要的零部件。由此缩短了等待领取零件的时间，同时零件部的员工也可以进行其他的工作。

3）零件部的工作人员较早得到所需零件的信息，就可以在技师开工之前想办法得到库存没有的零件。

4）预拣出的零件放在固定的存储区，技师可以不必等待零件专员分发而直接得到所需要的零件。

5）因为在车辆预检时就检查了零件的可用情况，所以就不会浪费由于客户不在现场而等待的时间。

2. 车间

1）在每辆车完成预检后，零件部就可以通告所需零件的可用状态，并在技师开始工作之前就准备好零件。因此缩短了为等待拣料的无效益时间。

2）零部件管理以正确的出库通知为准则，因此出库单尽量与工单同步。

第二章 汽车维修企业机电服务流程

此外,为保证维修作业的顺利完成,零件部必须抓紧再订货零部件的到位确认,以及紧急零件的订货状态,并监控具体运作情况。具体操作流程如下:

① 库管专员准备所需零部件的出库单,与服务顾问核对零部件出库通知单,安排必要的零部件出库或无库存零部件的订货。

② 仓库订货专员对无库存零部件进行订货管理。

a. 对于无库存零部件,仓库订货专员必须向服务顾问及时确认到货日期,并且让服务顾问在维修管理看板上显示。

操作方法一:把维修管理看板的维修管理卡移置于"等待零部件"栏。

操作方法二:把维修进度卡的标记移置于"等待零部件"栏。

b. 对于在库的待修车辆应根据零部件的预定到货日期安排作业。如果由于零件无库存,而客户要继续使用车辆时,则服务顾问应请客户按零部件预定到货日期办理预约来店。

c. 作业用零部件的到货日期不能保证交车日期时,服务顾问必须事先与客户联系,征得客户同意。

d. 仓库订货专员必须每日核查,及时掌握零部件的到货情况。

零件预拣流程见表 2-5、表 2-6,零件订购流程见表 2-7,零件入库流程、缺件处理流程见表 2-8。

表 2-5 零件预拣流程(作业流程图)

作业流程图						审批	编制
流程名称	零件预拣流程	编号					
文件编制单位	服务部	日期	年	月	日		
维修班组		零件部				服务顾问	

维修班组:
- 班组长派工
- 领料人到零件部领料
- 领料人记录到达时间并签名⑥
- 领料并在出库单上签名⑦
- 进入施工和品质控制流程⑧

零件部:
- 打开相应工单②
- 根据工单要求打出库单③
- 根据出库单进行拣料④
- 记录拣料完成时间⑤

服务顾问:
- 通知零件预拣①

表2-6　零件预拣流程（作业指导书）

作业指导书				审批		编制
流程名称	零件预拣流程	编号				
文件编制单位	服务部	日期	年　月　日			
作业编号	作业名称		作业说明及操作要点			辅助表单及资料
①	通知零件预拣		1. 服务顾问对确定的维修零件通过对讲机/预检单通知零件部预拣 2. 服务顾问将工单号告诉零件部			预拣零件单
②	打开相应工单		1. 在DMS系统中输入相应工单号，以再次确定需预拣的零件 2. 如果需预拣零件缺货或有变化需马上通知服务顾问			
③	根据工单要求打出库单		如果所需零件正常，则打出库单			
④	根据出库单进行拣料		安排人员预拣零件			
⑤	记录拣料完成时间		在相应表单上记录完成拣料时间			零件满足登记表
⑥	领料人记到达时间并签名		领料人在表单上记录到达时间及签名			零件满足登记表
⑦	领料并在出库单上签名		1. 领料人确认领取材料无误 2. 在出库单上签名			出库单
⑧	进入施工和品质控制流程					

表2-7　零件订购流程

作业流程图				审批		编制
作业流程名称	零件订购流程	编号		服务经理		
文件编制单位	零件部	日期	年　月　日			
总经理	零件部主管		计划员/订货员			库管员

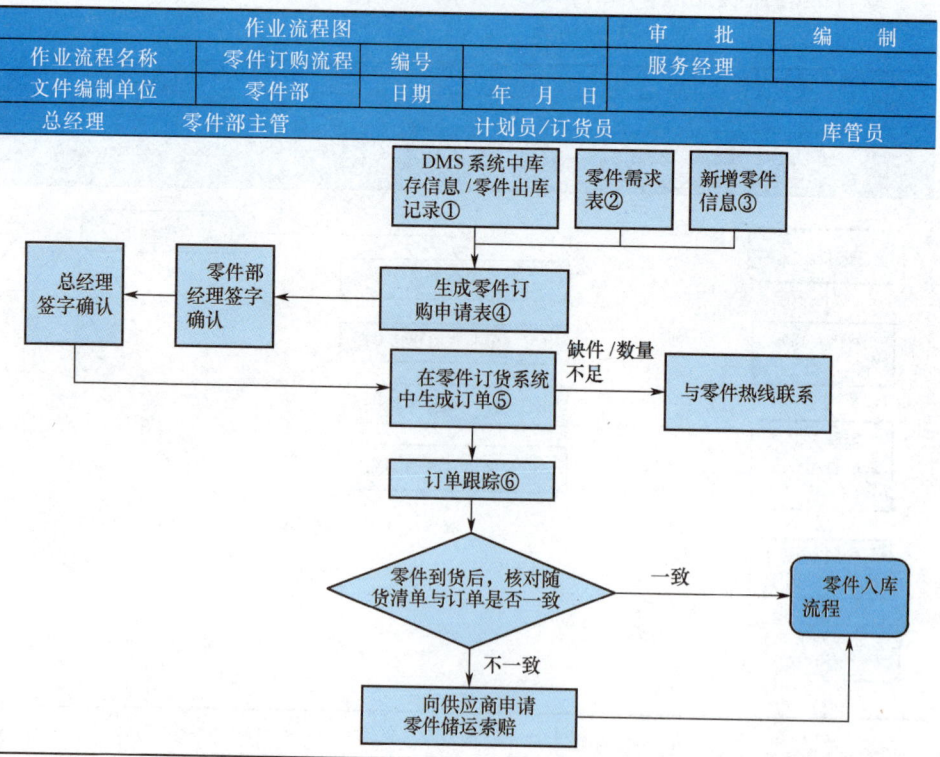

第二章 汽车维修企业机电服务流程

表 2-8　零件入库流程、缺件处理流程

作业指导书			审　批		编　制	
流程名称	缺件处理流程	编号				
文件编制单位		日期				
作业编号	作业名称	作业说明和控制重点			辅助资料	
①	服务顾问填写客户零件需求登记表，交给零件部仓库订货专员	为降低风险，服务顾问在将客户零件需求登记表交给零件部订货员前需办理相应手续： 1. 收取订金（自费） 2. 索赔员签字确认（保险付费）			客户零件需求登记表	
②	零件部仓库订货专员在客户零件需求登记表签字确认预计到货日期，将复印件交给服务顾问留存	1. 将复印件的一联给服务顾问以方便服务顾问跟踪 2. 零件部仓库订货专员将客户零件需求登记表夹在缺件看板的"未订货"栏，详见缺件看板使用说明			客户零件需求登记表、缺件看板使用说明	
③	零件订购流程	零件部仓库订货专员订货后将客户零件需求登记表转至缺件看板的"已订货"栏，详见缺件看板使用说明			客户零件需求登记表、缺件看板使用说明	
④	零件入库流程	1. 入库后零件库管员将零件存放在缺件/紧订货架上，做好标识（车牌号码） 2. 零件库管员将客户零件需求登记表转至缺件看板的"已到货"栏，详见缺件看板使用说明			客户零件需求登记表、缺件看板使用说明	
⑤	服务顾问将客户零件需求登记表交还给零件部	1. 零件库管员将客户零件需求登记表转至缺件看板的"已通知客户"栏，详见缺件看板使用说明 2. 如果客户明确不回厂更换或联系不到客户，根据服务顾问在客户零件需求登记表上的备注，将零件转至常规库存			客户零件需求登记表、缺件看板使用说明	
⑥	客户零件需求登记表存档、统计、分析	1. 零件库管员在零件出库后将客户零件需求登记表从缺件看板的"已通知客户"栏取下存档，详见缺件看板使用说明 2. 零件部仓库订货专员每月统计、分析当月缺件/紧订情况			客户零件需求登记表、缺件看板使用说明	

缺件看板使用说明：

客户零件需求登记表一式两联，零件订货专员签收后将复印联交给服务顾问。缺件看板实际上由四个板夹组成：未订货、已订货、已到货、已通知客户，并排挂在零件订货专员和零件库管员/发料员共同看得到的墙上显眼的位置。

1）未订货。存放零件部门接到的来自服务顾问的订货通知，提醒零件订货专员尽快订购。

2）已订货。当零件订货专员下订单后，将客户零件需求登记表从"未订货"栏转至"已订货"栏。

3）已到货。当零件到货入库后，零件库管员/发料员将已到货的客户零件需求登记表从"已订货"栏取下，交给服务顾问，实际上该栏应为空。

4）已通知客户。当服务顾问与客户联系后，不管成功与否，都必须将客户零件需求登记表还给零件部门，零件部人员将其存放在"已通知客户"栏。

当零件出库后，零件库管员/发料员将客户零件需求登记表从"已通知客户"栏取下存档。通过该看板，零件部人员可以通过目视方法，很方便地了解缺件的各种状态，以便及时处理。

◆ 第六节　维修作业和管理控制 ◆

维修作业管理旨在根据作业工单日期，将具体作业内容正确传递给车间技师，以保证作业的正常运行，同时方便车间主管和车间技师及时查看车辆的维修进度。

1. 车间主管进行工单分配

1）车间主管根据维修工单的内容和维修技术要求的水平，选派能胜任的技师小组进行具体施工作业。

2）车间主管向车间技师标示施工内容。

操作方法一：争取于设定的标准施工时间内完工，以便配合客户的预定取车时间，如期完工交车。

操作方法二：维修管理看板的主要负责人是服务顾问，但服务顾问较忙时可交由车间技师代管。繁忙缓解后，服务顾问必须负责确认车间技师代管时的标示。

操作方法三：返修车辆及零部件到货的待修车，必须优先处理。

2. 车间主管负责确认作业进度

1）车间主管根据维修管理看板确认作业的实际进度，如发现延误则必

第二章　汽车维修企业机电服务流程

须调整维修管理看板。

操作方法一：每天早晨、中午、下午共三次，服务顾问必须对每个工单进行进度确认。

操作方法二：重新安排维修工单时，车间主管召集相关的服务顾问和车间技师聚集于维修管理看板前，共同研究调整工单的有效对策。

2）客户车辆如有追加维修项目，服务顾问必须相应地调整预计完工时间。

3. 服务顾问控制完工时间

如因追加维修项目导致必须修改报价金额和交车预定时间，服务顾问应事先和客户联系，征得其同意。服务顾问拿着工单让客户再次签字确认，如果客户不在现场，应与客户电话联系，并征得客户同意。

4. 车间技师应采取措施对车身进行保护

维修作业开始之前，车间技师必须根据作业内容把防护器具安装于车身上。

操作方法一：要注意对客户车辆的保护，不可沾污或损伤。

操作方法二：工作服必须经常保持清洁卫生。

5. 车间技师负责进行维修施工

1）开始作业之前，车间技师必须逐一核对问诊表上反映的车辆情况是否与实际相符。

2）车间技师根据车间主管的安排进行施工作业。

3）车间技师根据零部件出库通知单领取已到位的零部件。

4）车间技师接到工单，应在指定完工时间内完成。

车间技师使用诊断仪器进行故障诊断，如果遇到难度大的故障，应由车间技术主管参与确认，应确切了解易损零件的老化情况，并在施工单中填写维修建议。更换下的零部件要保管好，如有必要应返给客户。

5）车辆完工后，车间技师必须在维修工单上填写客户所述故障原因、工作内容以及最终结果等。如果在施工中车间技师发现车辆有新的问题，应随时记入维修工单，并让服务顾问通知客户。完工的车辆应与工单一起交给服务顾问。

6. 车间维修进度管理

1）如果预测完工时间可能推迟，或发生作业内容追加，车间技师必须及时将情况汇报给服务顾问，由服务顾问与客户沟通，必要时，可以把客户带到维修车间进行现场沟通。

2）如果预测时间会大幅度推迟，服务顾问必须及时与客户联系，取得其同意。作业内容有改变时，维修管理看板的作业栏也要同时修改。

3）当完工时间、施工费用、施工项目、使用的零部件发生变化时，服务顾问必须征得客户的同意，记入维修工单，并让客户签字确认。

7. 维修管理看板的使用

车间维修管理看板应放置在服务接待区，这样服务顾问和客户可以清楚地了解维修车辆的进展情况和完工时间。同时能够在前台和车间之间建立一种可视化的管理，从而提高生产率和劳动效率，更重要的是能向客户展示维修工作都是有计划地安排，能够在双方认可的完工时间内完成。

维修管理看板的主要目的就是为服务顾问和车间技师提供最有效率的方法去进行车间生产排程。

（1）客户/服务顾问

1）在互动式预检时，使用维修管理看板可以向客户承诺交车时间。

2）通过维修管理看板，服务顾问能够掌控每个技师全天的工作量，包括培训的时间安排、不可预期的维修、非预约车辆的维修等。

3）服务顾问通过维修管理看板可以清楚地了解每辆维修车辆每个时刻的状态。

（2）车间技师　当车间技师完成一辆车的维修时，能够立刻进行已安排好的下一辆车的维修，不必等待重新指派任务，这样可以提高每位技师的工作效率。

（3）车间工单排程的意义

1）确认维修管理看板最合适的摆放位置，以最大限度地方便服务顾问和技师。

2）当进行维修管理看板位置选择时，要考虑人员的位置和走向等。例如，要看技师在什么地方拿工单，车辆停在什么地方，技师在哪里取零件等。

3）在使用维修管理看板时，要确定有哪些需求，需清洗的车辆，需要外包的车辆，待料的车辆，事故待评估车辆等。

4）确定谁需要进行维修管理看板使用的培训。

5）其他车间技师需要被分派的工作。

6）安排工作开始和完成时间。

7）每位车间技师的工作量监测。

8）待工时间。

9）优先分派已经确定的工作。

10）更新维修管理看板信息。

第二章　汽车维修企业机电服务流程

11）客户有询问时，服务顾问告知客户车辆施工进展状况。

12）车间技师及时更新数据。

(4) 车间维修管理看板的作用　车间维修管理看板是公示和组织的工具。它可为服务顾问或车间主管提供帮助。

1）安排班组的工作。

2）针对班组成员提供告示。

3）针对其他服务顾问、车间主管和管理层提供告示。

4）向客户表明其工作是在计划之中。

5）客户的询问和需要将立即得到回复。

对于车间管理来讲，维修管理看板是车间管理非常关键的一步，是车间主管用来分配班组车间技师工作的计划工具。若想有效地使用维修管理看板就需要有相应的规定、适当的沟通和所有相关部门的协作。

(5) 采用维修管理看板的益处

1）有助于提高生产率，按时完工和一次性修理成功，不返工。

2）向客户表明服务顾问或车间主管管理车间有方。

3）基于承诺的交车时间，严格地按计划安排工作。

4）成为在服务接待区和车间之间目视的通信纽带。

5）集计划工具和维修工单的收集点于一身。

6）若使用适当，可以很容易地了解可利用的空闲生产能力。

7）向车间技师显示为他们每个人计划好的工作。

8）因为便于通观全面的情况，因此很容易进行重新计划。

(6) 维修管理看板的使用说明

1）接车时间：服务顾问确认。

2）开工时间：车间主管确认。

3）计划完工时间：车间主管确认。

4）车辆清洗与否，计划清洗完毕时间：服务顾问确认。

5）承诺客户的交车时间：服务顾问确认。计算承诺的交车时间时必须采用下列公式：承诺的交车时间 = 当前时间（若不是当时就开始工作，指开始施工时间） + 在维修工单上的全部维修时间 + 15min 的质检时间 + 15min 缓冲时间（维修管理看板所列工作之间的间隔） + 15min（用于服务顾问检查车辆和开具发票） + 规定的休息时间（午饭等其他时间）。

(7) 车间主管准备工作　车间主管要有足够的时间准备和安排工单。目标是略超计划或超负荷地安排班组的工作量，使维修技师每天均达到 100% 的生产率。除了按计划延续下来的工作，车间主管在每天开始时，以天为单位安排班组的工作。有时预约的客户不能及时到厂，则要对预约的车间技师进行重新派工。服务顾问在完成下述各项工作后,可以让车间主管将车间工单分派给车间技师。

1) 车间主管与客户一同或单独检查完车辆。
2) 车间主管确定需要进行的施工。
3) 车间主管确认该施工所需要的零部件有库存。
4) 车间主管分析当天的维修能力,包括车间技师的能力和可使用性。
5) 车间主管就进行的维修项目、交车时间和价格获得客户的认可(签字)。

(8) 车间主管分派工作

1) 在完成维修工单的填写并获得客户签字后,车间主管应将其复印件及相关的文件,如预检单、历史记录和说明等放置在维修工单的存放夹内。
2) 车间主管将维修工单的存放夹放置在维修管理看板上。
3) 车间主管挑选车间技师时,建议依据下列各项指标进行挑选。
① 有能力完成该项工作的车间技师。
② 有充裕时间完成该项工作的车间技师。
③ 以前维修过此车辆的车间技师。
4) 车间主管将与该维修工单相关的时间标示出放置在维修管理看板上。
5) 维修管理看板显示开始时间,车间主管标出车间技师完成该项工作的可用时间。在每位车间技师的各项维修工作之间留出15min的富余时间,以防任何可能的超时。

(9) 车间技师和服务顾问协同使用维修管理看板 车间技师从车间主管手中拿到施工单,准备开始进行新的工作时,应当:

1) 来到维修管理看板前,核对工单。
2) 确认有维修工单一联留在维修管理看板上,并进行项目核对。
3) 注意开始时间、可用时间和完工时间。
4) 若有必要,向服务顾问或车间主管咨询不清楚的问题。
5) 在开始进行维修工单上的第一个工作时,将车辆开至施工工位并开始施工。

(10) 施工开始时间存在的三个可能性 当车间技师即将进行新的工作时,施工开始时间存在着三个可能性。

1) 开始时间就是工单所规定的开始时间,那么就准时开始该项工作。
2) 实际的开始时间比规定的时间提前了15min或更长的时间。在这种情况下,车间技师应告诉服务顾问或车间主管,开始时间比计划时间提前了。服务顾问或车间主管应重新设定工单开始时间标示。
3) 实际的开始时间比规定的时间延迟了15min或更长的时间。在这种

第二章 汽车维修企业机电服务流程

情况下，车间技师应告诉服务顾问或车间主管，开始时间延迟了，服务顾问或车间主管需了解其造成的后果，并相应地更改维修管理看板。

（11）车间技师遭遇修理时间超时 若因未预料的维修项目造成超时或不能按时完工，则必须采取下列措施。

1）车间技师必须尽早通知服务顾问。

2）服务顾问应通知客户，若有必要，就更新的交车时间征得客户同意。

3）车间主管在维修管理看板上重新分派工作。该车间技师的下一份工作则有可能分派给其他车间技师。

（12）车间技师完成工作

1）车间技师一旦完成修理工作，如无其他维修项目，应处理好以下工作。

① 在工单上记录完工时间，通知质检人员将车辆开至洗车区或交车区，并在维修管理看板上标示出该项工作"完工出票"。

② 若维修管理看板需要重新安排，则需通知服务顾问。

③ 按照车间主管的安排，领取下一个工单夹，并开始新的工作。

2）如还有其他班组维修项目，如钣喷维修，车间技师则应该：

① 记录完成时间，通知质检人员将车辆开至下一班组，并把工单夹放在维修管理看板处，并标示出该项工作"转工序"。

② 若维修管理看板需要重新安排，则需通知服务顾问。

③ 按照车间主管的安排，领取下一个工单夹，并开始新的工作。

（13）服务顾问或车间主管通过维修管理看板管理车间 服务顾问或车间主管应经常查看维修管理看板，以确保：

1）按时开始所有的工作。

2）所有早于规定开始时间 15min 的工单夹均被取走。

3）所有工作均按时完成。

4）所有早于规定完工时间 15min 的工单夹均已送回。

5）服务顾问或车间主管通过维修管理看板检查超负荷情况。

6）若已没有多余的能力，并且所有计划的工作均不能按时完成，那么在征得客户的同意后，就应当挑选出相应的维修工作，重新安排到夜班或第二天。

7）对于需要投入大量工时的工作，可以重新计划，以便获得所需要的额外时间。

8）若有必要，可通过其他方式对重新计划所涉及的客户进行补偿。

(14) 工作安排　工作排程标准作业流程见表2-9。维修变更作业流程见表2-10。

1) 较容易完成的工作（不可能延迟的工作），可以安排在接近与客户商定的交车时间进行，以便为上午未预约来店的客户留出机动时间。

2) 将较大的维修项目安排在一天的中间时段，以便有充分的把握完成工作。

3) 在一天当中为了获得额外的维修能力，可能会产生一些人为推迟修理的情况。这是通过改变较大维修项目客户的预定交车时间来实现的。

通过全面地采用维修管理看板，生产率将达到100%，车间技师也会成为在技术上支持服务顾问或车间主管的专家，他们将负责其班组工作的诊断和质量控制等。及时而有效地帮助客户解决困难，是赢得客户信任的最佳途径。解决客户车辆问题的同时，车间技师也要对其他的易损部位进行检查，并向客户提出适当有益的意见。

表 2-9　工作排程标准作业流程

作业指导书				审　　批	编　　制
流程名称	工作排程标准作业流程	编号		服务经理	
文件编制单位	服务部	日期			
作业编号	作业名称	作业说明和控制重点			辅助表单及资料
①	查看工单，明确维修项目和交车时间	1. 查看维修内容 2. 查看交车时间，如不能完成立即通知服务顾问 3. 查看其他信息：旧件、是否洗车			
②	确定维修方案，准备工具	1. 合理安排维修次序 2. 明确维修方案，必要时请求技术支持 3. 尽量一次性准备好本次维修需要使用的工具和设备			
③	领取零件	1. 第一次领取零件：工单及领料单 2. 交旧领新 3. 检查零件是否正确，在领料单上签字，记录领料时间			

第二章　汽车维修企业机电服务流程

（续）

作业编号	作业名称	作业说明和控制重点	辅助表单及资料
④	打卡记录开始时间，开始维修作业	1. 通过系统记录开始时间 2. 维修过程注意三不落地：零件、工具、油液不落地，油液泥土落地后应立即清扫 3. 维修过程中记录检查过程、结果和解决措施	车间管理制度工单规范
⑤	有无新增项目/延时	1. 如有增加项目，在工单背面记录发现的问题，需要进行的维修内容、零件及数量 2. 完工时间为工单上的交车时间提前30min（洗车）或者15min（不洗车） 3. 完工时间前30min（小修）/1天（大修）检查是否能够准时完工 4. 如遇技术、设备等方面的问题不能按时完工，确定新的完工时间，在工单背面记录要求延长的时间	工单规范
⑥	完工，自检，签字，记录结束时间，通知质检人员	1. 每项维修内容必须打"√"以示完工 2. 技师必须在工单上签字 3. 技师记录完成时间 4. 详见质检员/总检必检维修项目	工单规范、质检员/总检必检维修项目
⑦	清理工具及旧件	1. 清理工具 2. 将旧件清理干净，装入包装盒按工单要求将旧件交给相关人员： 1）客户带走：放入行李箱 2）保险旧件：交给保险理赔员 3）索赔旧件：交给索赔员	
⑧	车辆开到交车区/交给下一班组/洗车区，调整维修管理看板	1. 将车辆开到交车区/洗车区，将工单等单据交给服务顾问，将维修管理看板工单放在"完工出票"栏 2. 将车辆交给下一班组，将维修管理看板工单放在"转工序"栏 3. 同时需要将时间磁条取下，归还原处	车间维修管理看板与计划

表 2-10　维修变更作业流程

作业流程图				审批		编制	
流程名称	维修变更作业流程	编号					
文件编制单位	服务部	日期					
车间		服务顾问				客户	

（流程图：工单处理作业流程 → 服务顾问接到增加维修项目或延长完工时间的通知 → 及时通知客户，做必要的报价和解释，如客户要求则引导客户进车间现场查看，取得客户的谅解和同意 → 客户不同意的维修项目（作为维修建议录入系统）／客户同意的维修项目 → 修改工单：新增的维修项目和新的交车时间，详见工单规范 → 客户签字确认 → 将变更内容录入系统 → 将和客户沟通的结果填写到工单上，并告知维修技师，工单交还技师 → 接工单处理作业流程；调整维修管理看板，增加时间磁条，详见车间计划板与计划）

8. 维修作业品质控制

精细化的维修作业品质控制，可以最大限度地缩短返工时间，并且客户要求的所有工作都能完成。品质控制在与车间维修管理看板结合使用时，可以极大地提高车间的生产效率，并且能够提高"一次修复率"。品质控制的主要目的是确保工单的流向和完工是相辅相成的，并能够确保高品质的维修。此要素分为两个主要方面：

（1）维修工单流程控制

1）在开始维修之前，车间技师可以和车间主管讨论维修的方法，这样可以保证维修时使用的是最有效率的维修方法。

第二章　汽车维修企业机电服务流程

2）维修工单可以为每位技师的生产效率和生产率提供有效依据，这样就可以相应地改进维修方法。

3）在车辆维修完成时，车间技师可以就所完成的工作以及该车辆仍需要关注的问题做好详细的记录。

4）当完成对车辆的路试/检查后，能保证所有的维修工作都已经完成，每份维修工单需要实施该项检查的负责人签字确认。

（2）维修品质控制

1）车间技师完成每辆车的维修后，都需要对维修质量进行检查以确保该车辆的维修/保养达到满意的效果。

2）对于所有返工的车辆，服务顾问都应该予以高度重视，并且对客户的投诉做好记录登记，以便进行跟踪，使得这些问题能得到及时处理。

9. 维修工单处理说明

（1）预约人员

1）预约人员应利用所有获得的信息，填写维修工单的相关部分。

2）预约人员应将维修工单交给服务顾问。

3）服务顾问完成维修工单的填写，并将其交给客户。

4）预约人员应将所有预约客户的文件存放到相应的预约时间栏。

5）预约人员应在维修工单上标注识别号码/工号。

6）预约人员应就将要进行的工作给予详细的说明，包括计划的工时、所需要的零部件、预定的完工时间、向客户承诺的价格、付款方式、有关提供便利服务如租借车辆和保留损坏的零部件等的其他说明。

7）预约人员在维修工单上签字。

8）获得客户的签字。

9）预约人员将维修工单的客户联交给客户。

（2）车间主管分发维修工单

1）维修工单应与其他相关的文件和物品，如车辆钥匙、维修检查单、客户的文件、车辆的维修记录文件、在线汽车信息系统、技术服务公告等一起放在存放夹内。

2）存放夹应放置在车间维修管理看板上。

3）维修工单施工联交给车间技师，车间技师及时更新工单进度。

（3）零件部门预订零部件

1）零件部门应依据维修工单填写一个提料单，并预订零部件。

2）若车间技师返回了未使用的零部件，则零件部门应将未使用的零部件归位。

（4）车间技师

1）车间技师收取维修工单。
2）车间技师根据维修工单计时。
3）车间技师在已完成的项目上打"√"记录。
4）车间技师记录备注。
5）车间技师完成维修工单的填写。
6）车间技师在维修工单上签字。
7）车间技师记下完成该维修工单上的维修工作所用的时间。
8）车间技师将维修工单交给服务顾问。

（5）服务顾问
1）服务顾问安排路试，将维修工单交给路试驾驶员。
2）路试驾驶人将路试结果记录在维修工单上。
3）服务顾问将维修工单上记录的路试结果用于质量控制工作。
4）服务顾问依据维修工单开具发票。
5）服务顾问利用维修工单说明所做的工作，并告知客户预定的完工时间和价格。

（6）售后回访员
1）售后回访员收取所有的维修工单以便用于追踪联系电话。
2）售后回访员在维修工单上记录下与客户的联系情况。

（7）品质控制　品质控制是整个流程当中特殊的一环。品质控制可分为自检和互检。品质控制的重要性在于：一次性修复车辆，避免返工或将返工率最小化。

质检标准作业流程见表2-11、表2-12，返修标准作业流程见表2-13、表2-14。

（8）品质控制需要注意的要素
1）在开始维修工作之前，如果有必要，则车间技师应就维修项目进行的顺序和维修方案与车间主管或技术总监进行讨论。
2）在条件允许的情况下，尽量使用诊断仪器对车辆进行检查。
3）在开始维修工作之前，如果必要，车间技师应参照技术服务资料。
4）车间技师应使用保养检查表或相关记录单记录维修结果，以便检查。这样的检查表或记录单有助于完善维修工作，避免遗漏维修项目，使维修工作保质、保量地完成。
5）在维修过程中车间技师在每完成一项工作后，应在工单相应的项目后签字或打"√"表示确认，这样维修工作的进展状态通过工单随时可查。
6）在维修工作完成后，车间技师应检查自己的工作并且按要求完整填写工单。

第二章 汽车维修企业机电服务流程

表 2-11 质检标准作业流程（图示）

作业流程图				审批	编制
流程名称	质检标准作业流程	编号		服务经理	
文件编制单位	服务部	日期			
维修班组			质检员		

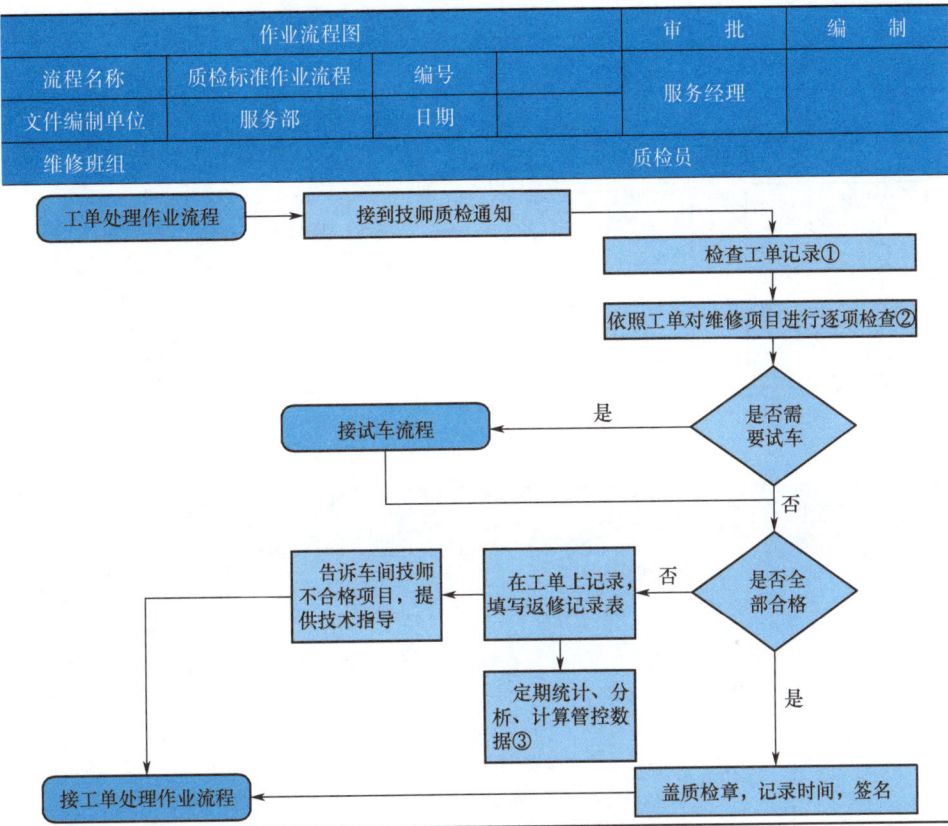

表 2-12 质检标准作业流程（说明）

作业指导书			审批	编制
流程名称	质检标准作业流程	编号		
文件编制单位	服务部	日期		
作业编号	作业名称	作业说明和控制重点		辅助表单及资料
①	检查工单记录	详见工单规范车间技师部分		工单规范
②	依照工单对维修项目进行逐项检查	1. 是否更换了零件 2. 维修方案是否正确 3. 故障是否排除 4. 维修时间是否合理 5. 如是大修车，检验标准参照国家相关标准		
③	定期统计、分析、计算管控数据	1. 每日下班前向车间主管提供当日返修记录 2. 针对返修情况提供改善建议 3. 妥善保管返修记录，定期归档		

表 2-13　返修标准作业流程（图示）

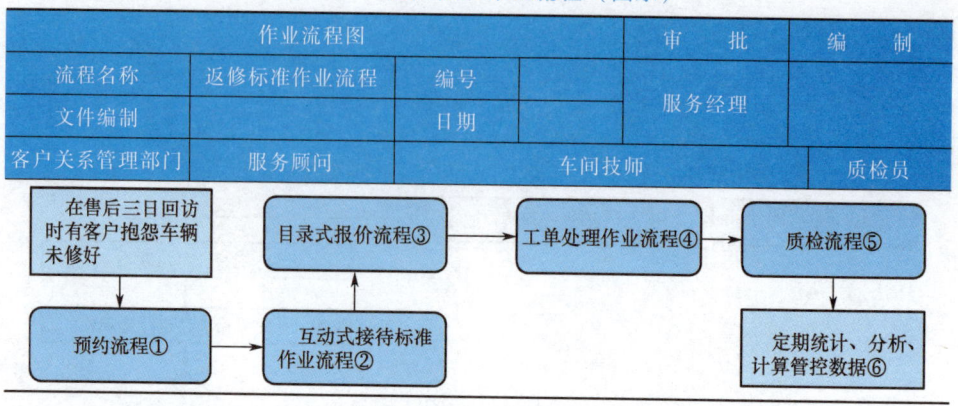

表 2-14　返修标准作业流程（说明）

	作业指导书		审　批	编　制
流程名称	返修标准作业流程	编号	服务经理	
文件编制	服务部	日期		
作业编号	作业名称	作业说明和控制重点	辅助表单及资料	
返修车辆除了执行正常的服务流程外，还需注意以下几方面：				
①	预约流程	1. 在预约流程检查表上用符号标注 2. 安排原服务顾问进行接待 3. 除了通知服务顾问，还需通知车间主管、技术主管和质检员	预约流程检查表	
②	互动式接待标准作业流程	查看上次维修记录		
③	目录式报价流程	1. 在工单上盖"返修"章 2. 使用返修车顶 3. 优先安排返修车 4. 尽量安排原技师/班组维修 5. 维修管理看板使用橙色时间磁条		
④	工单处理作业流程	1. 查看上次维修记录 2. 通知车间主管或技术主管及质检员参与维修，共同制订解决方案		
⑤	质检流程	1. 返修车辆必须由质检员/总检检验 2. 填写返修记录表，明确返修原因	返修记录表	
⑥	定期统计、分析、计算管控数据	1. 每日下班前向车间主管提供当日返修记录 2. 针对返修情况提供改善建议 3. 妥善保管返修记录，定期归档		

第二章 汽车维修企业机电服务流程

7)质量总检要对维修工作中需要检验的项目进行检查。服务经理将决定哪些维修项目需要质量总检进行检查（例如，学徒工或初级工操作的项目需要质量总检进行复查），哪些维修工作可由车间技师自检。

8)服务顾问可以根据车间技师的能力和工单中的维修项目来决定谁进行检测或路试。检验人员可由班组长、高级技师或服务顾问担任。服务顾问最终的检验项目有：

① 客户要求的工作是否都已完成。

② 完工车辆（包括车窗、脚垫、仪表板）是否清洗干净（无须检查所有的车辆，只需做到平均5台抽查1台即可）。

③ 时钟、收音机、后视镜以及座椅是否恢复原状（无须检查所有的车辆，只需做到平均5台检查1台即可）。

④ 车辆三保是否已取下。

⑤ 将品质标签挂于车内后视镜上以便客户就终检工作致电客户关系管理部进行信息反馈。

(9)工单规范

1)服务顾问（接车时）：维修工单必须包括工单号、客户信息（车主姓名、地址、电话、送修人联系电话）、车辆信息（车牌号码、VIN码、车型、购车日期、行驶里程）等内容，还要注意燃油量标注、旧件处理方式标注、详细的维修说明（尽量使用维修代码，方便零件部预先拣料）、所需要的零部件及数量、对客户承诺的价格、是否洗车、预定的交车日期及时间等细节，最后获得客户的签字，并将维修工单的客户联交给客户。

2)车间技师要在已完成的项目上打"√"，在维修工单上签字（如是保养使用保养检查表），记录维修过程、检查结果、故障判断和解决措施，记录维修过程中发现的新故障或维修建议，记下所有维修工作的起止时间。

3)班组长/车间主管/技术主管/质检员/路试人员：质检合格后在工单上签字盖质检章；如有路试，在工单上应记录路试结果。

4)服务顾问（终检时，如果工单背面设计有终检表）：在终检表上逐项打"√"，在终检表上签字。

5)回访专员要从售后部收取所有的维修工单以便用于追踪联系电话，售后三日回访专员在维修工单上记录下与客户联系的情况。

如遇客户要求救援的情况，可参考表2-15、表2-16所列的外出救援服务流程。

表 2-15　外出救援服务流程（图示）

作业流程图				审批	编制
流程名称	外出救援服务流程	编号			
文件编制单位	服务部	日期			
索赔员		服务顾问			车间

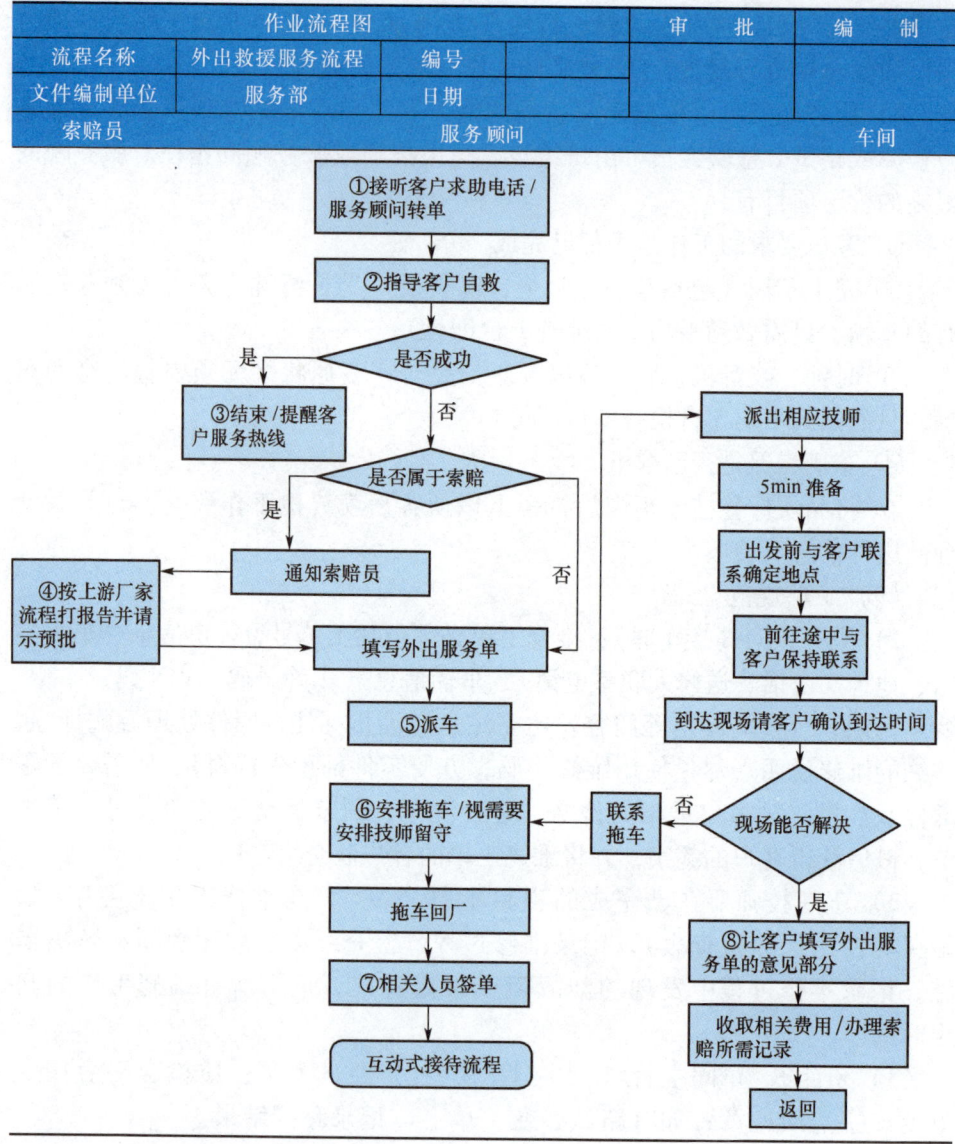

表 2-16　外出救援服务流程（说明）

作业指导书				审批	编制
流程名称	外出救援服务流程	编号		服务经理	
文件编制单位	服务部	日期			
作业编号	作业名称	作业说明及操作要点		辅助表单及资料	
①	接听客户求助电话/服务顾问转单	服务部/服务顾问接到求助电话时第一时间记录下来		客户来电登记表	

（续）

作业编号	作业名称	作业说明及操作要点	辅助表单及资料
②	指导客户自救	对于不懂操作或误操作引起的小故障，电话指导客户自行解决	
③	结束/提醒客户服务热线	再次强调24h服务热线，培养客户对企业的信任和依赖	
④	按上游厂家流程打报告并请示预批	由索赔员按照上游厂家流程确定项目	
⑤	派车	向服务经理要求联络派车	
⑥	安排拖车/视需要安排技师留守	1. 联系拖车 2. 无须拖车，但需安排人员留守，再做其他处理	
⑦	相关人员签单	外出服务人员及客户在外出救援登记表的相应位置做好记录并签名	外出救援登记表
⑧	让客户填写外出服务单的意见部分	适时向客户宣传"我们的目标是让客户非常满意"	外出服务单

第七节　车辆终检和车辆清洗

车辆完工后，在通知客户可以提取车辆之前，服务顾问务必对车辆进行最终的确定检查。所有的维修项目都需要检查，确保各项工作已经按照客户的要求并且在与客户达成的维修费用及交车时间内完成。确认无误后，服务顾问通知客户可以提取车辆。在客户到来提取车辆之前，服务顾问应登录报价系统生成易于客户理解的结算单，并打印出来。

完工终检、车辆清洗的主要目的是再一次复核车辆的维修项目，在客户来取车前完成车辆清洗，并将车辆停在完工待交区。这一步流程涵盖两方面的内容。

(1) 完工　车辆经车间技师维修、质检员路试后，维修工单交回服务顾问做结算处理。根据互动式预检时与客户达成的维修价格，生成维修结算单。服务顾问通过电话或其他方式联系客户，告知客户车辆已完工待取。

(2) 清洗　客户来取车前，客户车辆内外已经清洗完毕。为了确认客户所述故障确实已解决，服务顾问必须根据接车修理单逐一核实。此项确认工作原则上应由服务顾问办理。

1. 施工项目完工检查

服务顾问应根据维修工单和问诊表的内容逐一核实，加以确认；逐一核实与客户约定的施工内容是否全部完工；安装是否有遗漏或错误，紧固件是否完全紧固，应认真检查；如有必要应试车确认，以求万无一失；重新确认维修工单的记载有无错误；检查有无遗失物品（例如，随车工具、车辆手册等）；根据问诊表，检查外观有无损伤。终检由服务顾问负责，必要时车间质检要配合服务顾问一起进行终检。

2. 终检不合格需进行返修

1）终检发现施工有误，终检人员必须及时反馈给服务顾问，再安排返修。如因返修推迟交车时间，应与客户联系取得谅解。

2）返修结束后，车间主管必须重新安排人员进行终检。

3）车辆清洗后进行终检。

3. 清洗车辆

洗车时要采取有效的防护措施，避免车辆受到任何损伤。清洗不仅要清洗车辆外观，车厢内部也必须仔细地清理干净。

（1）车辆外观清洗　车辆清洗人员必须在确保不会出现外观擦伤、外表压陷等情况下进行洗车。

（2）车辆内部清理　清理车厢内部时，车辆清洗人员应把各部污垢及灰尘去除干净，脚垫、玻璃窗以及仪表板等各部的污垢、灰尘都要清理干净，要特别注意对作业部位的清洗。

终检标准作业流程见表2-17。完工和出票标准作业流程见表2-18。

表2-17　终检标准作业流程

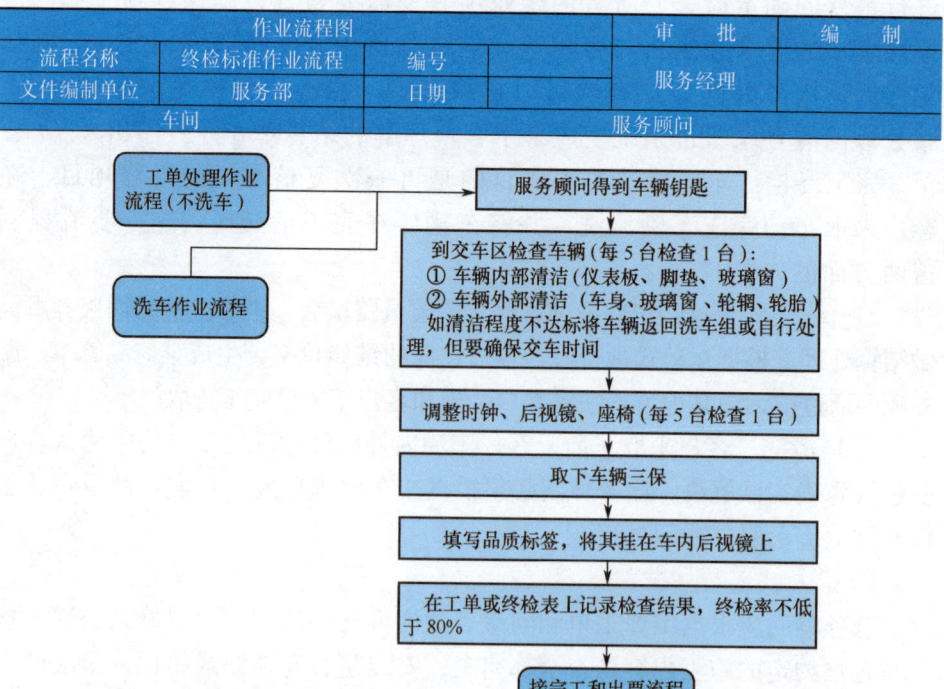

第二章 汽车维修企业机电服务流程

表 2-18 完工和出票标准作业流程

作业流程图				审批	编制
流程名称	完工和出票标准作业流程	编号		服务经理	
文件编制	服务部	日期			
服务顾问					

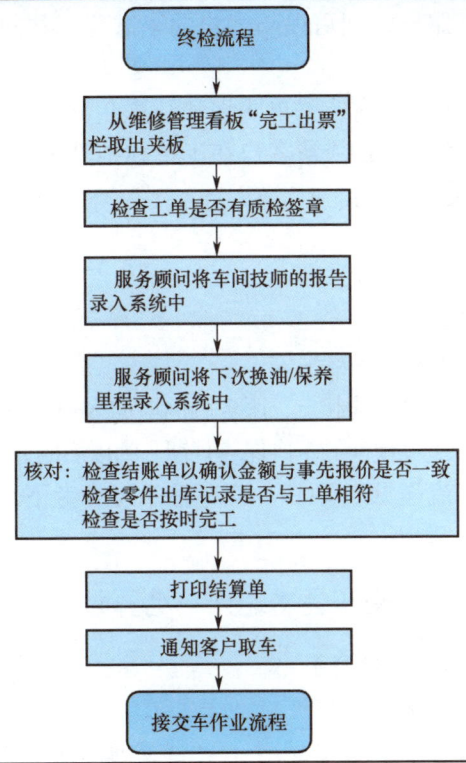

◆ **第八节 结算和交车** ◆

结账清单所记载的项目必须准确无误,并且要实施核查制度。

1. 结账清单的制作

由财务人员根据服务顾问提供的维修工单制作结账清单。财务人员将结账清单做成后,交给服务顾问。服务顾问将维修管理看板上的维修工单移至"待交车"位置,并将车辆移至待交车车位。由服务顾问通知客户提车。

2. 服务顾问向客户说明施工项目

1)客户车辆完工交车时,应将车头向外停放,让客户容易驶出。

2)针对车辆维修事项,服务顾问应向客户简明扼要地说明维修内容,根据维修工单和问诊表所列内容进行说明,解释时避免使用专业词汇,力求通俗易懂。

3)除维修工单所列内容之外,服务顾问还需向客户说明其他零部件的更换期限、行车注意事项、下次保养日期及保养项目等。

4)服务顾问应请客户亲自检查修理部位,对维修结果进行确认。如果遇到特殊作业项目,服务顾问可以与客户同车试驾,共同确认维修结果。

3. 服务费用结算

1)服务顾问应让客户确认工单明细和结算金额。
2)结算前,服务顾问必须请客户在工单和结算单上签字。
3)服务顾问向客户致谢。

4. 服务顾问送别客户

1)引导客户至交车车位。
2)取下车内护罩。
3)热诚欢送,祝客户一路平安。
4)交车是客户下次再来的起点,服务顾问应向客户认真说明易损耗零件的老化情况,以及根据行驶里程预计的下次保养日期,为以后的业务开展打下基础。

标准的服务交车流程见表2-19,交车话术可参考下列话术:

交车话术之一:结算时

(拿着结算单向客户解释)
×××先生/女士/小姐:
　　我们这次为您的车子做了_____(结算单上的维修项目),经检验全部合格,完全可以放心使用。这次的维修费用一共是_____(结算单上的维修金额),其中工时费是_____(结算单上的工时费用),更换了_____(结算单上的零件),零件费用是_____(结算单上的零件金额),为了确保您的行车安全,我们还免费为您检查了轮胎气压和各种油液,并且免费将车清洗干净了。在这次维修过程中,我们检查到您车子的_____(结算单上的维修建议)需要更换了,下次_____(具体的保养里程)回厂保养时请记得更换。如果您没任何异议,请这边付款。

交车话术之二:提醒三日电话访问

×××先生/女士/小姐:
　　我们的服务回访员会在三日内对您本次维修做电话访问,请问什么

第二章　汽车维修企业机电服务流程

时间与您联系比较方便？

您的联系方式是不是_____（工单上的联系电话）？

在工单上注明回访时间，如果客户不愿意接受回访，在工单上注明。

交车话术之三：询问服务质量

×××先生/女士/小姐：

您认为我们还有什么地方可以做得更好？

如果客户有，记录下来。

如果客户表示满意，则：

谢谢您的支持，您看如果您接到回访电话可不可以帮个忙，回答非常满意，这对我们非常重要，也是对我们工作的最大支持。

交车话术之四：提醒下次回厂时间

×××先生/女士/小姐：

您的车辆现在的行驶里程是××万km，下次回厂里程数是××万km。根据您过去的行驶里程记录，大概4个月后您应该再次回来保养。下次再见，有什么需要帮助之处，随时联系我。

谢谢，一路平安。

表2-19　交车标准作业流程

作业流程图				审批		编制	
流程名称	交车标准作业流程		编号		服务经理		
文件编制单位	服务部		日期				
服务顾问				客户		财务部	

流程图：

服务顾问：
- 完工出票流程
- 陪同客户到收银台
- 请客户出示取车凭证
- 向客户解释结算清单
- 提醒客户三日后电话访问
- 陪同客户验车

客户：
- 客户到达
- 客户签字付款

财务部：
- 开发票和出门条

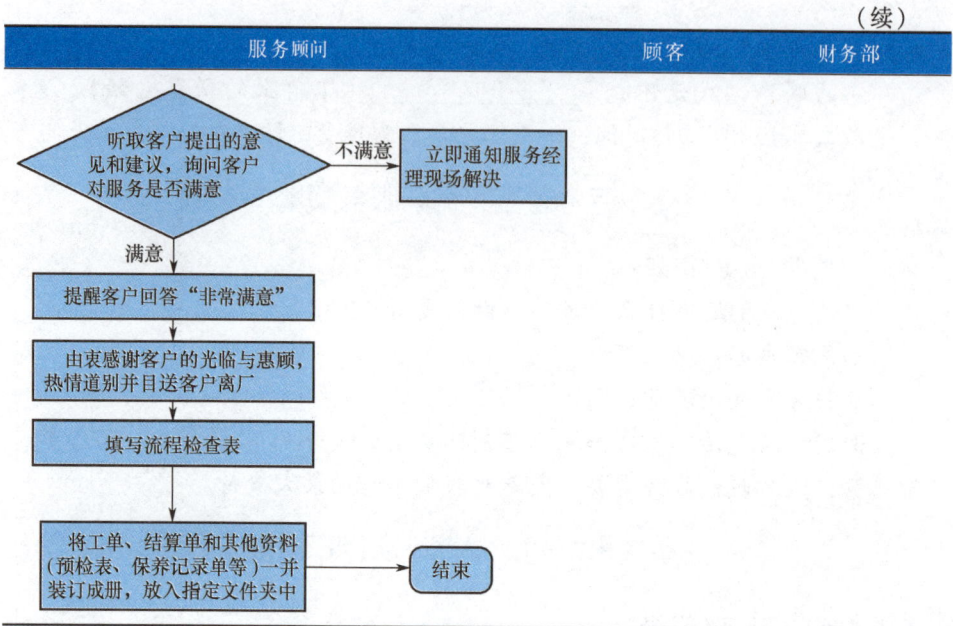
(续)

第九节　客户跟踪服务

客户提车后3~5天之内，服务回访员联系客户，了解客户对本汽车维修企业所提供的所有服务是否完全满意。这样做一方面可以显示出本企业对客户及其车辆的关怀，也便于客户提出所有疑虑或问题；另一方面汽车维修企业也有机会根据客户的反馈信息发现服务中存在的不足之处，进而在企业内部进行持续的改善。

客户跟踪服务的主要目的是了解客户在本企业的服务经历是否令他/她完全满意（不只是维修），同时希望客户能够提出相关的反馈信息。这一流程涵盖两方面的内容。

(1) 客户满意度

1) 服务回访员询问客户在汽车维修企业的服务经历的满意程度，而不单是车辆维修服务的满意程度。

2) 服务后回访再次向客户表明汽车维修企业非常重视跟客户的关系。

3) 汽车维修企业的最终目标是尽可能长时间地留住客户，因此，客户对企业提供的服务是否满意极为重要。

(2) 获得客户意见反馈　无论客户的反馈意见是正面的，还是负面的，对企业都是有价值的指导意见，可用来提高当前的服务水平，同时也可使之作为企业不断提高的一种衡量手段，而不仅仅是让客户满意。

第二章 汽车维修企业机电服务流程

为了确认服务效果，同时也为了给客户以后的再度光顾打下良好基础，客户的跟踪服务是重要的业务环节之一。

1. 与客户确认作业成果

1）汽车维修企业应利用每日交车记录建立追踪管理卡。

2）汽车维修企业应以来店的客户为对象，开展追踪服务活动。

具体的操作如下：服务顾问向客户的来店表示谢意，向客户询问对服务是否称心如意；确认费用、交车环节是否满意；听取客户的感想，询问有无其他意见；对于深感不满的客户，必须耐心听取具体原因，并及时向服务经理反映，同时研究改善对策。

3）服务顾问把追踪结果记入追踪管理卡，申报服务经理。

2. 客户跟踪管理

客户车辆的保养或维修结束后，服务顾问应给客户打电话，感谢他们来店，并确认服务质量是否达到了其要求，用车辆档案向客户核实车辆保养或维修的全面结果，并在跟踪管理表格上记录这些结果。

1）服务顾问应汇集跟踪接触的结果，并定期向服务经理汇报。

① 已跟踪接触的比率（已接触的客户人数/应接触的客户人数）。

② 对服务质量满意的比率（对保养服务结果满意的客户人数/已接触的客户人数）。

③ 预算内完工的比率（按约定金额付款的客户人数/已接触的客户人数）。

④ 预定工作日程内完工的比率（保养服务在约定时间内完工的客户人数/已接触的客户人数）。

2）如果客户对保养服务的结果感到不满，服务顾问应向服务经理汇报，并采取行动解决问题。

3. 问题解决和预防

客户对企业服务有任何投诉或疑惑，都表明企业与客户之间存在一定的信任危机。如果没有客户的反馈信息，企业管理层和员工就不可能知道他们在为客户提供服务时存在的不足之处，也不可能有机会进一步改善服务品质。企业对客户提出的每一个问题都应给予极大的关注和重视，所有能让客户满意的解决方法都值得尝试，还应记录、分析存档客户反馈的每一条信息，以便发现影响服务水准的问题，并尽快解决。

4. 服务后三日回访

（1）服务后三日回访　服务后三日电话回访的标准作业流程见表2-20、表2-21。

（2）服务后回访的电话标准话术

"×××先生/女士/小姐，您好！我是×××汽车维修企业的服务回访专员×××。我现在想用两三分钟的时间做个回访服务。您现在方便吗（如对方是用手机，可问方便的座机号码）？"

如果回答"方便"："首先非常感谢您上次来我们这里做维修/保养。"如果回答"不方便"，则另约时间，并感谢对方。

"×月×日您在我们这里做了_____（工单上的维修项目），请问车辆的故障排除了吗？"

如果回答"没有解决"："非常抱歉！请问您什么时候有时间回厂，我帮您做个预约，好让我们的技师再做个检查（接预约话术）。"

如果回答"已经解决"："请问您对这次的维修经历是否感到满意呢？"

如果"满意"："非常感谢您对我们工作的支持，如果您以后有任何需求或有什么我们能为您效劳的，请随时跟我们联系。若您接到上游厂家的电话访问，能否回答'非常满意'？"

"非常感谢，再见。"

如果"不满意"或"一般"："能否告诉我们有哪些需要改进的地方？"记录下客户的问题或原话。

"非常感谢您的支持，如在车辆的使用过程中遇到任何问题，请拨打800-××××××××（预约热线），我们非常乐意为您服务，祝您驾车愉快。再见！"

（3）客户投诉处理 如果客户对服务不满意，并提出了很多投诉和意见，则按照表2-22所列的投诉处理标准作业流程进行相关操作。

表2-20 服务后三日电话回访标准作业流程（图示）

作业流程图			审批	编制
流程名称	服务后三日电话回访标准作业流程	编号		
文件编制单位	客户关系管理部门	日期		
服务回访专员				

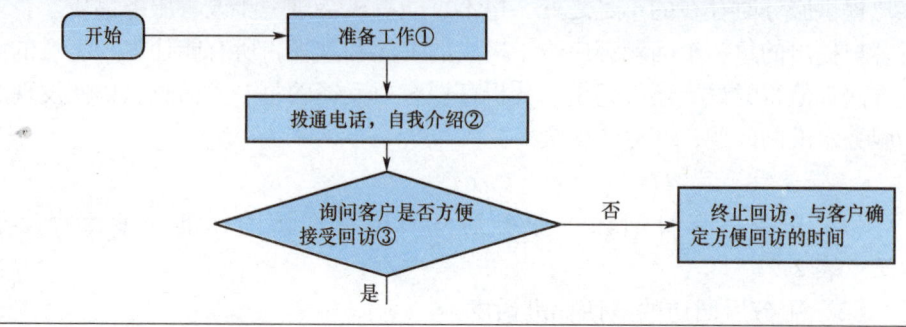

第二章 汽车维修企业机电服务流程

(续)

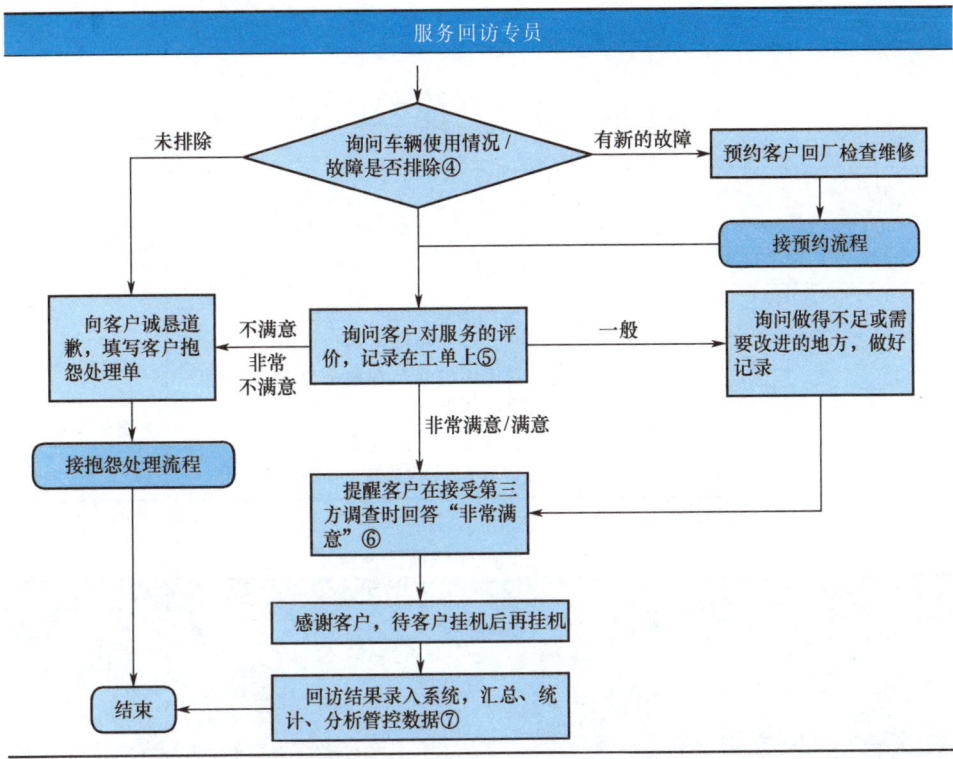

表 2-21 服务后三日电话回访标准作业流程(说明)

	作业指导书			审 批	编 制
流程名称	服务后三日电话回访标准作业流程	编号		服务经理	
文件编制单位	客户关系管理部门	日期			
作业编号	作业名称	作业说明和控制重点			辅助资料
①	准备工作	1. 准备好需要回访的工单 2. 按照客户的方便时间回访			服务回访的电话话术
②	拨通电话,自我介绍	1. 如果电话打不通,至少联系客户三次 2. 如仍不能联系客户,寄客户联络卡			服务回访的电话话术、客户联络卡
③	询问客户是否方便接受回访	详见服务回访的电话话术			服务回访的电话话术
④	询问车辆使用情况/故障是否排除	详见服务回访的电话话术			服务回访的电话话术

（续）

作业编号	作业名称	作业说明和控制重点	辅助资料
⑤	询问客户对服务的评价，记录在工单上	1. 详见服务回访的电话话术 2. 回访结果记录在工单上	服务回访的电话话术
⑥	提醒客户在接受第三方调查时回答"非常满意"	详见服务回访的电话话术	服务回访的电话话术
⑦	回访结果录入系统，汇总、统计、分析管控数据	1. 每周整理回访记录和客户投诉，形成报告，向总经理报告，同时交由客户关系管理部门经理和服务经理以便服务部采取行动改善 2. 监督服务部门改进 3. 每天统计管控数据（服务回访部分）	服务回访周报 整改措施

表2-22 投诉处理标准作业流程

作业流程图			审批	编制
流程名称	投诉处理标准作业流程	编号		
文件编制单位	客户关系管理部门	日期		

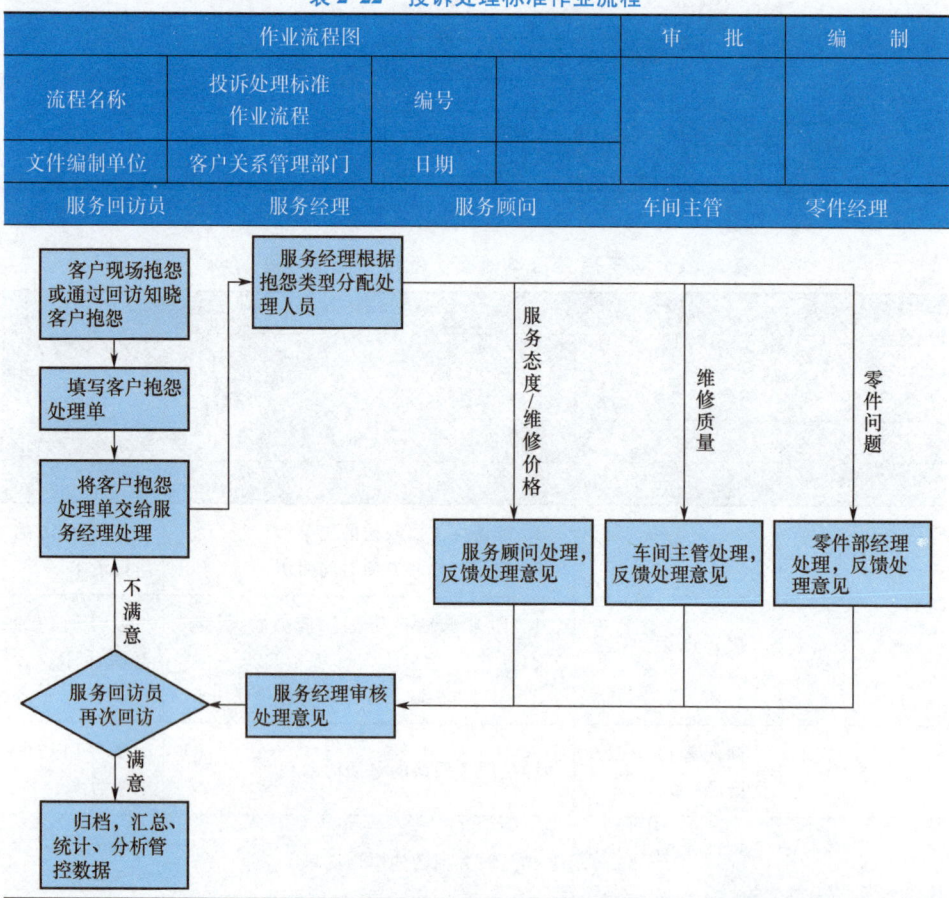

第三章

汽车维修企业钣喷标准流程

第一节 客户预约

一 目标

实施钣喷维修业务预约系统，给事故车服务顾问预留足够的时间对维修费用进行预估，以及对必需的维修工作内容做出清楚的解释。设计并使用预约日志，记录接送、代步车（如果有）、其他可供选择的交通工具的使用情况。

二 参与者

本步骤的参与者主要有：事故车服务顾问、CRM（客户关系管理）接线员。

三 流程描述

汽车维修企业应设立预约电话专线，确保电话响应（立即接听电话，最迟第三声电话铃响时接听电话），CRM接线员用标准话术与客户交谈，记录客户需求，登记预约日志。图3-1所示为预约登记流程。按照此流程进行钣喷维修业务预约登记有利于规范预约流程和提高客户预约率。

CRM接线员在接听电话时应该注意以下问题：

1）立即接听电话，最迟在第三声电话铃响时接听。
2）向客户表达友好的问候（使用电话术语）。
3）开始更新钣喷预约日志。

注：预约日志中涉及的所有信息都必须收集，同时还要参照其他相关的流程。

4）如果给出的信息不准确，记得提问。
5）确定客户清楚地知道本企业所能提供的服务。
6）记录所有相关的内容。
7）注意维修类型，如返修、保修索赔等。
8）就达成的内容和时间与客户进行确认。
9）以一种积极、友好的态度结束本次通话（……非常感谢您选择我们公司……谢谢您打电话来，祝您愉快；……我们会按照您要求的服务事项安排一切的）。

CRM接线员在传递这些信息时，将第二天的预约日志提前一天送给钣喷服务顾问。

第三章　汽车维修企业钣喷标准流程

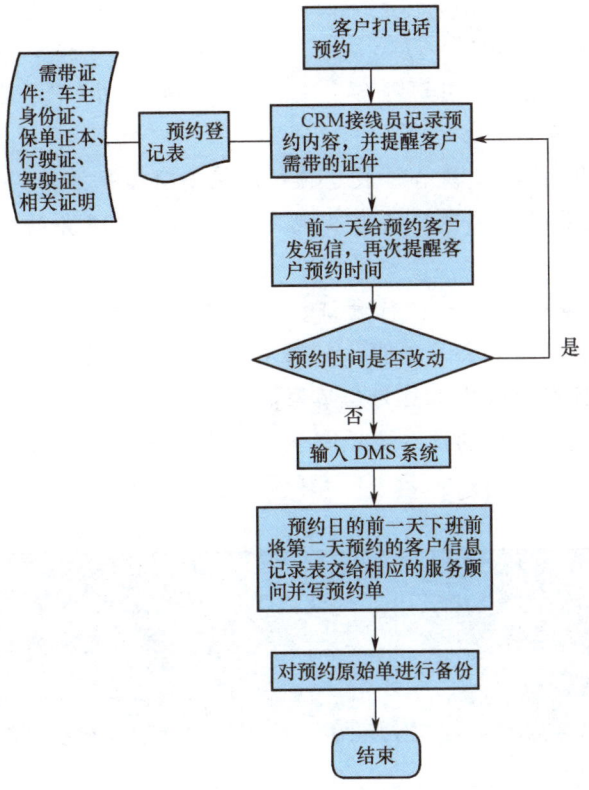

图 3-1　预约登记流程

事故车服务顾问如果因前一个客户推迟，不能按照计划接待下一个预约客户，一定要保证等待的客户有人接待。

四　钣喷预约话术（接听预约电话）

1. 自我介绍

"您好！×××公司客户关系中心。××为您服务。"

2. 询问预约项目

"请问您预约保养还是钣喷（对照相应的预约记录单）？"

3. 安排预约时间

"××小姐/先生，您的理想来店时间是什么时候？"

选择 A："可以在这个时间段预约（继续下一个环节）。"

"我帮您查了一下，在这个时间段可以为您提供服务。"

选择 B："不可以预约。"

"非常抱歉，这个时间段我们已经预约满了。我这里有另外的时间您看是否方便过来（提供两个时间段供客户选择）。"

4. 询问预约内容

"请问怎么称呼您?"

(××小姐/先生,可直呼客户姓名,显得很亲切)"请告诉我您的相关信息、车牌号码及联系方式?"

"××小姐/先生,请告诉我您预约的钣喷项目是什么?"

"除了上述您所说的项目还有其他需要我们为您服务的吗?是否还有保养项目?"

"麻烦您带齐相关证件:行驶证、驾驶证、投保人身份证、保单,如是划痕请携带小区物业或公司证明,如果不知道如何填写证明,可盖好相应公章后到店,由我们的服务人员为您填写。"

对于保险理赔客户的预约要填写表3-1所列的保险理赔预约表。

表3-1 保险理赔预约表

日期: 　　　星期: 　　　事故车服务顾问:

客户序号	预约时间	到达时间	客户姓名	车型	车牌号码	客户的要求	电话号码	自费维修	出险维修	交通事故证明	物业证明	保险公司	保养是否需转机修	备注
1	8:30													
2	9:00													
3	9:30													
4	10:00													
5	10:30													
6	11:00													
7	11:30													
8	12:00													
9	12:30													
10	13:00													
11	13:30													
12	14:00													
13	14:30													
14	15:00													
15	15:30													
16	16:00													

5. 答复具体取车时间

"因现在看不到您车的具体情况,在您到店报险时,我们的事故车服务顾问将会根据您车的具体情况告知您具体的取车时间。"

6. 询问是否知道本公司的地址

"您知道到我公司的路线吗?"若客户不知道,详细告知。

7. 重复预约内容

"××小姐/先生,我向您重复一下您这次的预约内容,您的预约是在×月×日×时,车牌号码是×××××××,预约内容是……(重复预约内容)。"

8. 提醒客户准时到达

"我公司的××(安排的事故车服务顾问名字)将会在接待区等候您的到来!请您准时到达,为确保您的利益,如果您晚到5min或有其他的变动请您与我联系。我们将在预约的前一日为您发预约提醒短信!谢谢您的致电,并祝您愉快!"

第二节 道路救援

一 目标

道路救援流程是为了确保客户在遭遇交通事故/车辆抛锚而使车辆坏在路上时,通过联系汽车维修企业,能够立即引起有关人员的关注,并将这次事故记录存档,同时通知所有相关人员,进行道路救援,在第一时间把客户车辆拖回厂内。

二 参与者

本步骤的参与者主要有:事故车服务顾问、CRM接线员、事故开发专员、值班保安、救援人员。

三 道路救援流程描述

汽车维修企业应设立24h救援固话服务热线,夜间时,固话转移至值班人员手机上,确保电话响应。值班接线员用标准话术询问客户是否发生事故,如果回答"是",就立即转给事故开发专员,第一顺位是事故开发专员1,第二顺位是事故开发专员2。两个事故开发专员的任何一人接到电话后,在安抚客户的同时,请客户简述车辆损失情况及事故经过,并及时报警(拨打122),记录客户的相关信息;同时告知客户拨打车辆投保保险公司的报案电话,并要求派救援车,将车运送到本企业或者派车把出险事故车拖回。

事故车服务顾问打电话给客户询问拖车情况以及大概到达的时间,请客户耐心等待。如夜间发生事故,并通知夜间值班保安到时开门放车进厂。

CRM接线员在工作中应注意以下事项:

1)立即接听电话,最迟在第三声电话铃响时接听。

2)向客户表达友好的问候(使用电话术语)。

3)准确记录客户信息(用便条纸尽可能详细地记录客户的信息,不是很准确时记得提问)。

4)向客户保证救援流程将会马上开始,如果没有办法马上开始,提供一个可以实施救援的时间,但一定不要拖延。

道路救援流程如图3-2所示。

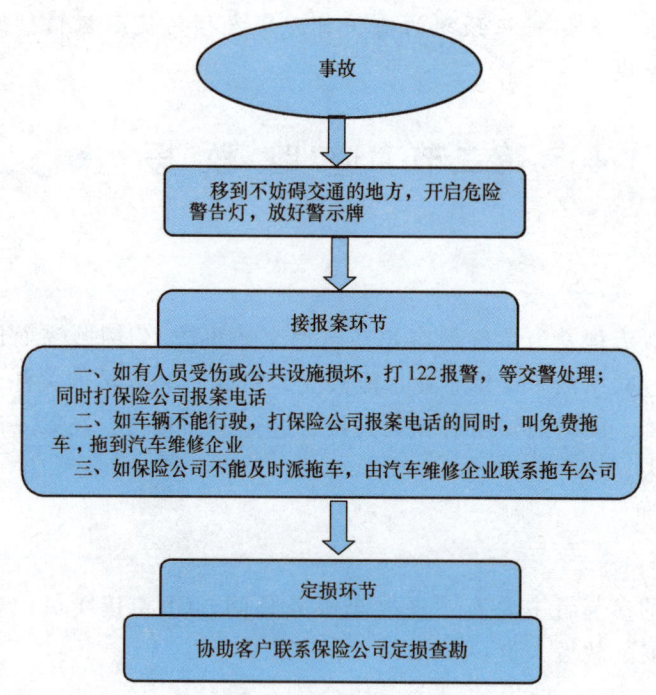

图3-2 道路救援流程

四 救援电话接听话术

CRM接线员:"您好!这里是×××汽车维修厂。我是企业救援热线的接线员×××,很高兴为您服务!请问有什么事可以帮助您?"

客户:(讲述打电话的原因)。

CRM接线员:"请问您贵姓,您的联系电话、车牌号以及救援地点,您

第三章　汽车维修企业钣喷标准流程

需要哪些服务事项，请您告诉我有关的具体情况，以便我们尽快为您安排救援服务。"

CRM接线员一定要保持平静和耐心。记住，客户刚刚经历一次交通事故，心情非常糟。接线员收集完所有必要的信息之后，将电话转到事故开发部。

事故开发专员："您好，我是事故开发专员×××，请问，我能为您做些什么？"问候之后听客户描述出险经过，根据具体情况，指导客户进行事故处理。最后给客户答复："谢谢您的来电。我们马上开始准备，保险公司的救援车会很快和您联系。如果您愿意，您可以在车上等候，救援驾驶员会将您的车拖至我公司，如果您不跟拖车过来，请您将车上的贵重东西拿走，将车钥匙交给拖车驾驶员，改日我们再联系，办理相关手续。"

五　道路救援话术

救援人员接待话术："您好，我是×××企业的救援人员×××，请问，我能帮到您吗？"问候之后听客户描述事故经过。然后回答："请您不要着急，现在，我来协助您处理这次事故。"

"首先，根据《机动车交通事故快速处理办法》，请您标画好现场，协助将事故车辆移到不妨碍交通的地方，开启车辆危险警告灯，并放好警示牌，以方便其他车辆通过，谢谢您的合作！"

"如有人员受伤或公共设施损坏，请您拨打医院急救电话120，同时拨打交通报警电话122，等待交警处理，另外，请拨打保险公司报案电话报案。"

"如果车辆损失严重，不能行驶，在拨打保险公司报案电话的同时，告诉保险公司的接报案人员，车辆已不能行驶，请求保险公司派免费拖车，拖到我们公司。"

"如果保险公司不能及时派出拖车，请您再与我们联系，我们会与我们的救援协作单位×××联系，请您留下电话，我会及时联系您。"

"好，现在就请您耐心等待，我们会及时关注您的车辆，协助您尽快处理好这次事故，谢谢！"

◆　第三节　接待和定损　◆

一　目标

汽车维修企业接待来店的客户时应该做到确保每一位到店客户都能立即得到关注，将客户等候的时间降至最短，以获得客户的满意。

二、参与者

本步骤的参与者主要有：事故车服务顾问、事故车定损专员、前厅接待专员。

三、接待和定损流程描述

1）客户来到接待区，事故车服务顾问应立即上前接待，若所有服务顾问均正在接待其他客户，请前厅接待专员跟客户打招呼，引导客户将车开到等待接待定损的车位，并请客户到休息室等待。

2）事故车服务顾问跟客户交流，询问客户维修要求，使用预检表登记维修项目，同时询问车辆是否是在本企业办理的保险或者是否已经报案、定损。

3）如车辆是在本企业上的保险，并已报案，事故车服务顾问询问客户报案的时间、出险地点及损伤部位，指导客户填写索赔申请书。

4）如有定损单，确认维修项目，如有漏项或费用不够，事故车服务顾问向客户解释，由事故车服务顾问协助联系保险公司追加。

5）如没有定损单，且是在本企业办理的保险，客户还没有报案，事故车服务顾问协助客户报案，并填写保险公司的索赔申请书。

6）对于事故损失超过5 000元的，保险公司来店内进行定损，由事故车定损专员全程负责。事故损失低于5 000元的，保险公司不来店定损，由公司代办，且由事故车定损专员负责定损。

7）上述工作完毕后，事故车服务顾问与客户确认维修项目、维修费用及维修费用的支付方式。

8）公司代办保险，符合代办条件（即单方事故），事故车服务顾问收集相关理赔所需资料，交给事故车定损专员负责保险理赔。

9）非本公司办理的保险，事故车服务顾问向客户解释清楚，让客户支付，并告知客户保险报销流程。

10）事故车服务顾问确定交车时间，打印工单，请客户签字确认。

备注：必须区别对待有预约的客户和没有预约直接光顾的客户。

1. 提前预约客户

对于提前预约的客户，事故车服务顾问在预定的时间内等候客户，询问客户要求并留有一定时间让客户叙述车辆情况。如果事故车服务顾问还在接待先来的客户，由前厅接待专员负责接待客户。

（1）前厅接待专员

第三章　汽车维修企业钣喷标准流程

1）问候客户，并向客户致歉解释。

2）关怀客户，请客户在客户休息区就座，并奉上饮料。

3）告知事故车服务顾问，预约客户已应约而来，正在等待。

（2）事故车服务顾问

1）事故车服务顾问处理完毕现有客户的业务，待客户离开后，应立即接洽正在等待的客户，以免客户久等。

2）接洽在客户休息区等待的客户。

2. 未预约直接光顾的客户

对于没有预约直接光顾的客户，事故车服务顾问刚好有空，询问客户要求，并留有一定的时间让客户叙述车辆情况。事故车服务顾问还在接待先来的客户，由前厅接待专员负责接待客户。

（1）前厅接待专员

1）问候客户。

2）向客户推介预约系统。

3）查询预约表，确认事故车服务顾问何时有空并告知客户。

4）关怀客户。

5）告知事故车服务顾问，有客户在等待。

（2）事故车服务顾问

1）事故车服务顾问处理完现有客户的业务，待客户离开后，应立即接洽正在等待的客户，以免客户久等。

2）接洽等候区等待的客户。

四　事故车服务顾问接待话术

"您好，我是事故车服务顾问×××，现在由我来为您服务，请问我能协助您做些什么？"

五　维修费用预估以及对客户解释

事故车服务顾问应向每一位客户提供维修成本的预估，向客户详尽地解释维修过程所必需的工作和服务以及它们的价格，确保客户非常清楚他的花费，以及所带来的价值。

事故车服务顾问应进行维修费用预估，并向客户解释具体内容，在此过程中应按以下工作流程进行：

1）欢迎客户。

2）和客户一起检查车辆的受损情况。

注意：这是一个互动的环节，事故车服务顾问请客户参与检查，向客户解释车辆损伤情况，以及所需的维修项目；还应向客户解释二次损伤的情况。在此过程中，事故车服务顾问应努力探寻客户的需求。对客户的需求了解得越多，工作就越容易开展。

3）填写预检表。

4）将预检表上的所有数据输入计算机。

注意：请客户一直参与此过程，且始终记住电子化的系统不仅可帮助企业完成更精确的预估，同时也可以展示企业的专业素养，从而让客户对企业产生信任感。

5）打印出完整的钣喷工单。

6）详尽地给客户解释维修工单的内容。

注意：如有必要，事故车服务顾问和客户一起再回到车旁，并一一说明将要进行的维修项目。

六 确定价格和开工、完工时间

在开始维修工作之前，事故车服务顾问要让客户认可维修的内容和价格，并确认维修工单上注明的开工和完工时间。

(1) 事故车定损专员工作流程

1）准确地估计维修的范围。

2）让客户认可总的维修价格。

3）检查库房是否有需要的零部件。如需新购，要在事故车服务顾问确定开工、完工时间时，考虑零件订购所需要的时间。

4）客户和事故车服务顾问一起确认维修工单。

(2) 事故车服务顾问工作流程

1）与客户一起确认维修工单。这可能包括和客户一起讨论，针对客户受损的车辆，客户希望的维修内容，甚至包括由哪位技师来修等细节问题。

2）计算已确认的工单上的价格。可能与定损单不一致，因为不同的维修方法价格不同，并且可能加上了其他的维修内容。

3）请客户确认价格。

4）详尽地解释所挑选的维修内容的好处和不足。

5）将工单的一联交给零件部。

6）零件部检查所需零件是否有库存，并向事故车服务顾问提供他所需要的所有信息：是否有库存零件、新购零件所需的时间。

7）零件部必须清楚以上信息并及时提供给事故车服务顾问，以便尽快生成维修工单。

① 检查维修管理看板。

② 计算维修需要多长时间。

③ 和客户一起确认开工、完工时间。

注意：开工和完工时间必须符合实际，能够按时完成。

因此，事故车服务顾问要检查确认零部件的有无以及钣喷车间的负荷。在缺件时，事故车服务顾问必须牢记不同的订购方式（补库订单、紧急订单、兄弟经销商调货、其他途径），以及各种订购方式的成本，并根据实际情况，决定采用何种方式获得所缺的零件。

8）事故车服务顾问应登录系统生成电子化工单，报上确认的价格以及确定的开工、完工时间。

9）事故车服务顾问将客户已经签字确认的工单分发给有关人员。

注意：所有相关部门应能及时得到工单，以便按时完工交车，满足客户的期望。

上面所讲的客户接待流程如图3-3所示，定损、维修的接待流程如图3-4、图3-5所示。

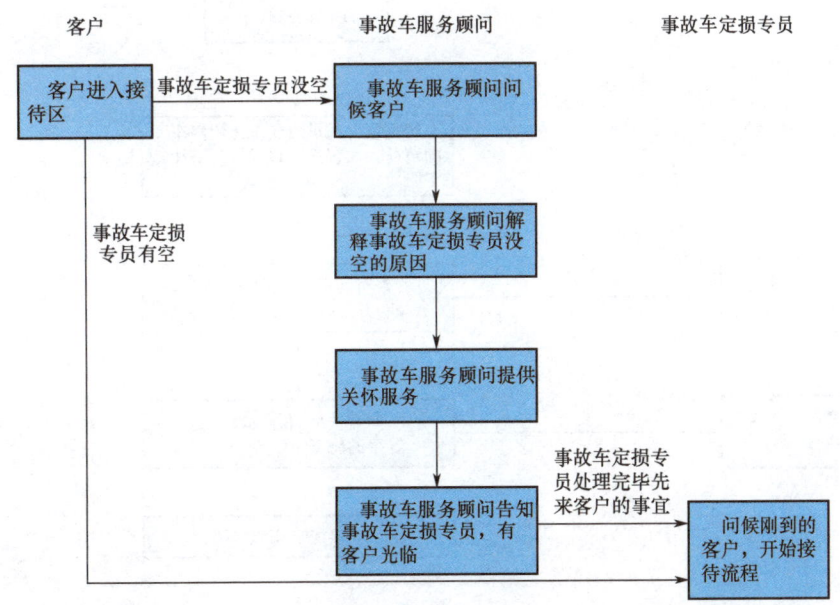

图3-3 客户接待流程

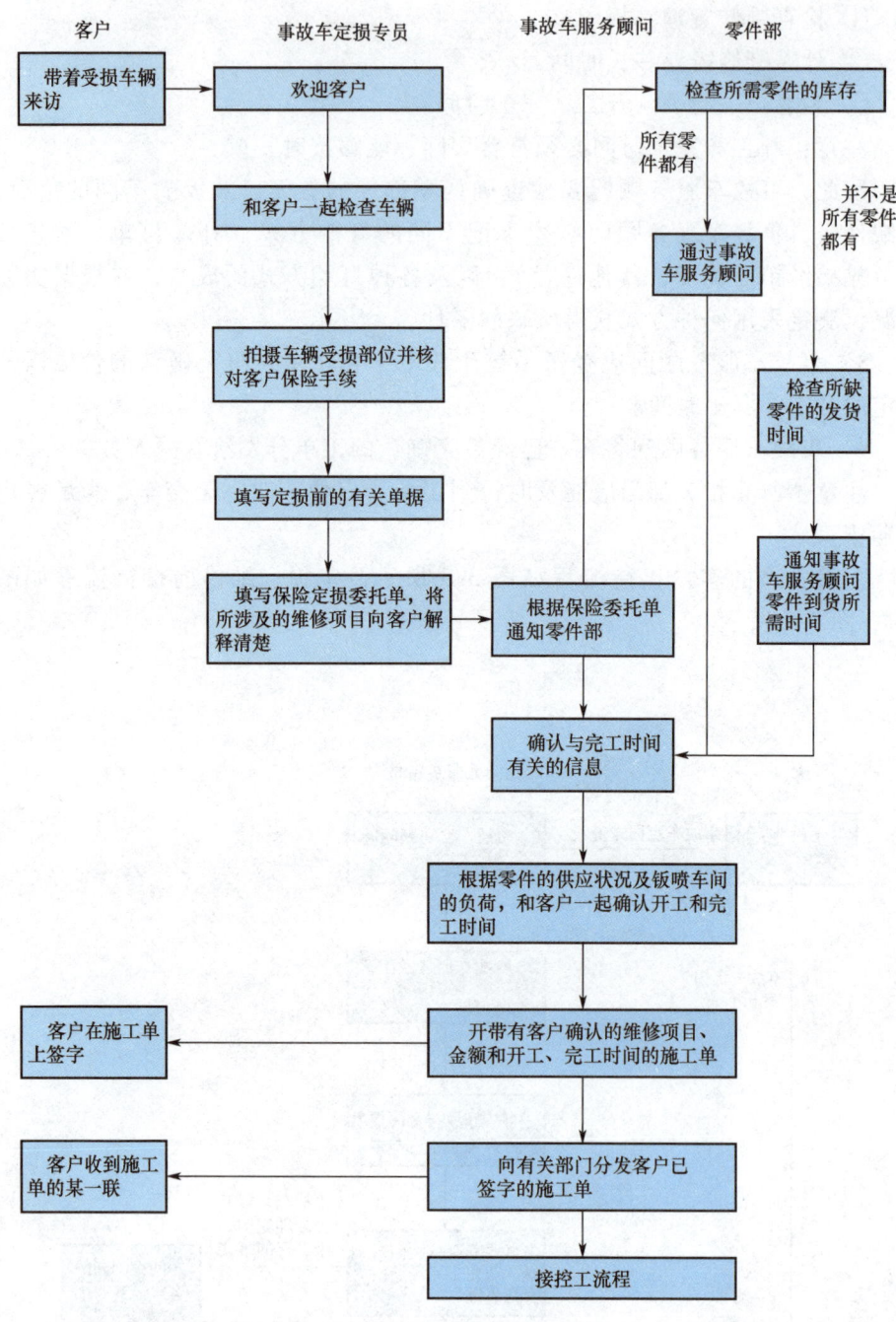

图 3-4　定损、维修的接待流程 1

第三章 汽车维修企业钣喷标准流程

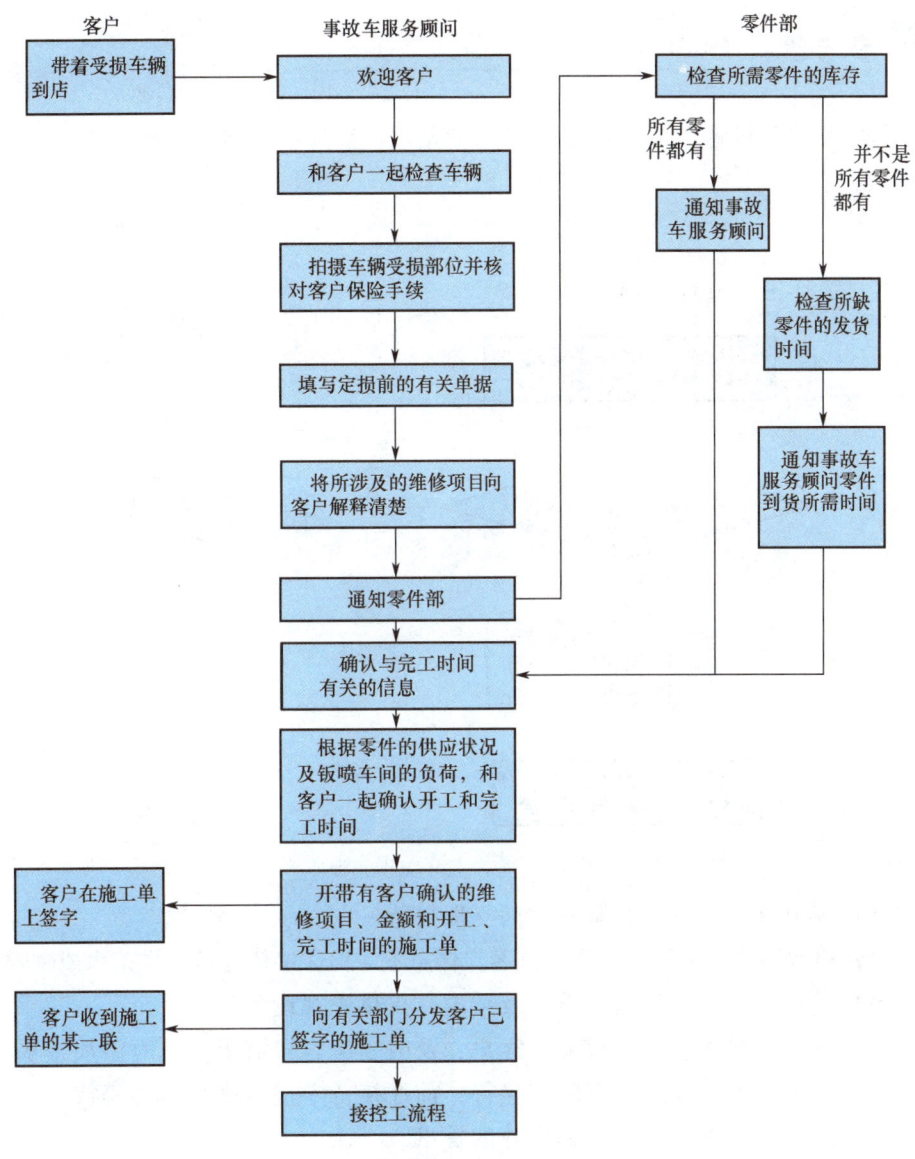

图3-5 定损、维修的接待流程2

◆ 第四节 客户关怀 ◆

一 目标

企业应该推行一个流程，确保愿意等待的客户得到关怀服务，为有事离店的客户提供交通便利，使客户在整个服务过程中时刻感到自己被关怀。

二 参与者

本步骤的参与者主要有：事故车服务顾问、前厅接待专员。

三 流程描述

客户关怀工作流程如图3-6所示。

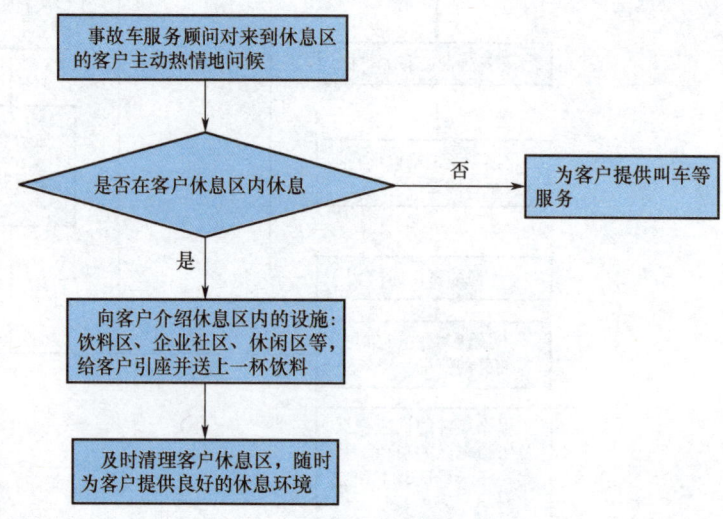

图3-6 客户关怀工作流程

1）客户进厂，事故车服务顾问立即接待。
2）事故车服务顾问引领客户到客户休息室，前厅接待专员提供茶水或咖啡。
3）客户休息室摆放当天报刊及杂志，提供影视设备。
4）事故车服务顾问随时关心客户，及时了解客户需求，适时添加茶水。
5）事故车服务顾问没有时间接待，前厅接待专员请客户耐心等待。
6）休息室应提供维修车辆以外的资讯。

如果完成客户接待流程，且客户在维修工单上签字之后准备离开，前厅接待专员需要询问客户是否需要交通服务，为客户提供以下服务：公交车信息、叫车服务、交通路线图等。

在接待客户的同时，前厅接待专员还要注意以下事项：

1）根据季节的变换，经常更换客户休息室内的摆设及背景布置。
2）定期更新报纸、杂志。
3）解答客户提出的问题，并随时为客户提供服务。
4）定时提供点心及咖啡。

第三章　汽车维修企业钣喷标准流程

5）对陪同客户来店的小朋友赠送小礼品。
6）随时获取客户的需求信息，并做相应记录。
7）不定期在客户休息室内进行客户问卷调查。
8）了解客户的潜在需求，推介给客户新项目、新产品。

◆ 第五节　零件订购和预拣 ◆

一 目标

汽车维修企业推行零件物流供应系统，包括零件订购和预先拣料系统，以缩短维修周期，增加库存周转率，同时降低零件库存成本。

二 参与者

本步骤的主要参与者有：事故车服务顾问、零件部主管、零件订货员、事故车定损专员。

三 流程描述

1）事故车服务顾问将委托单、定损单或估价单交零件部。
2）零件部确认所需零件是否有供应，并进行零件拣料。
3）若无供应，零件部告知事故车服务顾问延长交车时间，同时进行订货。
4）在定损流程之后，事故车服务顾问/事故车定损专员应该完成以下工作：
① 描述维修范围。
② 确定维修方法（修补零件或者换件维修）。
③ 确定总的维修时间。
④ 确定所需的零件。
⑤ 得出零件价格。
⑥ 检查是否有零件。
⑦ 检查钣喷车间的负荷情况（调度和控工系统）。
⑧ 确定维修的起始和结束时间。
⑨ 通知客户所有相关的信息。
零件部需要完成以下工作：
① 打印零件清单。
② 找出所需的零件（查看有关预先拣料的部分）。

③ 订购没有库存的零件。
④ 通知事故车服务顾问延迟交付车辆。

事故车服务顾问利用目录式报价系统将确定的维修价格、有关维修零件库存的信息报给客户。目录式报价能够充分利用计算机的数据库处理钣喷维修工作。

◆ 第六节　工单排程和派工 ◆

一　目标

汽车维修企业应制订并推行优化钣喷业务工单排程和派工系统计划。这样能提供稳定的工作流量，避免车间的超负荷，使车间人员得到充分利用，平衡钣金修复和喷漆业务之间的工作负荷。标明整个维修过程中每一工序的进展情况，标明需要过夜的工单，标明没有售出的工时，更好地管理车辆来店以及修复完工的时间，追踪并设法弥补无法预料的延迟。

二　参与者

本步骤的主要参与者有：钣喷主管、事故车服务顾问、车间调度、车间技师、送车员、喷漆车间员工、总检验员、漆工车间派工员、钣喷协调员。

三　流程描述

1）钣喷主管根据维修工单进行排程。
2）钣喷主管排程之前了解车间实际生产负荷。
3）完工时间实际安排需考虑等待零件时间、等待烤漆房时间、工作中断时间等。
4）维修管理看板排程完毕，在计算机里进行控工排程。
5）钣喷协调员使用控工质检表监控完工时间及维修品质控制。
6）钣喷协调员将车开到维修工位，并将维修工单及控工质检表交至车间调度。
7）事故车服务顾问告知维修项目和客户要求，并提醒交车时间。

四　钣喷维修工单的派工及控制流程

（1）负责人　事故车服务顾问

第三章　汽车维修企业钣喷标准流程

(2) 维修管理看板的位置　维修管理看板位于钣喷车间的服务区，紧靠事故车服务顾问或事故车定损专员的办公桌。

(3) 工单派工流程

1) 使用维修管理看板，时间跨度为一个工作周。

2) 使用悬挂在墙上的维修管理看板，显示当天的工单派工。

3) 使用一些工具和附件。

(4) 事故车服务顾问的工作内容

1) 为维修项目已确定的车辆开施工单，计算维修所需的总时间，预估出最终完工交车时间。参考因素：维修项目、损伤程度、钣金施工时间表、漆工施工时间表、钣金小组工作负荷、可开工时间、漆工车间负荷、零件库存状况、车间生产能力。事故车服务顾问确定最终交车时间，向客户承诺并填写在施工单上。

2) 开好工单请客户签字确认，将车辆及工单一起交给钣喷小组，并将车辆信息登记在维修管理看板上。

3) 应根据计算出的各工种所需时间，在维修管理看板上标注各工种开工时间和预计交车时间。

4) 随时监控各工种进度情况，是否按时完工，必要时电话沟通。

5) 对于已完工车，事故车服务顾问应及时通知客户取车，将通知客户时间登记在维修管理看板上。

(5) 钣喷主管的工作内容

1) 对待修车辆进行预检，分派工作，交代完工时间。

2) 发现问题及时通知事故车服务顾问，事故车服务顾问解决不了时通知车主商议并修改完工时间。

3) 对已完工待送漆工车间的车辆进行检验，检验合格后钣喷主管在施工单上签字，将完工时间登记在维修管理看板上，将车钥匙挂于钥匙板"待送喷漆车间"栏内。

4) 对漆工车间返回车进行检验，检验合格后钣喷主管将车交给主修人装附件，如不合格则返回漆工车间。

5) 对附件安装完毕、最终完工的车辆进行检验，检验合格后将施工单交给事故车服务顾问。

6) 将钥匙挂于钥匙板"已完工"栏内，将检验完毕时间登记在维修管理看板上。

(6) 送车员的工作内容

1) 根据维修管理看板上的信息按时间顺序将待送车送漆工车间。

2）车辆送漆工之前，送车员对钣金完工车进行检验，检验合格将送漆工车间时间登记在维修管理看板上，并在取送车登记表上进行登记。

3）送到漆工车间之后，送车员将施工单及钥匙交漆工车间派工员。

4）根据维修管理看板完工情况，送车员对漆工车间已检验完毕车进行检验，检验合格后在维修管理看板取车栏内打"√"，并在取送车登记表上登记。

5）回到店后，送车员在维修管理看板该车栏内打"√"，将车及施工单交给钣喷主管。

（7）漆工车间派工员工作内容

1）根据车辆预计完工时间及损伤情况、件数多少，对待修车辆进行排序，在计算机中进行登记。

2）根据车间负荷情况、车间技师每人在修车数量进行派工，每人两辆在修车，按当天车间技师排序顺序派工，派完一轮再派一轮，当某技师完成一辆车的维修时，到派工员处盖章、签完工时间，然后再派一辆车给该技师。

3）将派出车辆信息登记在维修管理看板上，内容包括施工人员、车牌号码、打底开工时间、喷漆开工时间、抛光开工时间，在检验栏内填写车型、颜色、件数。

4）将派工信息登记在计算机中。

5）打印流程单并随派工车一起交给车间技师。

6）将已取走完工的车辆信息从维修管理看板上擦掉。

（8）喷漆车间员工

1）各工序人员按流程单要求的时间施工，完工自检在流程单上签字。

2）持流程单到派工员处盖章、签完工时间（也可以是完工打卡）。

3）完工时间登记在维修管理看板上，流程单随车交给下道工序。

4）下道工序根据维修管理看板上的上道工序登记的完工时间开始施工。

5）总检检验合格后，喷漆车间员工擦掉维修管理看板上检验栏内的车型、颜色、件数等内容，将检验时间填上，表示漆工完工。总检验员将流程单交回派工员处登记完工时间。

（9）突发问题　当维修过程或维修时间有以下问题时，车间技师通知事故车服务顾问：

1）不能按预计的时间完工，事故车服务顾问需要检查完工时间并采取适当的措施，以遵守承诺。

2）维修过程中，出现了二次损伤，事故车服务顾问需要再生成工单附件并重新排程。

3）前道工序维修品质差，导致需要额外的时间，从而影响下一工序以

第三章 汽车维修企业钣喷标准流程

及最终完工时间。

4）现有工作已经完成，等待分派新任务。

（10）事故车服务顾问对车间工作状态的监控 事故车服务顾问需要时常检查控工的状态，以确保：

1）所有的工作都按时开工。

2）各工种/步骤之间交接时间符合要求。

3）没有间隙时间、生产时间的浪费。

4）所有外包业务都能按时完成。

5）所有维修步骤都能在预定时间开始。

6）所有工作都能按时完成。

7）所有中断的、待处理的工单都能及时处理。

8）通过预留间隙时间或加班等，灵活地处理预料之外的工单，如紧急工单等。

钣喷维修工单的流动如图 3-7 所示。通过该图可以更好地了解钣喷维修工单的派工及控制流程。

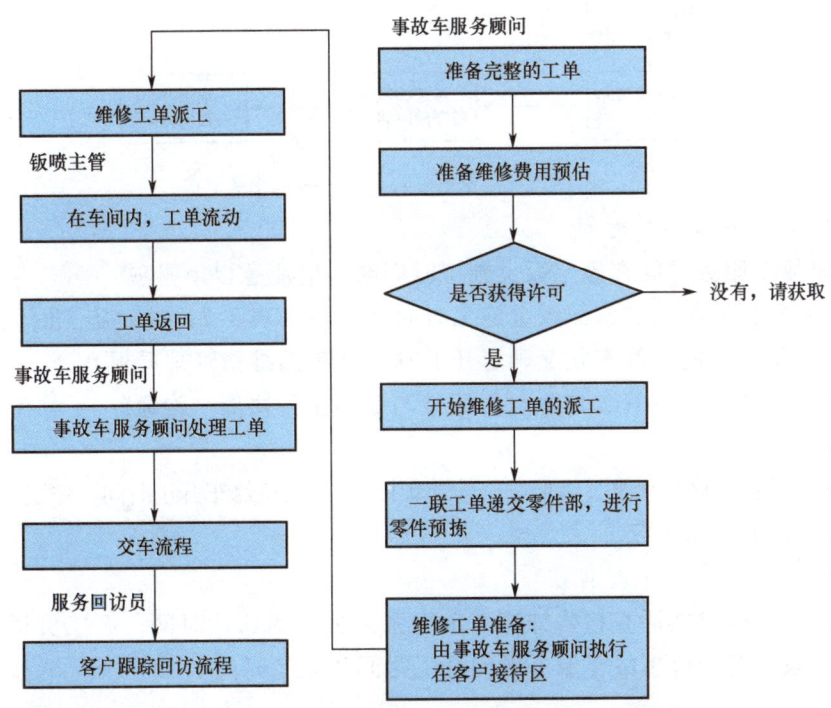

图 3-7 钣喷维修工单的流动

五、事故车服务顾问交车时间确定流程

事故车服务顾问控工时间节点如图3-8所示。

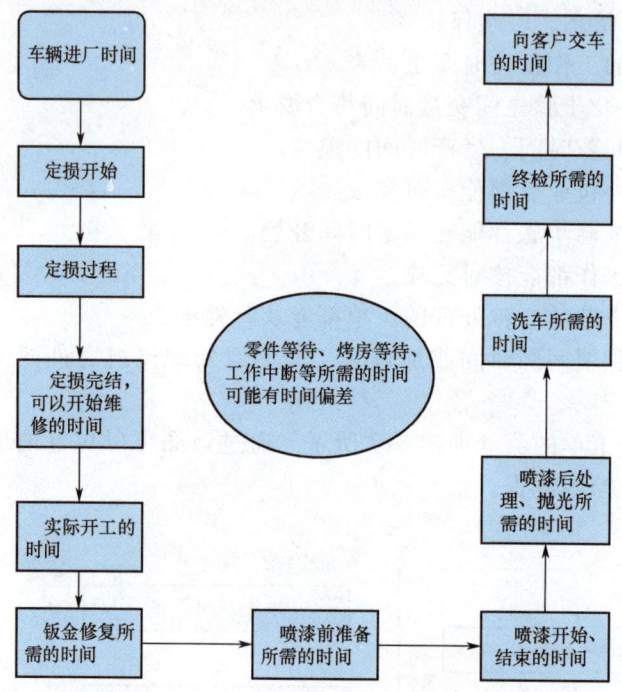

图3-8 事故车服务顾问控工时间节点

1. 确定钣金施工时间

事故车服务顾问在确定钣金施工时间时,应注意以下事项:

1) 根据车损情况参照钣金施工时间计划表(表3-2)确定施工时间。
2) 根据车间在修车状况确定开工时间(参照维修管理看板)。
3) 特殊情况下(如加急时)直接与钣喷主管协商、沟通。

2. 送车时间确定

1) 关注待修车状况(参照维修管理看板),预估待修车开工时间、完工时间。
2) 单程40min。

3. 漆工车间施工时间

送车员通过电话直接告知漆工车间派工员车辆到达时间,派工员根据计算机记录情况告诉事故车服务顾问开工时间和完工时间。

4. 后续工作时间

1) 钣金施工时间,与车间技师沟通确定施工时间。
2) 检验、洗车、办理与车有关手续等的时间。

第三章 汽车维修企业钣喷标准流程

事故车服务顾问根据以上部分时间确定最终交车时间，并向客户承诺，实时对在修车进行监控。各部门在施工过程中参照施工时间表施工，一旦出现实际施工时间超出计划时间的情况应及时通知事故车服务顾问，事故车服务顾问再与客户联系，告知客户确切的取车时间。

5. 钣金施工时间计划表

钣金施工时间计划见表3-2。根据车辆部件，损坏程度分为重、中、轻度损坏。四件以下实施流水作业进行漆工车间施工，大事故车的损坏不按此表实施。如果一台车辆仅受轻度损伤，则建议采用钣喷快速修补流程。

表3-2　钣金施工时间计划表　　　　　　　　　　（单位：min）

损坏程度＼件数	1	2	3	4
轻	30	60	90	120
中	60	120	180	240
重	120	240	360	480

注：轻度损伤：损伤面积＜100cm^2，凹陷＜10mm，无死褶（含更换反光镜、饰条、中网）。

　　中度损伤：损伤面积＜400cm^2，凹陷＜20mm，无死褶（含更换前、后保险杠、前、后盖、翼子板）。

　　重度损伤：面积＞400cm^2，凹陷＞20mm，大面积死褶（含更换车门、大边、后翼子板、车顶等）。

6. 漆工车间施工时间计划表

根据车辆部件多少将车辆分为以下两种：所修部件在5件或5件以下的按表3-3中时间操作，所修部件在5件以上的根据车辆的实际情况确定车辆完工所需时间。为保证按时交车，在漆工车间内还要填写漆工车间挪车人员登记表（表3-4）、漆工车间派工单（表3-5）。

表3-3　漆工车间施工时间计划表

打底+中涂	3h	打底+中涂	3h
面漆	30min	洗车	30min
抛光	30min	检验	30min

表3-4　漆工车间挪车人员登记表

车　型	车牌号码	开走日期时间	人员签字	备　　注

表 3-5　漆工车间派工单

车辆明细		项目	开工时间	完工时间	施工技师	施工签字	检查签字	备　注
品牌		派工时间						
车型		打底						
车牌号码		中涂						
VIN 码		面漆						
保险公司		抛光						
保险专员		装件						
注解		洗车						
		检验						
		接车时间						
		交车时间						

第七节　钣喷维修过程及品质控制

一、目标

钣喷维修过程及品质控制的实施是为了推行维修和质量控制流程，采用标准操作流程，确保高品质的维修，尽力避免重复维修，确保将检验合格的车辆准时交付客户，提高客户对汽车维修企业的满意度。

二、参与者

本步骤的主要参与者有：钣喷主管、事故车服务顾问、钣金技师、质检员、主修工、维修班组长、总检、服务经理、打底技师、喷漆技师、抛光技师、派工员、洗车工。

三、流程描述

钣喷维修质量控制流程见表 3-6。

1. 相关术语

（1）班组返工　经下一道工序检验不合格，需返修的作业项目。

（2）厂内返工　由质检员终检不合格，需返修的作业项目。

（3）厂外返工　终检时未发现，由客户在使用过程中发现并投诉，需要

第三章 汽车维修企业钣喷标准流程

进行返修的作业项目。

2. 权责

(1) 质检员 经过专业培训，对服务项目进行系统检验，达到交车的要求；负责完工检验（终检），以及开具返工单并跟踪处理返修结果。

(2) 维修班组 负责维修过程的自检与互检。

(3) 钣喷主管 负责对车辆返修记录汇总表进行检查，并统计分析。

表 3-6 质量控制流程

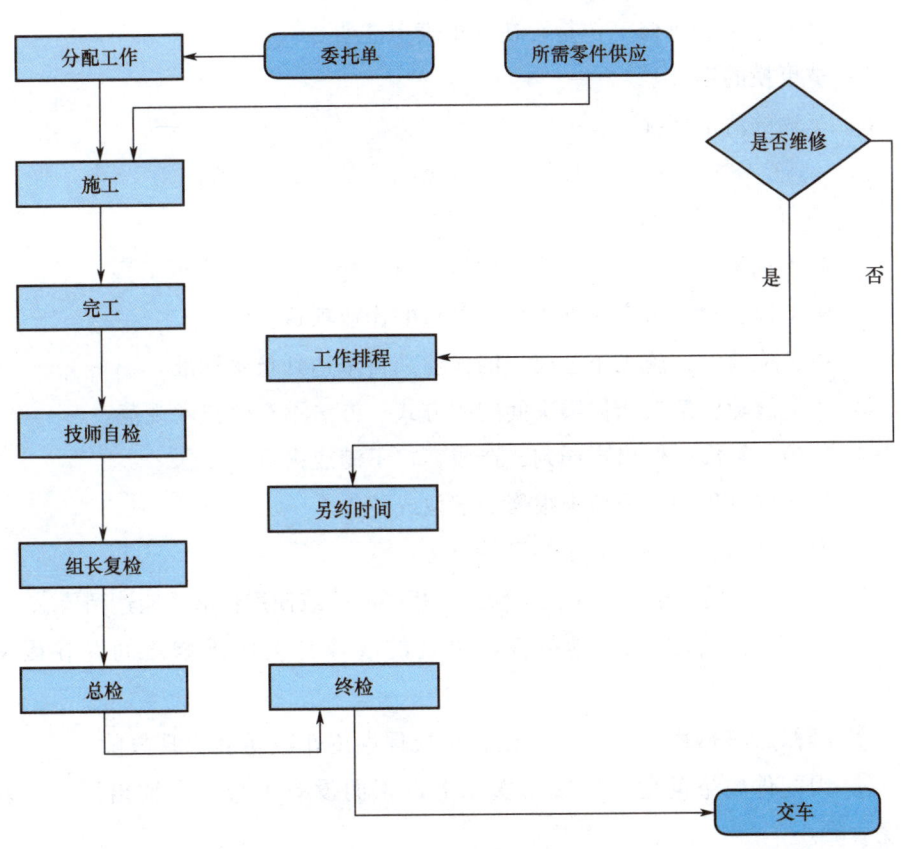

3. 维修车辆状态检验

1) 车辆维修过程检验：实行100%的自检与互检。

2) 主修工维修完成后，按照维修工单中的维修项目进行100%自检。

3) 维修班组长对主修工的维修项目进行100%复检，复检合格后在维修工单上签名，并通知质检员进行最终检验。复检不合格由班组长开具返工单。

4. 终检

终检时，由质检员对维修车辆进行100%的检验，检查项目如下：

1) 基本项目检查：检查程序质检表的内容。

2) 维修工单项目，包含功能、技术参数、外观等。

3) 客户未同意修复的车辆故障描述（已查出）。

4) 客户拒绝的维修工作是否在预检表上注明。

5) 被更换的零件。

6) 车辆的清洁状况。

5. 车辆返修

（1）返修车辆判定标准

1) 有下列情况之一，确定为厂内返工（班组返工和厂内返工）：

① 竣工检验时，未完成施工单上要求的作业项目。

② 竣工检验时，施工单上要求的作业项目未达到技术标准。

③ 车辆故障已解决，但解决问题的方式、方法不符合技术规范。

④ 故障已解决，但出现误判，造成客户不满或投诉。

⑤ 在维修过程中，损坏未报修的部位或配件。

2) 有下列情况之一，确定为厂外返工：

① 维修质量质保期内，车辆重新出现相同故障或使用性能不能达到要求。

② 维修后车辆出现其他故障，出现的故障与上次维修之间存在因果关系。

③ 维修后车辆由于检查不到位，在质保期内车辆重新出现故障。

④ 因配件质量问题，造成一次以上返工而没有上报，车辆出厂后重新出现故障。

⑤ 应客户要求，维修故障未能彻底排除，造成车辆出现故障。

⑥ 根据客户反馈信息，发现客户反映车辆存在维修质量问题。

对于返修的车辆要填写返修车辆记录日报表（表3-7），本表每日填写，以备查询。

第三章　汽车维修企业钣喷标准流程

表3-7　返修车辆记录日报表

日期：　　年　月　日

序号	车牌号码	修理日期	主修人	修理项目	返修原因	解决措施
1						
2						
3						
4						
5						
6						
7						
8						
9						
10						

（2）返修车辆责任界定　班组返工、厂内返工、厂外返工质量事故分别由班组长、质检员、钣喷主管（或技术总监）进行责任界定。责任界定按责任返修与非责任返修两种方式进行界定。

1）责任返修。没有按正常的工艺规程操作或缺乏责任心导致工作失误，本岗位能发现的质量隐患没有及时上报，执行多数人反对的维修方案等所引起的返修属于责任返修。

2）非责任返修。本岗位没有能力控制的返修属于非责任返修。

3）责任处罚。对于责任返修与非责任返修分别按车辆返修处罚规定落实责任人并进行相应的处罚。

4）延期交付处理。因检验不合格，需返工引起交车延迟，由钣喷主管及时将信息传递至事故车服务顾问，由事故车服务顾问与客户沟通，获得客户的谅解。

5）纠正、预防措施。对于班组返工、厂内返工、厂外返工的项目，钣喷主管指定责任人负责查找原因，制订纠正/预防措施，并对钣金技师进行培训、指导，避免类似故障再次发生。

（3）统计分析　质检员每月5日前对上月质量进行统计，提交维修质量月度统计表，其内容包括：工单编号、维修班组、主修工、维修项目类型、检验情况（合格、不合格）、返工情况（班组返工、厂内返工、厂外返工）等。

班组返工率（%）＝班组返工总台数/维修总台数×100%

厂内返工率（%）＝厂内返工总台数/维修总台数×100%

厂外返工率（%）=厂外返工总台数/维修总台数×100%

标准：班组返工率≤92%；厂内返工率≤94%；厂外返工率≤95%。

四、服务品质的环节控制

1. 事故车服务顾问

1）接待时，事故车服务顾问对车辆进行预检，填写外观检验单与施工单，并请客户签字。其中一联交客户保留，事故车服务顾问应认真检验、填写，损伤但不维修的项目一定要在备注处注明，避免交车时产生不必要的麻烦。

2）车辆交给车间时，事故车服务顾问应对维修项目、客户要求、维修时间、零件情况、损伤但不维修项目进行说明。

3）车辆完工后，施工单交到前台时，事故车服务顾问应对照施工项目、外观检验单对车辆做最终检验，发现问题及时返工。

2. 钣喷主管

1）接到维修车辆时，钣喷主管对照施工单上的维修项目检查车辆，发现问题及时与事故车服务顾问沟通。

2）钣金完工后送漆工车间之前，钣喷主管对车辆进行检验。

3）漆工车间完工返回时，钣喷主管对车辆以及漆工质量进行检验。

4）交车前，钣喷主管对完工车进行检验。

5）必要时交总检试车。

3. 钣金技师

1）钣金技师接到维修车辆时核对施工项目，并对车辆进行检验。

2）车辆完工后，钣金技师自检，合格后交钣喷主管检验。

3）漆工车间返回后，经组长检验后组装附件，完成自检，交组长复检。

4）需要路测时，钣金技师与总检一起试车。

5）施工过程中，钣金技师随时检验已完工部分。

4. 送车员

1）送漆工车间之前，送车员对钣金完工车进行检验。

2）漆工车间完工返回之前，送车员对漆工质量进行检验。

5. 漆工车间主管（兼漆工总检）

1）对钣金完工送到漆工车间的车辆进行施工前检查，核对施工项目。

2）对漆工车间完工车辆进行漆工终检，合格后在漆工车间流程单上签字盖章，检验时间登记在维修管理看板上。

3）对检验车辆进行记录，填写车辆竣工质量检验记录单（表3-8）。

第三章　汽车维修企业钣喷标准流程

4）每周填写质量改进措施表（表3-9），作为质量管理小组质量改进议题并交服务经理。

表 3-8　车辆竣工质量检验记录单

公 司 名 称	施 工 单 号	检 验 日 期	检 验 地 点	主修人签字
车型	拍照	检验时间	检验次数	检验结果： □合格　□不合格
主检项目：			不合格项及原因：	

表 3-9　质量改进措施表

原因	现　状	目　标	措施（对策）	负责人	预计完成日期

6. 打底技师

1）对所派给的车辆进行检查，核对施工项目，发现问题及时向钣喷主管汇报。

2）施工完毕进行自检，并在流程单上签字，交派工员盖章，签完工时间，并将完工时间登记在维修管理看板上。

3）对下一个工序检验不合格返工车辆要及时处理。

7. 喷漆技师

1）对打底完工待喷漆车辆进行检验，并核对喷漆部位，检验不合格的在流程单上标注部位及问题，返回打底工序。

2）车辆检验合格后，在"打底工序检验"栏内签字。

3）喷漆完工后自检，合格的在流程自检栏内签字，将完工时间登记在维修管理看板上。

4）对下一个工序检验不合格的返工车辆尽早安排重喷漆。

8. 抛光技师

1）对喷漆质量进行检验，对喷漆过程中产生的细小瑕疵进行修整，对不可修复的损伤及时向钣喷主管汇报，由钣喷主管根据具体情况安排返工。

2）车辆检验合格后，在"喷漆工序检验"栏内签字。

3）施工结束后，在"自检"栏内签字，流程单交派工员盖章，签完工时间，将完工时间登记在维修管理看板上。

五　车辆清洗和终检

车辆清洗和终检是为了保证在承诺的时间内，将受损车辆修复并清洗干净，准备交车。车辆清洗和终检的流程如图3-9所示。

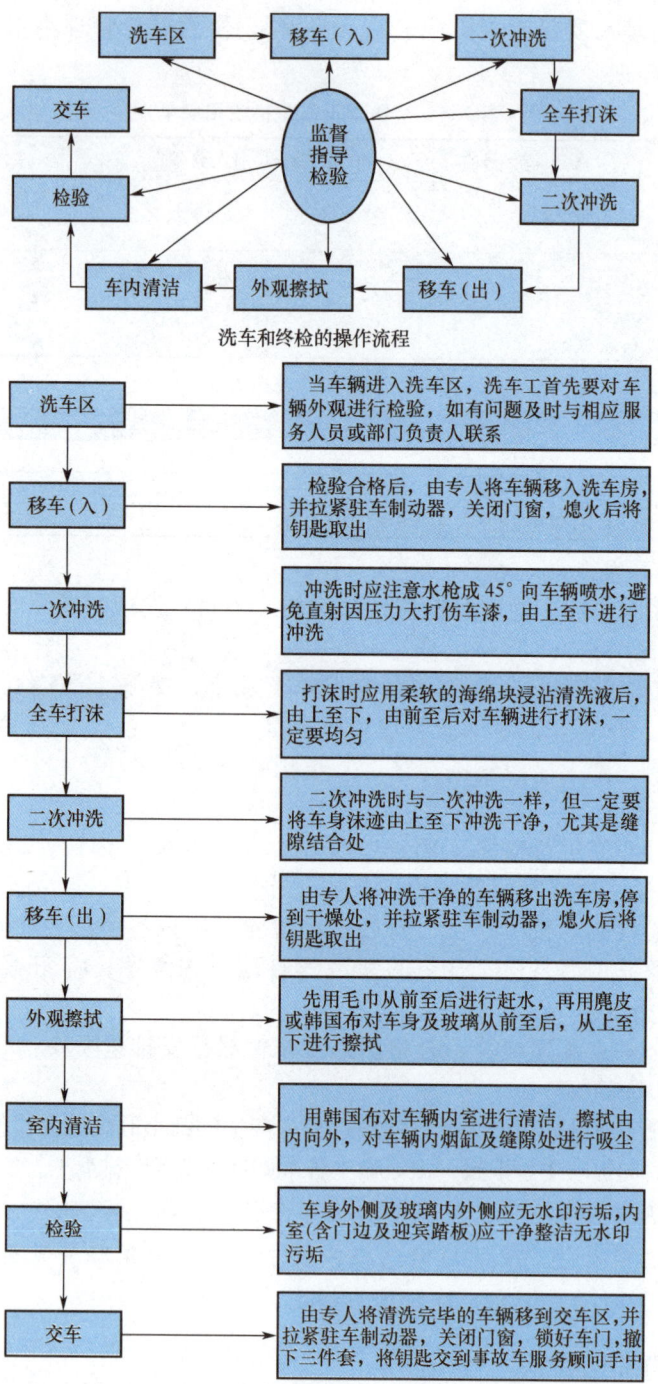

图 3-9 洗车和终检流程图

第三章 汽车维修企业钣喷标准流程

◆ 第八节　结算和交车 ◆

汽车维修企业虽然在钣喷施工品质控制方面做得很到位，且维修效果也相当好，但是如果在交车环节把控不好，也会造成客户的不满意，因为客户不是专业人士，事故车服务顾问必须使用通俗易懂的词汇告诉客户车辆的达标情况。同时使用交车检查表和质量保证卡向客户进行交车，如果客户将要付费，事故车服务顾问要向客户解释发票的内容和保修条款。

1. 结算和交车流程

结算和交车流程描述如下：

1）事故车服务顾问确认维修项目已维修完毕，车辆清洗干净。

2）事故车服务顾问打电话通知客户来提车。

3）客户来提车时，事故车服务顾问和客户一同检查车辆，并解释维修项目和免费为客户服务的项目，让客户感觉物超所值，并提醒客户该付费了（如果客户需要付费）。

4）事故车服务顾问引领客户到收银台结算，将结算清单及维修发票交至客户手中。

5）代办保险理赔的，事故车服务顾问应告知客户大概到款时间，到时会收到短信通知，再次核对客户手机号码。

6）事故车服务顾问将车开到出口处，友好地送客户离厂，并说"希望我们的服务让您非常满意"。

2. 交车话术

×××先生/小姐/女士：

您好！我是事故车服务顾问×××，现在由我来为您交车。

首先，我们看一下您报修的项目是_____，我们车间的技师已维修完毕，所有的维修部位，漆面平整光滑、无流痕、无脏点、无色差。零部件的组装装配前后左右均完工。您这次的维修费用大约是_____，所有的维修费用由我公司垫付，之后，我们会向保险公司进行理赔。

另外，维修费用不属于保险理赔范围的，请您和我一起去收银台交款，谢谢。

我们已为您的车辆进行了总检，各项功能均正常。

请确认您车辆的里程数及油量。

我们已做好了车辆的清洁，对内饰、仪表台也进行了擦拭，地毯、烟灰缸也已清理干净。

希望我们的服务让您非常满意。如有问题，请您随时给我打电话，很高兴能为您服务，请您慢走，再见。

◆ 第九节　客户跟踪回访 ◆

汽车维修企业都应该将钣喷维修业务的客户跟踪回访纳入到客户跟踪回访流程中，以便进一步提升客户满意度。

1. 客户跟踪回访流程

回访专员在对客户进行跟踪回访时，应按以下流程操作：

1）维修后三日进行客户跟踪回访。
2）拨通电话表明身份。
3）询问客户是否方便接听电话，方便的话说明来意。
4）记录相关信息，询问本次来厂的总体感觉。
5）如果有投诉，则填写客户投诉处理表，并交给相关人员。
6）再次回访，判断是否满意。

客户跟踪回访工作流程如图 3-10 所示。如果回访后得到客户不满意的反馈，则问题处理流程如图 3-11 所示。

2. 回访员岗位职责

该工作的重点是协调企业与客户的联系和处理客户问题。回访员应掌握基本的保养、维修服务知识，销售知识，保险知识，延长质保等工作相关的常识，需要在回访过程中与客户进行沟通；能够娴熟地通过电话或当面与客户打交道；与客户建立良好的关系。

回访员工作职责如下：

1）协调企业与客户的联系并获得反馈，确保客户100%的满意。在规定的时间内与客户进行联系，可以采取以下联系方式。

① 电话、QQ 聊天、电子邮件、手机短信、微信、APP。
② 维修回访（出厂后三日）。
③ 维修整改后监督回访。
④ 三次电话未联系到的客户邮寄信函。

2）进行汽车维修企业内部的客户满意度调查（电话回访、当面回访、微信等）。

3）针对回访中客户提出的问题与意见，迅速地反馈给售后部，并监督解决，及时回复客户（问题解决后的次日），保证客户的满意度。

4）持续改进工作程序。

第三章 汽车维修企业钣喷标准流程

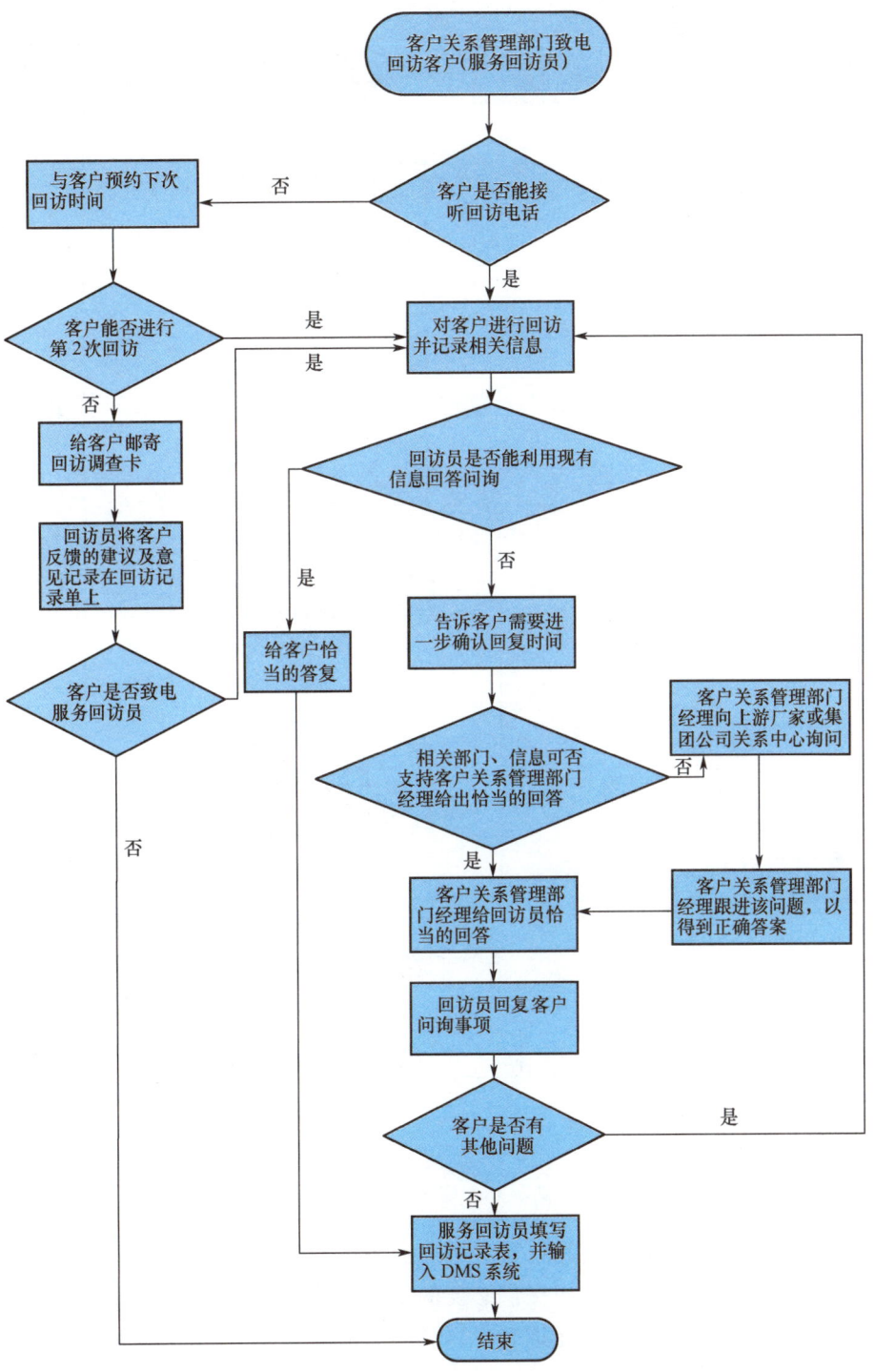

图 3-10 客户跟踪回访流程

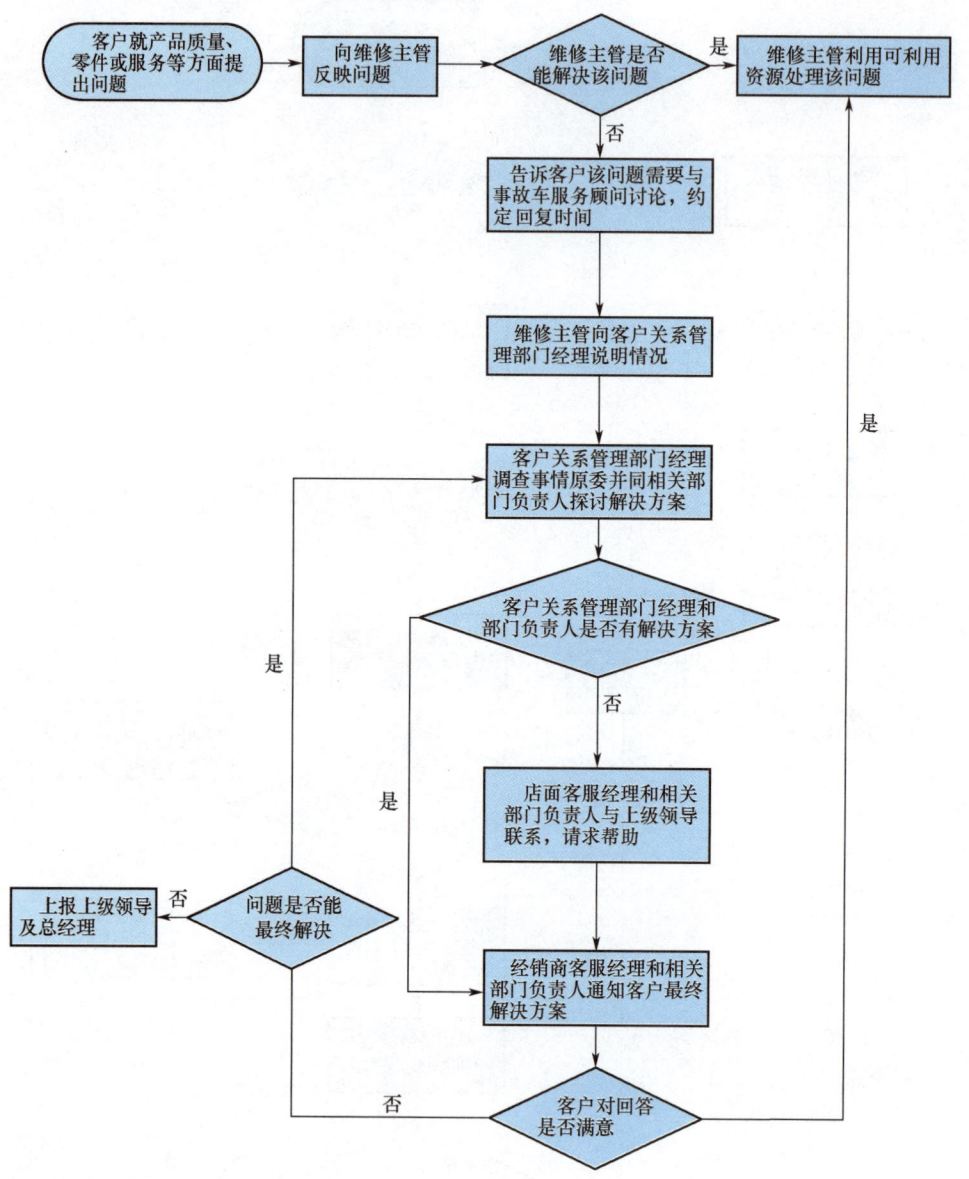

图 3-11 问题处理流程

5)提供最新的客户信息,建立未来业务拓展的基础。
6)向公司内部其他部门提供必要的支持,使公司内部和客户都满意。
7)提出合理化建议,促进客户满意度的提高。
8)对客户资料信息保密。
9)每月汇总各部门投诉问题,提出合理化建议,直接汇报给客户关系

第三章 汽车维修企业钣喷标准流程

管理部门经理。

10）办公室内部文件的定期整理。

11）随时保持桌面和工作区域干净整齐（5S）。

12）直接向客户关系管理部门经理汇报工作。

13）与售后服务部协同合作，向客户提供满意的专业服务。

14）与同事保持良好及有效的合作关系。

15）支持部门其他岗位当日工作的轮岗。

3. 服务回访话术（三日内）

（1）自我介绍　您好！我是×××公司客户关系管理部的电话回访员，我叫××（姓名）。

（2）征求客户意见　我想了解一下您对最近一次接受服务及维修经历的满意情况，您现在是否愿意接受这个回访？客户的回答有两种：

A. 愿意　　B. 现在不行

1）客户愿意：耽误您1min的时间，您身边是否有固定电话？我可将电话打到固定电话上！将电话打到固定电话上或直接进行回访内容。

2）客户现在没时间：您看我什么时间再与您通话比较方便（让客户根据自己的时间选择）。

（3）回访内容

××小姐/先生，您在（维修日期）将您的（车型）送到我们公司进行过一次钣金喷漆，现在车的使用状况怎么样？钣喷部位的维修能否让您满意？

A. 没有问题　　B. 有问题

选择A：（继续下面的问题）。

选择B：是否需要回厂进行检查？或将您的问题转交售后相关人员为您解答？我可以帮您预约时间，并将您的问题事先提交给事故车服务顾问。

以下是根据回访登记表的问题依次排列。

① 您最近这次将车送到店内进行维修保养总体感觉怎么样？

A. 非常满意　　B. 满意　　C. 一般　　D. 不满意　　E. 非常不满意

选择A，可继续第2题。

选择B、C、D、E：能否告诉我是什么原因让您觉得不满意（问题记录在回访单中）。

② 接车员的诚实与态度？

A. 非常满意　　B. 满意　　C. 一般　　D. 不满意　　E. 非常不满意

③ 接车员理解所需进行的维修保养需求？

A. 非常满意　　B. 满意　　C. 一般　　D. 不满意　　E. 非常不满意

④ 是否一次性将车维修保养好？

A. 是　　　　　　B. 否

⑤ 是否在承诺的时间内将车交付？

A. 有　　　　　　B. 没有

⑥ 交车时车辆是否清洁？

A. 非常满意　　　B. 不满意

(4) 结束语

1) 对满意度在满意以下的客户："对您提出的问题及建议我将转达给相关部门，我们将给您满意的答复，希望您能对我们的服务感到非常满意。感谢您抽出时间协助我完成此次回访，再见。"（如果这次没有修复，可帮客户预约下次的回厂时间，提高预约及回厂率）。

2) 对非常满意的客户："再次感谢您抽出时间协助我完成此次回访。如果上游厂家打来电话也希望您能回答非常满意。在今后的使用过程中，您的爱车需要保养或维修时，请您提前拨打我们的预约电话进行预约。有需要帮助的地方请拨打我公司的咨询电话，我们会竭诚为您服务。祝您工作愉快！再见。"

◆ 第十节　钣喷业务市场运营策划 ◆

汽车维修企业之间的竞争日趋激烈，而各个企业又都十分重视钣喷业务，所以汽车维修企业应该制订并推行市场营销计划，帮助企业获得更多的钣喷维修业务，提升钣喷业务产值，提升服务利润。

一　制订市场营销计划

业务的拓展需要的不仅仅是辛劳的工作，更需要高品质的维修技艺和高水准的客户服务。企业要向所有的老客户和潜在的新客户宣传、推广这个营销理念。在提升钣喷业务活动开始之前，企业应该对目标市场进行调研和分析，从而发掘出市场机会。

1. 市场容量

汽车维修企业应通过恰当的途径，获取企业目标市场内车辆总的保有量。

2. 钣喷业务分析

市场营销主管应会同钣喷主管，对钣喷业务进行 SWOT 分析，充分考虑

第三章　汽车维修企业钣喷标准流程

企业内部的优势、劣势，外部市场的机会、威胁等，完成以下工作。

1）如果企业提供新车销售，客户在购买新车时，市场营销主管要安排销售人员向客户介绍维修服务，并向客户提供 24h 救援服务，同时介绍在本企业投保的优势。

2）企业应设至少 3 名事故开发专员。企业应尽可能做到，一旦有事故发生，车主首先会与企业的事故开发部门联系。通过客户的情景描述，对客户做出建设性的指导，帮助客户快捷、方便地处理事故，并将损失降到最低，最大限度地保证客户的利益。企业相关人员应通过热情专业的服务，从一开始就给客户留下一个良好的印象。

3）汽车维修企业的维修服务人员需要经过系统的钣喷培训，向客户表明车间有一整套系统的维修工艺流程、完善的完工检验制度、良好的洗车清洁作业。保证维修车辆准时完工率达到 90%，一次修复率达到 95%。

4）汽车维修企业要设有专门的续保专员，至少要有两名成员，他们需要具备丰富的保险理赔知识，经过专业培训，日常要对上一年在店内上保险的客户进行时时跟踪，积极主动联系客户，在保险到期前向客户详细解释下一年的保险条款及理赔服务，向客户阐述在本企业上保险的优势，使续保率达 50% 以上。

5）汽车维修企业要设立专职的事故车定损专员，事故车服务顾问的重点是维修方案的制订，而事故车定损专员主要负责与保险公司现场定损人员沟通，以及帮助客户提交理赔资料及追踪事故理赔款。

二　钣喷产值预计分析

以某汽车 4S 店为例进行钣喷产值预计分析。该汽车 4S 店某月新车销售 100 台，销售保险 80 单，平均每单 4 000 元，新车保险销售共计约 32 万元。当月售后保险到期客户 400 个，续保 150 单，平均每单 3 500 元，续保共计 52.5 万元，合计 84.5 万元。

从这一数据可以分析出，此汽车维修企业当月的钣喷贡献产值不能低于 85 万元，如果低于 85 万元，就要分析原因，是事故车贡献产值降低，还是保险公司的结算延期。

如果汽车维修企业的新车保险不到 80%，续保达不到 45%，也要分析是自身的原因、客户的原因，还是市场原因。

钣喷产值的大小和企业与保险公司的合作关系紧密相连。

第四章 汽车维修企业客户关系管理

第四章　汽车维修企业客户关系管理

◆ 第一节　客户关系管理的重要性和迫切性 ◆

踏入汽车维修企业的大门，客户第一个接触的对象要么是前厅接待人员，要么是服务顾问，但当客户有其他需求或抱怨，可以找谁呢？全面了解和认识客户，同客户建立良好的互动关系，并且根据不同客户的不同需求，制订不同的适合客户服务的方法和手段，使客户满意，这就是汽车维修企业客户关系管理中心的职责。

一、客户关系管理的重点和目标

客户关系管理的两个重点是：汽车维修企业要对客户有全面系统的了解和备案，要使客户价值最大化。客户关系管理中心应该在以下几方面实现服务创新，使客户满意。

1) 客户关系管理中心可以把企业内部不同部门（销售部、售后部、装饰部、保险部和金融部）过去分散管理的客户数据进行整合，使企业对客户有一个比较全面的、完整的、系统的认识。

2) 汽车维修企业实施客户关系系统管理之后，会有统一的形象、统一的服务标准和统一的客户问题解释，从而达到让客户满意的效果。

3) 无论汽车维修企业通过什么方法与客户交往，通过哪个部门与客户交往，每一次都要有比较详细的记录。

4) 汽车维修企业将会在与客户每一次的互动交流中总结新的经验，增加对客户的了解，加强对行业的了解，并根据市场反馈信息，逐步完善企业的整体水平。

汽车维修企业客户关系管理系统如果能够在企业中合理有效地使用，将会发现更多的客户需求，也会激发更多的客户潜在需求，同时将会极大地提升客户的满意度。汽车维修企业发展良好的目标是：为客户提供更好的服务，更加有效地销售产品和服务，提高单车产值，促使销售服务流程更加简单，可以发现潜在客户，实现更低的管理成本，更好地进行市场未来预测，更精确地运作规划，客户满意度得到提升，得到及时的信息提升竞争优势。

二、客户关系管理的内容

汽车维修企业客户关系管理系统的主要内容有：客户信息管理、联系人管理、客户全方位跟踪服务、客户抱怨的处理、报备管理、客户服务和增值服务等。

1. 客户信息管理

客户信息管理包括客户基本信息的录入和定期更新,以及与客户相关活动的历史记录。当车辆来企业进行维护时,服务顾问应快速地了解车辆及车主的基本信息,并快速生成服务订单,这样就可保存一辆车的全部历史记录。

2. 联系人管理

对于车辆联系人,要进行系统的录入,记录联系人的基本信息,同时定期跟踪联系人,修正变更项目。对于重要的日子,如联系人生日、大型节假日以及预计审车日和审证日,最好有祝福服务和提醒服务。

3. 客户全方位跟踪服务

当客户在市场上寻找服务时,服务顾问就应开始与客户接触,并尽量获取更多的客户信息,同时主动联系客户,并记录客户的反应。对于来公司的客户,汽车维修企业要在客户休息区提供点心和饮料等客户用品,并尽量设立儿童活动场所满足车主小孩的需求;同时可以为客户提供有用的汽车行业信息和周围公共交通信息等。

4. 客户抱怨的处理

服务顾问应了解客户抱怨的原因,同时收集抱怨客户的资料,与企业其他部门共同处理抱怨。服务顾问应尽量在第一时间处理抱怨,如果在第一时间无法处理,应告知客户处理的时间表;与公司其他部门一起制订客户抱怨和异议的预防措施,杜绝类似的抱怨和异议产生,提高客户满意度。

5. 报备管理

报备管理包括事故车开发报备、散客户开发报备、集团客户开发报备、续保客户报备。推行报备制度,可以让每位员工的业绩非常清晰。

6. 客户服务和增值服务

对于客户来讲,汽车是第二个家、第二个办公室,如何保证这个小家的温馨,如何保证这个办公室的现代,车和车主都需要许多的增值服务。在对客户进行服务的过程中,不仅要掌握一定的技巧,更要避免犯下一些大的忌讳。

许多汽车维修企业也在推行全面系统的标准流程化管理,只有做到客户满意,才能提升竞争力。想一想,您的客户休息室内纸杯是否干净?是否有充足的饮用水?烟灰缸是否及时清理?客户休息室内的家具刮伤了客户,您会怎么办?客户在企业内发生事故时如何处理?客户车上的物品丢失如何处理?

7. 汽车维修企业处理客户关系的基本原则

1)客户永远是汽车维修企业最重要的人——无论他亲临或来电。

第四章　汽车维修企业客户关系管理

2）客户并不依赖我们——是汽车维修企业始终依赖他们。

3）客户永远不会打扰我们的工作——他们正是汽车维修企业工作的目的。

4）与客户交流并不一定能帮助他们——倒是客户始终在帮助我们。

5）客户不是我们业务的局外人——他们是其中的一部分。

6）客户不是一个单纯的统计数字——他们和你我一样，也是有感情和情绪的凡人，当然也会有习惯和偏见。

7）客户不是我们要与之争辩或斗智的人，从未有任何企业能在与客户的争辩中获胜。

8）客户带给我们他们的需求——我们的工作就是对其做出迅速反应，既是为了我们的客户，也是为了我们自己。

9）获得单纯的眼前利益远远没有赢得客户良好的口碑重要。

◆ 第二节　客户关系管理技巧 ◆

一、客户关系管理妙招

汽车维修企业要实现持续健康的发展，就必须做好客户关系管理。如果没有客户的满意，没有较高的客户回头率，汽车维修企业就无法持续健康发展。以下是汽车维修企业进行客户管理的妙招。

1）对客户进行分类整理。第一种分类可以分为公务车和私家车。公务车又可以分为政府公务车、企业公务车；私家车可以分为可以报销部分费用的私家车和纯粹的私家车。第二种分类可以分为重点客户和普通客户，对于年结算总额排名在前20%的客户，可以称为重点客户，其他为普通客户。第三种分类是特殊客户和一般客户。对于一些重要的车辆，可以称为特殊客户，其他为一般客户。建议汽车维修企业设立VIP专用通道，服务重点客户和特殊客户，以满足其更高的需求。

2）要对客户的需求进行分类整理，用不同的方式满足其不同的需求。有的客户需要直接折扣，有的客户需要另外赠送其他物品，有的客户需要一定返点，有的客户需要服务快速，对于不同客户的不同需求，汽车维修企业要通过深入的调查之后进行系统整理，尽量满足不同客户的不同需求。

3）对客户要言而有信。汽车维修企业客户最多的抱怨是：许多的承诺不能兑现，不能达到客户的心理预期。比如，预定时间无法交车，预定时间无法得到信息反馈，服务不能让客户满意等。记住，诚信是企业生存的前提和保障。

4）对客户的承诺要有度。答应客户的一切要求之后，如果不能及时有效地兑现，会让客户产生很大的不满。因此，服务顾问对客户的承诺，要给自己留有余地，只答应自己有把握做到的事情，而不是客户希望自己做到的事情；同时承诺之前要了解自己所掌控资源的多少，是否要请示上级等。

5）对客户最好能有附加的服务。对于部分新的客户、大客户和特殊客户，汽车维修企业可以提供部分附加服务，如免费自动按摩30min，免费使用游戏机30min，可以使用VIP休息室，提供赠品等。通过这些附加的服务，与竞争对手有所区别，可提升客户满意度，同时提高客户忠诚度，也会形成良好的业内口碑。

6）对于许多模棱两可的客户问题，要给客户选择的机会。如果出现问题，而企业有多种解决方案时，要尽量提供两种方案让客户去选择，过多的方案会让客户不知所措，无法回答。客户永远是对的，但不表示我们永远听从客户的安排，对于客户的较高要求，汽车维修企业可以采用提高自己条件的办法，尽量使双方都满意。

7）客户的含义可以拓展为除自己之外的所有人。在汽车维修企业，如果把公司的员工也看成是自己的客户，有时会给企业带来意想不到的效果。因为客户的满意度是公司员工创造的，只有满意的员工才能创造客户的满意。记住，在目前国内市场，口碑的力量非常大。企业的每个员工都有自己的人脉圈，当朋友需要汽车服务时，如何让员工首先推荐自己的企业呢？在此建议汽车维修企业的管理层，可以制订推荐有礼的内部促销活动，奖励为公司推荐客户的员工。

8）进门就是客。也许今天他不是客户，明天就可以成为客户；也许他本人不是客户，但他可以推荐其他人成为客户，这也是口碑的力量。比如，部分企业采用到店有礼活动，就是把所有来店之人，都当作客户的一个举措。另外应该把供货方、合作方、相关的政府部门和内部员工的亲戚朋友，都划到客户的范畴，至少是潜在客户。

二、客户经验管理

1. 客户经验管理：分析客户经验世界

客户的经验世界可以分成四个层次，从最外面范围最大的第一层开始，逐渐导入到最内层的品牌经验层次。

第一层：选择产品的经验。

第二层：消费产品或服务的经验。

第三层：感官、情绪、思考、行动与消费环境关联的经验。

第四章　汽车维修企业客户关系管理

第四层：品牌价值中蕴含的超出期望值的经验，这种经验对客户来说，往往是最难替代的也是最难忘的。

> 一位老先生前往 Nordstrom 卖场，想要把买来的轮胎退掉。但是这个轮胎并不是 Nordstrom 卖出去的货品，而是他在其他商店购买的。以客为尊的 Nordstrom 店员却二话不说，当场把轮胎的钱退给了老先生。客户本身明知自己不是在 Nordstrom 购买的轮胎，却还是向 Nordstrom 要求退货，这位客户对 Nordstrom 的处理方式一定会毕生难忘，之后这位客户自然会为 Nordstrom 做免费的宣传。

上述客户的经验都是基于第一层和第二层，但通过 Nordstrom 的服务，却提供了第四层的消费体验。对于客户来讲，Nordstrom 提供的商品与其他商家都是一样的，但他们得到的经验却只有 Nordstrom 可以提供，品牌与品牌之间的差别就体现在这些与众不同的经验上，这也是客户选择光顾 Norstorm 的主要原因。

2. 客户经验管理：规划本品牌的特色内涵

品牌经验涉及品牌标志符号、产品包装和零售空间，应赋予讨人喜欢的外观和感觉。最后则是广告、相关宣传品以及网站，应传达恰当的经验信息和形象，这属于品牌经验的一部分。品牌经验最核心的部分则在于我们能满足多少客户的需求，无论是否在产品的范畴之内。下面的案例更能说明这一点：

> 某一天，一位中年妇女在 Nordstrom 买了一件衣服，随即赶往机场。到了机场之后才发现机票不翼而飞。原来这位妇女因为赶时间，不小心将机票遗留在百货公司。就在她不知如何是好的时候，她看见了 Nordstrom 服饰部的女职员拿着机票赶到机场，及时地将机票交给了她。销售人员怎么可以将卖场空着，而自己跑去机场呢？实际的情形是这样的：Nordstrom 的管理层每天都会在卖场进行巡视，随时询问销售人员有无需要协助的事项。当时这位送机票到机场的销售人员立即与巡视员联络，并请巡视员暂代自己的工作岗位。
>
> 在任何情况下都由自己做最为有利的决定，此外别无其他规定。负责卖场的每一位职员都被赋予最大的权限去处理突发状况。因此职员只需凭着信念努力工作即可。

3. 客户经验管理：构建实施平台

这一步最难，无论何种优越的理论、规划和设计，如果不能准确地传递给客户，客户就不会给我们任何反馈。但如何在庞大的、复杂的营销网络中实现这一点，取决于汽车维修企业的流程、管理和创新。Nordstrom 实现了非常有效的授权和管理，使得它的员工都自觉地发掘企业潜能，为客户提供更多更好的服务经验。任何好的口碑的树立都离不开企业员工们点点滴滴的奉献和积累。因此，只有这个步骤取得的效果才是任何竞争对手难以仿效和超越的。

第三节　在处理客户关系中修炼自身

在汽车维修企业中，客户与员工之间的关系是服务质量的关键，所以汽车维修企业全体员工要在所有的工作中满足客户需求。

（1）对所有的客户都要提供相同的服务　即使汽车维修企业客户人满为患，也不能忽视服务细节。面向客户需要表现出最好的工作形式。员工良好的表现对于客户服务而言是必不可少的，尤其是礼貌和教养对于任何人而言都是值得称道的。汽车维修企业中的员工要自始至终对客户提供良好的应接服务。良好的应接服务并不是客户要买什么就卖什么，而是询问客户是否需要一些特别服务，并针对客户具体情况给出合理的推荐。

（2）要让客户感到服务无所不在　客户进门时要问好，客户走的时候要感谢他/她的光临。在这个环节中所有与客户直接相关的细节都需要注意。

1）端庄的仪表、仪容。

① 所有员工上班时必须穿企业规定的制服，同时保持干净、整齐，裤长要合适，女性员工裙子不可过短，不可影响活动和提供服务。男性员工需穿工作鞋。

② 上班前，所有员工要检查工作服有无破损。服务工号牌应统一端正地佩戴在左前胸。领带、飘带等要随时检查是否系正。

③ 所有员工不得梳怪异发型，头发不可染得过艳。

④ 男性员工的头发需修剪整齐、美观，建议头发不得盖住耳朵和衣领，不可留胡须并应勤于理发。

⑤ 女性员工上班要化淡妆，不得使用有异味的化妆品或浓烈的香水，忌浓妆艳抹。

⑥ 所有员工应注意个人卫生，养成勤洗澡、勤洗头、勤换洗衣服、勤洗手、勤剪指甲的习惯。

⑦ 所有员工上班前不能喝酒，不能吃有浓烈气味的东西，如洋葱和大蒜等。

第四章　汽车维修企业客户关系管理

⑧ 汽车维修企业所有员工须有强烈的健康意识，做好预防疾病的工作。

2）文雅得体的仪态和行为举止。

① 汽车维修企业所有员工在服务过程中应当表情自然、面带微笑、亲切和蔼、端庄稳重、落落大方、不卑不亢。在客户面前绷脸撅嘴、缩手缩脚、谨小慎微都是不恰当和不礼貌的。

② 在服务中，有些行为举止必须禁止，如在客户面前打喷嚏、打哈欠、打饱嗝（应背转身用手帕把嘴捂住，并说"对不起"）、伸懒腰、抓头、掏鼻、剔牙和修指甲等，汽车维修企业内还禁止大声喧嚷、开玩笑和哼唱歌曲。

3）自然得体的神态。

① 汽车维修企业所有员工在服务过程中的眼神相当重要，目光应和蔼可亲，不瞪眼，不斜视，不目光散乱神情恍惚，要面带笑容。

② 与客户目光相对时，可看对方的鼻尖，切忌看自己的脚尖和别人的脚跟，更不能从客户的头看到脚，这样是对客户不尊重的表现。

4）微笑的培养。

① 所有员工应保持乐观进取、敬业乐群的心态与态度。

② 让微笑从内心发出，不要做作，做作的微笑反而会把客户吓跑。

③ 微笑时，眼睛也应含有笑意，试想光露牙齿或抿嘴微笑而目光不配合会是多难看。

④ 将"前"或"V"读50遍，你会发觉当发音时嘴形似微笑，多读将会有助于你自然的微笑。

⑤ 经常进行快乐的回忆，努力将自己的工作维持在最愉快状态，有助于微笑。

⑥ 管理人员要时刻提醒自己"我的笑容对员工是否能够以愉快心情开展工作起决定作用"，以此来督促自己总是"笑容满面"。

⑦ 在工作的前一天，尽量保证充足的睡眠时间。

⑧ 长时间的作业会感到非常疲劳，这时尤其应该提醒自己不要忘记微笑服务，可以抽空去一趟盥洗室，在那里用冷水洗洗脸，放松放松。

⑨ 喜欢微笑与天性有关，但后天的培养亦很重要，每天面对镜子练习，直到你满意并习惯为止。

⑩ 所有员工应克制妨碍微笑服务的因素：在工作中受到训斥；受到不公平的待遇或漠视；在营业繁忙时期服务经理或其他上级主管不能保持冷静的态度；被服务经理或其他上级主管盯住不放；对眼前的客户的推荐受到拒绝；受到客户投诉；自己的工作积极性遭到漠视；设备配置、服务内容和产

品提供跟不上客户的要求；遇到讨厌无理的客户；与同事或主管有矛盾。

5）站姿。

① 站立时应挺胸、收腹、立正，双肩保持水平、自然放松，眼睛平视，嘴微闭，面带笑容，双臂自然下垂，保持随时能为客户提供服务的姿态。

② 肩膀要平直，不可耸肩歪脑，双手不可叉在腰间，更不可抱在胸前，站时身体不能东倚西靠。

③ 不能扎堆聚众，也不能当众交头接耳。

6）走姿。

① 行走时，身体重心可以稍向前，上体正直、抬头、眼平视、面带微笑，切忌晃肩摇头、上体左右摇晃，腰部和臂部不要落后，双臂自然地前后摆动，肩部放松，行走时可加快步伐，但不可慌张奔跑。

② 行走时要注意停、让、转、侧，勿发生碰撞，做到收发自如。

③ 如行鞠躬礼，应停步，躬身15°～30°，眼随着向下并致问候语，切忌边看客户边鞠躬。

④ 与客户相遇，应主动问好和让路。同一方向行走时，如无急事不要超越客户，因急事要超越时，要说"对不起"。

⑤ 如上下楼梯，不能成群并排行进，以方便客户超越。如需超越客户时，要说"对不起"。与客户相遇，应主动问好和让路。

7）手势。

① 手势是最有表现力的一种"体态语言"。所有员工在工作中经常需要运用手势为客户介绍产品、服务、引路和指引方向等。

② 在给客户指方向时，要把手臂伸直，手指自然并拢，手掌向上，指向目标，同时眼睛要看着目标，并咨询客户是否看到指示的目标，忌用一个手指指指点点。

8）礼貌热情的服务语言。接待工作时时离不开语言，优美、礼貌的语言会给客人以温暖和尊重。语调应当亲切，音量应当适度，回答问题要准确、简明、恰当和文明，要使用好敬语、问候语，准确地使用称呼。讲究语言艺术，说话力求语意完整，合乎语法。服务语言分成基本礼貌用语和服务用语两部分。

① 基本服务用语。

A. 欢迎语："早上/下午/晚上好，欢迎光临！""您好！"用于客户进入门口或展厅时，此时工作人员要及时使用此语。

B. 致谢语："谢谢"或"谢谢您"用于客户为工作人员的工作带来方便时，应本着感到谢意的心情来说。

第四章　汽车维修企业客户关系管理

C. 答复语："是""好的"用于接受客户的吩咐，本着认真负责的态度去说。

D. 道歉语："请您稍候"或"请您稍等一下"用于不能立刻为客户服务时，应热情又表示歉意；"对不起""打扰了"或"不好意思"用于为打扰客户或给客户带来不便时，应真诚而有礼貌地说。

E. 称谓语：有"先生""小姐""女士"等，也有需要使用间接称谓的"一位男客人""一位女客人""有位上年纪的客人"和"您的朋友"等。

F. 告别语："再见""谢谢光临"等用于客户离开汽车维修企业时，应热情而真诚。记住有时不能使用"欢迎下次光临"，特别是对于维修车辆的客户。

G. 征询语：如"我能为您做些什么？""如果您不介意，我可以……吗？""我没听清楚您的话，请您再说一遍好吗？"等。

H. 委婉推托语：如"很抱歉，因为……的需要或原因，所以……。"

② 服务礼貌用语。如"请出示您的会员卡""请在大厅休息区稍坐""这项服务大约需要……时间，您可以在大厅休息，透过我们的全玻璃隔断可观看公开化的施工过程，也欢迎看一下我们展示和零售的产品""请您稍等片刻，我立刻给您送来""真是抱歉，耽误了您很长时间""谢谢，一共……钱""请您在这里签字""这是找给您的钱""请您多提宝贵意见"。

③ 谈话的礼节。

A. 与客户谈话，一般谈与工作有关系的事情。

B. 与客户谈话时，工作人员应本着实事求是的原则，不要随便答复自己不清楚或不知道的事情，对服务范围以外和自己没把握办到的事情，不要轻易许诺。

C. 讲话时要有分寸，称赞客户要适当，应做到谦虚有礼。

D. 与客户谈话时，工作人员应保持站姿，注意倾听对方的发言，不要随便插嘴。客户讲话如没有听清楚，可以再请客户讲一遍，但不能有急躁或烦躁的表情。

E. 客户之间交谈时，不要在旁边听，如有事需与客户联系时，则应先打招呼，并表示歉意，如"不好意思，打扰一下……"。

F. 交谈时不要用手中物品指着对方，工作人员应客户呼唤也不可声音过高，若距离较远可点头示意。说话或交谈时，语言和表情应协调一致，工作人员应面带微笑地看着客户，不得左顾右盼，应注意目光不得游离也不得紧盯着客户。工作人员应当垂手恭立，与客户保持约1米的距离；不得倚靠它物。能用语言讲清的，尽量不加手势。谈吐要大方有礼，不大笑狂笑，谈话时吐字清楚，音量适当，应以对方听得到为宜。

9）沟通技巧。

① 记住客户的脸。记住客户的容貌，下次如果客户再来店时，也不会感到陌生。

② 主动服务客户。这时是让客户记住你的容貌，下次来也就会感到亲切。

③ 热情主动地打招呼。当遇到了一个熟客就主动打招呼，再以你的观察印象和客户进行沟通。

10）良好的行为举止。在接待客户过程中，关键是要全身心地接待好每一位客户。

① 接待客户要愉快、有礼貌，但不要过分。接待人员不可用"你"来称呼客户，而要用"您"。

② 在汽车维修企业中不可抽烟，更不能在接待客户的时候抽烟。所有员工在工作时都要有一个良好的、健康的形象。

11）要保持接待客户的状态。向进入汽车维修企业的每一位客户问好，回答他们的问题，离店时向他们说再见，并感谢他们的光临。除非确有必要，否则不要在客户等候的时候，去做设备维护的工作或放置物品。

① 要避免在接待客户中浪费时间，尤其要避免：

A. 当有客户在等候时，与不需要在这时候接待的客户进行不必要的谈话。

B. 当有客户在等候时，和同事谈话或争论，尽管是有关工作的话题。

C. 在客户面前谈论或在电话中说有关个人的事情、私人的话题。

② 要清楚地知道所有产品的情况和特点。如果我们对某样产品、服务不了解，就很难销售和提供，因为我们不知道该如何回答客户的问题，这样就会产生一个负面的效果。

12）有目的地调查客户的需求。好的问题只有一个目的，即拉近与客户的距离，找出他们的需求。

① 认真听取客户的意见，他们的意见对于我们都是有帮助的。光听是远远不够的，要懂得如何去听。

② 不要说得过多，让客户插不上话，要倾听客户的要求、疑问。一个异议很可能是有兴趣购买的表示，但是要在员工解决正在衡量是否要购买产品或服务的客户的疑问之后。如果我们不听异议，就不能去解决客户的需求，这样就会失去很好的销售机会。

③ 不要向客户肯定地说我们不能去做，这样会给客户造成一个极差的

第四章 汽车维修企业客户关系管理

印象，损害专业性和品牌形象。不要过分地表露出攻击性，不要强迫客户消费。

◆ 第四节 汽车维修企业 VIP 客户管理的措施 ◆

汽车维修企业 80% 的收入来自 20% 的客户贡献，为有效地对此 20% 的重点客户进行管理，每一个汽车维修企业都要根据各自不同的情况制订与自己相匹配的措施，以下是建议采用的措施：

1）VIP 客户分类管理。客户管理中心要实行客户经理负责制，对于 VIP 客户可以进行分类，由不同的客户经理负责不同类别的 VIP 客户，VIP 客户分类的方法，可以采用按行业、按地域、按车型进行分类。建议汽车维修企业根据不同的情况，灵活采用合适的方法。

2）对于 VIP 客户的特殊照顾。除去维修服务的价格折扣之外，可以让 VIP 客户享受更多的其他优惠。VIP 客户可以使用绿色通道、代步车，可以享受免费的拖车服务，可以在 VIP 休息区享受服务，可以每年享受一定的免费检测和养护，可以享受购车的特别优惠，可以享受免费审证、审车。在 VIP 客户生日时有礼品赠送。汽车维修企业只有拥有与同行不同的、能让客户感动的措施，VIP 客户的流失率才能降到最低。

3）汽车维修企业应该定期召开 VIP 客户会议，倾听 VIP 客户的建议和意见，制订与之对应的策略，并随时更新客户变化的信息，应把上门拜访与让客户到企业有机地结合起来。那些地位较高的 VIP 客户，车辆维修养护时，一般不会到维修现场，如果在开 VIP 客户会议之时，能够邀请到他们，对于汽车维修企业拉近与 VIP 客户的关系，将是一个很大的提升。

4）汽车维修企业应该建立一支由客服中心和几名核心技工组成的应急处理小组，对 VIP 客户需要的紧急救援提供服务，并每年至少上门巡回检测两次。这将极大地提高客户的满意度，同时在 VIP 客户中建立良好的口碑，提升与 VIP 客户之间的合作关系。

5）汽车维修企业可以组建一个 VIP 客户俱乐部，为 VIP 客户提供相互认识的机会、相互交流其他事务的场所。这也是大家人脉关系网扩充的一个良好的平台。建议 VIP 客户俱乐部可以定期举办健身活动，如举办高尔夫运动、户外运动，可以邀请投资理财专家进行讲座，也可以请高级培训师进行培训等。通过这些活动，增进 VIP 客户之间相互的了解和认识，同时使每个 VIP 客户都在活动中有所回报，从而拉动更多的人加入俱乐部，最终拉动企业的进店台次和服务产值的提升。

第五节 汽车维修企业客户异议和投诉的处理

任何企业都在追求100%的客户满意，但要达到100%的客户满意是不可能的，因此作为汽车维修企业，就要制订一套客户异议处理的流程和办法，并掌握一定的客户异议处理的技巧和方法，尽可能把客户的不满降到最低，维持企业与客户关系的持续健康发展。

一 处理客户异议的几种方法

客户的异议是多种多样的，处理的方法也千差万别，必须因时、因地、因人、因事采取不同的方法。汽车维修企业在促销和服务过程中，常见的处理客户异议的方法有以下几种：

1. 转折处理法

转折处理法是促销工作的常用方法，即店员根据有关事实和理由来间接否定客户的意见。应用这种方法时，首先承认客户的看法有一定道理，也就是向客户做出一定让步，然后再讲出自己的看法。此法一旦使用不当，可能会使客户提出更多的意见。在使用过程中要尽量少地使用"但是"一词，而实际交谈中却包含"但是"的意见，这样效果会更好。只要灵活掌握这种方法，就会保持良好的洽谈气氛，为自己的谈话留有余地。

比如"我们没有这种产品，也曾有人问起过。因为我们都是通过消费者调查和数据统计来选择一些认同度高的产品，所以同时也放弃了一些其他的产品。我们会记录下你的提议作为下一步制订策略的信息依据。同样功能的××很不错，这么多人捧场应该会有它的道理，让我来帮你，如果你愿意试试的话……，"这样店员就轻松而不露痕迹地反驳了客户的意见。

2. 转化处理法

转化处理法是利用客户的反对意见自身来处理。我们认为客户的反对意见是有双重属性的，它既是交易的障碍，同时又是一次交易机会。店员要是能利用其积极因素去抵消其消极因素，这未尝不是一件好事。

比如，当客户认为这里虽然环境、服务都还尚可，但价格贵了些时，你不妨说"是比别处贵了点，这些经常来的客人正是和你一样感受到多了几块钱，就能多份安心放心、多份舒适惬意、多更多的质量保障和更好的使用效果；少了脏乱不堪、少吸了很多浑浊空气、少了不安全和后顾之忧。"这样一来，客户就会对你的特点和优势留意并产生赞同和兴趣，不自觉地对产品和服务定位产生共识，形成归属感。这种方法是直接利用客户的反对意见，转化为肯定意

第四章 汽车维修企业客户关系管理

见,但应用这种技巧时一定要讲究礼仪,而不能伤害客户的感情。可以先将客户假设为在同一战营,以他的口吻去表达"你肯定也会认为……"。

3. 以优补劣法

以优补劣法又称为补偿法。如果客户的反对意见的确切中了你的产品或公司所提供的服务的缺陷,千万不可以回避或直接否定。明智的方法是肯定有关缺点,然后淡化处理,利用优点来补偿甚至抵消这些缺点。这种方法侧重于心理上对客户的补偿,以便使客户获得心理平衡感。

4. 委婉处理法

当还没有考虑好如何答复客户的反对意见时,不妨先用委婉的语气把对方的反对意见重复一遍,或用自己的话复述一遍,这样可以削弱对方的气势。有时转换一种说法会使问题容易回答得多。但你只能减弱而不能改变客户的看法,否则客户会认为你歪曲他的意见而产生不满。你可以在复述之后问一下"我相信您肯定去过其他店了(或您也去过其他的店做过比较了),您认为这种说法确切吗?"然后再继续下文,以求得客户的认可。

5. 合并意见法

合并意见法是将客户的几种意见汇总成一个意见,或者把客户的反对意见集中在一个时间讨论。总之,是要起到削弱反对意见对客户产生的影响。但要注意不要在一个反对意见上纠缠不清,因为人们的思维有连带性,往往会由一个意见派生出许多反对意见。摆脱的方法是在回答了客户的反对意见后马上把话题转移开。

6. 反驳法

反驳法是指店员根据事实直接否定客户异议的处理方法。理论上讲,应该尽量避免使用这种方法。直接反驳对方容易使气氛僵化而不友好,使客户产生敌对心理,不利于客户接纳店员的意见。但如果客户的反对意见产生于对产品、服务的误解或你手头上的资料可以帮助你说明问题时,不妨直言不讳。但要注意态度一定要友好而温和,最好是引经据典,这样才有说服力,同时又可以让客户感到你的信心,从而增强客户对产品的信心。反驳法也有不足之处,这种方法容易增加客户的心理压力,弄不好会伤害客户的自尊心和自信心,不利于推销成交。

7. 冷处理法

对于客户一些不影响成交的反对意见,店员最好不要反驳,采用不理睬的方法是最佳的。千万不能客户一有反对意见,就反驳或以其他方法处理,那样就会给客户造成你总在挑他毛病的印象。当客户抱怨你的汽车维修企业或同行时,对于这类无关成交的问题,都不予理睬,转而谈你还要说的问题。但这样不理睬客户的反对意见,可能会引起某些客户的注意,使客户产生反感,甚至有碍成交。

8. 询问处理法

有的客户异议仅仅是客户用来拒绝消费而随意抬来的一个借口;有的异议与客户的真实想法完全不一致;有的客户本人也无法说清楚有关异议的真实想法和原因。客户消费异议的不确定性为店员分析客户异议、排除消费障碍增加了困难,但也为询问处理法提供了理论依据。

其实使用发问来解决客户不满有不少优点。首先,通过询问,店员可进一步了解客户,获得更多的客户信息,为进一步推销奠定了基础。其次,如果要想发问得好,必须带有请教的含义,既可以使客户提供信息,又可以使推销或说明保持良好的气氛。发问使店员有了从容不迫地进行思考及制订下一步推销策略的时间;发问还可以使店员从被动地听客户申诉异议转为主动地提出问题与客户共同探讨,有利于把话题和口风转到有利的角度。但需注意的是应及时和适可而止;注意尊重客户,并讲究追问的姿态、手势、语气等礼仪,避免客户产生心理压力。

二 失误和投诉

1. 定义和目的

失误是客户关系中最为重要的方面,表现为客户对产品或服务的不满。失误也可以是人员因素和经营过程中的失误。所以,从汽车维修企业内部的良好运营和为客户提供的服务质量方面来说,需要尽早发现,避免使客户受到影响。

汽车维修企业中每个员工都有责任了解和反馈那些不符合客户需要的产品或服务的信息。这样做的目的是提高汽车维修企业的整体质量,从失误中学习经验,但我们不能混淆以下概念:纠正,并不能阻止错误的发生。纠正行为,即采取措施去除错误发生的原因,阻止错误再次发生。

当发现错误时,要进行记录、分析和纠正。正确的做法分两步:

首先,立即采取积极的行为满足客户的需要。

其次,评估导致错误的原因,避免再次发生。

2. 处理投诉的措施和保障

首先,所有员工应该对客户的投诉做好准备。员工要和蔼地听取客户的抱怨,并妥善处理,在任何情况下都不能轻视或处于对立的状态,要立即在一个松弛的环境中接待客户,向客户询问问题的所在,获取最多的信息,尽早地处理问题。如果在服务中发现失误,应该及时处理,如果预算不超过一

第四章　汽车维修企业客户关系管理

定的权限，越快越好。

其次，要通知产品或项目的负责人，出具意外事件的报告。对客户抱怨进行管理，这是很重要的。要知道相关的原因，应该如何解决，花费的时间等，这样可以改进。接待人员应该考虑到有些客户是希望发生正面冲突的，所以不要和客户发生争执，这样不愉快的情况会严重影响品牌形象和汽车维修企业的经营。不要将失误归咎于其他的员工，更不要归于公司或品牌，这样做不仅是一种背信弃义的行为或不公正的行为，也会给客户造成极差的印象。如果员工发生了失误，应该诚实地承认错误，向客户道歉并尽可能地用最好的办法解决问题，使客户的损失减到最小。要以最快的速度解决失误，因为时间是将投诉简化到最小的一个重要因素。在任何情况下，都不要和客户发生争论，更不能使用带有侮辱性的语言或难听的话语。如果是客户说了侮辱性的话，要请他放弃这种态度，不要用更加糟糕的话语使情况更加恶化，变成冲突。

3. 投诉处理的技巧

（1）专注倾听　仔细倾听让客户感受到我们是真诚地了解及处理问题；目光注视客户，表示尊敬；确认完全了解客户的问题。

（2）了解事实　用肢体语言表达我们对问题的关心；千万不要动怒，将问题转化为私人冲突；表现出相同感受并有意愿解决问题；判断抱怨属于何种性质。

（3）表示关心　无论谁对谁错，一定要表示我们对此问题的关心；表现出真诚的态度；表达如"我很遗憾发生这种事"之类的话语；建议合理的解决方式，征求客户的意见。

（4）使客户满意　立即解决问题使客户满意。

4. 平息愤怒技巧

（1）充分倾听　静下心来充分倾听客户愤怒的言辞，这样做有助于达到以下效果：

1）让客户将愤怒一吐为快后，客户愤怒的程度会有所减轻。

2）在字里行间寻找客户所申诉问题的实质和客户的真实意图。

3）表示出与客户合作的态度。

（2）同情和理解　客户的愤怒带有强烈的感情因素，因此客服人员如果能够首先在感情上对对方表示理解和支持，那么将成为最终圆满解决问题的良好开端。表达理解和同情要充分利用各种方式。与申诉者直接面谈时，客服人员应以眼神来表示同情，以诚心诚意、认真的表情来表示理解，以适当的身体语言表示赞同，如点头等。另外，在电话处理时，客服人员要通过言语,如语调、音量、抑扬等,来表示同感。要特别注意,在表示理解与同情的时候,态度一定要诚恳,否则会被客户理解为敷衍,可能反而加深了客户的愤怒。

(3) 就问题本身达成一致　无论客户愤怒的表现是怎样的,其关键在于问题的解决。所以客服人员应学会切实把握问题的实质,并就问题本身,以自己的理解与客户达成一致。这是实现最终妥协与合作的第一步,能使双方的谈话在开始时就步入合作与共识的轨道。

(4) 立刻道歉　明确问题后,如果明显看出企业要承担一定的责任,客服人员则应马上道歉。即使在问题的归属上还不是很明确,需要进一步认定责任的承担者时,客服人员也要首先向客户表示歉意,但要注意,绝不可让客户误会,认为企业已完全承认是自己的错误。例如,可以用这样的语言:"让您不方便,对不起""给您添了麻烦,非常抱歉"。这样的道歉既有助于平息客户的愤怒,又没有承担可能会导致客户误解的具体责任。

(5) 表达同感的技巧　一般而言,分歧是纠纷的源泉,而在意见一致的情况下很少会有争吵。如果处理抱怨的客服人员能善于表达自己的同感,必能以诚意换回对方的谅解。表达同感的关键在于找到双方的"一致点",上文讲到的"就问题本身达成共识"可以说是个一致点。此外,可能成为"一致点"的还有:在一般原则上与客户达成共识,如"这事搁到谁头上都会感到愤怒的"。对客户表达自己意见的权利予以确认,通常都能够有助于舒缓客户情绪,从而使客户对问题的表达更具逻辑性。例如,"是的,十分欢迎您向企业提出意见,而且我们正是专门听取和处理改进这类问题的,请您坐下来慢慢谈,不要着急"。

5. 汽车维修企业中常见的投诉情况

(1) 超出合理范围的等候时间

1) 如果发生这种情况,员工要向客户道歉,解释原因,如店内客人太多、缺少人手等,要取得客户的谅解。

2) 建议要特别接待这位客户,在他离开时,要再次道歉。

(2) 产品、服务不符合要求

1) 对涉及材料、质量和交付时间等的质疑,由客服人员按相关产品、服务标准来解释处理。公司要制订标准服务流程和规范,必要时应向客户展示和说明。

2) 当客户抱怨质量时,如确实涉及产品质量、技术问题的,应本着让客户满意的原则先致以歉意后采取撤换或返工或打折等方式进行处理,涉及打折、赔偿等处理的,应报服务经理(服务经理不在时由当班主管处理)批准，并由客户签署确认。

（3）服务内容错误而遭客户异议

1）发生这种情况时，需要轮班主管或服务经理按照每个客户的具体情况加以解决。

2）重要的预防措施应记录在每个环节规范、完整的施工单上，可作为追溯的依据，所以事先的客户确认和记录十分必要。

3）客服人员接到客户的投诉时，应将情况和相关处理措施及结果简要记录在"客户意见处理报告"上。

6. 客户投诉的后续改进

汽车维修企业负责人应审查客户意见，初步确定质量问题的性质。当涉及服务专业性和技术层面问题时，可与有关部门一起分析查找原因。在证实问题的根源后，应将"客户意见处理报告"连同有关资料转给有关的责任部门或人员以制订纠正措施方案（包括预防性措施）并组织实施。例如，产品质量问题是供方提供的产品因素造成的，除及时通知供方并告知出纳在结算时进行扣除外，还应督促供方改进。

问题责任部门负责人应监督纠正措施的实施，并将监督跟踪结果填写于"客户意见处理报告"中。必要时，客户服务部门应向客户汇报所采取的纠正措施，征求客户对处理结果的意见并记录于报告中，有关记录、资料由业务部门保管。每年应对客户意见或投诉进行分析，并进行客户满意度综合统计以促进改进。

三 预防客户投诉的发生

建立客户回访制度，调查客户的满意度。不论客户有任何的异议和不满，两日内一定给客户回复，同时客户的反馈也有助于企业采取补救措施，提高服务水平。

汽车维修企业应该设立客户问题预防处理小组，并对客户的问题进行整理、归类，同时对可能发生的问题提前制订处理方案，把客户的投诉率降到最低。

◆ 第六节　客户关系管理的工作流程和规范 ◆

一 新车主信息管理

服务回访员在做销售三日回访时，应向车主再次确认其联系方式（电话、邮寄地址等），并对信息进行更新。

1. 新车主信息确认的目的

1）确认并更新车主信息，同时检查交车时车主的信息登记得是否完整，提高信息准确率。

2）确保企业推出车主关怀等活动时能及时、准确地联系到客户。

2. 新车主信息的确认

1）车主姓名、联系电话、邮寄地址、邮编、微信号。如果接电话的是车辆的使用人而不是车主本人，应尽量留下使用人的姓名，并确认邮寄地址是否与原地址相同。

2）车牌号码。由于车架号过长，车主保养维修或致电客户关系管理部门时，除通过车主姓名核实身份以外，最常用的就是车牌号码，所以此信息为必填项。如果车辆暂时没有上牌，应在"车牌号码"一栏中注明。

3）确认日期，即联系客户的日期。

4）在车主信息确认过程中，所有修改和增加的信息应用红色字体标注。

二 客户咨询和投诉处理流程

客户来电的目的要么是咨询，要么是投诉，因此一个好的电话接听流程对于处理客户的投诉非常关键，图4-1所示为接听客户电话流程。在接听电话的过程中，将客户的信息和客户反映的情况记录在客户来电记录表（表4-1）中，以便后续工作的进行。

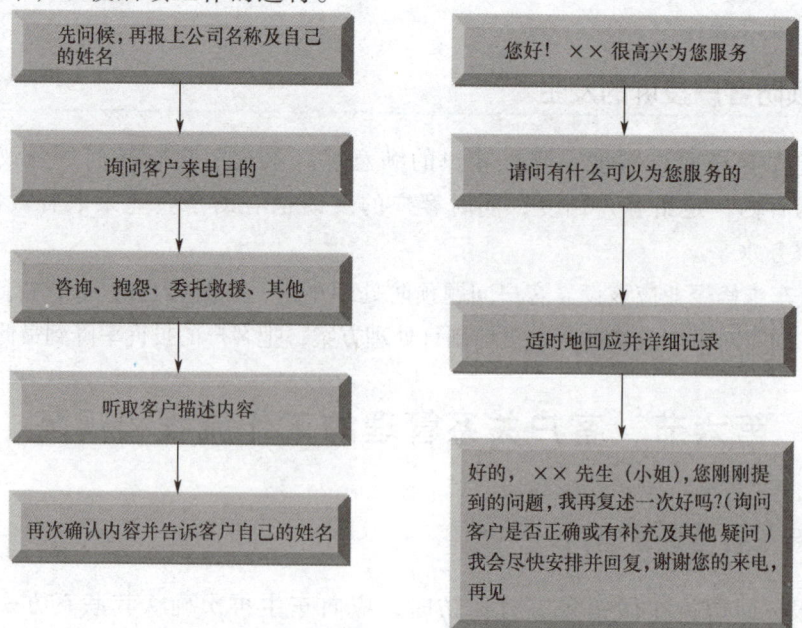

图4-1　接听客户电话流程

第四章 汽车维修企业客户关系管理

表 4-1 客户来电记录表

日期：

序号	来电时间	客户姓名	咨询内容	回复内容	联系相关部门情况	记录人	备注

三、回应客户电话咨询流程

定位于客户导向的客户关系管理将以客户满意为目标，以热忱、创新和积极的方式服务于所有选择汽车维修企业的车主。具体方法是：

1）客户来电时，电话接线员是客户接触的第一线人员，所以平时应建立与销售部、服务部等的互动渠道，取得促销方案、活动信息等相关资料，以备客户来电时及时准确地答复。

2）关于客户的一般性询问，电话接线员应尽可能立即回复，对于无法立即回答的询问，在请相关部门主管研究之后，回电答复客户。

3）所有客户来电，电话接线员都要将咨询问题详细记录、处理及汇报，作为日后改善的方向。

四、各部门对客户投诉的处理流程

首先了解客户投诉产生的原因，对造成的不便表示由衷的歉意，以及感谢客户给予企业改进的机会。具体方法是：

1）了解投诉事件产生的来源。

2）依投诉内容填写客户投诉处理记录表（表 4-2），上呈所属的售后经理，并指派专员处理汇报。服务顾问亦可协助预约安排车辆进厂，并随时掌握处理过程及进度。

3）处理后三天内电话访问客户，询问其对处理结果的满意度。

表 4-2　客户投诉处理记录表

案件编号		客诉来源		开案时间	
车主姓名		车型		开案人姓名	
客户姓名		VIN 码		销售代表	
客户电话		购车日期		服务代表	
车牌号码		行驶里程		附件页数	
申诉内容					
处理部门		处理部门主管		接单日期		处理时限		维修次数	
客户关系管理部门主管意见				处理部门主管意见			

贵单位接获此单后,烦请立即联系客户,于 24h 内回报处理情况,随时保持与客户关系管理部门相关人员沟通问题处理进展。最终处理完成后,请将此单回传客户关系管理部门,以备后续追踪并结案及建档,感谢您的协助

处理结果					
回访情况	□非常满意 □满意 □一般 □不满意 □非常不满意				
事件发生原因	□人为原因 □零件原因 □产品问题 □沟通不良 □其他原因	相关人员奖惩			
公司经理		客户关系管理部门主管	处理部门主管	处理负责人	客户关系管理部门开案人

五　客户投诉管理

市场发展日益快速,从原有传统的电话、内部电话访问、现场反映、书

第四章 汽车维修企业客户关系管理

信方式,到今天的网络、电子邮件,投诉信息来源越来越广,为客户提供了更有效率的回应。针对不同渠道客户投诉的问题,服务顾问应以适当的方式回复。对来自不同渠道的客户投诉,汽车维修企业应设定回应时限、回复方式、管理期限,同时应使用电子文档将所有客户投诉处理记录进行存档管理。客户投诉管理流程如图4-2所示。

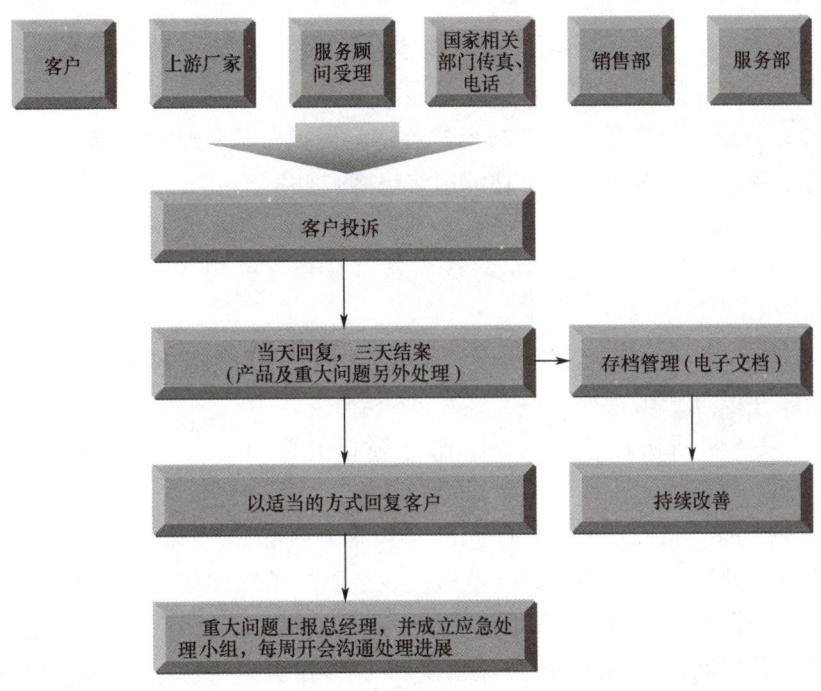

图4-2 客户投诉管理流程

服务顾问回应客户投诉的管理首先应对客户投诉来源进行分类:
1)上游厂家客户服务热线800-(座机)/400-(手机)。
2)企业客服电话。
3)客户满意度调查报告。
4)网站投诉、电台投诉、电视台投诉。
5)客户信函及传真。
6)其他部门或单位转接。

其次,了解投诉产生的原因,对造成的不便表示由衷的歉意,并感谢客户给予企业改进的机会。
1)服务顾问每日随时检查未关闭或未回复的案件。
2)查询客户资料,致电客户并预约时间处理。

3）将问题点及客户需求交给相关单位处理。

4）追踪处理进度，确保客户问题解决及满意度。

5）若客户满意就结案。

6）若有问题点，则澄清客户问题、邀约回厂并预约时间。

六　就客户投诉与上游厂家沟通

（1）目的　为使客户投诉能获得第一时间的回应，汽车维修企业应建立专业有效的客户需求解决流程，以期能迅速而有效地处理客户问题。

（2）方法　汽车维修企业应确定各部门所属权限，明确各部门间的负责项目与联系，协助客户关系管理部门解决客户问题。

（3）具体要求

1）客户直接向企业反馈的重大、特殊、紧急的问题，请客户关系管理部门及时通报服务顾问。

2）服务顾问接到电话接线员反馈的客户投诉后，立即生成客户投诉处理记录表并以电子版存档。

3）服务顾问协调企业销售、服务等相关部门，及时妥善地处理客户投诉。

4）服务顾问在接到客户投诉的当天将处理情况反馈、给电话接线员，三天内反馈处理结果，同时鼓励电话接线员以电子邮件的方式回复。

5）处理时间较长的重大客户投诉，应及时将处理进展通报电话接线员，以保持服务顾问与电话接线员的信息同步、口径统一。

6）由于客户预约维修时间未到、配件未到货等原因，客户不能立即来店处理的，服务顾问在问题最终解决后及时将处理结果反馈至电话接线员。

7）企业无能力解决或超出企业索赔权限范围的投诉，避免直接将客户投诉推向总部，应在安抚客户的同时，积极与技术工程师联系商榷处理方案，避免拖延客户投诉处理时间，造成客户投诉进一步升级。

◆ 第七节　客户满意度分析和让客户满意的诀窍 ◆

一　客户满意度分析

依据第三方调查公司所做的客户满意度调查，检讨客户观点执行的情况，并分析销售、服务的优势及劣势，找出问题存在点，以拟订改善计划。以受访者对企业评估"非常满意"的百分比及"好极了"的百分比作为依据，适时

第四章 汽车维修企业客户关系管理

比较企业与同业佼佼者之间的差距,作为改善参考依据。客户满意度会议讨论的内容可以记录于表 4-3 中,进行备案。客户满意度分析流程如图 4-3 所示。分析之后将所得结果、解决方案汇总于改善方案表(表 4-4)内。

表 4-3 客户满意度会议记录表

主持人：
时　间：　　　　　　　年　月　日（星期　）
地点：
议题：客户满意度检讨
出席人员：客户关系部主管、服务部主管、高层主管

项目	计划执行事项	负责人	完成日期		执行状况	结　果
			计划	实际		
1						
2						
3						
4						
5						
6						
7						
8						
9						
10						

董事长：　　　　　　　　　　　　　　　　　　　　　部门主管：
记录：
注：○—如期完成；△—执行中,但遇到困难,已请求支援；×—未执行或部分执行,但未全部完成。

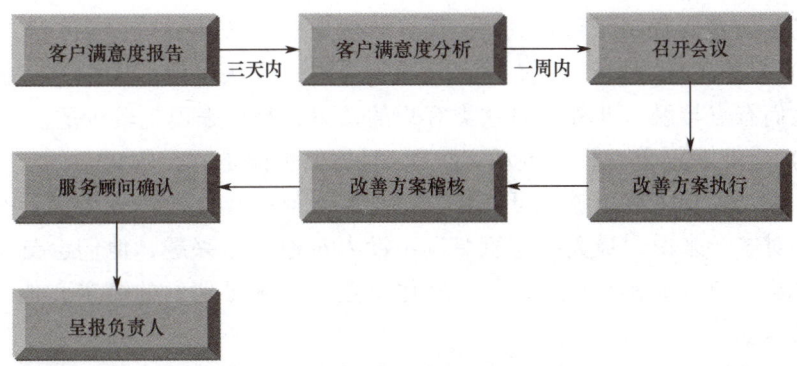

图 4-3 客户满意度分析流程

表 4-4　改善方案表

待改善项目	执行方案	担当者	负责人	完成时间	评量指标	稽核人员	执行状况

董事长：　　　服务顾问：　　　部门主管：　　　负责人：　　　担当者：

注：待改善项目——每季度客户满意度报告中企业急需改善的重点。

　　执行方案——针对待改善项目所拟订的数个执行方案。

　　担当者——实际参与执行方案的对象（须签名以示已知该执行方案，立即行动）。

　　负责人——单位主管。

　　完成时间——确认执行方案的改善时间。

　　评量指标——制订改善目标。

　　稽核人员——公司经理、主管。

　　执行状况——服务顾问确认追踪。

二　让客户满意的诀窍

技巧一：你认识你的客户吗？

针对这个问题，服务顾问很可能会马上明确回答：认识。这值得稍微思考一下。对客户的认识，有以下几个区别：

1）对自己优质的客户，应知道他的一切。

2）对一些老客户，应跟他们定期接触，尽量知道他们的期望、偏好。许多老客户希望服务顾问认识他们而且自然地建立联系。

3）对绝大部分属于"有点认识"的客户，应认识他们的面孔，偶尔也要跟他们有点接触。此外，对这类客户的认识，相对来说是较少的。

4）企业一定会有些"流动客户"，对他们可能是一无所知。

如果对客户了解不够，可能错失卖产品给他们或让他们成为固定客户的机会。对客户来说，最大的危机莫过于没人对他们感兴趣，他们会觉得被忽视，这群客户也最容易流失，只要其他企业可以满足他们的需求，他们会立即转换阵地。

如果重视客户，服务顾问应知道他们的姓氏、名字、头衔、职务和社会阶层，还应该知道他们住哪里和居家环境如何，以及家庭状况和其嗜好。这里并不是主张乱用客户的所有基本资料，我们必须尊重客户的个人隐私。

第三章　汽车维修企业钣喷标准流程

技巧二：六个让别人喜欢你的诀窍

1）让你受到别人喜欢的前提——喜欢别人。
2）建立良好第一印象的简单方法——保持微笑。
3）若是做不到这点，就会后患无穷——记住且叫出对方的名字。
4）如何当个好的谈话对象——做个好听众，让对方倾吐。
5）如何引起他人的兴趣——谈对方感兴趣的话题。
6）如何让人立即喜欢你——真心地重视对方。

技巧三：如何让客户接受你的想法

1）你绝不可能在争辩中获胜——若想得到争论的最佳结果，就是避免争论。
2）避免树敌的方法——对他人的意见表示尊重。
3）一滴蜜糖——永远以友善的方式开始谈话。
4）苏格拉底的智慧——尽量让对方说是。
5）处理投诉的安全通道——让对方畅所欲言。
6）如何获得支持合作——让对方觉得点子是他们想出来的。
7）为你创造奇迹的公式——尝试以他人的观点看待事情。
8）所有人的渴望——以同理心推想旁人的想法和目标。
9）大家都喜欢的诉求——诉诸对方崇高的目标。
10）以戏剧化的方式呈现你的点子。
11）无计可施的最后一招——提出挑战。

技巧四：如何改变他人却不激怒对方

1）如果你一定要指出别人的错误，就应该永远以赞美和感谢他人开始。
2）如何批评，而不招致怨恨：以间接迂回的方式指出错误。
3）永远先提你自己所犯的错。
4）没有人喜欢听命于人，所以要提出问题，而非下命令。
5）顾全其他人的面子。
6）大方称赞每一点进步。

技巧五：打消客户顾虑

> 有一个人想买一头乳牛，来了甲、乙两个卖牛的商贩。甲的一头牛标价10 000元，乙的一头牛标价12 000元。买牛的人问乙："你的牛和甲的牛一样，为什么要比他贵2 000元呢？"乙说：
> "第一，你可以先牵回家去试养。"

> "第二，你要是没有养过牛，我教你如何养。"
>
> "第三，在你试养这一个月里，我免费供应你牛饲料。"
>
> "第四，在你试养这一个月里，乳牛产的奶归你，我一分钱不收。"
>
> 结果呢？当然是乙的乳牛卖出去了。为什么会是乙的牛被买走了？因为买牛的人有牛是否产牛奶的疑虑，乙打消了买牛人的疑虑，消除了其恐惧心理。买牛人买乳牛的实质是为了买利益，乙给了他一种能得到利益的实际保证。

与买牛人一样，客户想购买的是一种价值，一种期待的利益，企业要为客户创造这种价值与期待的利益，并把这种价值告诉客户。

卖新车或卖零件和卖一头奶牛的道理是完全一样的，除了回访和解释之外，企业还为客户考虑了什么？企业还可以为他们做些什么？商机都是在这多想一步、多做一步之间诞生的。

技巧六：提高客户忠诚度

目前，企业运作的重点已经不在于吸引更多的客户上门，而在于让上门的客户成为忠诚的客户。现今的客户要求完美的消费，除了价格合理、购买方便外，还希望能获得贴心的服务。只要重视提高客户的忠诚度，一些小小的动作或礼物，都可能让客户倍感贴心，提高其对企业的忠诚度。

下面的例子，从不同角度为企业提供了通往客户忠诚之路的答案。比如，汽车维修企业在客户生日时邮寄礼品，店庆时邮寄免费体验卡片（工时券300元、保养券200元、1L机油券），客户收到礼品或免费券后，进店的积极性会提高，企业的产值也会提升。

汽车维修企业也不例外，不管客户生日时送出礼品，还是自己店庆邮寄出卡片，还是日常对客户的问候卡片，如果每一张卡片可以抵扣（100～200元）工时费或者抵扣（50～100元）零件费，那么收到卡片的客户回厂的积极性是否会有很大的提升，企业的产值是否也会有较大的提升呢？

服务价格的高低不是客户选择汽车维修企业的首要条件，取得客户的信任、提高客户的忠诚度才是汽车维修企业首先考虑的问题。

技巧七：考虑客户需求，提供非常服务

全世界每一个老板和业务人员都希望增加业绩，因此销售行为往往变成高压力销售，令客户倍感压力而退避三舍。如果用非常服务去销售，其结果可能好得令人吃惊。

第三章 汽车维修企业钣喷标准流程

下面的案例说明如何将"高压力的销售"转化成"非常服务"而增加业绩,这两者最大的区别在于,销售人员考虑的是"自己的业绩"还是"客户的需求"。

案例一:

在纽约的一个百货公司有位超级业务员柏曼小姐(Ms Berman),她成功的秘诀就在于非常服务。对于每位客户她都愿意花时间去了解客户的特质与需求。譬如说我的朋友需要一套正式礼服,柏曼小姐不但为她找到了十套非常适合她的晚礼服,供她选择;同时还为她挑选了数套可以搭配的鞋子、皮包、披肩。结果是,我的朋友不但购买了她原来所需要的晚礼服,她又另外买了两套衣服,还有一堆配件,还对柏曼小姐心存感激。因为她不只考虑业绩,更为客户需求考虑,并以其专业提供高效率的贴心服务,这便是非常服务。

案例二:

在洛杉矶,有对夫妻到家具行只想买套沙发,但是并没有找到合适的。经理详细地了解了他们的需求以及家里的环境,并约定三天后给他们最好的推荐。在没有客户购买的任何保证下,这位经理竟愿意花时间和室内设计师讨论,并且为此客户画了三种不同的平面家具设计图,其中有几样家具还得跟同行购买。这对夫妻当然十分感动,不但多买了好几样家具,而且还把家具行介绍给亲朋好友,并成为家具行最忠诚的客户。经理提供的便是非常服务。

非常服务是从客户的需求出发,愿意花时间、精力提供最适合客户的服务,即使偶尔无法完全利己,也在所不惜。因为也只有如此异于寻常的贴心服务才可能使客户印象深刻,铭记在心。

想让客户满意已非易事,要进一步获得客户的忠诚度更是困难。在竞争激烈的市场里,若想要提高业绩,最好的办法莫过于获得客户的信任感。因此,需要非比寻常的思考逻辑与服务态度,处处以服务客户为企业最高指导原则,竭尽所能地去满足客户需求,时时以为客户提供最佳服务为工作目标。如此企业才能提高业绩,迈向成功。这便是非常服务的最高价值。

针对汽车维修企业的非常服务,汽车维修企业错时服务应该会受到朝九晚五上班一族的欢迎。很多客户下班以后想修车却发现汽车维修企业也下班了。如今,我国的汽车保有量与日俱增,其中白领购车者占很大的比例,

"错时服务"亟待推行。在汽车售后服务市场的竞争中,细致的服务才会带来源源的客流,这已被越来越多的商家认同。

另外,汽车维修企业也要提高24h救援服务的质量。24h救援只是企业服务的一个环节,此环节的好坏并不完全代表企业的服务水平,但如果此环节存在问题,仍将影响企业的服务质量。而24h救援存在如下问题,建议维修企业及时改正。

1）联络不畅,求救无门。消费者拨通救援电话后,包括"无人接听""关机""您拨打的用户暂时未能接通""您拨打的用户已过期"等,占调查总数的16.7%。建议:一定要有值班人员。24h热线尽量使用固定电话,或者提供合适的能随时较好沟通的通信工具。

2）既不解决问题,又不出车救援。建议:值班人员应该经过基础的维修培训,因为有些问题其实很简单,只要对车主做一些遥控指点,就能解决。其次,职业道德教育非常重要。有的企业值班人员态度较差,就是不愿意半夜出车。

3）完全不能在承诺的时间内到达。原因有二:一是根本没有意识到随口承诺时间是不负责任的;二是不了解地形,时间花在了绕路上。建议:承诺时间尽量在适度范围内,要对路程远近有一个判断。维修人员外出最好随身带有交通图或导航。

4）随意出车,准备不足。很大一部分救援车辆在没有问清是什么问题和尝试让车主"自救"就出车了。在路上常见的故障很多,值班人员稍有经验就能遥控解决;也有一些对可能要用到的工具和零件没有充分的估计就草率上路了,到了目的地检查不彻底,也直接草率地拖车回厂,既增加了解决问题的时间,还增加了很多不必要的成本和负担。建议:值班人员应先了解情况,并有针对性地提出建议尝试解决问题。

5）救援人员安全问题。很多维修和救援人员外出并没有多少保护措施,如果遭遇恶意暴徒会比较被动。建议:最好不要一个人外出救援,在公司层面应该有这方面的制度规定。要有简单的防暴工具和畅通的通信工具。

技巧八：从客户的担心当中炼出黄金

优秀的企业不会吓客户,而是正视客户的需求,用心了解客户的担心与害怕,并且据以改善公司的产品与服务,更进一步拓展出具有获利价值的新事业。成功者知道体恤客户的心才是根本,企业应充分掌握"客户的害怕要用心,客户的担心变黄金"的基本原则。

第三章 汽车维修企业钣喷标准流程

面对家中堆积如山的垃圾，你是否曾经头痛不已过，如果你住在北美洲或许就可以安心许多，因为只要打电话给家政公司，无论你要处理的是什么东西，这家公司都会火速前往处理。

于加拿大发迹的 1-800-GOT-JUNK 公司，为何能够从只有一个人的收破铜烂铁的公司，成为北美成长最快速的连锁经营公司，原因就在于他们愿意用心地以专业来处理大家所头痛的垃圾问题，他们处理过的废弃物是五花八门的，包括建筑工地的石屑、八尺长的剑鱼、两箱的干猪耳朵、大型瓷器佛像等。

虽然从事的是卫生条件比较差的行业，但是无论是垃圾拖运车还是员工所穿的制服，永远是一尘不染的，他们呈现给客户的是赏心悦目。我们千万不要小看 1-800-GOT-JUNK，他们拥有最先进的客户服务系统 JunkNet，面对每天涌进的 1 500 通电话，客服部门能够迅速而精准地处理客户的预约，到了约定的时间，身着制服的服务人员一定会准时上门报到，然后拿出标准报价单为客户详细说明，他们不会漫天要价，垃圾处理过程遵循效率、可信、清洁的基本原则，他们以联邦快递为标杆，打造出让客户可以安心托付的企业形象。

要让客户产生信任，经营不能是欺骗客户或虚构公司的形象，任何会让客户感到怀疑的事情都要尽力避免，这样能够把可能产生纷争的情况降至最低。服务流程要设想周到，显示出公司的专业态度，要能够快速响应客户的需求与问题，并且将客户的不便降至最低。

任何想要成功的企业或个人都要问问自己：我们的客户感到忧虑、担心、害怕吗？我们应该采取何种行动让客户感到安心与信任呢？

技巧九：处理客户投诉要快、忍、准

一线服务人员通常会认为，危机处理跟自己沾不上边，那是专属主管的事。其实，处于不同阶层面临不同层次的危机处理。一线服务人员面对的是客户投诉的处理，处理不善除导致后续处理的巨额代价外，也会影响公司的整体形象，严重者甚至会引起企业经营危机。

一线服务人员遇到客户投诉应先判断是偶发事件还是普遍性问题。对于偶发事件，只要就单一事件妥善处理即可。如果是普遍性的问题，则有必要做一通盘检讨与改善，避免一再发生，日后变成大问题。一线服务人员处理客户投诉应掌握下列要点。

1）迅速掌握重点。发生客户投诉时，一线服务人员首先必须迅速掌握问题的核心与重点，对症下药，妥善处理。

2）不要急着辩白。倾听是掌握重点及避免事端扩大的好方法，面对怒气冲冲的客户，处理人员千万别急着解释。等客户怨气稍微消退了，再做适当的解释，客户自然就能心平气和，就事论事而不流于情绪化。对客户应答时，服务人员一定要将心比心，以客户的立场设想，而非一味地辩驳，否则硬碰硬的结果，势必激起客户的不悦，使得问题复杂化。

3）勿逞一时之快。一线服务人员未必都受过完善的客户投诉处理训练。许多一线服务人员面对客户的投诉，在婉转解释无效的情况下，很容易按捺不住性子，往往易与客户起正面冲突。处理客户投诉首先要安抚、化解客户的不满，针锋相对后，势必得花更大的代价去处理善后。

4）勿轻易亮出底线。对于一些有财务诉求的客户投诉，一线服务人员切不可做出授权外的承诺，也不可轻易地将授权底线亮给客户。因为如果底线符合客户需求，客户一定坚持拿到底线的赔偿。如果底线不符客户诉求，客户一定会要求更高层管理人员出面处理。

5）适时地求救。对于一些较为棘手的客户投诉，一线处理人员切勿爱面子死撑，应适时地向其他同事或主管求救。向其他同事或主管求救，通常可转换双方僵持不下的窘境，让客户能更理性地思考。

6）客户投诉处理要报告。许多一线服务人员处理客户投诉容易存有事情过了就算了的心态，往往不会向主管人员报告事件经过及处理情形。对于部分仍不满意处理结果的个案，主管人员无从执行补救及追踪处理。客户积怨未解必成日后双方往来的不定时炸弹。

报告还需建立完善的处理记录，将事件发生原因、处理经过及事后追踪结果建成文件，这对内部流程的改善将有相当大的帮助，亦可作为新进人员处理客户投诉时的参考资料。一线服务人员虽然是企业的小螺钉，却也像一部机器的螺钉一样，是凝聚企业整体的关键零件，这在客户投诉的处理上尤其明显。

◆ 第八节　提升"内部客户"满意度的途径 ◆

1. 企业部门间的相处

企业里部门之间的交往主要有两种方式：

1）各部门按照职责要求去完成工作，也就是各司其职。这是传统的做法。

2）在履行自己职责的同时，获知其他部门的满意度。这是本节提倡的

第四章 汽车维修企业客户关系管理

内部客户的观念。

2. 内部供应链

(1) 内部供应链的内容　企业内部的组织结构实际上是一个内部供应链，包含三个方面：

1) 信息流。例如，销售部门向财务部门报告销售情况，以及提供未来需求资金等资料，这就是一个信息流。如果销售部门把财务部门作为内部客户，那么销售部门提供这个信息流时考虑的就是使财务部门满意，也就是要及时、准确地提供各种数据，让财务部门提前准备。

2) 服务流。服务供应链的特征有二：首先，这种供应链一般不是以物流形式，而是以服务形式向内部客户提供的。例如，行政部门向各部门提供办公用品是一种服务，而不是提供产品。其次，这些服务供应常常会被公司规定或上司指示的形式所掩盖。

3) 物流。例如，从零件部门到服务部门，供应是根据工单项目施工的先后顺序在流动。这种供应链形式和外部供应链完全一致。

(2) 内部供应链的特征

1) 内部客户是按内部供应链次序形成的。像外部供应链一样，上游是下游的供应商，下游是上游的客户。在公司内部，谁是谁的客户的关系是固定的。

2) 三种形式的供应链交织在一起，特别是服务供应链和信息供应链容易交织在一起，容易引起人们对内部客户关系的误解。

【事例】

按服务供应链：财务部门经理是供应商，服务部门经理是客户。

按信息供应链：财务部门经理是客户，服务部门经理是供应商。

两种供应链交织，形成公司内部各部门、各部门经理在角色上既是客户，又是供应商的关系。服务有明确的对象，信息有明确的流向。只有确定前提，才能判断谁是客户，谁是供应商。

为服务部门提供报销、借支、承兑、核算等服务时，财务部门是供应商，服务部门是客户，财务部门应当从为客户服务的角度为服务部门服务。

当统计服务产值、服务毛利、应收账款、返利等情况时，财务部门是客户，服务部门是供应商。

在不同的场合、不同的流程中，内部各个部门有时是客户，有时是供应商。

3. 内部客户满意

在内部供应链上，下游应是上游的内部客户，上游部门有义务使下游部门满意。如果公司经理都能够以下游为客户，将下游的满意度视为自己职责履行好坏的标准，那么这个企业一定是一个不可战胜的、高绩效的团队，是一个"梦之队""胜利之师"。

（1）内部客户满意度事例　下面是如何使内部客户满意的几个事例。

1）根据计划，某汽车4S店售后服务经理准备招聘两名事故车定损员。还没有通知人力资源部门，人力资源部门经理已经打来电话："×经理，销售部门计划在下个月招聘几名销售顾问，你们售后部需要招聘人员吗？如果需要，我一起准备。"

2）销售部门经理接到行政部门经理的电话："×经理吗？下一周公司要召开董事会，车辆比较紧张，你们部门下周如果有什么接送工作，这周就把单子给我，我提前安排，以防误事……"

3）物流部门主管拿收据去报销，财务部门经理说："根据公司规定，一律凭发票报销，你刚才也介绍了这张收据属于很特殊的情况，这样吧，你放在这里，我回头请示一下老总，好不好？你们不要来回跑了……"

（2）常见误区　其他部门为我提供服务是应该的。

有的销售人员、销售经理认为"公司的收入、利润是我们挣回来的，所有人都靠我们养活，所以你们为我们做什么都是应该的"。

去酒店就餐，为了保证有座位，应打电话预约，而不是蛮横地拿着钞票大声嚷嚷，"老子花钱来了，还不赶快伺候"。内部客户也是一样的，不要认为其他部门为你提供服务是应该的。财务部门为你报销费用，你应有礼貌。例如，规定周一是报销发票的时间，而你周二嚷嚷着要报销，你责怪财务部门不给你报销就是没有道理。这时你就像一个没有礼貌、不懂规矩的食客，原来订的是周一去吃饭，结果周二去了，看人家座位满了，便大声嚷嚷，责备人家服务不周，为什么没有给自己留座位。这些都是错误的做法。

在公司内部，常常会发生这种情况：

1）不提前约定，推门进来就要求办事。

2）早就签了给供应商付款的合同，却不及时与财务部门沟通，到付款时才到财务部门要支票，财务部门正好现金紧张，于是就指责财务部门"早干什么去了"。

3）某部门让人力资源部门在十天之内招聘一位服务顾问，并且要有汽车行业两年工作经历。招聘不到就指责人力资源部门不支持、工作不到位，"到时候，误了工作可不能怪我们"。

第四章　汽车维修企业客户关系管理

（3）各司其职　不论企业是金字塔式的还是扁平式的组织结构，都有高层、中层和低层之分。从公司的规章制度和职能分工看，每一个员工都直接对上司负责，不需要对其他部门负责。

实际上每个部门的运营完全是围绕着上司的计划进行的，这种做法不能说是不对，只能说是不够。公司的总目标必须通过各个部门的分目标来实现，一方面需要分工，另一方面需要良好的协作。

4. 如何让"内部客户"满意

（1）让用户制订目标　过去的情况是上司制订员工的工作目标，把用户排除在外，现在应该让其他部门也参与到工作目标的制订中来。要根据其他部门经理的工作目标和工作计划，相应地制订出本部门员工的相关工作目标和工作计划。也就是说，工作目标和工作计划是以配合和支持其他部门经理的工作目标和工作计划为前提的。

1）共同制订公司目标。让所有的部门经理参加，共同制订公司的年度目标。这种共同制订不仅仅是各部门经理介绍关于本部门的工作设想，而且还共同研究公司的状况（STATE 分析）、优势、劣势、机会和威胁（SWOT 分析），充分了解公司和其他部门的期望、需求。

2）目标对话。在制订工作目标时，与内部客户进行目标对话。充分了解其他部门的工作目标，并介绍自己的工作目标，从中了解其他部门的工作方式、工作进程和期望值。

【事例】
通过与售后服务部门经理进行目标对话，人力资源部门经理了解到售后服务部门今年在人力资源方面的需求有两个：一是能否在计划时间内招聘到合适的服务顾问；二是如何将核心技工留住，别让其他企业挖走。人力资源部门经理就是在与各个部门经理进行这样的目标对话中，制订自己的工作目标和工作计划的。

（2）从内部客户处发现商机　商业机会是从客户那里发现的，工作目标和工作内容也是从客户那里发现的。工作不仅仅来自于上司的指示，更多地来自于内部客户（上司、下属，特别是其他部门的经理）的需求。然后，根据他们的需求调整和制订工作目标、计划。

1）让部门经理明白：如果不能从内部客户那里，特别是从其他部门经理那里发现你的工作重心和工作内容，那么你为什么还要工作？或者为什么还要你工作？

2)通过科学的绩效考核,使部门经理的工作成果指向其服务的对象,而不仅仅指向上司。

3)建立定期的、有效的沟通机制,帮助部门经理互相了解对方的需求。

(3)内部客户满意要做到的两个方面

1)管理上让上司满意。

2)服务上让其他部门满意。

将同事看成是内部客户,最终要落实在"让内部客户满意"上。也就是说,你做得好不好、行不行,不是由你自己说了算,而是由你的内部客户说了算。你不能说"我已经尽到了责任""我做了我分内的事""该我做的我已经做了,不该我做的,我也做了不少"。这些说法还是以你自己为中心,以你自己对自己的评估为标准,显然是不行的。

你也不可以说"老总都说我做得不错""上司交办的工作都做完了""年初制订的工作目标都圆满完成了"。即使你完成得很好,也只能说你向一个重要的内部客户——你的上司可以交代了,这个客户满意了。但是,这样是不够的。

只有让其他部门、其他部门的经理也满意了,他们对你工作的评价也很高,表示满意,才算是你"尽到了责任",达成了工作目标,完成了工作计划。就是说,所有的内部客户满意是你工作成果优劣的标准。

(4)内部客户是否满意的两种评估方式

1)日常性工作,按照内部供应链,用"好"或"不好"来评价。比如,财务部门为公司各部门报销费用,这项工作做得怎样呢?其他部门的当事人用"好"或"不好"或五分制评价即可。

许多部门经理会说,这种评价方式太主观。一是有一次"没伺候好",他们可能就否定多次的好,给你评个"不好"。二是其中会有一些个人恩怨影响评价。三是有些无理的要求得不到满足就可能导致"不好"的评价。四是可能在其他事情上怕财务部门,所以不好也不敢说"不好",而只能说"好"。

但是这种评价方式是科学的,被国际上普遍采用,原因如下:

①"一次否决"是十分有道理的。我们只看到他残酷,不近人情的一面。但是,我们回顾一下,当我们买了一台计算机,没用几天就坏了,让厂家来修,厂家迟迟不来,想退又不让退,你一定会说"这个计算机公司糟透了"。当你去酒店吃饭受到一次恶劣的对待时,你会说"我再也不去这个酒店吃饭了"。你公司的产品也是这样,只要得罪客户一次,客户就会经常有怨言。一项国际调查表明,一旦客户对某公司不满意,他还会跟30个人说

第四章　汽车维修企业客户关系管理

公司的坏话。在客户服务上，现实就是这样残酷。内部客户为什么就要降低评价标准呢？

② 个人恩怨影响评价是有的。但是，它不会影响对你的总体评价，不会影响所有内部客户对你的评价，更不会影响长期的评价。

③ 大多无理的要求，都是缺乏事先的沟通所致。想想你们是如何对待外部客户的无理要求的。

④ 利益上的制约、人情上的影响都是有的。但是，对于一个部门经理或在所有员工中间建立起内部客户理念和机制的公司来说，这种负面影响将会降低到最低程度。管理是一个系统工程，如果公司没有建立起良好的沟通机制、考核机制，如果职业经理们没有建立起相应的能力，单一地去做"内部客户满意"的评价，当然会出现负面的后果。

2）共同设定的目标，用事先约定的标准衡量。比如，为了配合精品装饰部门的运作，人力资源部门与精品装饰部门沟通后，设定的工作目标是，在六月份，一定让符合应聘条件的三名精品装饰工到岗。

这种方式的客户满意标准与上司对下属工作目标达成的评价方式是相同的，均是以事实评价为基础的。

让客户满意不容易，让内部客户满意更难，特别是汽车维修企业的服务经理，尽量与其他部门（销售、客服、财务、行政/人事）的主管协调工作，让各方都满意。同时服务经理更要学会协调本部门内部的各方满意，让服务顾问、车间技师、零件专员、索赔员几方协调工作，力争将不满意降低到最小。

第五章

汽车维修企业服务营销

第五章　汽车维修企业服务营销

第一节　服务营销概论

一　产品和服务的五个层次

产品和服务要用来满足不同的需求，因此产品和服务也有着不同的层次。

1）核心利益：客户真正需要的服务或利益就是卖点是什么，最根本的用处是什么，定位是什么。

2）基本形式：实现核心利益的具体形式（包装、式样、品质、风格、商标）。第二个层面是基本产品，就是要把产品和服务定位做出来，把这种感觉表现出来。

3）期望的产品或服务：客户对产品和服务有一个期望，就是维修、保养服务质量高和兑现已经承诺的服务。

以上这三个层次称为产品的核心价值。

4）附加产品和服务：附加的服务或利益（超出客户及竞争对手期望的价值或努力）。上面三个层次还不能达到让客户满意，只有超越客户期望的或者承诺的服务才能称为满意，这一层我们称为附加产品和服务。

提醒您：

什么是超越呢？就是要比别人更好。通常别人做到的我们也要做到，不然就没有竞争力。而能够超越同行一点的，称为附加值。这超出的一点点很重要，是客户满意的起点。

5）潜在产品和服务：潜在的所能发掘或提供意想之外的额外服务或利益。

当然，如果超越更多，想得更透，就称为潜在值。别人想不到的我们能想到，这样就能赢得客户的忠诚度。

二　汽车服务产品的特征与内容

1. 成交就是产品提供的总价值大于客户付出的总成本

图5-1所示为产品服务和价格的天平。

（1）客户付出的成本　在交易过程中，客户付出了金钱成本、时间成

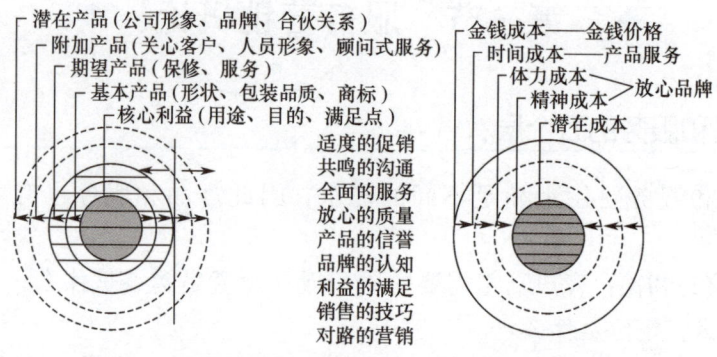

图 5-1 服务和价格的天平

本、体力成本和精神成本。如果我们的服务好，给客户的感觉好，这些时间成本、体力成本、精神成本就会缩小。

（2）提供好的服务　企业的目的就是要盈利，所以要尽量把服务质量做好，令客户感到方便，这样客户就会觉得虽然多付了一点钱，但感觉很舒服，的确很划得来。所以说服务好了，客户不舒服的感觉就会小，客户买得很开心，就会成交。

提醒您：

其实，真正的情况是客户付出的钱，要大过我们的主要成本，这样才有钱赚。所以要赚到客户开心，就要做服务、做感觉。而且越好的客户，越不在乎钱，越在乎服务。所以要是服务做得好，就会很容易令客户满意，而且很容易赚到客户的钱。

2. 服务产品的特征

图 5-2 所示为服务产品的四项特征，下面对这四项特征进行分析。

（1）无形性　服务是看不见摸不着的，所以我们要给它做出有形的展示，英文为 Physical Evidence。

（2）可变性　服务本身的可变性是很强的，服务质量取决于服务人员、时间、地点和方式，所以我们就要给它一个好的流程，英文为 Process。

第五章　汽车维修企业服务营销

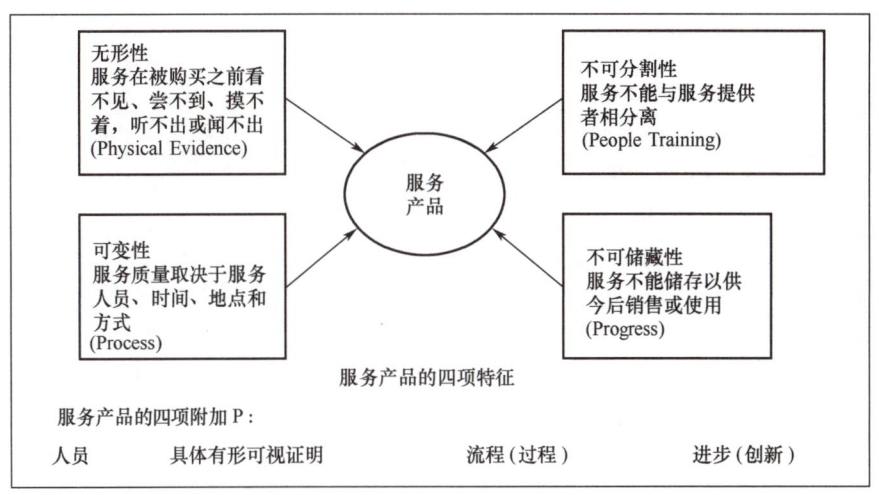

图 5-2　服务产品的四项特征

（3）不可储藏性　服务是不可储藏的，不能储存以供今后销售或使用，所以我们要想个办法，称为"进步创新流程"，英文为 Progress。

（4）不可分割性　服务的不可分割性就是说服务不能与服务提供者相分离，所以我们就要向提供服务的员工进行培训，英文为 People Training。

> **提醒您：**
> 我们发现，服务还有另外四个 P，分别为人员、有形展示、流程和进步，所以总结起来就变成八个 P 了，即四个硬的基本功，还有四个软实力，就是服务。对于维修企业来说，就是四个软实力再加上本身的硬件，都要努力去做好。

3. 提高服务质量的途径

（1）客户最在乎什么　对于一个服务类的产品，客户最在乎什么？研究发现，客户最在乎的是五种因素：可行性、责任心、保证、关心、有形体现。

（2）怎样才能做到　客户最在乎感性价值，如图 5-3 所示。说到底，就是要令客户相信、令客户放心，那么怎样才能做到这些呢？

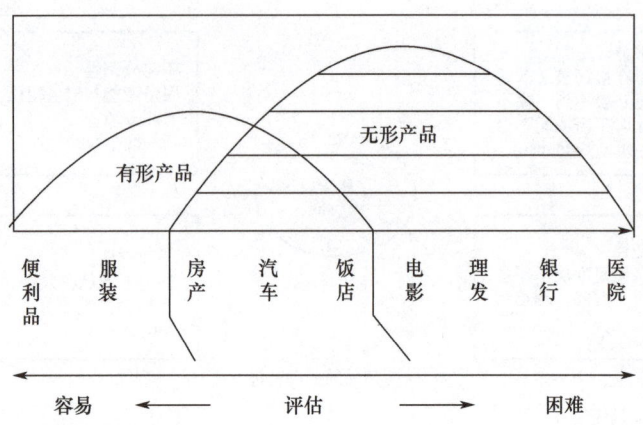

图 5-3　品牌信赖—知名度、美誉度、忠诚度

1）要有战略观念，就是说思路要对。
2）要有高标准，就是流程和营运的标准要好。
3）要全员满意，就是要令员工满意。
4）要创新，就是要有竞争力。

可见，要想把服务做好，与战略、运营、人员以及竞争力有关，前面说过，战略、运营、人员构成了竞争力，所以总的来说还是执行力和竞争力的问题。这是一个最根本的核心。

4. 服务产品所包含的有形和无形内容

我们知道，产品有无形和有形两种。无形产品是看不见、摸不着的，这种产品质量一定要做到令客户相信，所以我们就要做到知名度、美誉度、忠诚度。那么，具体要怎么做呢？服务产品包含的有形、无形内容见表 5-1。

表 5-1　服务产品包含的有形、无形内容

产品差异 （独特满意）	服务到位 （热情负责）	人员专业 （精神面貌）	网点可靠 （买卖地方）	形象感觉 （环境气氛）	促销认知 （驱动、推动）
特色	订货及时	能力、资格	覆盖面	标志	广告影响
性能	上门服务	谦恭	专业化	文字	宣传作用
一致性	贴心服务	诚实	绩效	视听媒体	重复提醒
耐用性		可靠	方便	气氛	公共关系
可靠性	客户咨询	负责	维修点	事件	折扣让利
可维修性		沟通	联络	诚信	人员推销

第五章 汽车维修企业服务营销

（续）

产品差异 （独特满意）	服务到位 （热情负责）	人员专业 （精神面貌）	网点可靠 （买卖地方）	形象感觉 （环境气氛）	促销认知 （驱动、推动）
风格 质量可靠 …	…	人员尽心 顾问式服务 专业性强 …	CIS识别 展厅管理 零配件齐全 …	担保 客户感觉 信息反馈 品牌 …	人际关系 感情 交情 解说比较 …

5. 服务是一种意识

从服务包含的内容可以看到，服务是一种感觉，是一种关怀，是一种意识。所以讲服务，就要先认识到、意识到并重视起来。

> **案例：**
> 上海某家宝马汽车4S店对汽车消费者的服务流程投诉做过调查。投诉包括：
> 第一，没有人引导客户停车。如果一开始进4S店的时候就没有人理会，那客户一定会不开心。所以，事实上服务不是什么高深的学问，客户面对的细节就是服务。
> 第二，服务顾问没有向客户问好。如果员工不理客户，客户肯定不开心。
> 第三，服务顾问没有给客户的车安装座椅套、地板纸等保护件。服务顾问去修车的时候，有时候鞋子很脏，如果一脚踩到车里的地板上，地板或者座椅套都有可能被弄脏。
> 第四，服务顾问没有提醒客户要保管好车上的贵重物品。
> 第五，服务顾问没有和客户书面确认当时车辆的情况。
> 第六，当客户提出维修保养的需求之后，服务顾问没有马上记录客户的需求。
> 第七，当客户提出维修保养的需求之后，服务顾问没有向客户确认其需求。
> 第八，维修保养前，服务顾问没有向客户说明估价单上的维修或保养的内容。
> 第九，在维修和保养前，服务顾问没有向客户说明大概要收取的费用。
> 第十，服务顾问没有向客户说明交车时间。
> 可见，任何使客户不开心的小事情，都是服务的大忌，甚至打个招呼也是服务。一开始连招呼都不打，就算修得好，客户都可能会不满。

6. 阻碍服务规划在客户服务中应用的因素

为什么现在客户服务的过程里有很多事情都做不好？也就是说，是什么原因阻碍了服务规划在客户服务中的应用呢？分析如下：

(1) 短期策略　看得不够远，眼光短浅，赚一笔是一笔，不关注企业未来的发展。

(2) 企业高层的重视不够　除非企业的高层领导理解营销规划，知道它对企业发展的必要性，最重要的是对它感兴趣，否则营销经理不会为了推进营销规则做任何实质性的努力。

(3) 缺少规划　服务本身就是流程，如果规划不好，就会出现问题。

(4) 缺乏一线管理人员的支持　一线管理者是那些负责向客户提供服务产品的员工，他们通常能够有意或无意地了解一些有价值的营销信息，这与他们了解客户和客户的需求趋势相关。因此，他们对营销规划起到关键的作用。

(5) 规划术语混淆不清　要赢得企业中所有人的认同，所使用的规划词汇必须为管理人员所理解。

(6) 过分依赖数字　许多管理人员非常喜欢数字。数量、百分比、比率、成功率、销售利润、成本等是很多人日常工作的常见用语。然而，一旦要根据现状进行评价，预测未来，寻找机会，或者要找出问题的关键因素，数字就变得无能为力了。

(7) 细节太多、目标太远　企业和个人必须认识到真正需要的不是大量的资料，而是高质量的信息。产生过多资料的系统不但无效，而且会挫伤那些为处理资料而辛苦工作的员工的积极性。

(8) 服务的战略规划与战术计划实施方案混乱　服务的战略规划与战术计划实施方案混乱的意思就是没搞清楚战略与战术的关系，成功的服务性企业知道，营销计划实施方案来源于战略营销计划，而不是战略计划来源于营销计划实施方案。尤其是经营4S店和大规模维修企业，店址选错了，就赚不到钱。

(9) 流于形式，走过场，出工不出力　通常是把一大堆要填写的表格放在管理人员的桌上，并附上要求某日交回的便条。接下来的几个星期里，经理们就忙于考证和收集所需要的资料。一旦表格做好后，管理层却没有对数据进行分析，没有对不足部分制订改进措施。

(10) 没有把服务的规划整合到企业　很明显营销规划应该是企业整体规划的一部分。两者都是在一个时间跨度内、在企业的同一层级上。实际上，其他主要职能部门（信息系统部门、财务部门与人力资源部门）也需要在同一时期进行规划。

(11) 把规划工作交给规划人员去做　规划工作不应该交给规划人员去

做，应该交给一线的、具体执行的人去做。因为除非规划人员是一线出来的，否则很可能会凭空去想，而不是凭具体的、第一线的实际情况去做。

（12）服务计划内容不够确定　影响营销的因素本来就很多，几乎囊括天、地、人、长期的战略及短期的战术等因素，所以营销计划内容难免容易形成一种不确定的因素。一流的营销计划应做到随机应变、随需应变及随敌应变。

一个企业如果要做得好，有几个层面。核心层面是品质；高一点的层面，根据马斯洛的说法，就是品味精神，事实上就是服务；然后更高的层面，就是最终培养出客户潜在的感情，形成品牌。

> **案例：**
> 产品的品质、品位、软硬价值最终会在品牌上展示出来。比如，可口可乐是 2004 年最有价值的品牌，仅仅是"可口可乐"这四个字已经值 673.9 亿美元，"丰田"也值 226.7 亿美元。

三 如何建立好的服务品牌

1. 好品牌的三要素

好品牌有三个要素：知名度、美誉度（美誉度就是认知度、认同度、认可度）、忠诚度。

2. 品牌的形成过程

（1）市场定位　如果想做正确的市场定位，首先，最根本的是"天时、地利、人和"，还要了解国情、行情、人情，就是说"营销"的那个"营"是必须要做的。"营"好之后，就要"销"，要找出卖点，确定市场定位。

（2）质量　定位确定之后，就要按照定位把产品的软、硬质量做出来。软质量是服务，硬质量就是产品品质。

（3）文化　企业的战略管理要到位，思路要到位，这样，一段时间之后，就形成了比较稳定的企业文化。产品质量和企业文化形成了产品的美誉度。

（4）形象　产品和服务做好之后，再提高知名度，做广告、做形象宣传。

（5）网点经销　最后两部分是销售和经销。所以，有了美誉度再去提高知名度，就比较容易做了，如果服务不好，只是一味宣传，就等于把自己的缺点暴露在客户面前。

有了美誉度，有了知名度，客户忠诚度就自然有了。

强劲品牌的特征要素及应有的策略

1. 过硬的质量——质量认知策略
2. 正确的目标市场及定位——市场定位策略
3. 价格性能比合理——价格或价值策略
4. 独特新颖的包装和形象设计——形象或包装策略
5. 技术先进，功能齐全——技术优先策略
6. 品牌名字好叫易懂，能让人引起联想——品牌创新策略
7. 能充分体现个性化及差异化的知名度——差异化或个性化策略
8. 能完全展示产品整体价值的全面服务——完善服务策略
9. 提供超越客户期望或比客户想得更周到的产品价值——附加价值策略
10. 具有先进理念的手法，打动人心的广告宣传——广告推销策略
11. 拥有一流的经营管理人才及第一线的推广人员——人才能力策略

案例：

虽然每一个公司不一样，每一个产品不一样，经营的地点也不一样，但是只有把框架、结构、原理、布局先定好了，才能具体去执行。

比如广汽本田成功的背后就是产品与成本（质量）；上海通用重在实行本土品牌化战略（市场定位）；东风标致因为其法国背景，所以就以"时尚"为出发点（形象）铸强势品牌。

3. 好品牌的核心是美誉度

2009 年中国最有价值的 50 个品牌里，有 15 个品牌都是汽车产品。这说明汽车已经是大家很关心、很感兴趣的产品了。

（1）好品牌是吸引力　产品的品牌响亮，有知名度，客户就会被吸引上门，这样才能推销；如果品牌的知名度不够，客户不光顾，这样就连推销的机会都没有，所以说品牌是拉动力、吸引力。

（2）美誉度是核心　研究汽车品牌，一定要讲汽车的卖点，讲喜欢汽车的人的需求，讲汽车的软硬价值……只有研究所有与品牌有关的内容才有可能做出品牌。知名度可以靠宣传获得，但是美誉度则不能，所以中国的第一代广告标王，只做名气，不做美誉度，最后都被淘汰掉了。

第五章 汽车维修企业服务营销

> **提醒您：**
>
> **服务是1，品牌是0**
>
> 如果想做知名度，那么太简单了，花钱做广告就可以了。但是，做美誉度才是最重要的，这才是客户购买的根本原因。产品是1，品牌是0，有了核心，品牌才有价值，不然什么都是0，所以首先要做好产品品质。

◆ 第二节 服务营销流程 ◆

当前，中国汽车市场的竞争日益激烈，市场推广活动的成功与否对汽车维修企业的生存和持续发展起着至关重要的作用。好的市场活动可以提升汽车维修企业品牌形象和自身价值，可以提高服务业绩，从而增强企业的竞争力。市场活动的良好管理对企业具有决定性的意义。

提高企业服务业绩的基本方法有两种：提高进店台次和提高单车产值。有效的市场推广活动可以很好地帮助企业提升进厂台次，并对提升单车产值产生重要的影响。

一、服务营销要点

营销活动应当面向特定的客户类型进行设计和定位。

1. 对客户和当地市场进行分析

1）运用客户满意度指标（CSI）分析企业的工作业绩。

2）明确客户对企业的认知程度，确认客户的期望和需求。

3）客户数据库应包括姓名、地址、电话或其他联络方式，生日、兴趣爱好、进厂次数、在过去12个月中的进厂维修历史记录和拥有的其他车辆等信息。

4）分析企业在售后服务方面的弱项。

5）了解竞争对手所提供的服务以及他们是怎样吸引客户的。

6）运用这些信息调整市场策略以获得更强的竞争力。

7）确保企业的运营时间有竞争力且便利，并对企业所在地区的一般保养和维修服务的价格进行定期的市场调研。

8）无论采用何种媒介，针对怎样的细分市场，所有的营销活动都应当以促进客户进店作为基础,确保客户能够收到对自己有用的信息。达到这些标准将确保客户能接收到清晰一致的信息。

9)汽车维修企业应当进行有声势的宣传以维系售后服务部门的客户。要为服务部门带来一定的客流,仅投放短信通知是远远不够的。

10)广告必须诚实可信。每一则广告都应当明确表述所提供的特定服务项目,以避免可能在汽车维修企业里出现的冲突和误解。

11)广告和市场推广应当与企业对外树立的形象和理念保持一致。

12)客户联系方式应当根据客户维修记录保持实时更新。

2. 最近购买了新车的客户应当受到优先礼遇

既然他们已经成为企业的客户,保持其对企业的忠诚度便是在长期看来提高销量最简单有效的方式。记住,这些客户还包括购买二手车的客户。

3. 经常光顾企业的客户是最重要的客户

通过对这些重要客户提供忠诚度优惠措施(如打折卡、VIP卡)来区分他们和其他客户的不同。

服务顾问应当能够认出这些重要客户,并让他们觉得自己受到欢迎。

企业应为忠诚的客户举办活动,如为了促进家庭氛围的集体出游活动等。这些客户会为企业服务质量的改善提供好的建议。

4. 有助于企业留住客户并将客户流失率降到最低的措施

客户流失率的计算方法如下:

质保期内:

客户流失率 = [1 − 进厂台次 ÷ 销售台次(隶属汽车维修企业管理区域)] × 100%

质保期外:

客户流失率 = (1 − 质保期外进厂台次 ÷ 质保期内进厂台次) × 100%

汽车维修企业应尽力找出客户不来企业的原因,并尽快确认其中的问题,那些经过多次尝试仍没有反应的客户资料应当从数据库中删除。

5. 需要了解客户期望的服务、价格和产品

获得这些信息的一种方法是直接向他们进行询问,同时,通过了解竞争对手的情况可以获得更多的信息。

6. 持续时间

大部分客户会在宣传的头20天内做出反应,所以宣传活动应当持续一个月;还应在优惠券上提示截止日期,掌握每天因促销活动而光临企业的客户数量,并针对这一反应制订将来的促销活动。

7. 活动分类

把将要开展的活动进行分类,以便吸引具有不同需求的客户。定期保

第五章　汽车维修企业服务营销

养，提供定期保养的优惠，宣传定期保养的重要性与益处，达到推广定期保养的目的。一般维修，以专业的检测设备及准确的诊断技术，给予客户差异性的特别服务。车身服务，以钣金、喷漆的优惠活动通知客户企业配备有精良的车身调整、烤漆房等设备。周边产品、配件及精品，以优惠价格促销，促进客户养成使用正厂用品的习惯。

8. 主题

设定一个主题。企业应将促销同节假日、企业纪念日、驾车安全性或其他诸如此类的因素联系起来，依照设定的计划进行外出巡展活动；使用设计好的现场活动器具并进行合理布置。次数每月不少于一次，场地设在客流量大的商场门口，小区，无售后服务网点的区、县等。

9. 媒体

要让客户了解所表达的信息，可以通过多种方式实现，企业内的媒体展示是最有成本效益的一种方式。

10. 检查收效

持续监管目标客户群体及其他对于企业盈利而言至关重要方面的进展。售后服务的市场推广是一个持续性的运营过程。

表5-2 所列为汽车维修企业展示活动总结表，相关内容可填入该表以便收存。

表 5-2　汽车维修企业展示活动总结表

活动信息	活动名称				
	负责人		执行人		联系电话	
活动计划描述	详细文字说明：		相关图片：（图片可另附）		
活动细节描述	详细文字说明：		相关图片：（图片可另附）		
目标达成	预计达成的目标：				
	是否达成目标：（具体描述）				

注：1. 活动计划描述中阐述组织活动的原因和详细计划。
　　2. 活动细节描述中阐述活动开展的具体情况。

二　服务营销流程

汽车服务市场推广活动循环中有五个步骤：计划、执行、检查与调整、跟进、总结。

1. 计划

汽车维修企业应根据对现有状况的了解，制订一个合理的、可实现且可衡量的目标，并通过一个强有力的、得到广泛支持的计划来实现它。所设立的目标必须能支持短期和长期的计划，明确相应的产品、价格和促销方式，活动的时间和时效，车主消费能力，竞争对手的状态。汽车维修企业年度活动计划表，见表5-3。

表5-3 汽车维修企业年度活动计划表

项目		1月	2月	3月	4月	5月	6月	7月	8月	9月	10月	11月	12月
活动主题	活动主题计划												
	实际执行人												
	责任人												
	时间												
费用预估	费用计划												
	实际执行人												
	责任人												
	时间												
宣传方式	广告方式计划												
	实际执行人												
	责任人												
	时间												
人员安排	奖惩计划												
	实际执行人												
	责任人												
	时间												
奖惩办法	奖惩计划												
	实际执行人												
	责任人												
	时间												

2. 执行

汽车维修企业应运用高质量的营销材料开展市场推广计划，为每次的营销活动设立一个期限，使用统一的、高质量的形象，通过全面解释各个员工在活动中的角色，令整个汽车维修企业的员工做好准备。各部门之间保持沟通，确保预约服务、车间人力调配、零部件准备等方面可以满足活动的要求。汽车维修企业促销活动信息表，见表5-4。

第五章　汽车维修企业服务营销

3. 检查与调整

跟踪的市场推广结果将有助于确定将来的促销计划，每当客户接受促销服务时，记录销售数据，跟踪了解每个客户消费单价提升的效果，分析一下客户来源的地理分布情况，分析并调整将来的促销计划。汽车维修企业活动开展检查表，见表5-5。

表5-4　汽车维修企业促销活动信息表

活动信息	活动		活动类别		
	活动时间		活动地点		
	市场分析	（提交市场分析报告）			
	活动预算明细				
	精品促销活动信息				
	活动目的				
	活动目标				
	活动细节	（简单描述、提交活动方案、计划）			
	广告宣传	广告投放	公关文章	媒体邀请	资料礼品
		（形式、频次、金额）	（媒体、数量）	（媒体、姓名）	（品种、数量）
	人员安排				

表5-5　汽车维修企业活动开展检查表

评价项目	评价内容	评价标准	检查结果	考核人员
活动计划、方案	活动预算	企业制订年度推广活动的预算安排		
	活动计划	企业制订年度推广活动计划		
	确定活动主题	主题明确、创意新颖		
	市场信息分析	符合当地消费理念，有利于打压竞争对手		
	明确活动目的及目标	分别制订客户进店和产值目标，计划达成提升进店台次和客户满意度的目的		
	方案内容	具有可操作性，内容完整，要求明确		
	实施计划	活动进程信息、时间节点明确		
	人员组织	分工明确，责任到人，组织活动培训		
	费用预算	测算准确，费效比合理		

(续)

评价项目	评价内容	评价标准	检查结果	考核人员
活动实施	场地确认	有利于烘托活动气氛		
	现场布置	按照活动方案的要求,现场布置齐备		
	宣传制作物	制作物摆放及悬挂齐备		
	宣传资料准备	数量充足、品种齐全		
	礼品准备	符合主题、吸引客户、有利于后续宣传		
	广告预案	广宣预案能围绕主题,内容全面		
	广告投放	适时、适度发布		
	选择媒体	媒体具有影响力、代表性		
	广宣品制作张贴	制作及时、内容突出、吸引力强、影响面好		
	媒体维护	把握当地主流媒体动态,沟通交流渠道顺畅		
	活动应对	人员及组织工作落实,信息掌握准确及时		
	客户组织	目标客户组织招募针对性强,组织实施现场互动活动		
活动总结	销售促进	活动达成计划的销售目标		
	活动总结资料汇总	总结报告、真实影像、照片、文字、图片、语音等相关资料齐全		

注:费效比=(费用支出金额÷当月实际收入)×100%。

4. 跟进

市场部依据各项活动综合评价的结果,有针对性地组织开展跟进改善活动,制订改善报告。汽车维修企业活动开展检查表,见表5-6。

表5-6 汽车维修企业活动开展检查表

| 序号 | 检查项目 | 检查结果 | | | | 改进计划 |
		A	B	C	D	
1	是否选择了合适的时间					
2	是否选择了合适的地点					
3	是否选择了明确的活动目标对象					

第五章 汽车维修企业服务营销

（续）

序号	检查项目	检查结果				改进计划
		A	B	C	D	
4	是否达到预先计划的活动目的					
5	宣传资料、礼品选择是否合适					
6	消费者是否便于参与					
7	活动现场布置是否达到计划设计标准					
8	活动是否安排了广告投放、媒体邀请					
9	人员安排是否分工明确，数量充足					
10	是否有针对竞争者弱点的活动设计					
11	竞争者是否会有较强的影响活动进行的反应					
12	活动预算是否真实、详细					
13	是否向参与者提供了明确的活动指引，各方是否明确各自的职责					
14	活动的配套措施和准备工作是否完善					
15	活动参与者是否有合理的利益					
16	活动是否有良好的可操作性					
17	活动过程是否便于控制					

注：评估结果为 C 或 D 时，则必须写出改进计划。

5. 总结

提供自我评估表（表5-7）旨在帮助汽车维修企业确定其是否达到了本章中列出的标准。

表5-7 自我评估表

	售后服务部的市场推广：自我评估表	是	否
1	当客户从企业购买新车时，是否将他介绍给售后服务部		
2	是否制订系统的市场推广方案		
3	是否保存客户数据，并发送一些市场推广活动的信件以确保客户能再次光顾		
4	企业在零配件和售后服务方面是否有统一的市场推广战略		

（续）

售后服务部的市场推广：自我评估表		是	否
5	客户维修记录中的联系方式是否放入市场推广活动名录		
6	企业是否使用宣传品（标语、海报等）以协助营销		
7	企业是否记录了他们的市场推广活动的效果		
8	企业是否有一个精确的客户数据库		
9	企业是否为所有的客户准备了保养提醒系统		
10	是否进行市场推广活动的评估		

三 服务客户类型

各汽车维修企业结合自身的实际情况综合运用以下三种客户分类方法进行客户管理。

1. 客户价值观的分类（表5-8）

表5-8 客户价值观的分类

主要客户类型	客户特征与服务重点
情感关系导向类型（注重人际交往）	希望与服务顾问建立一种互相信任的长久关系，自己不了解或不想了解车辆做了哪些修理 该类型客户最需要可信赖的、随时可以联系到的人提供售后服务
性价比导向类型（注重价值）	寻求物有所值，希望得到折扣 想了解或亲眼看到为他的车提供了哪些服务，主要为了确保物有所值，哪怕不是物超所值的 需要解释与成本相关的技术问题（我们更换了油泵，这比修理它更便宜）
时间效率导向类型（注重便利性）	对服务或维修的过程不在乎或不感兴趣 认为服务和维修打断了车辆的使用，不欢迎服务和维修 需要根据客户的要求进行充分的准备和时间安排 尽量少花时间 充分利用在服务店里的时间（如上网）

优点：可以根据客户本身的人文习惯进行控制，服务顾问更能直接地了解客户的需要，以便适当调整服务细节。例如，时间效率导向类型的客户不在乎服务的过程，只关心速度，为此服务顾问可以督促其在进店前提前预约，同时可以和车间协调控制进度。客服人员也可以根据这种客户类型适当调整回访的侧重点，以便了解客户关心的重点，提高服务质量。

2. 客户进店类型的分类（表5-9、表5-10）

表5-9　客户进店类型的分类（一）

主要客户类型	客户特征与服务重点
忠诚客户类型 （习惯光顾同一家企业）	基本注重与服务顾问之间的关系 一年会进店四次以上，平均90天以内就会进店一次
弹性客户类型（在进店前会根据不同情况和心情挑选店面）	基本注重来店的便利性 一年进店两次左右，平均180天以上才会进店一次
准流失客户类型 （基本不会来店进行服务）	可能注重企业的整体感觉，包括服务顾问的服务、维修质量等 很可能对上一次的服务不满意 一年进店一次以下，平均240天才会进店一次
流失客户类型 （不会来店进行服务）	可能注重企业的整体感觉，包括服务顾问的服务、维修质量等 对上一次的服务肯定不满意 超过360天不进店的客户

优点：便于客服人员统计。

表5-10　客户进店类型的分类（二）

主要客户类型		客户特征与服务重点
按车型分类（高端）	按喜好分类（运动型）	关注企业的娱乐设施 对企业所能提供的活动比较感兴趣 对是否提供店外运动感兴趣，如高尔夫
	按喜好分类（社交型）	关注企业的服务态度和同类客户人群 对企业是否有车友会活动感兴趣
按车型分类（低端）	按喜好分类（运动型）	关注企业的娱乐设施 对企业所能提供的活动比较感兴趣，如健身、羽毛球、乒乓球等
	按喜好分类（社交型）	关注企业的服务态度和购车人群 对企业是否有车友会和自驾游活动感兴趣

优点：便于汽车维修企业实施有针对性的服务营销活动。

第三节　散客户开发宝典

"地推"——业务员术语，指营销工作中开拓市场、熟悉市场的一种方式。在寻找客户时有时候找不到固定目标，就以一条街或一个商业区为限，"挨个地"拜访客户，这就是地推！没有过地推经历的业务员从某种意义上来说不能称为真正的营销人员。

一、地推的目的

1. 通过企业文化的宣传来打造公司品牌，为营销做准备

良好的企业文化是企业发展的不竭动力和支撑。因此，实践和传播企业文化对于企业来说也有着重大的作用和意义。地推是一种成本低廉、操作简单，但是效果良好的企业宣传方式。通过面对面地和客户沟通，散发公司的宣传册、礼品和销售顾问名片等方式，向客户传播公司的重要关键信息，如企业历史、规模、近期的客户活动、服务宗旨、维修承诺等，达到迅速提升品牌知名度及信息传播的目的。

2. 快速精准找出潜在客户

地推的功能非常强大，一位有经验的市场部人员可以在合适的地点、时间，能在极短的时间内收集客户的资料，建立潜在客户，以供日后安排拜访、邀约。

3. 进行客户关怀，维护老客户的忠诚度

有效维护老客户，"开发十个新客户，不如维护一个老客户"，这是一条销售的黄金法则。地推过程中，会高频度遇到公司老客户，真诚地问候之后了解其用车情况、对公司的期望及意见和建议等，再加上一些小惊喜（小礼品或者是本期优惠活动），为客户提供超出客户预期的服务，往往更能赢得客户的信赖。

二、地推前的准备

"失败的准备就是准备着失败"。地推之前的准备工作，可不是可有可无的事情，而很多人却往往不在意这一环节。尤其是地推时间长了之后，可能会出现性情上的疲塌，以至于干脆就省略了这一程序，这是一个很致命的坏习惯。我们常说不打无准备之仗，地推与平素生活中做某件事情同理，往往准备决定着结果。尤其是首次面见潜在客户，其准备工作就更为重要了。

第五章　汽车维修企业服务营销

（一）礼仪与物料的准备

1. 物料准备

汽车或电动车、手提袋、活动单页、名片夹、名片、笔、笔记本、工牌、礼品（扑克牌、防滑垫）等。

2. 仪容仪表

穿整洁干净的工装，佩戴工牌。头发、面部、手和牙齿等每天保持清洁，注意个人卫生及着装，客户才会对你产生好感和信赖。

3. 随身物品

个人的交通工具、宣传品和名片保证干净清洁，用公司专用的宣传袋装宣传品和名片，随身携带规矩的笔和本，便于整理客户信息，这不仅是对客户的尊重，更是对自己和公司形象的维护。

4. 文明用语

1）对男客户的尊称。20~30岁：称呼"先生""帅哥"；30~40岁：称呼"先生"；40岁以上：称呼"领导""×总"。

2）对女客户的尊称。

① 地推者为女性。20~30岁：称呼"姐""女士""美女"；30岁以上：称呼女士。

② 地推者为男性。一开始称呼"女士"，不要喊"姐""美女"等，以免引起客户反感。

5. 规范行为

1）心态一定要好，要表现出积极乐观向上的感觉，要自信，底气足，说话恳切流利。

2）时时刻刻保持微笑，来增加自己的亲和力。

3）整个过程做到不卑不亢。

4）要谦和，有礼貌，给对方被尊重的感觉。

5）根据场景适当赞美客户。

6. 知识准备

1）要熟记公司的发展史，对公司的优势了如指掌。

2）熟记活动单页上所有的优惠活动。

3）要熟记车辆保养里程。

4）要熟记主修车系的常规保养价格，以便一口报出价格，让客户认为我们更专业。

5）要对企业续保政策、会员细则及会员优惠政策和集团客户优惠政策了如指掌，以便迅速地告知客户。

(二）地推的时间、地点

1. 时间选择

1）可看当天是否结婚的比较多，如果是，可以到饭店找婚车。

2）平日地推要统计时间、地点，该区域各种车型的总数，方便分析市场在哪里，这样才能够有效地出击。例如，有些地方 20：30～22：30 效果最好，就可以在晚上出击。

3）遇上雨天该怎么处理呢？可到一些可避雨的地方进行地推，像加油站、写字楼和商场的地下停车场等，或者开车在街上轮流进行地推，克服天气不利因素。

2. 地点选择

（1）散客开发

1）机场。

2）高端酒店、饭店。

3）中高端购物场所。

4）中高端小区。

5）中高端写字楼。

6）火车站。

7）中高端健身娱乐中心。

8）中高端会所。

9）高端二手车市场。

10）平行进口车市场。

（2）单位客户开发

1）政府单位。

2）事业单位。

3）国有企业。

4）合资企业。

5）外资企业。

6）民营企业。

7）个体企业。

8）车友会。

（3）借力开发

1）高端车主 QQ 群。

2）高端车友会。

3）高端俱乐部（会所）。

4）保险公司。

5）保险代理机构。

6）中小型维修厂。

7）汽车美容装饰店。

8）汽车信贷机构。

9）展会。

10）商会。

(4) 潜在客户开发

1）老客户推介。

2）内部员工推介。

3）行业人士推介。

4）保险公司推介。

5）合作伙伴推介。

6）联盟商家推介。

7）媒体推介（电视台、电台、报纸、杂志、QQ、微博、微信）。

3. 地推部分时间地点指引

(1) 红绿灯口　11:00~17:00，语速要快，言简意赅，直接切入主题，亲和力强，赠送礼品，在短短几十秒中搞定客户。

(2) 加油站　10:00~17:30（秋冬），9:30~19:30（春夏）。根据新闻信息，关注油价上涨下调情况，有选择性地蹲点。注意事项：①与加油站维护关系；②帮助加油员指挥停车。

(3) 停车场　写字楼：周一至周三；商场停车场：周五、周六。

(4) 洗车房　10:00~17:00，可根据当日天气判定。

(5) 酒店、娱乐场所　11:30~13:00，17:30~21:00。吃饭前：客户比较着急，语速要快，简明扼要；吃饭后：可以多聊会。

(6) 车管所、车辆检测站　8:00~12:00，14:00~16:00，周一车多。

(7) 汽配城等　10:00~13:00，16:00~18:00，在别人没有跟客户谈好价格之前，尽量不要过去插话，避免影响别人，应该尽量帮店主挽回客户。只要做到眼勤手快，帮商家解决问题，也会得到客户的认可。

(8) 机场停车场　8:30~21:00，可以在机场设立一个聚集点，每次至少持续推进15天，尽量覆盖60%的客户；也可以与停车收费员合作，让收费员直接把保养现金券送给目标客户。

(9) 高端地产营销中心、高尔夫俱乐部　可以共同举行活动，吸引客户到场。

(10）其他　车展活动、高端性质活动、会展中心等。

三　地推进行时

面对面陌生拜访的营销技巧和话术，既是最古老的营销技巧，也是最难的营销技巧和话术。

如何让客户主动摇下车窗？如何开展陌生拜访？答案就是以不变应万变。以下以豪华车专修为例讲述如何鉴定客户。

从某种意义上来说，有车客户都是我们的目标客户，目标客户的范围要广而全。

1. 客户开发的原则

树立自信，以势搏人；勤修内功，问必答，答必中；注重激发客户消费潜意识，慢节奏快渗透，先清外围后攻心；注重客户忌讳、特殊需求以及隐私，尊重、理解并执行；不要对竞争对手进行评价和攻击；建立共同语言，取得客户信任、容忍和认可，培养出信任基础；至少列出一个维修案例，打动客户内心。

2. 客户开发技巧

1）首先看客户的穿着、气质、谈吐，如果各方面都比较讲究的是车主可能性大。

2）注意看客户手中的车钥匙，以判断是否为豪华车车主。

3）看客户与车的距离，看客户的眼光是否落在车上。

4）根据车型判断客户与车的关系，以奥迪为例，Q7、A7、A8、S6、S8、A6 大多都是公司用车，R8、Q5、Q3、S4、A1、A3、A4、A5 等大多是私家车。

5）根据客户的性别年龄判断，像 Q7、A8、S6、S8、A6 车型，如果驾驶人是女士，可能本人不是车主，因为女士很少买这种大排量的车，但也不能排除是家庭用车。如果是男士，根据年龄判断，年龄在 30 岁以下几乎可以断定是公司用车。首先他的年龄没有经济实力去买这种车，即使有，也不会买这种车，因为这不是年轻人喜欢的车型。

6）通过与客户的谈话分析。如果客户一味关心价格、优惠方案、礼品等基本可以判断这位客户是单位驾驶人可能性较大。如果关心质量、技术、售后保证等，客户是车主的可能性比较大。

7）通过客户加油来判断。如果拿油卡一般是单位驾驶人或车主，自己的车一般都会加满。如果是现金应该是朋友的车，再看客户加多少钱，如果是一二百元几乎可以肯定是借用朋友车。

第五章　汽车维修企业服务营销

8）地推中发现前面是奔驰车，后面是奥迪车。一定先选奔驰车要电话，这样奥迪车一般也会给电话，他觉得这是对他的车肯定。

9）以车价来判定是否潜在客户。如果是雷克萨斯、丰田越野或其他价格较昂贵的车，也可以上前沟通，因为以驾驶人的消费能力而言，他家中或朋友一定会有豪华车。

10）在地推中，要跟加油站工作人员、保安、门卫等人员处好关系，最后要做到连他们都开始帮忙向客户宣传我们。

11）地推时把能了解到的车辆信息尽量备注清楚，如车牌号、车型、排量、车的颜色、车的用途、行驶里程、在什么地方与客户交谈、客户的大概年龄、对客户身份的大概判断等信息应尽量完善，以便日后打电话邀约心理有底。

12）如果是单位车辆，要先询问保安是否为该公司内部车辆，可上门进行拜访，如果负责人不在，可以想办法要到电话，下次过来时先约。如初次拜访被拒绝，一定要和公司保安保持较好关系，调整心态做好多次拜访的准备。

13）可定期给高端会所赠送企业的周刊，进高档会所时注意观察客户桌面上的钥匙是否为我们的目标客户。如在高档场所外看到目标车型，可先致电公司客服查询客户电话或姓名，客户进去时直接称呼×先生（女士）会更有亲切感。

14）有些较大的城市各个区域都有高端会所，豪华车分布比较分散。当地推人员到达地推目的地的时候，已经错过地推时间点。针对这些问题，可以早点到公司，然后开车把大家送到各个地推点，如果遇到一条街都是写字楼，但车辆多，面积大，地推同事可兵分两路，一人骑一辆电动自行车，见到有服务车型就骑车追过去。

15）地推工作无处不在，上班时、用餐时、回家路上、自己小区，做个有心人，你会发现目标到处都是。

16）经常开会进行总结，共同探讨什么时间段、什么地点地推有效。善于总结才会有进步。

四　实战地推话术大解析

"话术要因时间而异，因人而异"，不同的人有不同的乐于接受的方式。所以要想使自己被别人接受，达到推销自己的目的就必须先了解对方乐于接受什么样的方式。针对他们的不同，采取不同的话术，研究并熟悉他们，努力扩大应对的范围，优化应对方法。

（一）常见的几种现场情形以及应对措施

1. 正在接打电话

应对措施：5m 之外静候 5min，5min 以后还在接打电话，选择离开。切记不要一直盯着车主看。

2. 正在与人交谈

通过观察车主表情分两种情况：

1）谈笑风生，表情轻松。应对措施：彬彬有礼上前沟通。
2）严肃认真，面无表情。应对措施：选择离开。

3. 正在拨弄手机

应对措施：大方礼貌地上前问好和沟通。

4. 正在数钱

应对措施：站在 5m 开外等候数完钱后彬彬有礼上前问好沟通，切记不要一直盯着车主看。

5. 正在看文件

应对措施：站在 1m 开外，微笑点头问好，试探车主态度。

6. 无所事事

应对措施：面带微笑，积极、自然、大方地上前和车主问好。

7. 正在睡觉

应对措施：马上离开。

8. 正在路边停车

应对措施：站在车后帮忙指挥停车；等车停好后礼貌地向车主问好。

9. 正从车里搬运物品

应对措施：礼貌地说一句"我帮您拿吧"！

10. 一家人在车上

应对措施：把礼品发给车上的女士，这样容易获取她的好感，很容易成功。

（二）新、老、流失客户的话术及应对措施

1. 新客户标准话术

先生（女士）您好，打扰您 1min，我是××汽车服务中心的××，我公司除了能为您的爱车做维修保养、美容之外，还可以为您提供验车、24h 救援、保险理赔一条龙、处理违章等关于车的所有服务，这是我们这个月的活动内容（递手册），我们的地址在××市××路×号，您可以方便地到达那里，欢迎您到店参观指导、体验这个月的免费项目，（把记录电话的本本给客户，上面要有至少 3 个电话）请您把您的电话写在上面，我过会儿把公

第五章　汽车维修企业服务营销

地址和本月底之前的活动信息发给您，谢谢您的理解和支持！

> **案例：**
> 散客开发专员：您好！最近我们公司在做新活动，（根据每月不同的活动介绍），这样吧，我先向公司申请赠送您一次全车打蜡，因为咱们车子一个夏天暴晒在太阳底下，多多少少会使漆面受损，来我们店做一个全车打蜡养护，这样您也可以到我们店进行参观，以便以后可以多一种选择对不对。

2. 老客户话术

先生（女士）您好！打扰了，我们正在开展×××优惠活动，这么巧在这遇见您，顺便给您介绍一下我们近期的优惠项目，欢迎您有时间到店参加活动。

备注：要更多地了解车辆维修背景、里程数、客户性格特点。

> **案例：**
> 散客开发专员：您好，您公司生意做得这么大，应该有我们的主修车型吧？
> 客户：有，有三辆以上。
> 散客开发专员：这样啊，那您可以在我们公司签一个集团客户，这样可以享受更优惠的价格，这样也为您节省了一笔费用。
> 散客开发专员：您身边的朋友应该有开我们主修车型的车吧？
> 客户：有。
> 散客开发专员：您可以介绍他们到我们公司做维护，假如您介绍您朋友过来的话我可以送您一张老客户推荐新客户的传递卡，这样的话您和您的朋友都会收到我们公司赠送的2L机油抵用卷。

3. 流失客户话术

"先生/女士，您好！很高兴在这遇见您/很荣幸在这遇见您。"

微笑示意后，递上本期的活动单页或是精美优惠券（赠送钢圈护理或是玻璃镀膜），"您说您的车原来去过我们店，但是很长一段时间都没有再光顾过了，是什么原因呢？"根据客户反馈的问题从以下三方面着手提问：

（1）客户反映自己企业价位高　应对话术："我们店的价格相对于其他修理厂是高一些，但是您看作为您这样一个有身份的人开着这么一辆名贵的车，无论如何去其他小修理厂都是不合适的。虽然我们店的价格比较高，但是我们可以保证性价比是最优的，另外我们确保质量、工时合理，还有其他促销活动项目，优惠也是比较多的，相比于 4S 店我们其实已经优惠很多了。"

（2）客户反映企业服务不到位　应对话术：首先要了解客户是对哪个环节的服务不满意，要细心听客户倾诉，了解到情况以后再跟客户解释。首先要站在客户角度去考虑问题，让客户感觉到我们确实在为他着想，然后站在公司的角度为客户解决问题。"我们其实有一对一客户经理为您服务，专一、专业、专注，希望您能再给我们一次机会让我们把最优质的服务带给您。"回到公司以后上报情况并解决问题。

（3）客户反映故障未解决或维修质量不过关　应对话术：耐心仔细让客户把话说完，不要打断客户，更不能说这不是我们的问题。让客户具体说一下是哪个地方没有修理好，可以打电话回公司确认一下情况，如果确实是我们的问题，为了促成客户再进店，可以为客户提供一些实际的优惠项目，增加吸引力，第二次着重服务此客户，让客户满意。

> **案例：**
>
> 散客开发专员：您好！我们是专修豪华汽车的。
>
> 客户：有朋友去过你们那里，不怎么样，我都在 4S 店维修。
>
> 散客开发专员：不知道您朋友是对我们哪方面不满意呢？
>
> 客户：你们维修技术不行，价格也没差多少，既然价格相差不大，我当然是选 4S 店。
>
> 散客开发专员：首先我代表公司向您道歉，如果是我们维修方面存在问题，回去我帮您查看一下回复您好吗？也感谢您给我们提出来的建议。关于配件我们是全国连锁的，都是纯正原厂配件，您平时如果都是做小保养的话可能价格相差不是太多，但一整年下来，还是有差异的，可以替您节省一笔不少的费用。
>
> 客户：我看一下吧，有需要再找你们。
>
> 散客开发专员：您方便给我一下您的联系方式吗？我回头把活动资料发送过去给您看一下。
>
> 客户：不用了，下次有需要的话我会联系你们的，名片上不是有你电话吗？
>
> 散客开发专员：没有关系，我平时不会打扰您的，有新活动时我给您发条短信就好，或者下次您可以带上您朋友一起来我们公司再体验一下，万一把我名片丢了，需要找我时，您就可以打我电话。对我们公司有什么好的建议欢迎给我们提出。

> 客户：真的不用了，我经常收到你们短信。
>
> 散客开发专员：这样啊，那请问是我们哪个客户经理跟您联系的？下次您可以来公司找他泡茶哦。我让他给您准备好茶。
>
> 客户：我也忘记是哪个了。
>
> 散客开发专员：哦，那您电话多少？可能他挺久没跟您联系了，您都忘记他了。我回头让他有活动时联系您。您的电话是13×××？

（三）不同性格客户分析及应对方式

1. 优柔寡断的客户

客户分析：这种客户女性居多，往往消极被动，难以做出决定。面对这种客户，地推人员要牢牢掌握主动权，充满自信地运用推销话术，不断向他做出积极性的建议，多多运用肯定性用语，当然不能忘记强调你是从他的立场来考虑的。这样直到促使他主动留下联系方式。

应对方式："犹豫带来的损失要远远超过您想象的。如果您不尝试的话怎么会有所比较，但如果您尝试下，您可能会发现我们店为您带来的贴心服务远远超过您现在的。"

2. 忠厚老实的客户

客户分析：这种客户你说什么，他都点头说好，甚至会加以附和。在你没开口之前，他就会在心中设置拒绝的界限。虽然他仍然无法松懈自己，但是最后并不会无理地拒绝你。

应对方式：和这样的客户打交道，最关键的是让他点头说"好"。顺着客户的意思，在不知不觉中留下他的联系方式。

3. 沉默寡言的客户

客户分析：这种人出言谨慎，一问三不知，反应冷漠，外表严肃。地推人员除介绍活动之外还要亲切、诚恳，想办法拉拢感情，了解其工作、家庭、子女以及拉拉家常了解客户的真正需要。

应对方式：不要强迫他说话，应该顺着他的性格，轻声说话，并且提一些容易回答的问题来问他。总之，一定要让他认为你所说的、所做的一切都是为了他。好好把握与这种客户的关系，因为这种沉默寡言的客户反而会成为忠实的客户。

4. 不友好的客户

客户分析：有些人的确令人难以忍受，他好像只会讲带有敌意的话，似乎他生活的唯一乐趣就是挖苦他人、贬低他人、否定他人。这种人无疑是最令人头疼的对手。这种人虽然令人伤脑，但不应该忘记他也有和别人一样的想要某种东西的愿望。这种人往往是由于难以证明自己，他希望得到肯定的愿望尤其强烈。

应对方式：对这种类型的客户还是可以对症下药的，关键是自己在这种人面前不能卑下，必须在肯定自己高贵尊严的基础上给他以适当的肯定。

5. 知识渊博的客户

客户分析：这种客户年长男士居多。知识渊博的人是最容易面对的客户，也是最容易让销售受益的客户。面对这种客户，应该抓住机会多注意聆听对方的话，这样可以得到各种有用的知识及资料。

应对方式：地堆人员客气而小心聆听的同时，还应给予自然真诚的赞许。这种人往往宽宏、明智，要说服他们只要抓住要点，不需要太多的话，也不需要用太多的心思，仅此就很容易达成交易。

6. 自以为是的客户

客户分析：总是认为自己比你懂得多，他会这么说"我和你们老板是好朋友""你们公司的业务，我非常清楚"。当你介绍产品的时候，他还经常打断你"这我早就知道了。"这种人喜欢夸大自己，表现欲极强，但心里也明白他肤浅的知识和专业销售员不能比，所以有时会自己下台阶："是啊，你说得不错啊。"

应对方式：面对这种客户，你必须表现出卓越的专业知识，让他知道你是有备而来的。你可以在交谈中，模仿他的语气，或者附和他的看法，让他觉得受到重视。

7. 夸耀财富的客户

客户分析：这类客户喜欢在别人面前夸富，如"我拥有很多产业""我和很多政要有交往"。他不一定真的有多少钱，但他可能不在乎钱。

应对方式：他既然爱炫耀，你就成全他，恭维他，表示想跟他交朋友。

（四）基本话术的应用

1. 初步沟通

和车主有了初步的问好和交谈之后，问："您的车去过我们的企业没有？"车主的回答一般分两种情况：

1）第一种回答："没有去过！"再问："那您听说过我们的企业吗？"

车主的回答分两种：

① 答："听说过，但没去过。"

采取措施：介绍公司保养和维修方面的优势，以及和4S店、小店相比我们的优势所在——→递上名片——→适当时候要联系方式——→挖掘车况信息和保险意向。

第五章　汽车维修企业服务营销

② 答："没听说过，你们是干吗的？"

采取措施：详细介绍公司情况──→递上名片──→适当时候索要联系方式──→挖掘车辆信息。

2）第二种回答："我的车去过你们那里！"

再问一句："是您这台车去过吗？"

车主回答分两种情况：

① 答："就是这台车去的"！

采取措施：递上自己名片，做一下自我介绍，然后着重介绍下公司近期活动。

② 答："这台车是刚买的新车，还没去过！"

采取措施：介绍一下近期公司活动──→递上名片──→适当时候要联系方式──→挖掘车辆信息。

（五）深入沟通话术应用

1. 质保期内的客户

问题设计："我的车还没有跑多少公里，你们那没有办法索赔。"

解答：可直接告知易损易耗件可在我店做，价格比4S店优惠。"我们企业也是老牌子了，发展了几年的时间，在质量、服务各方面都非常有保障，有机会可以来店考察，像易损易耗件在4S店更换费用比较高，我们的工时比4S店优惠很多，这就能为您节省一笔费用。"

2. 过质保期客户

对于过质保期的客户，没来自己企业，大多是不相信或不了解公司，担心配件质量或技术没有保障。

问题设计："你们这里维修质量有保障吗？"

解答：A. "我们这修的都是豪华高档车，档次低的我们也不做，您不知道，前两天我们这还来了辆法拉利呢！他还有一辆玛莎拉蒂也都是选择定点在我们店维修保养，您完全可以放心地把车交给我们来养护。"

B. "我觉得像您这样的情况非常适合来我们店参观考察下，您有机会可以过来看看，多个选择，您要说好了，我这边也很荣幸做您爱车的客户经理为您提供帮助，您要觉得不好了，我们也会尊重您的选择。但是我相信肯定不会让您失望的。"

3. 迷信汽车4S店客户

问题设计："我保养都是去4S店，你们那又不正规。"

问题分析：先了解客户目前的车况，大致为两种：

第一种：是未出质保期的，牵扯到索赔问题，也是4S店灌输的思想，必须在 4S 店保养。

第二种：是已出质保期的，从提车以后一直在 4S 店，从未去过其他店面的客户，这类客户是我们的优质客户，针对此类客户，沟通中要强调品质。例如：

解答："先生/女士，关心一下您的车已经跑到多少公里了？"

客户："11 万 km 了。"

解答："您的车都已经出质保期了，看来您应该对质量这方面比较注重吧！"

客户："当然！在 4S 店我放心。"

解答："先生/女士，咱们这边是专业的××车服务中心，像配件这方面您放心，都是纯正的原厂零配件，假一赔十！我们的配件都是有质保书的，跟 4S 店一样。而且我们现在在做活动，工时费和配件总共算下来平均能比 4S 店便宜 20% 左右，这样一年算下来也可以给您省不少钱是吧！"

4. 在小店维修的客户

问题设计："我的车都在××店做，你们那太贵了，如果能便宜点就到那边了！"

问题分析：首先要对这个行业有一定的了解，比如客户说在××店修，那么至少要知道××店维修保养车的价位层次，而自己公司的价位在行业内的定位又是什么样的，其次了解客户车辆使用年限，根据车辆年限，分析下现车况。全面了解后，根据客户所指的维修店面价位层次，去分析客户的消费层次、消费接受范围，了解车是否已经到报废的程度，结合这两方面给予解答。

例如：如果客户说是在其他豪华车专修店做。

解答："先生/女士，请问您已经购车几年了？现在大概行驶多少公里了？"

客户："3 年了，跑了 10 万多公里了。"

解答："那您这车还很新呢，怎么都在他们那里做了？"

客户："经常在那边做，同样的配件，你们那要贵得多。"

解答："确实我们这边要比您说的那一家店价位高点，但它和我们这边的服务理念都不是一个层次上的。价位虽有差距，但这是我们在保证原厂正品件的基础上而定下的价位。技术和服务才是真正的悬殊之处，当然，在这里我不能贬低我们的对手，但是我敢保证，您在我们这里所感受到的服务、车辆所维修的质量、配件的保障绝对对得起您所付的费用。"

5. 对于车不是本人的

问题设计："这车不是我的，开朋友的，我做不了主啊！"

第五章　汽车维修企业服务营销

解答一:"那能否告诉我您朋友电话呢?我们现在正在做活动。优惠力度还蛮大的,通知他过来体验一下,再送些礼品。"

解答二:"您开的是什么车呢?奔驰?宝马?还是其他的品牌?您个人比较喜欢什么车呢?(随便聊天)很高兴认识你!"(以后可以谈保险)

6. 对于距离远的

问题设计:"我住的地方离你们这挺远的。去一次太麻烦!"

解答:"我们很多客户都是到机场出差或办事,顺便把车保养一下,到时我们可以机场接送。公司可以为您免费接送车,为您提供一条龙服务,只要您一个电话。我们马上帮您办。您看怎么样呢?"

7. 对于车刚出厂的客户:正好出现故障码

问题设计:"我的车刚刚出厂,车辆故障码就又显示出来了!"

解决办法:首先给客户道歉,同时立即联系服务经理,最好能安排人员到现场处理,如果不能,与客户约定一个时间,到店检查。最后感谢客户提出问题,告知客户我们会制订更严格的措施,预防类似问题的发生,同时赠送客户一份礼品。

8. 遇到业内人士,对自己无理发火

解决办法:给对方道歉,离开即可。

9. 遇到不留号码客户

问题设计:"不方便留号码,你们总是经常发信息。"

解决办法:

1)强调我们不会打扰,会提前备注采用短信形式,对于高端车型的一些维护小常识会定期给予短信提醒。

2)采用苦肉计:"公司要求我们一天出来必须获取××个电话才可以回去。我们也是打工的没有很多钱整天给您打骚扰电话,并且我们只是为了给您提供更好的服务。"

3)赠送小礼品,如防滑垫、便用签等。让客户觉得拿了我们的东西不留号码感觉不好意思。

4)引导客户:"您的电话是13几开头的?"引导客户往下说。

(六)被客户拒绝的话术

被客户拒绝的原则:坚持到底!以下为客户拒绝的情况下你的措施:

1)"我们是当地知名的高端车维修企业,大品牌,值得信赖,您留个电话,维修时多个选择。"

2)送客户一本公司介绍的册子,"您看这是我们公司印制的手册,上面有我们真实的维修案例,车辆维修服务我们是最棒的选择,您留一下吧。"

3)"送您一个抽纸或者防滑垫,这是我们总部制作的礼品,数量有限,质量很好,送您一个,您留一下我的联系方式,到店消费时您给我打电话。"

4)"您看,这些电话都是客户给的,他们对我们公司都很感兴趣,相信大家,肯定不会错的,写一下吧。"

5)"我们每个月都有优惠活动,我的很多客户都主动打电话来参加,既然我遇到您,这也是缘分,让您错过了太可惜了,写一下吧,到时我主动把活动信息发给您。"

6)"如果我们公司比您现在的维修店好,您一定会选择对不对;您这样就多一个选择,省得您消费时不舒服还得忍着,被蒙了也不知道,比比更划算,您留一下呗。"

7)"帮个忙完成个任务吧,我们每天都有这个任务量的。"

8)"您说您的电话,我拨给您。我们的号码都是公司统一配发的,有公司的彩铃,对公司有详细的介绍,您一拨就听得见了。"

(七)地推过程中车主所担心的问题及应对方法

1)客户担心企业的零件质量。

答:"我们企业配件质量保证和汽车 4S 店一样,国产配件直接从主机厂的售后进货;部分直接从国外进口,对待我们所有客户都承诺假一赔十,如果您担心的话我可以带您到我们的配件库进行参观,让您了解我们的配件来源渠道。"

2)客户担心公司诊断技术。

答:"您方便的话可以先参观下我们的维修车间和维修设备,我们投入 120 多万元配备了与 4S 店同步的奔驰、宝马、奥迪等车的检测仪,还设有专门的技术中心,其中包括菲律宾、德国等外国技术专家,专门做技术培训支持。"

3)客户担心喷漆质量。

答:"我们公司主要维修车型就是高档轿车,如玛莎拉蒂、迈巴赫等。我们使用的油漆是 PPG。油漆的质量保证是 5 年,采用干磨设备等先进设施,您方便的话可以参观下车间刚刚完工或正在施工的车辆。"

4)客户认为喷漆时间太长。

答:首先要告知客户汽车维修共 20 多道工艺。时间是保证工艺的关键,如果是前面施工车辆过多,要主动带领客户到油漆车间,请油漆车间主管协调工期,如无法协调,客户必须要加塞,可适当收取加急费用。

5)客户说很晚才能来公司修车。

答:询问车辆相关故障及维修项目,安排相应值班人员,并告知其维修

第五章　汽车维修企业服务营销

内容及故障现象，可让主修人员跟客户直接确认，约定到公司的时间。

6）客户说我们零件贵。

答："我公司配件质量保证和4S店一样，国产配件直接从主机厂售后进货；部分直接从国外进口，杜绝假冒，如果方便的话您可以参观下我们的配件库，共100多万元库存量呢。"

7）客户提出优惠。

答：首先告知公司的优惠政策及会员制度，坚持公司的原则，但是任何事情处理必须按用户满意度为第一的原则，如果自己不能做出决定要请示上级主管领导。

8）客户要求赠送礼品。

答：①可以赠送公司日常制作的小礼品；②如是积分客户则可以兑换礼品；③如果维修金额大或是忠实客户，可以上报主管领导写出书面申请。

9）客户表示经常遇到企业地推的人，并且车上都留了20份单页了。

答："真不好意思，遇见您是我的荣幸，目前在我们部门，已经有10多人了，会经常出来跑，这也是我们公司的一种营销模式，真心希望后期我们可以帮助到您，再说了，给您发也是因为您是我们的上帝啊（客户就是上帝），我们也是恨不得赶快向您告知我们最新的活动信息，不想让您错过。并且我们出来遇见您也不是拉着您消费的，希望您给我们一个机会，也给您一个省钱的机会。"

10）客户表示配件质量不行。

答："说实在话，我肯定我们的配件是真的，质量有保障，服务也到位。但是说归说，重要的是您说好才是好，或者有机会了您来我们店看看我们的维修车间，每天我们单店奥迪进车台次都达到10多台呢，越来越多的客户都接受了我们。如果说我们的配件是假的，服务没保障，我想这么多客户也不会选择我们，我们也不会发展这么多年，开这么多店啊。虽然并非4S店，但是也正因为我们不是4S店，我们会对自己要求更多，在保证质量的同时优惠价格。"

11）客户咨询工时费。

答："受垄断优势影响，汽车4S店大都把每个工序的工时收费分解到最细微的程度，以至于蒙蔽了多数客户，而我们倾向于模块化收费，尽量减少工时费用，客户更容易接受，所以我们的工时收费要比4S店低（举例：更换火花塞、清洗喷油器等）。"

12）遇到客户现场咨询零件价格或故障处理等专业问题。

答：用自己的手机打通公司的技术热线，让技术经理与客户直接沟通。沟通完毕，问客户还有没有其他需要帮助的，然后留客户电话，跟客户告别。

13）物业管理或者保安不让进入场地。

答：提前与物业沟通，或者直接与保安沟通，指明我们的目的是让客户的车辆出现故障的时候，第一时间有个咨询的热线，协助车主解决问题。如果发生被保安扣留的情况，第一时间给经理级领导打电话，让领导出面处理。注意：不能和他们发生任何语言或肢体冲突，包容他们；不到万不得已，不要报警。

（八）地推小技巧

在地推中了解到客户的车辆情况后，可在自己的地推本上备注下客户类型，方便对意向客户的把握、重视和后期电话邀约。

客户类型划分原则：

A类：已过质保期，还在4S店保养或奔驰、宝马、奥迪行驶里程3万（含3万）km以上，或近期有消费需求。

B类：新车，3万km以内，没消费需求。

C类：关机、停机等联系不上的，或者跟客户沟通了但没了解到车辆情况的（如车龄、里程数、保养地）。

D类：空号，车卖了，换驾驶人了等联系不上负责人的情况。

E类：问题客户，对我店有意见。

注：对于C、D类客户，可能在地推时无法辨别，会在后期电话邀约中用到。

五 市场开发员工地推时的心态

做好地推工作需要有强大的心理承受能力，不要让客户的冷言冷语影响到我们，使自己沮丧灰心，而是要用乐观向上、积极进取的心态影响客户，使客户信任我们。地推需要摆平心态，舍弃掉自己的"面子"，要很虔诚地对待这份工作。我们是为客户提供性价比很高的优质服务，他不需要是他的损失，而不是我们的损失，在失败时想想成功的案例，在成功时也不要骄傲，在地推初期不要被困难吓倒，在地推成熟期也不要变得疲惫和麻木，保持真诚、乐观、自信、坚持到底的勇气，才是地推成功的最理想心态。

（一）地推必备的心理素质

1. 真诚

推销产品首先是要将自己成功地推销出去，让客户信赖你。在与客户交谈时，自始至终要以一颗真诚的心去对待，客户是可以感受到我们内心的真诚的。

第五章　汽车维修企业服务营销

> **案例：**
> 有一次某店一位市场部人员在某加油站内驻点，有一宝马车车主敲车窗不降，在等待加油时也不理人。员工受挫便站在旁边等下一辆车，但当客户加好油，发现身上只带少量现金不够付油钱又不能刷卡，该员工拿出了身上仅有的100元替客户解围，客户诧异地看着他说了句："谢谢"，并说："明天跟你联系，我会还你钱的。"就这样最后促成客户到店。

2. 自信

一个寒冷的冬天，卖包子的和卖被子的同到一座破庙中躲避风雪。卖包子的很冷，卖被子的很饿，但他们都相信对方会有求于自己，所以谁也不先开口。卖包子的一直吃包子，卖被子的一直盖被子，谁也不愿向对方求助。最后卖包子的人冻死了，卖被子的人饿死了。这个故事告诉我们：人们都奉行着人若求我，我便求人；人若予我，我便予人的人生哲学，把主动权完全交给了别人。殊不知，同时转移的还有生存的权利，成功的机会。

我们有时会找各种借口为不地推开脱，并觉得"求人是一件丢脸的事"，让出主动权似乎使我们表面上有自尊，但事实相反，我们不断地在心底盼望客户能够配合，而嘴却紧紧地闭着，这种思想的煎熬更加心累。要放平心态，首先要尊重自己的工作，我们是在为客户提供优质的服务，要发自内心地去认真对待这项工作。如果能够真正融入，那就不会在意所谓的"面子"。有些员工在发宣传资料时会遇到朋友，他们都会很直接地告诉朋友自己的工作性质，请他们帮忙寻找资源。这也是自信的一种表现。同时要明白，被拒绝是销售的常态，从心底树立被拒绝是正常的，我们没有必要为被拒绝而伤心，我们能做的就是提高自己的技能，降低被拒绝的比例。

在地推时，面对有钱人，地推人员有时会觉得"低人一等"。相反，我们应该放平心态，客观公正地看待他们。他们有自己的人生标准、价值观和人生观，也许正因为他们的积极进取，与人为善，遵守社会规则，才获得了成功，不要觉得他们高高在上或者觉得他们是暴发户的心理去地推。

自信源自于不断的突破自我、实现自己的目标，自信是一种力量，无论身处顺境或逆境，都应该微笑着平静地面对人生。

3. 积极

积极的心态能够让你把握未来，把握自己的命运。这个客户拒绝你，下一个、下下一个不一定会拒绝你！地推对心理抗压能力要求很高，要以乐观、向上的心态来面对一切。

4. 坚持

有三个人一起去爬山，第一个人，喜欢爬一步回头看一步，他爬了一段，觉得已经爬得很高了，但当他抬起头竟然连山顶还没有看见，于是他就打退堂鼓回头下山了。第二个人一口气就爬到了半山腰，他对自己很满意，于是就坐在半山腰欣赏风景，不再继续爬了。第三个人觉得爬山不是很容易但也不是太艰难的事，于是他就一步一步地往山上爬去，这样他也就一步一步地接近了山顶，最终爬上了山顶。

如果我们想完成一件事就要学习第三个人，一步一步坚实地走下去，只有这样才有可能抵达成功的彼岸。如果我们像第一个人那样一旦看到前面有困难就开始泄气，将永远都不会取得成功与胜利。我们也不能像第二个人一样，为一点点成绩就沾沾自喜，自高自大，那样只能自毁前程。千万不要被客户的暂时拒绝而离开，坚持就是胜利。开始的拒绝并不代表结果。

> **案例：**
> 某店员工在某五星级假日酒店的门口看到一辆路虎揽胜驶来，他还没等车停好就冲了上去，车主停好车后，该员工就拿着宣传资料和防滑垫向客户介绍公司，最后向客户要联系方式的时候，车主说："哎呀，保险公司的人整天打电话烦死了，不留、不留。"然后车主打完电话站在酒店门口等人。"就这么离开吗？还是再试一下吧，"于是此员工转身笑着走向车主："先生，您先把我们公司的资料留下吧，防滑垫就送您了。其实我们只是留个联系方式，不是整天打电话骚扰您，我们公司会不定期推出优惠活动，到时能方便发个短信提示下您，我们只做豪华车保养维修服务，如果整天打电话骚扰您，也就失去了做服务的意义。"最终车主同意留下联系方式。

（二）遇到挫折时如何调整心态

遇到挫折要学会调整心态，首先要平静下来并思考原因：

遇到态度好不留联系方式的客户：这种客户一般担心的是我们会经常打电话。面对这样的客户，要告诉他我们有专门的信息管理机构，并向他保证绝对不会经常打扰他。因为我们是服务行业，做好服务是最终目标，不会经常骚扰客户。

遇到不礼貌的客户：不和客户计较，将单页留给他后离开，换个角度安慰自己：这个客户可能遇到不顺心的事了，不用太计较，或许下一个客户就会很好，也可能过段时间，这个客户心情好了说不定会主动联系你。或者也可以将负面情绪跟朋友同事诉说来得到排解。

第五章　汽车维修企业服务营销

遇到戒备心非常强的客户：可以放弃，因为你越是主动，对方会越警惕，对于这种客户不需浪费太多时间。

在失败时，要多想自己以前的一些成功案例，要学会阿Q的自嘲精神，自我安慰。调整好心态继续进行。要努力做到：客户拒我千万遍，我待客户如初恋。

（三）老员工如何度过疲惫期

首先提高工作效率，不断为自己制订更高的目标，让自己有新鲜感，有更高的追求。其次和领导同事多沟通，寻求解答。

> **案例：**
> 市场部员工××曾地推长达两年，当时也纠结过是否坚持下去，在和领导一起地推时，沟通到这个问题，领导给了他一条好的建议，提高工作效率，用较短的时间完成既定目标，别人用三个月完成的任务，你用一个月完成，一有目标，就又有了冲劲，加班到夜里10点多回公司都不觉得累。一个人的潜力是无穷的，但激发的过程中需要自己给工作和生活设定目标，同时也需要领导和同事的关怀。

六　地推后的跟进

（一）电话邀约

通过邀约客户能够准确掌握每一个客户的基本情况和动态；在对客户有详实了解的基础上，有针对性地对不同客户进行不同方法的维系与跟踪邀约；及时了解客户需求，以便于为客户提供更多、更优质的增值服务。同时也能发现自身存在的不足，及时改进提高，从而提高客户满意度。

客户可区分为：

（1）老客户

1）保养提醒。

2）忠实老客户维护。

（2）流失客户

1）意见流失客户。

2）非意见流失客户。

（3）新客户开发　未到过店的客户。

（二）邀约流程

1. 邀约目的

（1）老客户　针对老客户，主要以维护为主，定期向他们发送活动通知、保养提醒等。其次尽可能从老客户身上多挖掘出一些新车信息,及时发现客户的一些实际需求。如保险、精品、美容等。

(2)流失客户　针对流失客户,主要是了解具体流失原因,通过一些问题解决让客户再次认可公司,从而实现更多消费,或者是车已经处理的可以再多了解一些现开车辆信息。

(3)新客户开发　新客户开发主要是针对没有来过公司的客户,通过每月活动宣传公司,让客户了解公司,更容易使客户进店参观或体验。

2. 邀约前准备工作

1)硬件准备:如对各车型保养价位不是很了解,可备一份所邀约车型基本保养报价单及常用保养里程表,以便及时回复客户的一些问题。准备好笔、本,方便记录邀约中的重要信息。

2)明确给客户打电话的目标。

3)了解邀约车辆车主资料、里程数、历史维修金额、维修次数、客户性格特点。

为了达到目标所必需提出的问题、需要得到哪些信息、需要提出哪些问题,这些在打电话之前一定要明确,以便于电话邀约过程中能够获得更多的信息和了解客户的需求。如果不提出问题显然是无法得到客户的信息和需求的,所以电话邀约中提问的技巧非常关键。为了能够顺利地进行提问,需要提问的问题在打电话之前就要写在纸上。

4)设想客户可能会提到的问题并做好准备。

3. 邀约中

一般来说,接通电话后的20s是至关重要的。你能把握住这20s,你就有可能用至多1min的时间来进行你的有效开篇,这其中包括:

1)介绍你和你的公司。

2)说明打电话的原因。

3)了解客户的需求,说明为什么对方应当和你谈,或至少愿意听你说下去。

4)了解目前客户车辆购车年限、行驶公里数、保养维修状况、是否在4S店或街边小店维修过等一些车辆信息。

◆ 第四节　电话营销流程和基本话术 ◆

电话营销是一个完整的与客户沟通的过程,不是简单的与客户打通电话就行,对于我们所要做的事情,先要知道怎么做以及要达到什么目的。一个

第五章　汽车维修企业服务营销

优秀的电话营销人员很重要的就是会灵活运用电话营销技巧，能够抓住一切机会或者更多的信息，打消客户的疑虑，取得客户的信任。

一　电话营销的七步流程

（一）电话开始前的物品准备

笔、纸、报价单、路线图、计算器、将要跟踪的客户资料、发短信的工具、服务促销活动方案等。

（二）电话开始前的心理准备

1）我是帮助客户解决问题的人（客户会面临的问题，价格，品质等）。

2）我能为客户带来极大的价值（自己能帮客户提供车辆维修建议、能给客户提供预约时间、能给客户提供报价等）。

3）对营销的正确理解：从求人到帮人。

① 很多营销人员由于以前没有从事过营销工作，对营销工作存在误解，认为营销就是在求别人买东西，从心底排斥营销。坦率而言，这是一种很不正确的想法。什么是营销，营销就是帮助我们的客户做得更好，营销就是更好地服务于我们的客户，电话营销人员一定要相信自己的产品和服务对客户是有帮助的，一定要抱着这种心态，工作才能做得更好，而事实也确实如此。

② 我是一个受欢迎的人（自信，相信自己，相信公司，相信自己的热情、真诚能感染客户，相信公司能满足客户的需求。客户愿意相信你，就会选择公司）。

③ 每一次电话邀约都有成功的可能，即使不成功也没有什么损失（每次跟踪都会有效果，此次电话了解到的情况给下一次的去电打好基础，彼此也在一次次的去电中由陌生到了解到一些，相信自己的耐心，也是证明自己的诚意）。

④ 每一次拜访都是学习的机会，在工作中我会越来越出色（越挫越勇，即便是被拒绝了也能找出原因，找出要改进的，避免下次出现，或者是将做得好的地方总结运用，最后就游刃有余了）。

（三）每天保持足够的电话量是成功的基础

1）制订日工作计划。

2）将目标和计划视觉化，如在办公桌前张贴一句赞美客户的话，或者是这个月的目标是多少台车，这样就能随时关注到自己的目标，时刻提醒自己一定要完成目标。

3）养成有效管理时间的习惯，电话营销人员为了提高电话量，就应该充分地利用好自己的时间。

电话营销人员的平均电话时间包括以下几部分：

① 电话前的准备时间。

② 打电话时间。

③ 电话后的处理时间。

如果这三个时间都可以缩短的话，每天的电话量相对来讲就会得到保障。打电话时间的长短与电话营销人员的沟通和营销能力有关系，而准备时间和电话后的处理时间却是电话营销人员容易掌控却往往没有在意的一部分，不要在打电话的黄金时间做其他的工作，一方面会增加电话营销人员打电话的恐惧，另一方面会占用可能的通话黄金时间，所以一定要注意。

4）同一类电话最好是在同一时间段打，打电话给客户会有不同的目的，有陌生拜访的，有第二次跟进的，有纯粹预约客户过来保养的，或者是和客户建立关系等，每种类型的电话花费的时间会不同，所做的准备也会不同。

5）相信自己，坚持不懈，直到成功。电话营销人员一天打150个电话不难，难就难在天天打150个电话！难就难在坚持。电话营销人员不仅工作量大而且工作压力也很大，这些往往会引起厌倦感和疲劳感，所以很多人都因为难以坚持而离开。要成为优秀的营销人员，一定要相信自己，坚持不懈，当不想打电话的时候告诉自己，坚持一下，下一个一定会成功的！

6）心态也能提高电话量。很多人之所以越做越没劲，一个很重要的原因是他们太想把东西快一点卖出去，而这种急功近利（贬义词但是绝非恶意）的心态让电话营销人员的注意力很容易放在客户的"产品"上，而不是"了解客户的需求"。这样做的结果就是遭到客户的拒绝。而拒绝又会导致电话营销人员信心的丧失，从而缺乏打电话的激情和内在动力。关于电话量，部门会有一个基本要求，旨在保障量累积的同时有质的提高。

（四）收集和核实客户资料

1）公司统一收集客户资料，并将资料分配到每个电话营销专员的电话营销系统中（工单系统独立模块）。营销专员只需要负责资料的核实和整理，并树立恒心和毅力，多与客户沟通，提升客户的到店率，同时一定要做好客户资料的核实工作。

2）不要提前对客户进行区分：有意向和没意向的（是否继续跟踪）。事实证明，一听电话就挂掉或者说只去4S店的客户，给我们很强烈的信息表示不愿意选择我们的客户，往往结果会选我们店。往往和我们讲得很好的，正面信息很多的反而最终都没有来我们公司，所以不能只听客户在电话中所讲，我们是在和客户周旋不太好玩的游戏，但是会有成就感。所以我们不要

第五章 汽车维修企业服务营销

轻易地放弃任何一个客户。记住，真正有成就感的是，那些一直拒绝你但最后选择了你的客户。根据有意向和没意向（是指与客户去电的频率），合理地安排去电的时间与间隔是非常重要的，往往刚做营销的人只要给客户首次去电，客户表示出有意向并告诉近期要保养，很多营销人员就很紧张地没几天就去一次电话。这些客户听到说价格便宜，和4S店相比有优势，想了解的意向强烈是非常正常的，甚至会告诉我们保养就在最近，但是不代表最终会接受我们。因为是初次接触，客户还需要了解更多，还有疑虑。况且消费有一个习惯，像我们固定地买某个品牌的服饰，去固定的美发店一样。所以这些客户来的比率可能只有五成，反而那些错过一次或者两次保养的客户往往容易进行有效沟通，促成进店。很多营销专员把很多的时间和精力花在这个只有五成的成交上，结果另一批要跟踪的没有及时跟踪，最终的结果是两方面的客户都没有抓住。一个建议是最好先了解到客户下次保养的大致时间，在保养的前半个月去电。在上一次保养和下一次保养时间段内去一次有效的电话。最近要保养的客户也不能跟踪得很紧，客户如果记得公司，记得地址，有你的手机号，明确表示得最近要过来的，就不要跟踪得很紧。当然平时的节日、周末祝福短信也是很重要的，客户感觉深受重视，你认真工作的态度以及需要他的支持的信号都是可以影响到结果的。对于女性客户，记性好，不需要太高的跟踪频率，对于用车慢的，以及去了几次电话还是拒绝的，不需要跟踪得很频繁，把最有效的时间用在最有效的客户身上。

3）不要因为客户表面的言语和行为影响我们的营销思路和营销热诚。客户是普通人，很忙或者是心情不好，在电话中的表现都会有所差异，在不熟悉的情况下拒绝是正常的，不放心我们维修品质，怀疑我们都是很正常的，工作忙碌中去电打扰挂掉电话这些都是很正常的……诸多的正常更加需要我们以平常的心态去应对。在电话营销中，要么我们影响到客户，要么客户影响到我们，显然我们要去影响客户，被拒绝是营销的家常便饭，唯有把自己打造成"优质的弹簧"，修复能力力才会最强。

4）客户需要我们的帮助，给点时间让他们认识我们，利用时间推销自己。

希望一两次去电就能达成营销？显然这是你的乐观意愿，这样的情况有吗？有的，但只是非常小的概率。更多的是什么？是我们多次反复宣传，通过电话把公司的软件、硬件情况告诉客户，告诉他们我们的优势、我们所能解决的问题，即建立客户对我们公司的信赖，时间是必需的，耐性也是必需的。

我们如何做呢？

① 准备：了解当地客户主要选择的4S店，要明确这些店的地址。

② 因为客户对4S店比较信任，一定要让客户相信我们能够为他们提供与4S店一样的服务，完美地一次把车修好，同时价格是4S店的6~7折，另外还提供额外的免费服务，从而促成客户进店体验。

③ 客户资料落实后必须将正确的资料修改、更新（学会管理资料，相关信息错误的要纠正）。

话术如下：

① 手机。

电销："我是××专修公司的，请问您是××先生吗？××先生您好！现在我们有份资料要寄过来给您，想核对一下您的地址，请问是××区××路××号吗？"

客户："不是，是××区××路，你是哪里？"

电销："宝马服务中心啊，××区这边的（或者是××专修公司），给您去电是想给您介绍我们公司，您日后用车可以多个参考。"

客户："哦，那是什么资料？"

电销："是关于汽车使用和优惠活动方面的资料。这个地址能寄到吧。这里面还有我的名片，您爱车方面有需要时记得和我联系呀。"

客户："哦，好的。"

② 固定电话。

电销："我们是××维修中心的，请问××先生在吗？"

客户："哦，我就是。"（下面的话术按①接下）

③ 单位电话。

电销："您这里是×××公司吗？贵公司有一辆车牌为×××的奔驰汽车对吗？我们是奔驰服务中心的，有一份资料要寄过去给车主，想核对一下车主的通信地址，是××街××座吗？这个地址能收到信件吗？那车主的姓名是××吗？（以后邮寄的姓名写谁收，他是车主本人还是驾驶人呢？）他的手机号码是×××吗？"

核对资料时对反对意见的处理技巧：

a. 对于客户非常敏感，不愿意提供资料，而是反复追问如何拿到他资料的情况，对客户进行道歉，同时告知客户，下次一定不会再打扰了。

b. 客户认为资料不重要，如"你寄的是什么东西？不重要的就算了！"那么我们要强调资料的重要性，如"都很重要，为能及时通知到您，所以要跟您核对资料。"一再要求地址。"那我也是工作的需要，只是要到您的地址，我想您也需要一个为您修车提供性价比高的公司吧！"

第五章　汽车维修企业服务营销

c. 幽默一下，如"呵呵，您放心，您告诉我地址我是不会上门找您的。"客户资料一经核实即进入电话邀约，千万不要放弃与客户沟通得如此好的机会。

5）豪华车综合维修中心目标客户特点。购车年限在 2~5 年之间车龄的车辆比较容易成交。

一定要找到具有决策权的人（我们的联系人有车主、驾驶人、行政负责人等，比如奔驰车车主很多不关心车辆维修事宜，要想办法联系驾驶人或行政负责人）。

6）可以通过以下方法增加客户资料：

第一类：高端小区、高端写字楼；专业汽车俱乐部、高尔夫俱乐部等会所；汽车美容服务店；商学院的同学圈（如 MBA、EMBA）；高端论坛：财富论坛、财富沙龙；商业协会、行业协会等；从汽车 4S 店获得客户名单；保险公司人员承保的客户。

第二类：亲人、朋友介绍；已消费客户介绍。

注意：养成随时随地记录电话号码的习惯，只要用心，客户资源无处不在。

（五）电话邀约技巧

通过使用电话、微信、微博、E-mail 等通信方式来实现有计划、有组织、有策略并且高效率地发展目标客户（目标客户是指你到底想要为谁提供服务？你提供的服务对谁最有帮助？你最想与哪些客户合作？这几个问题的答案就是目标客户）。

采取扩大客户群、提高客户满意度、维护客户、增加附加值等市场行为的营销手段，并通过电话促成成交的方法称为电话营销。

1. 电话营销的核心理念

1）电话是我们桌上的一座宝藏。

2）电话是我们公司的公关、形象代言人。

3）所有的来电都是有价值的来电。

4）广告的品质取决于电销人员电话接听沟通的品质，所有接听电话带来的价值是打电话的 10 倍。

5）打电话是简单有效、做得到地创造业绩的通道（多打电话，量的积累带来最后业绩的取得，质的飞跃）。

6）打电话是一种心理学游戏，打电话要从赞美客户开始（一个优秀的营销人员是心理学家、口才家、交际家）。

7）打电话是体力劳动，是一种体验式营销。

8）想打好电话首先要有强烈的自信心（营销最基本的）。

9）电话营销是一种信心的传递、情绪的转移（请相信我们的情绪会感染客户，面带微笑给客户去电，相信客户也会感受到你的微笑、你的好心情，从而感染到客户。请问客户会拒绝一个给自己带来快乐，带来好心情的人吗？）。

10）打电话是一种细节的艺术（细节人性化服务，相信能直入客户心里最柔软的部分。好比恋爱中的女孩子，总是喜欢用一些小事情来判断一个男孩子，往往好形象的建立就是看细节，这虽然不是很贴切的比方，但是却很形象。想想自己在与客户沟通过程中用细节打动客户的例子，相信每个人都会有许多）。

11）打电话是创造人脉的最快工具（客户转介绍，与客户建立信任关系）。

2. 打电话的十个细节

1）用眼睛看，看全局（如看车牌，新车老车区别对待；看地址，是否方便过来；看车型，保养价格；看车品牌，介绍保养常识……看到了要有所准备，打有准备之仗）。

2）用耳朵听，听细节（客户的声音年龄、语速快慢、主要的需求等都是很重要的细节。积极倾听，理解客户所讲的内容，让客户愿意接受你。从客户心里角度分析，这完全有可能。因为营销人员满足了客户的心理需求，即被关注、被重视和受尊重的需求，而这种需求的满足都是通过电话营销人员在电话中积极倾听所做到的）。

3）用嘴巴讲，重复讲（所讲的内容至少要让客户清晰明白，重点内容要加重说，重复说明）。

4）用手写，用笔记（地址、下次保养大概时间、客户疑虑……这些只是听你能全部都记清楚吗？俗话说，好记性不如烂笔头，所以还是要多多记录）。

5）肢体动作参与，潜意识学习（讲话配以肢体，人会更放松，更形象生动，面带微笑的沟通也是肢体动作）。

6）激发想象力（假设客户就坐在自己对面，与自己面对面沟通，语音、语调、面部表情等与电话营销时一样）。

7）感悟。对客户提出的问题，我们自己要有感悟，让客户心里舒服。

8）放松（在跟踪一个之前一听你电话就挂掉的客户，会紧张吧？没关系，给自己一个深呼吸）。

9）快乐。要有一个快乐的心态进行电话营销。

第五章　汽车维修企业服务营销

10）空杯归零的心态（唯有这样你才能装满更多的东西）。

3. 电话是一种谈判

1）打电话是一种超越时间和空间的谈判。

2）沟通只为很好的效果，谈判才有很好的结果。所以在电话中要适当有攻击性，是你在引导客户，不要被客户的一句话给打发了，抓住机会营销。

3）营销只产生营业额，谈判才产生利润。

4）有效果比所有道理更重要。

4. 电话营销前的准备

1）笔、便签纸、公司价目表（物品）。

2）准备好心情。

3）同类名单放在一起，同类电话一起打（一段时间只打新客户、一段时间只打跟进电话。在心情好电话打得顺的时候不妨拿出那些一直跟踪但效果不是很好的客户，同样在心情不是很好的时候可以跟踪打得效果不错但是一直没有过来的客户，要知道我们的状态真得会影响到电话中与客户的沟通状态）。

4）给客户发微信包。收到客户的反馈，一定要在5min内回复。如果是在下班时间收到客户的反馈，最晚在第二天10：00前回复。

5. 电话营销的时间管理

1）列名单、列电话。

2）集中时间打电话（建议10：00~11：30、15：30~17：00）。

3）同类电话同类时间打。

4）重要的电话约定时间打。

5）珍惜客户的每一分钟。

6）约访的电话不要超过3min。

7）沟通的电话不要超过8min。

8）新电话中讲最有吸引力的活动。

9）分析并检讨每一通电话的效率。

10）在电话中，每一句话都发自内心。

11）客户在电话中等的最大极限为17s。

客户永远不会给我们第二次机会来建立第一印象！

6. 训练电话聆听的十个要点

1）不要打断客户的话。

2）不要让自己的思绪偏离。

3）真诚热情积极地回应。

4）沟通取决于对方的回应。

5）了解回馈反应。

6）努力了解讲话的内涵。

7）做出重点记录，并对重点做出确认。

8）不要臆测对方的谈话，假设对方说的是真的。

9）全神贯注于当前的电话。

10）提出适当的引导问题。

7. 聆听的五个层面

1）听而不闻。

2）假装听。

3）有选择地听。

4）专注地听。

5）设身处地地听。

8. 陌生电话推销的11大步骤

1）了解购买的决策者（这点很重要，一定要在电话中注意到如果客户是一个做不了主的人，无论怎样沟通，最终是花了时间和精力就这样和客户耗下去了）。

2）与决策者联系，电话与嘴之间仅仅一个手指的距离，立刻联系。

3）自我介绍（打电话的目的就是让客户了解自己公司的性质，特别是公司名称、提供的服务、价格优势，最好能让客户保存自己的电话号码）。

4）与客户建立友好的关系（回想过去与那些客户建立深度友好关系，并能深得客户的信任，影响客户来店消费）。

5）了解客户的需求（这是非常重要的一点，了解到需求，想想哪些会影响到客户选择我们？维修品质、服务、价格、路途等这些都将是客户所关注的。哪些是客户的需求呢？我们能解决客户所关注的吗？这些将引导我们在电话中抓住时机营销）。

6）提出解决方案（提出问题的八步法：①明确问题；②把问题分解；③设定目标；④分析原因；⑤制订对策；⑥贯彻对策；⑦客观评价；⑧巩固成果）。

7）介绍服务、塑造服务的价值。

①用数据（某市第一家，全国连锁××家，质保1年，免费拖车，过10万客户选择我们……）。

②人物（××公司是协议单位，××的车子也是在我们公司修的）。

第五章　汽车维修企业服务营销

③ 时间（我们保养只需一个小时，节约您等待时间，举个例子，之前一个客户也担心保修期，即使保修期内，在非4S店进行保养也不影响保修）。

8）测试成交（还知道我们公司在哪吗？还有我的手机号吗？检验一下之前打电话的效果，可以适当地调整下次去电的时间以及跟踪频率）。

9）拒绝。拒绝是成交的开始，拒绝是一种行为习惯，是一种思考习惯，害怕拒绝才表示动机不纯，打电话只有一个目的就是帮助客户。

10）假设成交，树立自己的自信心（电话中客户说需要时会与自己联系，自己就认为客户已经定下来未来会进店）。

11）确立随访的要求。

9. 电话中建立亲和力的11种方法

1）赞美法则（拉近距离）。

2）使用客户的口头禅（感觉是熟悉的，拉近距离）。

3）重复客户讲的话（表示你在认真得听，客户很受尊重）。

4）情绪同步（心情好时大大夸奖一番，心情不好时你可以是一个安慰倾听者的角色）。

5）语调及语速同步，让对方清楚地知道自己要表达的意思（这个细节很重要，一个语速快的人没有耐心听你慢慢地介绍。对于一个语速慢的，如果你语速太快会让他没有时间来消化你的意图。人更加能接受与自己相近的人）。

6）生理状态同步（呼吸、表情、姿势、动作——镜面反映）。

7）语言文字同步。

8）信念同步——合一架构（我同意你的意见，同时……，把所有的转折"但是"转为"同时"）。

9）例同（把想对他说的话比喻为另一个人的故事）。

10）借喻（借用完全不同背景和角色去含蓄暗示一些想表达的意识）。

11）幽默。

10. 电话邀约话术设计及话术（用六个问题来设计自己的话术）

1）我是谁（明了的自我介绍）？

2）我要跟客户谈什么（带着什么目的）？

3）我谈的事情对客户有什么好处（客户为什么要继续听我的介绍，给我时间）？

4）拿什么来证明我谈的是真实的、正确的（什么东西可以支撑我的观点）？

5）客户为什么要来（我们所能提供给客户的）？

6）客户为什么现在一定要来（解决客户需求，所忍受的痛苦）？

（六）一定要有促成的意识和勇气

刚刚从事电话营销工作的电销人员往往缺乏促成的意识，电话营销人员很重要的一面就是要积极主动。积极主动反映在促成环节，一定要有促成的勇气和意识。

1）当客户在询问产品或服务的细节时（只要客户在电话中详细询问关于产品和公司的细节），基本上可以做出初步的判断，这是一个对产品感兴趣的客户，如果是初次电话可以更多地在电话中询问客户的情况，并了解客户的需求。

2）当客户问到价格时，进行报价。

3）当客户对产品等方面了解后，仍然沉默不语时，说明客户在思考，这个时候电话营销人员可能只需一个免费的礼包或特价的产品即可促成客户进店。

4）客户关心售后服务、保修，实际上已经成功了一半，尽快承诺客户。

（七）电话营销人员与客户沟通中常见的问题

1. 电话中的声音感染力需要提高

1）声音的活力不够，不是指声音音质本身，而是指说话的方式，声音听起来缺乏活力。缺少热情和人情味，好像是机器在讲话。

2）不善于运用停顿和强调重点。有时候电销人员对提供的项目和服务不太熟悉，在介绍项目和服务时，像放机关枪一样地讲给客户，客户基本没有思考的余地和时间，不能很好地理解我们所讲的内容。建议每讲两句话都有个短暂的停顿，听听客户的反应，再说下句。同时，对于有些内容，如免费、赠送、优惠、省钱等可以吸引客户注意的词汇，应重点强调，可以讲得慢一些，声音大一些。

3）语速普遍偏快。建议慢一些，电话营销人员在语速上要有一种控制的感觉，想快就快，想慢就慢，这样就可以根据客户的语速来随时地调整了。

4）太容易流露出不耐烦的语气。如果客户多问几遍就表现出不耐烦的语气，一定会吓跑客户。

2. 不擅长与客户建立融洽的关系

1）不能很好地适应客户。有的电话营销人员，感觉缺少一种融洽的沟通氛围，电话中总有一种冷冰冰的感觉。建立融洽的关系，有一种方法就是适应客户。例如，客户开玩笑地说："我可没钱，我是开拖拉机的。"如果是一个擅长建立融洽关系的人员会怎么做？当然可以同样地和客户开玩笑，再把话题转

第五章　汽车维修企业服务营销

移过来。如果是冷冰冰的，最后客户受到感染，氛围就会变得冷冰冰了。

2）几乎没有赞美客户。我们可以有很多的机会来赞美客户。适当的赞美客户可以拉近客户与我们之间的距离，获得好感，如针对职业的，如果客户的工作是警察，可以说，"谢谢您，正由于你们的辛苦工作，我们的治安才会这么好。"

3）礼貌用语在电话中用得很少。

3. 需要不断地完善提问的技巧（多向客户提问，与客户形成互动交流）

1）不太注意运用前奏。普遍存在的一个问题就是太直接，如直接要客户的地址，客户会有一个反应"你问这个干嘛？"之后，我们再告诉客户是要寄资料……这时客户会配合我们给地址。为什么不把前奏提到前面去？一开始时就介绍我们这边是修车的，要地址的目的是想寄送一些资料。对于客户一般有些敏感可能不配合的问题，先把对客户的好处讲出来，成功的可能性会大些。例如，"我们这边有2L机油的优惠活动，机油卡要赠送给您，请问您那边的地址是哪里呢？"

2）问题缺乏逻辑性。封闭问题和开放问题要有效地结合起来，合理安排发问的顺序。

4. 不关心客户的反应，急于说完自己的话

在打电话的时候只顾自己说，而没有倾听客户的表达。在电话中，一定要了解客户的想法，有针对性地说。

5. 几乎没有表达同情心

表达同情心和赞美一样，是电话沟通中的"润滑剂"。要理解客户，关注客户，如客户的生意在金融危机中受到了影响，及时地表达你的同情心，这样客户才会感觉被关注。

二 邀约客户类型分析及问题解决

1. 遇到车辆不常开的客户

告知客户车辆的油品也会过期，如机油黏稠度降低对发动机不好；蓄电池也会亏电，请及时来例行检查。

2. 迷信汽车4S店客户

方法一：首先告知客户我们有先进的服务系统，价格也比较实惠，如工时最低5折优惠，配件最低8折。单例行保养就可以省200元左右。

方法二：先交个朋友，长线跟进，发送月度活动信息、周末祝福微信，注重日常的感情联络。

用方法一告知我们的服务与价格优惠信息就可以。

3. 小店维修的客户

1）了解客户车龄、行驶里程、消费观点，侧面了解车主现在对此车在费用上是否很控制。

2）如车龄不是很大，行驶里程也不多，可告诫客户："您的车龄也不是很长，又是十分名贵的豪华车，此车工艺非常严谨，即使是小的配件也建议您来大型的服务中心保养维修，以确保使用的稳定性、安全性。"

4. 不满意客户

1）价位优势话术：确保质量，工时、配件折扣，优惠比较多。

2）服务档次话术：一对一服务经理，专一、专业、专注。

3）故障未解决话术：先对不周到的服务表示歉意，实际分析，举具体例子，如确实是公司某次服务失误，应记录不满事件，承诺个人解决不了也会给领导反映解决此事。

5. 车卖了的客户

话术："能否告知卖到哪里了？您是否认识了？有需要的话我们也希望为您的朋友提供同样的优质服务，您现在买了新的××车吗？"

6. 价格对比客户

客户："××公司的价格比你们那里便宜。如果你们价格一样或低一些，我们就过去。"

答："首先我们给您报的价格是一步到位的，而且服务与品质是最好的，主要配件质保 2 年，比国家规定的期限还要长，这些都是我们对品质至臻完美的要求。在我们这里您可以体验到贴心的服务。"

7. 询价客户

对于客户来电要报价的情况，除要先借维修款的，尽量不给客户报价。

1）可给客户报相对应的 4S 店基础之上的折扣，保证质量（原厂配件）的前提下，给予最合理的价位，最优质的服务。

2）推荐合理的维修方案，不需要花多的钱来换件。

3）把客户招揽到店把问题解决，并且给客户推荐专业的技师，这样客户到店的比例就较高。

8. 问题设计（设想客户可能会提到的问题并做好准备）

例：您目前的行驶里程是多少？

客户："你是怎么知道我的电话的？"

客户经理："我们是通过××车贵宾资料看到您电话的。"

客户："你们的维修质量如何？"

客户经理："有××多辆××车来我们店保养维修，车主对我们的保养服务均非常满意。"此处可用列数据的方式回复。

1）首先是质量保证：配件质量和4S店一样，均是原厂配件，而且超过国家质保的要求期限，主要配件在2年以上。

2）节省维修费用：同一车型维修，和4S店相比，配件价格低15%~20%，工时费低30%~50%。

结束语：

"我是负责××车车主的专业客户经理，一会儿我将我的手机号及活动信息发给您，欢迎您到店和我联系，谢谢！"

三 电话邀约方式

1. 间接式邀约

步骤一：短信向客户告知。

短信内容：

"×××先生（女士）您好！打扰了，我们企业正在开展×××活动，欢迎来店参加活动。×××经理。"

步骤二：电话邀约（发短信半个小时或第二日及时电话邀约）。

"×××先生（女士）您好！我是刚给您发信息的×××，您应该看到我的短信了吧（听对方回复具体情况）。"

2. 直接式邀约

"×××总您好！我是××专修企业×××，近期咱爱车各方面行驶状况还好吧（一般都说还行，如有问题具体解决），我们公司现推出××××活动，欢迎您来参与，稍后我将具体活动及我的联系方式发送到您手机，以后车辆方面有什么我可以帮忙的，欢迎您随时来电！"

四 电话邀约话术

话术一

"××总（姐）您好！我是××专修企业××，您最近工作还忙吗？本月公司做××××活动，短信您看到了吧，最近车辆行驶状况还好吧？车上有什么需要您来个电话，我提前给您安排！"（适用于较熟悉的客户）

话术二

"×××先生（女士）您好！我是刚给您发信息的×××，主要是及时为您提供公司的促销活动信息××××，如果您对服务质量有任何疑问也可以随时和我联系。"（适用于不熟悉的老客户）

话术三

"×××先生（女士）您好，××专修。我是您的客户经理，以后我会专程为您进行一对一的顾问式服务。如果您在以后车辆的使用过程中有任何需要咨询的问题，请您及时联系我，我们为您提供24h的便利服务，竭诚为您做好服务工作。"（适用于初次邀约的老客户）

话术四

"××先生（女士）您好！××专修。打扰了，您车牌号为×××的车现行驶情况还好吧？（客户回答还行）我看之前此车来过我们公司挺多次的，对我们这边的服务、机修价位等还满意吧？（客户回答满意）那咱这辆车是开得比较少，还是在别处使用了，好像很长时间没来这边了！（根据回答再分析）对我们的服务有好的建议或意见欢迎您随时跟我提出来，帮助我们提高！谢谢您对我们工作的支持！"（适用于流失客户）

话术五

"×××先生（女士）您好！我是×××，××专修企业的客户经理，打扰了，主要是给您汇报下我们本期的特惠活动××××。"（有过一两次邀约记录，但没有建立很熟悉关系的客户适用）

话术六

"您好，是×××先生（女士）吗？我是××专修企业的×××，我公司针对高端客户实施了高端客户经理专职服务，咱这个车现在行驶状况如何？（根据客户的回答，把车辆问题记录在案）咱这个车平时经常使用吗？现在跑多少公里了？（根据所跑公里数，推断是否该保养，如果该保养了，咨询在哪里进行保养维修。最后向客户介绍我公司的特色，并欢迎客户来店参观！）那就不打扰您了，如果咱的车在行驶过程中有任何问题请及时与我联系，祝您出行顺利！再见！"（适用于陌生拜访）

话术七

"尊贵的××车主您好！我是××专修企业的客户经理×××，即日起我公司实行一对一客户经理制，即时起我就是您座驾的专属客户经理，将为您的爱车提供专业、专职，集保养、维修、保险咨询为一体的全方位服务。祝您天天顺心，事事如意！"

五 客户短信（微信）模板

短信内容一

"尊贵的×××先生（女士）：您好！本月开展××××活动，静候光临！××客户经理"

短信内容二

"×××先生（女士）您好，××豪华车专修，主营豪华车辆维修、保养、保险、二手车等业务，地址是：××××，客户经理×××，欢迎您的光临。"

短信内容三（个人）

"×××先生：您好！我是豪华车专修的×××，您爱车的服务专员，本月优惠活动咨询和日常驾驶问题，请随时与我联系，静候光临！"

短信内容四（个人）

"×××先生（女士）您好！我是您的专职客户经理×××，将为您提供专业优质的服务，您的爱车若需帮助请致电×××，祝您工作愉快，合家幸福！"

短信内容五（个人）

"尊敬的客户您好！我是××豪华车专修的×××，很荣幸成为您的客户经理，如贵车在使用中有任何问题，请及时与我联系，我会竭诚为您服务，祝您心想事成，出行顺利！"

◆ 第五节　事故车开发流程和技巧 ◆

一　事故车开发流程

（一）事故车开发前期准备

1）与保险公司签订送修协议，约定好定损价格。

2）获得保险公司的车辆出险信息。

3）组建独立的事故车开发团队。

（二）事故车出险信息的获得

1. 事故车出险信息获取渠道

事故车出险信息的获取有主动和被动两种渠道。

1）客户、保险公司、交警、其他人主动打电话给汽车维修企业有关人员，告知车辆出险。

2）维修企业主动联络保险公司、定损中心、报案热线等，获取事故车信息。

3）客户进厂维修保养时，服务顾问互动接待时发掘的钣喷业务信息。

2. 事故车出险信息获取内容

1）事故车上人员情况。

2）事故车的受损情况。

3）出险准确地址。

4）碰撞部位以及人员是否受伤。

5）车辆的有关信息和联系方式。

6）车辆保险和事故车处理情况。

7）了解客户需求和接待客户来店的最佳途径。

3. 事故车出险信息来源

（1）保险公司　与保险公司现场查勘、报案热线合作，第一时间获得信息。

（2）事故停车场　事故车被拖进来后，第一时间拿到信息。

（3）事故救援车　救援车被派去拖车的时候，同时从救援公司拿到车辆的出险信息。

（4）积水路段　提前把大雨和暴雨过后的积水路段在地图上标识出来，把事故车开发人员进行分配，雨后各自带领团队出发，现场联系客户进店。

（5）下雪结冰路段　把下雪融化后易结冰的路段在地图上标识出来，下雪后1周内，派专人每天巡视，最好与周边的小商户建立关系，以便在车辆出险后第一时间拿到信息。

（6）交警事故认定点　找到城市交警事故认定点，每天派人到现场进行事故车开发，可以现场把客户拉到企业，也可以协助客户办理事故车认定。

（7）保险公司定损点　找到市区保险公司指定的定损点，并与其建立关系，对于部分事故车，可以与客户直接沟通，让客户多一个选择。

（8）新车运输公司　与运输新车的板车物流公司达成合作。

（9）快修店（洗车店）　快修店不能维修事故车，与其合作，推荐客户给予奖励。

（10）汽车4S店和高端车维修厂　及时获得刚进店的事故车以及超过1周未开工的事故车车辆信息。

（11）车主　在客户的保险单、结算单以及发给客户的短信、微信中，留下自己企业24h救援电话，让客户出险后第一时间联系自己企业。

（三）获得事故车出险信息后填写事故车信息报备单

1）任何人在接到发生了交通事故的客户电话时，首先要以人为本，安抚客户。如有人员受伤，需及时协助安排救护车等事宜。

2）企业事故车开发专员以及相关岗位人员在获取客户车辆出险信息后，填写事故车信息报备单，并及时转交事故车报备专员负责人，然后由事故车开发经理分派事故车开发专员进行跟进（若事故车专员自己报备，则自己联系跟进)。

3)企业获取的所有事故车信息必须严格按照事故车信息报备单的要求，进行及时、准确填写，保证信息的真实和时效，报备后客户到店企业对报备人适当给予奖励。

4)无人报备情况下到店的客户属于自然到店。

5)事故车信息报备单，见表5-11。

表5-11 事故车信息报备单

事故车信息报备单

编号：　　　　　　报备时间：　　　　　报备人：　　　　　　跟进人：

信息来源	□客户　　　　□保险公司　　　　□交警　　　　□市场开发部 □CRM　　　　□售后部　　　　□事故开发部　　　　□其他部门		
车辆信息	车主姓名 车架号 出险地址： 碰撞部位：	车牌号 保险公司 交警大队： 预估费用：	联系电话 肇事驾驶人
跟踪情况	电话跟进		现场跟进
跟踪结果	回厂维修		未回厂原因
备注			

(四)客户是否需要报警报案

事故车开发专员接到事故车信息报备单，必须及时主动联系客户，再次确认现场状况，指导并协助客户报警(110)和向保险公司报案(如中国人民财产保险有限公司的服务热线95518)，同时提醒客户现场取证等注意事项。

(五)第一时间赶赴现场，并咨询客户是否需要救援

事故车开发专员第一时间赶赴现场，并根据事故现场和客户的需求情况，及时安排进行现场救援和拖车服务。

（六）说服客户进厂维修

1）根据客户和保险公司的情况，事故车开发专员尽量引导客户来厂维修，必要时可联系事故车开发经理和总经理给予支援。

2）如客户最终决定不进厂维修，事故车开发专员应与客户沟通，了解不进厂原因，并认真分析，吸取教训并采取补救措施。

3）事故车信息报备单填写完整后需存档。

（七）把事故车拉进店

在满足客户需求，达成拖车意向之后，把客户车辆拖进店，并尽快与保险公司联系，安排车辆定损。

二 事故车开发策略和技巧

（一）如何组建事故车开发团队以及如何进行区域划分

1）至少建立4人团队，2名老员工，2名新员工，分成2组，以老带新。

2）按照交警大队的划分标准，把城市也分成2个片区，同时再把处于片区同一方向的郊县也归属到这一组，2个小组对城市所有区域做到无缝覆盖。

3）把4大保险公司（人保、平安、太平洋、国寿财）分给2个小组，每个小组2个，另外再选择可能合作的4个小保险公司，每个小组负责2个。

（二）如何利用保险提高事故车回厂率

1）尽可能让客户在出险第一时间联系维修店。

① 保险销售时：尽量说服客户在本店投保，并向客户介绍自己公司24h服务热线。

② 保单交付时：将印有24h服务热线的车贴贴于客户驾驶室内。

③ 关爱提醒短信：通过短信向客户介绍，强化本店24h服务热线。

2）第一时间准备指导并协助客户进行现场处理。

① 安抚客户：询问是否有人员受伤，了解车辆事故情况，介绍处理方式。

② 协调保险公司的查勘工作：在保险公司查勘员与客户之间起沟通、桥梁作用，使客户意识到维修店一直在他身边。

③ 现场救援：对于无法行驶的事故车，立即赶赴现场求援。

3）使用报案跟进登记表（表5-12）。

第五章　汽车维修企业服务营销

表 5-12　报案跟进登记表

序号	日期	报案人	被保险人	联系电话	投保公司	车系	出险时间	事故经过	本车损失	对方车损	第一次回访	24小时内回访	报案号	是否回店		未回店原因	备注
														本车	对方车		

审核签名/日期

报案跟进登记表的作用有以下几点：

① 对于报案热线接听人员：利于及时跟进，确保事故车入厂。

② 对于事故车开发经理：能够直观了解报案量及回厂量，汇总分析未回店原因以便采取改善措施。

事故报备专员负责保管报案登记本，事故车开发经理担任审核人。

4）使用进店未维修事故车登记表（表 5-13）。

表 5-13　进店未维修事故车登记表

序号	日期	被保险人	车系	投保公司	报案号	事故说明	事故金额（估计）	接车员未成交原因说明/签字	第二轮商谈负责人原因说明/签字

审核签名/日期

进店未维修事故车登记表的作用有以下几点：

① 避免到店事故车未经汇报离店。

② 集中记录到店未成交信息，利于及时采取有针对性的改善措施。

事故车报备专员负责保管报案登记本，事故车开发经理和总经理担任审核人。

（三）报备时要掌握的事故车信息

1）客户姓名。

2）电话。

3）事故地点。

4）人员情况。

5）事故类型。

6）车型。

7）车牌号。
8）证件情况。
9）受损情况。
10）保险公司。

（四）如第一个得到事故信息怎样做

1）在第一时间给客户打电话了解情况，询问事故地点、人员情况、车辆受损情况、是否报案等信息。

2）告知客户如何报交警和保险公司，以及报案时的注意事项。

3）如没有紧急事务，准备好委托书、维修合同等资料第一时间奔赴现场协助客户处理。

4）如客户车辆不能移动，要及时安排拖车，以免耽误时间。

（五）得到车辆出险信息滞后，已有其他竞争企业相关人员赶赴事故现场怎样做

1）了解情况，询问事故地点、人员情况、车辆受损情况，以及各方面相关情况。

2）准备好委托书、维修合同等资料第一时间奔赴现场。

（六）在事故现场如何操作

1）到达现场，先确定客户人身情况，帮助其拨打120、110或通知其家人、朋友。

2）如客户双方在争执，以协调人的身份视情况调节。

3）如客户人身无碍且为单方事故，可帮助客户打开应急灯，支好三角警示牌，告知客户到路边报警，不要坐在车内或是站到马路中间。

4）告知所承保保险公司报案电话，如为双方事故，告知拨打122或是走快速理赔程序。

5）以上程序结束后，可与客户谈修车的问题，客户会感觉我们很专业。通过交谈分析客户倾向于时间效率，还是注重质量，还是对价格利益感兴趣，看一下客户有无额外要求，我们是否能满足其要求。

6）对于现场就出具事故认证书的，不需要向交警队停车场拖车的，一般不需要写委托书，做好客户工作，如协助保险公司查勘专员完善现场工作，沟通拉近与保险公司的距离，最好自己留下一系列手续，不让客户操心。

7）对于现场不能出具事故认证书的，重点与客户沟通自己公司的优势所在，并能帮客户全权处理事故。

（七）竞争对手事故车开发人员已经提前到现场如何操作

把自己店的优势介绍给客户：

1）原厂配件。

2）技师认证。

3）灵活性的赠送政策。

① 免费局部烤漆、保养。

② 提供代步车或报销代步费用。

③ 送代金券等。

（八）事故车进店后如何与客户沟通协调

1）热情、周到的服务；避免在店内遇到一些情况，如事故车到店后无人接待，无人为其办理登记，导致客户不满；不要出现在现场时服务很好，到店后流程不顺，衔接不好的情况。

2）进行车辆进店环检、拆检，并让客户签字等一些列防止客户反悔、竞争对手拖车等防范工作；为客户详细介绍车辆的维修定损流程，避免因客户不清楚流程，造成对店内工作不满。

3）现场承诺客户的项目一定要满足。

4）根据双方协商结果签订事故车维修协议，车辆登记手续办完后可让客户离开，全权委托店内处理，因客户专业知识的欠缺，定损时尽量避免客户在场。

5）对于修复工期要与客户协商确定，并严格按照约定的工期按时保质修复，超过维修工期要及时向客户说明原因并请求得到谅解。

（九）事故车进店如何与保险公司沟通协调

1）及时与保险公司沟通维修方案。

2）对于一些损失比较大的车辆，到店后第一时间联系保险公司定损，损失特别大（接近报废或已达到报废标准）的车辆首先做好客户工作，然后和保险公司沟通维修方案。

3）牵涉到需要追加的配件，一定要第一时间和定损人员沟通，说明原因并得到定损人员的支持，及时向后台申报。

4）快速定损、拆检、报价。

① 车辆到店后及时向保险公司报定损，有一定定损权限的店面可以在报定损后拍摄外观照，根据损失大小，先行拆检。

② 根据技师的判断，快速出具配件项目并及时交予配件部门报价。

③ 提高定损时效性不但会给客户带来好的印象，对定损人员来说也是比较愉悦的工作经历。

5）旧件留存、新旧件复勘。

① 涉及需要回收的旧件，告知定损人员留存期限，到期后提醒定损人员

及时回收。

②涉及底盘件的损失，在做四轮定位时要通知定损人员或店内留存影像资料，对于需要新旧件对比的配件，到货后及时联系定损人员拍摄照片。

（十）事故车开发的风险管控

1）车未到店、钱先垫付，要有人担保。

2）车进店就要录入工单系统，即使车进店后又流失也要登录。

3）客户未签字，先拆检、修车，这是要绝对避免的，如果客户确实无法到场，可以电话录音，同意维修。

4）客户理赔资料不齐全，无法理赔，必须有交警的事故车责任认定书和保险公司的理赔定损单后，才能开始施工。

5）保险公司拒赔，客户提前提车，至少预付成本价的1.2倍的押金才能提车。

6）大额事故车客户延期提车。维修合同中标注延期提车要支付违约金。

三、保险理赔案例

案例一：解读车险代位赔偿

前不久我的车遭遇了"无妄之灾"，好端端地停在路上被一辆面包车把我车的左前车门撞得损伤严重。由于事故中面包车还撞伤一位老人，在面包车驾驶人报案之后被定为全责方，之后我把车拖到面包车投保保险公司的定损中心去定损，并在我指定的4S店修车。两周之后我的车修好了，但当我给肇事驾驶人打电话给我赔付维修费的时候，对方却迟迟以各种原因拖延给我赔偿。此时，我给我投保的保险公司打电话，咨询此事该如何处理，工作人员告诉我可以通过我投保的车险中"代位赔偿"的办法先支付维修费，然后由保险公司出面向肇事面包车的投保公司或者肇事驾驶人追讨本该由他们支付的维修费。

1. 什么是"代位赔偿"

简单来说，"代位赔偿"就是由您的保险公司先行向您垫付维修费后再向责任方追讨赔偿。举个实际点的例子：您的车与其他车辆发生交通事故，交警判对方全责，但是对方无经济能力，无法进行赔付。这时候您可以向自己所投保的保险公司申请赔偿，先由您投保的保险公司把维修车辆等相关费用赔付给您，然后由保险公司向肇事方追讨赔偿款。

2. 什么情况下可以申请使用"代位赔偿"

第五章 汽车维修企业服务营销

申请使用"代位赔偿"的前提就是您需要投保交强险和商业保险（如第三者责任险、车辆损失险等），否则保险公司不会受理您的申请。

1）对方车辆无保险。
2）对方无经济赔偿能力。
3）对方故意拖延或故意拒付相关赔偿。
4）对方拒绝在交通事故责任认定书上签字。
5）对方逃逸后有证据证明肇事车辆信息。

3. 在什么情况下不能使用"代位赔偿"

1）无第三方的事故。
2）非保险赔偿范围。

案例二：常见车险拒赔案例

1）新车未上牌、无临时牌照、临时牌照过期 = 不赔。
2）驾驶人未按规定进行年检、车辆未通过年检 = 不赔。
3）车辆维修期间发生事故 = 不赔。
4）撞到自己的家人、自己名下的车 = 不赔。
5）因事故导致车辆内的物品损坏的 = 不赔。
6）在正规的收费停车场丢车 = 不赔。
7）被保险人主动放弃追偿权的 = 不赔。
8）撞人后产生的精神损失费、诉讼、仲裁费用 = 不赔。
9）拖着没有三者险的车辆发生"全责事故"的 = 不赔。
10）撞车后对方要求支付车辆折旧费的 = 不赔。
11）轮胎丢失或爆胎，但车辆没事的 = 不赔。
12）车辆前照灯单独破碎 = 不赔。
13）"碰瓷" = 不赔。
14）车辆被盗未遂，但锁具却被破坏了 = 不赔。

◆ 第六节 保险续保流程和营销策略 ◆

一、续保流程

1. 建立续保客户清单

1）从工单系统（续保管理系统）提取续保到期客户，建立续保客户清单。建立清单应在续保到期前60天开始，45天前完成。例如，4月份保险到期，客户清单应在2月1日开始建立，2月15日完成。

2）企业员工报备非保有客户保险到期信息，并进行统计。

3）在工单系统（续保管理系统）中输入客户信息、车辆信息和保险到期信息。

续保专员（服务顾问）要及时将续保客户和维修客户的保险到期时间输入客户信息管理系统中。（在每次接待客户时，要求询问客户保险信息。）续保目标客户分类见表5-14。

表5-14 续保目标客户分类

续保客户	维修客户	其他客户
A. 上年度新保客户和上年度续保客户	在自己店进行过维修保养的，有保险到期信息的客户	签约集团客户
B. 除A外，合作保险公司协助提供的保险到期客户信息		报备保险到期并且非自店保有客户

保险专员（服务顾问/营销专员）根据客户保险信息，在客户信息管理系统中及时更新保险到期日，备注项目内容，如承保公司、保险到期日、其他有关信息。

4）从工单系统中提取保险到期信息。由保险部分别提取工单系统（续保管理系统）中保险到期日和上牌日期。在目标月份的客户信息，合并重复项目后，建立续保客户清单。建议续保客户清单由客服部提取，客户跟进由续保专员负责。

2. 初次和客户联系

（1）初次和客户联系时间 在续保到期前45天与客户联系，如4月1日到期的客户应在2月15日联络。

（2）联络方式

1）电话。

2）微信。

3）短信。

4）电子邮件。

5）面谈等。

（3）联络内容 告知客户保险即将到期，在到期前30天会有续保专员与客户联系沟通续保事宜，并祝用车愉快。若客户想了解咨询，需认真讲解保险内容，如店内续保优惠活动，在自己店续保的优势等（可参考联系话术）。

第五章　汽车维修企业服务营销

(4) 负责联络的人员

1) 续保专员联系并跟进。

2) 考虑到部分客户与营销专员、服务顾问关系密切，保险部经理获得总经理批准后，可由保险部负责人安排营销专员、服务顾问与客户联系，提示保险即将到期，告知客户自己企业的续保专员将与其联系续保事宜，之后跟进由续保专员完成。

(5) 若客户资料有误

1) 向客服部（客户信息管理岗）反映，并及时更新客户资料。

2) 只有上牌日期的客户，应向客户了解保险到期日，由保险专员补登到工单（客户信息管理系统）中。

3. 续保的跟进和投保

(1) 续保正式跟进时间　续保到期前30天，如4月1日到期的续保客户应在3月1日开始。

(2) 与续保客户电话联系　根据续保客户清单中的电话联系客户，询问是否需要提供续保报价。若客户同意报价，就给客户车辆进行续保报价，并把报价信息发给客户。若客户已经投保，向客户了解未在自己店投保的原因和目前的投保情况（保险公司、保险到期时间等）。并告知客户车辆有任何问题，都可以来自己店/维修中心进行维修，最后祝车主用车愉快。

4. 报价之前需要收集的资料

(1) 上一年度保单信息

1) 确认上一年度的投保险种，以便设计续保保险方案。

2) 确认上一年度的保费金额，以便与续保保费做对比。

(2) 上一年度理赔信息　从保险公司信息平台中获得客户过去一年的理赔情况，记录到续保客户清单中，以便有针对性地设计保险方案（增加险种或更换保险公司等）。

5. 向客户提供准确报价

从保险公司系统获得准确的报价，记录到续保客户清单中，并将保险公司报价单传真给客户，也可根据客户的要求，用电话、短信、微信、彩信等方式报价。

6. 报价后的跟进

第一次报价后，每隔2~3天通过电话或约见的方式继续积极跟进。

1) 若客户同意续保，办理投保手续。

2) 若客户不同意续保，判断客户是否可被说服，并引用以下客户说服方案：

A. 解释续保保费和上一年度出险记录挂钩。

B. 解释在自己店投保的优势。

C. 调整保险方案：险种、保额、投保条件或参数。例如，车价浮动、险种减少、保额下降等。

D. 赠送其他服务和礼品。

上述 D 方案优惠须由保险部负责人提交总经理批准。

3) 若客户未决定投保。对于未决定投保的客户，应继续跟进。续保到期前 7 天、3 天再三提醒客户保险到期。保险到期后 7 天客户仍没有投保的继续跟进。

7. 投保手续

（1）客户确认报价　对于短信和电话报价的客户，也应要求客户来店或者转账缴纳保费，并在投保单上签字确认。

（2）收集投保资料　续保专员收集客户资料，并将客户信息及保险信息及时录入保险公司的出单系统中。根据各地保险公司的情况，需要的资料可能有所不同。

1) 家庭自用车辆：

① 行驶证复印件。

② 身份证复印件。

③ 客户确认的报价单。

④ 去年保单复印件（若上一年在别的保险公司投保）。

2) 除家庭自用车辆以外的其他性质车辆：

① 行驶证复印件。

② 组织机构代码证复印件。

③ 客户确认的报价单。

④ 去年保单复印件（若上一年在别的保险公司投保）。

（3）出具保费通知书　保险公司进行核保，核保后打印保费通知书，交由客户确认（续保专员或保险公司驻点专员打印）。

（4）支付保费　客户根据保费通知书在维修中心专用的保费 POS 机刷卡付费，或支付现金（由续保专员协助办理其余手续）。若不方便到店，可转账支付保费。

（5）出单并转交　客户成功付费后，续保专员（或保险公司驻点人员）打印保单。续保专员确认保单内容准确后，将相关文件（交强险保单、商业险保单、保费发票）复印留存，在保卡上加盖联络章（注明服务电话、救援电话等信息），并附上保险专员名片转交客户（或邮寄给客户）。

第五章　汽车维修企业服务营销

8. 续保跟进的记录

（1）日常跟进记录　与客户的每一次联系都要及时记录在续保客户清单的跟进栏中，需记录跟进日期和跟进内容。

（2）续保成交记录　若续保成功，则在跟进"结果"一栏中记录承保公司以及赠送的内容和金额。

（3）续保未成交记录　对于未成交的客户，需在跟进"结果"一栏中记录未在店内续保的原因和在店外投保的相关情况，如保险公司、地理位置、维修记录、投保险种和保费金额等，以便分析和下一年度续保继续跟进。

9. 保险客户资料的存档和更新

（1）存档和更新时间　新车保险和续保在投保后的次月内完成客户资料的存档和更新。

（2）存档对象

1）新车保险和续保。

2）维修客户保险信息（在店内维修，但未在店内投保的客户信息）。

（3）存档方式

1）电子表格存档。建立此文件有利于快速查询客户的投保信息。格式根据各店实际情况自行选择。

2）纸质文件存档。续保专员根据每个客户分类，将相关文件复印存档，装进文件袋里，做成一个客户一个文件。文件封面要写好客户的姓名和企业名称，根据到期日期进行排序。例如，张明为4月15日到期，文件名称应为"0415 张明"，若当天到期的客户有若干个，则由序列号分开，文件名称应为"0415－1 张明"。

（4）存档的内容

1）新车保险和续保。留存文件包括但不限于：保单（交强险、商业险）复印件，发票复印件，身份证/组织机构代码证复印件，行驶证、驾驶证复印件，赠送的服务活动/礼品申请单等一切和车辆保险有关的客户信息。

2）维修客户。至少要保留行驶证复印件。应注意尽可能说服客户在经销店（维修中心）将保险复印件留底，以便续保业务跟进。

10. 使用续保跟进登记表

1）每位续保专员设立一本续保跟进登记表，见表5-15。

2）续保专员负责保管登记表，并根据登记本内的未成交记录，于每月2日前书面整理上月续保未成交原因并提交保险经理。

3）"审核人"（保险经理）负责审核登记本是否按要求使用。

表 5-15 续保跟进登记表

序号	原保单信息							第一次跟进			第二次跟进		第三次跟进		是否成功
	投保渠道	客户姓名	联系电话	车系	车牌号	保险公司	保费	保险到期日	时间地点	报价情况		沟通情况	时间地点	沟通情况	时间地点	沟通情况
										保险公司	保费					

×× 服务企业 ×× 年续保跟进登记表

续保跟进登记表的作用:

1) 对于续保专员:记录每次与客户沟通情况,有利于后续跟踪。

2) 对于保险经理:便于检查续保专员工作量及跟进质量,及时予以指导。

3) 对于维修中心:及时记录未成交原因,月底提供未成交分析报告,有利于及时和保险公司沟通,对市场做出快速反应。

二、保险业务沟通技巧

(一)续保短信(在保单到期前 60 天)通知技巧

1) 针对客户编制个性化提示短信。

2) 续保专员提前一天制作发送计划和内容。

3) 定期总结短信效果并讨论、完善。

续保短信六要素如图 5-4 所示。

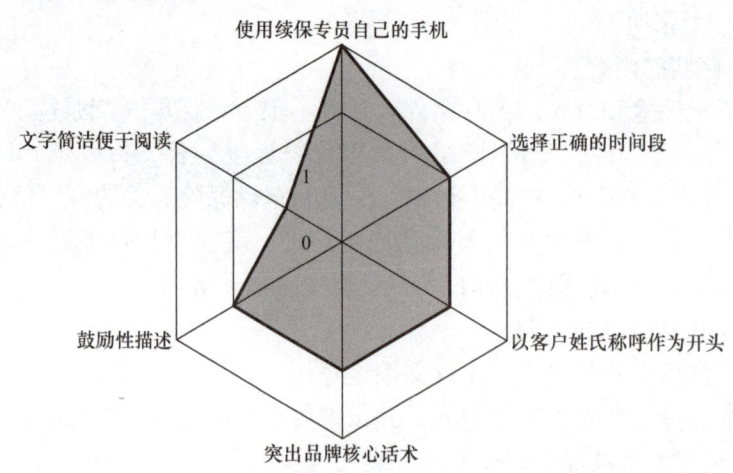

图 5-4 短信技巧六要素

第五章　汽车维修企业服务营销

（二）商谈技巧中垫子的使用

- 定义：回答客户问题前的赞美或认同的铺垫，它应该成为职业销售人员的"口头语"。
- 目的：认同客户、给自己一个思考的时间、化解被动局面。
- 举例说明，见表5-16。

表5-16　垫子的举例说明

问题分类	问题举例	垫子举例
保险产品类	在你们店上保险和在别的地方有什么区别？	太高兴您提出这样的问题了，相信××给您介绍完我们的保险专属服务，就更坚定您在我们这里给车上保险的决心了……
对比类	在外边上保险不是也能到你们店修车吗？那你们保险也没什么优势可言！	一看您的车险近期就要到期了，您问这个问题可找对人了！站在帮您续保的角度，我可以告诉您……
价格类	你们店卖的保险一定比别的地方卖的贵吧？	太巧了！几乎所有在我们店买保险的客人都问过同样的问题……
资料类	你们有什么资料可以介绍一下你们的优势？	太好了！想必您一定对爱车的保险非常关心！

（三）消极暗示的使用技巧

- 定义：当人们被某种消极、恶劣环境信息所影响时，往往会放大自己的消极想象。
- 目的：加深客户理解、告知客户事实、提升客户对保险需求。
- 使用要点：每一点消极暗示都要找到至少一个故事，但一定要注意，故事中的人物、车型、过程的描述一定要有细节，真正起作用的是细节。
- 讲好故事的5要素：人、车、渠道、钱、钱。
- 举例说明，见表5-17。

表5-17　消极暗示的举例说明

事例	应对举例
接到很多电话，别的××比你这里省上千元呢！	很多客户都遇到过这种事情，当时不觉得，一旦发生理赔，影响就非常大。现在保险产品价格都有保监局监管，同样的产品不可能有太大的差异，差也差在投保险种和保额上，您可以把他们计算的保单和我们说说，我免费帮您分析，以免您像别的客户一样吃暗亏
没什么用的险种还是不买了，今年少要几项！	很多客户也都有这样的想法。事故发生时，会埋怨经销店没有尽到说明责任导致他们没有购买到保险，自己也很后悔，大家都不想花冤枉钱，但是事故说来就来，有些事故是被动的，因此我们还是向您推荐购买与去年同样的险种

（续）

事例	应对举例
电话直销诱惑大	保险公司的"电话销售"在保费及优惠政策上占有很大优势，但是您知道吗？电销会在您询价的时候将您锁定为目标客户，经常向您推销除车险外的其他保险产品，打扰您日常生活。关于汽车，我们是专家，发生事故时，我们会站在客户的立场进行专业处理，与一般保险相比，我们的保险在维修品质、维修时间方面有更高标准，是用户享受到VIP专属待遇的保险
亲朋好友面子厚	在亲戚朋友那里买保险，最重的债是人情债，即使保费稍低点，但也要请朋友吃饭等，最后价格差不多，出险后就更不好意思再麻烦朋友了。但是在我们维修店不同啊，你得到我们的服务是理所当然的，出险的时候朋友不能提供服务，但我们可以站在客户的立场上协助处理，修理品质方面您就更不用担心了

（四）店内商谈技巧

技巧一：假定成功法

服务顾问向客户介绍保险产品套餐时，直接将具体险种和价格填写在"车辆保险建议书"上，假定客户已经接受，然后进入下一轮商谈内容（如与客户讨论精品选择）。

技巧二：利益诱导法

利用销售话术清晰地表明保险带给客户的利益。当客户对价格产生异议时，通过"化整为零"的方式，突出客户利益。

举例：

"我店保险与其他保险最大的区别就是，您花一份钱，得到我们店和保险公司的双重服务保障，绝对物超所值。"

"其实一份盗抢险的钱分摊到每天还不够1h的停车费。您等于每天只花几块钱就请保险公司24h帮您看车，何乐而不为呢？"

技巧三：社会认同法

一件事认为它正确的人越多，它就越正确。服务顾问在介绍保险时，可以充分运用人们的"从众心理"加大客户的接受程度。

举例：

"由于我们店的保险为客户提供了我们店和保险公司的双重服务保障，不仅我们店的保有客户选择了我们店的保险，很多没有来过我们店的客户也一直在我们店续保。您看，这是我们这周的保险购买记录，我是不会骗您的！"

技巧四：高开低走法

服务顾问在向客户推荐保险套餐时，先从保险费用较高的项目开始（如直接推荐"三者险 100 万"），为客户价格异议的应对留下讨论空间。

技巧五：三选一法

一次为客户推荐三种保险套餐，供客户选择，以增加最终成交可能。

1）给客户判断题，不如给选择题。

2）人很难做出多次选择。

◆ 第七节　营销客户报备管理 ◆

一　事故车辆报备

（一）报备原则

鼓励员工报备，尽可能获取信息，确保及时性、准确性、无遗漏。

1）员工可以通过任何自有渠道或公司提供渠道获取事故车、日常报备信息，并在第一时间向报备管理部门负责人报备车辆信息。

2）事故车首次报备可以在信息不全的情况下进行报备，只要能达到唯一确定一个事故车的目的即可认为报备有效，不必非要获取全面信息后再进行报备，以保证信息获取的及时性。

3）日常报备必须有车牌号（车架号）、车型、联系人、联系方式。

4）报备时的信息如果和责任人最终获取的项目信息有明显冲突或错误（如车牌号、车主、出险位置等几个重要信息等都无法协调的），将取消报备人的业绩分配权力，严重的还将进行处罚，避免由于员工误报而造成公司人力资源的浪费。

5）为保护和支持报备人，只有首次报备得到认可，之后任何形式和内容的报备都为无效报备，两次表面看来不同的报备，一经证实属同一次事故则以时间靠前的报备为有效（超过报备时效的除外）。

6）已到店的事故车不允许报备，作为自然到店车辆，凡是报备已到店车辆的，一经发现除扣除此次事故车业绩外，按照每单 100 元标准处罚，除保险公司转发短信以外。

（二）事故车目标分配原则

以最有利于项目成功和费用控制为原则。

1）报备管理部门在收到报备人报备的事故车信息并记录留档后，根据事故发生地点、事故车当前所在地点、车辆归属地、预估金额、所属保险公司等信息分配任务。

2）首先考虑当前车辆所在地，指定公司有能力处理事故车工作的员工为责任人就近进行处理,需要由报备管理人员电话通知责任人事故信息,并记录在案。

3) 事故车预估金额 0.5 万元以下(不含 0.5 万)的项目指定公司一线业务员为责任人处理即可,在每日的事故车信息汇总表中告知事故车开发经理。

4) 事故车预估金额 0.5 万元以上的项目,事故车部门经理必须直接参与,作为第一责任人进行事故处理,其他一线人员协助处理,并且当事人要第一时间通知店总。

(三)业绩分配原则

以多劳多得,对公司多贡献多得为原则。

1) 报备人报备车辆出险地不在自己负责的区域,负责统计报备信息的人员,必须第一时间通知车辆出险地人员而无须征得报备人同意。相关区域人员必须第一时间到达现场处理事务,否则不能参与业绩分配。

2) 报备人报备的异地车辆在本地出险的,双方人员都参与处理的,业绩平分。

3) 两起事故一起到店维修的,以最后一次报备促成到店为准。

(四)事故车报备时效

报备的事故车辆,6 个月未到店的,可以允许其他人员进行报备。

二 散客户报备:日常维修保养客户报备

1) 市场部员工,谁报备的客户归谁;其他部门员工报备的客户,由市场部经理进行客户分配,放在市场部员工名下。

2) 关于外地牌照车辆,新车是谁的业绩,以后的维护就归谁。

3) 营销部门的客户报备时间为 6 个月,如果 6 个月不能到店的,其他人报备的要调整报备人。

4) 报备客户必须在客户进厂前 1h 报备,否则,报备无效。

三 车险续保报备

1) 由保险部每月 1 日提供下月的保险到期客户资料。由保险出单员发放到前台服务顾问手里,并监督落实回访情况,服务顾问选择熟悉客户进行续保工作(时间为一周),其余客户到期自动收回,全部交给市场开发部,市场开发部把回访结果反馈给续保专员进行报备。(在此期间,可以交报备),上年续保客户原则上分配给曾经为客户办理过保险的员工或其他对应业务维护人员(离职或调离的可以自由报备)。

第五章 汽车维修企业服务营销

2）报备可以提前两个月，要定期进行电话回访和跟踪并及时反馈跟踪情况，负责引导客户购买保险。

3）保险续保实行报备制度，报备以准确信息为准，同时向保险部提供准确的车辆信息（车牌号、保险到期日、车型、初次登记日期、使用性质、承保险种、联系人、联系方式）。报备之后，如果其他员工对该车辆提出算单要求，保险部将给予说明。

4）有效期至保险到期前一周，保险部门负责提醒，如果没有结果，报备自动作废。保险部可以安排其他人员联系客户（谁成交算谁的）。

5）如果保险部确认一个客户由两位员工同时跟踪并促成客户购买保险，两人平分业绩和提成。

6）签约单位客户保险，如果不存在应收款问题，谁销售归谁，如果有应收账款，出单人和集团客户负责人按业绩5:5计算。

7）已经报备的续保，报备人没有客户保险的资料（身份证复印件、行驶证复印件），客户与另外非报备的同事成交了这笔单子，业绩5:5计算。

8）保险专员给任何车辆计算保险时，首先向报备专员确认保险报备人，如果不是同一人，要告知报备人和计划算单人。

9）每天每单保险出单完毕，要告知保险报备人。

10）每天对于流失的主修车型保险，保险专员要进行电话咨询，并填写到相应的表格中，保险报备专员统一整理。

车辆报备相关表格，见表5-18、表5-19、表5-20。

表5-18 事故车报备表

序号	报备人	日期	时间	车牌号	品牌	车型	车主姓名	车主电话	受损部位	保险公司	预估金额	事故车发生地	跟进进展	是否进店	进店时间
1															
2															
3															
4															
5															
6															

表 5-19　散客户报备表格

序号	日期	时间	地区	车牌号码	车型	型号	姓名	电话	报备人	是否进店
1										
2										
3										
4										
5										
6										

表 5-20　保险续保报备表格

序号	日期	部门	报备人	车牌号码	车型	型号	姓名	电话	保险到期日	保险公司
1										
2										
3										
4										
5										
6										

第六章 汽车维修企业人力资源管理

第一节 人力资源管理发展史及重要性

一 人力资源管理发展史

任何事物的发展都离不开人的作用，但企业决策层真正开始重视企业人力资源，并系统化地开始运作，是经历了一个发展过程的。人力资源管理的发展和演变过程见表6-1。

表6-1 人力资源管理的发展和演变过程

演变阶段	演变过程
产业革命阶段（18世纪末至19世纪末）	这是人力资源管理的萌芽阶段，该时期的人力资源管理被称为人事管理，其特点是一切以工作或生产为中心，把人看成机器，忽视人性的存在，对人的主要管理方式是以强权管理为主。罗伯特·欧文被称为"人事管理之先驱"，他曾试图解决由劳动分工产生的问题，他认为人的行为是所受待遇的反映。他还创建了最早的工作绩效评价系统，为了检查员工的表现，他使用一块四边分别涂成白、黄、蓝和黑四种颜色并安装在机器上的木块，用对应于员工表现的颜色指向来反映员工前一天的生产情况
科学管理阶段（19世纪末至1920年）	科学管理的基本假设是认为存在一种最合理的方式来完成一项工作。被称为科学管理之父的泰勒对劳动时间和作业方法进行了科学的分析，并依此建立了工资制度和用人制度。泰勒认为，要让工人最有效率地工作，就需要用金钱来激励他们。他还提出工作集体的效率是由其中生产率最低的工人的效率水平决定的
人际关系阶段（1920年至第二次世界大战）	哈佛大学教授梅奥和他的助手在1927年到1932年在美国西屋电气公司霍桑工厂进行了一系列试验，结果发现了人际关系的重要性。研究人员发现，在工作中，影响生产率的关键变量不是外界条件，而是员工的心理状态。泰勒认为企业是一个技术经济系统，而霍桑试验的结果却表明企业是一个社会系统
行为科学阶段（第二次世界大战至20世纪70年代）	该阶段是人力资源管理理论发展的重要阶段，主要代表人物有马斯洛及其人类需求层次论、赫茨伯格及其激励因素—保健因素理论、麦格雷戈及其X理论—Y理论、大内及其Z理论等。这个时期以人际关系为出发点，对组织的人事管理进行全方位的开放式管理，使组织中的人事管理由对员工的监督制裁转到对员工的人性激发，由消极的惩罚到积极的激励，由独裁领导到民主管理，由只重视对员工的索取性使用到培训与开发和使用相结合，由一家之言到信息的充分沟通；由劳资或劳动者与管理者之间的对立关系到协调、和谐，以求人与人之间和人与事之间的理想协调
人力资本管理阶段（20世纪70年代至今）	这一时期人力资源的发展在两个方面：一是人力资源管理重心不断转移，由以物为中心向以人为中心转移，即从人本管理向人心管理转移；二是人力资本理论成为人力资源管理的基础理论，开始全面介入企业管理

人力资源管理正面临新的环境，全球经济一体化趋势不断加强，跨国公司在全球经济生活中开始扮演重要角色，并在其管理中遇到了一系列涉及多元文化的管理问题；以计算机技术和现代通信技术为代表的信息技术正改变

第六章 汽车维修企业人力资源管理

着我们的生活和工作方式;激烈竞争的市场促使新的管理概念和管理方法不断产生,给组织管理带来新的生机与活力。组织赖以生存的外部环境和组织的竞争方式正进行着悄无声息但却深入持久的变革,组织的各种管理职能必须应潮流而变。

人力资源管理呈现出许多新的发展趋势,首先是人力资源管理职能的分化。人力资源管理的全部职能可以简单概括为人力资源配置、培训与开发、工资与福利、制度建设四大类。如果说这四大类职能是在其发展过程中逐步形成与完善的话,那么随着企业外部经营环境的变化,以及社会专项咨询服务业的发展,这些职能将再次分化,部分职能会转向第三方专业的顾问公司。其次是人力资源管理的强化。人力资源管理职能的分化涉及的只是人力资源管理的一部分职能,而非全部职能。实际上,在某些职能不断弱化与分化的同时,人力资源管理的另一些职能却在逐步加强。譬如说,根据组织宏观管理理论,具有凝聚力和高成长能力的组织,都具有一个被组织大多数员工认可的共同理想与使命。从某种意义上说,组织的一切管理活动都是为了实现组织的理想与使命,因而,人力资源管理也更趋于强调战略问题,强调如何使人力资源为实现组织目标做出更大贡献。人力资源管理的强化主要关注:组织对风险共担者的需求是否敏感,开发人力资源迎接未来挑战;确保员工精力集中到增加组织投入的附加值上等。

人力资源管理会伴随未来组织的网络化、灵活化、扁平化、多元化趋势在管理目标、管理职能、管理技术以及对管理人员的要求方面发生新的变化。在管理目标方面,未来的人力资源管理是战略型人力资源管理,即围绕企业的战略目标而进行的人力资源管理。战略型人力资源管理的目标是为众多的利益相关者服务;在管理职能方面变化为缩小规模的裁员趋势、技术进步要求减少某些部门工作量的趋势、管理层次减少趋势、风险付酬趋势等;人力资源管理的信息化趋势明显。

二 人力资源管理的重要性

一个企业的兴衰,离不开人、财、物的管理以及对外合作四个要素,但无论哪个要素都离不开人的作用,由此可见,人力资源管理在汽车维修企业管理中的作用是非常巨大的。

1. 人力资源是企业最重要的资源

人对社会的价值主要体现在他的劳动能力,劳动能力不能脱离人的健康肌体而独立存在,所以一个具有企业所需的职业能力、身体健康、有主动工作精神、能够与企业的组织环境和企业文化相适应的人,就成为企业最重要的资源。首先,企业的发展与员工的职业能力的发展是相互依赖的,但是重视人的职业能力必须先重视人本身。企业使用招聘、培训开发、各种调整和激励政策的目的就是要鼓励员工能够不断地提高职业能力并愿意运用职业能力为企业服务,否则企业就无法适应激烈的竞争环境。其次,人力资源是有意识、有价值的资源,这是它与物的资源的本质区别之一。当人具有从事工作的愿望时,人的工作会是主动的,因此如何有效调动员工的积极性,强化他们对组织的认同感,建立良好的工作价值观,是人力资源管理中一项意义深远的管理任务。最后,人是在特定的环境中成长起来的,每个人形成了与其成长环境有关的生活和心理品质。企业是由许多单个的人组成的、有目的的组织,为了有效地实现组织的目标,企业就需要统一的价值观念,这就是企业文化。

2. 人力资源是创造利润的主要来源

商品的价值是由两个性质不同的部分组成的,即转移价值和附加价值,其中附加价值是商品价值对转移价值的差额部分,这部分价值是由劳动创造的,它是利润的真正来源。商品的附加价值越高,企业的利润就会越大。而期望的附加价值越高,就越依赖人力资源的质量和结构。IBM 公司总裁沃森(T. J. Waston) 说过"你可以搬走我的机器,烧毁我的厂房,但只要留下我的员工,我就可以有再生的机会。"

3. 人力资源是一种战略性资源

对人力资源的管理往往关系到一个企业的生存和可持续发展问题。知识经济的到来,社会经济的发展增强了对劳动者知识的依赖,因此人力资源,特别是拥有一技之长的公司和复合型人才,成为具有战略意义的资源。像微软公司的盖茨和他的软件工程师就是微软公司最有价值的财富,是企业最重要的战略资源。

4. 传统的人事管理与现代人力资源管理的区别

传统的人事管理把人设为一种成本,将人作为一个工具,注重的是投入、使用和控制。而现代的人力资源管理把人作为一种资源,注重投入、开发和产出。把员工作为一种资源,系统化地去保护,去引导,去开发。从人力资源管理的三个阶段来看,国内汽车维修企业的人力资源管理多数仍然处于传统的人事管理阶段,并逐步体现出从传统的人事管理到战略性人力资源管理的过渡,人力资源管理职能并没有得到充分的发挥。现代人力资源管理,就是一个人力资源的获取、整合、保持激励、控制调整及开发的过程。通俗地说,现代人力资源管理主要包括求才、用才、育才、激才、留才和流才等内容和工作任务。传统的人事管理与现代人力资源管理的区别见表6-2。

第六章 汽车维修企业人力资源管理

表6-2 传统的人事管理与现代人力资源管理的区别

不 同 点	传统的人事管理	现代的战略性人力资源管理
管理重心	强调以工作为重心,员工应该服从安排,注重人要适应工作	强调以人为核心,寻求人与工作相互适应的结合点
管理理念	视人力资源为成本	视人力资源为资源
战略地位	企业行政管理部门	企业战略管理的重要组成部分,销售、财务与人力资源是一个企业的三大支柱
管理模式	"被动性反应",对员工是操作式管理,谋求对人的控制	"主动开发型",对员工是策略式管理,谋求员工潜能的发挥
着眼点	着眼于当前员工的招聘、培训	谋求企业的长远发展,在一定时期内,设定投入与产出最佳匹配值的方式、方法
系统性	就事论事,因人设岗	人力资源的开发和管理是一套完整的系统
职能	员工的档案管理、工资发放等事务性工作	人力资源规划,人才的招聘和培训,员工的考核以及激励

　　汽车维修行业的激烈竞争迫使大多数汽车维修企业不断提高管理水平,实现生存、盈利。国内汽车行业的发展变化也迫使汽车维修行业决策层开始关注建立一套系统的人力资源管理新体系,使传统人事管理向战略性人力资源管理转变。因为原有的人事管理办法已无法适应当前的需要,当企业的优秀人才先后离开而去投奔那些"更有发展前途"的企业时,当企业与企业之间人力资源的劳动效率产生鲜明对比时,国内许多汽车维修企业能够感受到因为人力资源管理不足所带来的巨大落差。目前,国内汽车维修企业人力资源管理的重要任务是从传统的人事管理中迅速构建完整的人力资源管理体系,向战略性人力资源管理转变。

◆ 第二节 汽车维修企业人力资源管理的现状分析 ◆

　　员工是企业最具价值、最宝贵的资源。对于汽车维修企业而言,其一切的日常运营都离不开员工,一个企业是否能够基业常青,关键是该企业是否拥有合理有效的人力资源管理体系。

1. 汽车维修企业的人力资源管理定义

　　汽车维修企业的人力资源管理就是企业要为员工提供自身成长的机会和空间,给员工提供施展才华的空间和平台,使员工在企业中稳步健康成长,同时给员工合理的薪资待遇并提供合适的工作、生活条件,使员工在自己的职位上给企业创造价值。

汽车维修企业员工的主要工作是帮助客户排除汽车故障，同时提供汽车维修保养、美容装饰等服务，以增加车辆的安全度、舒适度和美观度。

2. 汽车维修企业的人力资源管理职能

汽车维修企业人力资源管理的职能主要有两个方面：管理职能和作业职能。

汽车维修企业的员工可以分为两类：管理人员和作业人员。管理人员是指掌握一定的权力，可以领导团队成员的人。汽车维修企业的管理人员主要有：总经理、营销经理、服务经理、客服经理、车间主管、行政人事经理和财务经理等。作业人员是指没有指挥管理他人的权力，而是在管理者的指导安排之下，执行规定的任务，完成规定的工作职能的人员。汽车维修企业的作业人员主要有机修工、钣金工、油漆工、零配件管理员、营销专员、服务顾问和行政人员等。

汽车维修企业人力资源的管理职能主要是人力资源部门在企业最高决策者的授权下，处理对他人或对公司其他部门有权利关系的工作，包括企业的人事架构的设立、更改，以及公司规章制度的执行情况的检查控制等。人力资源管理职能是代表公司的高层领导去行使工作的权限，其覆盖的内容和行使多大的权力是由企业的最高决策层的授权程度决定的，不同的汽车维修企业差别很大。私有企业老板由老板自己的性格决定授权程度的大小，而集团化企业则由企业的规定决定人力资源部门的权力大小。

汽车维修企业人力资源的作业职能包括员工的招聘、选用和培训，不同工作职位的分析，不同职位员工的需求分析和计划，员工的绩效考核、工资和奖金的发放，建立合理有效的绩效管理系统，建立完整的人力资源信息系统，以及处理员工劳资纠纷等。也就是招聘到合适的人才，把人才放到合适的位置上，发挥人尽其才的功能，并且不断地通过合理的激励机制、绩效评估机制和员工培训等手段，改良和提高企业人才所在的平台，提高人才层次，留下人才，给企业创造一个稳定发展的、不断提升的高素质、高绩效、有竞争力的内部团队。

汽车维修企业其实也是在经营人，对外是在经营客户，对内是在经营员工，客户的满意很重要，但员工的满意更重要，因为只有满意的员工才能创造客户的满意。

了解到汽车维修企业人力资源管理如此之重要，每个汽车维修企业的决策层是否在问自己，我所在的汽车维修企业的人力资源管理的现状是什么？

3. 汽车维修企业人力资源管理现状分析

由于国内汽车维修市场处于起步阶段，大部分的汽车维修企业的决策层

第六章　汽车维修企业人力资源管理

还没有树立人力资源系统化管理的理念，还处于凡事靠自己亲力亲为的时期，以下对国内汽车维修企业的人力资源现状进行简要的分析。

1) 汽车维修企业领导层没有进行企业战略规划和企业文化建设，使员工看不到自己企业的发展前景，没有形成自己企业的号召力和凝聚力。当前国内汽车维修企业的投资者受过高等教育的不到50%，同时对汽车行业有着系统全面了解的也不到30%。企业起步之后，领导层没有对企业进行1年、3年、5年以及10年的发展战略规划，而是仅关注眼前的利益，当眼前的利益与长期利益发生矛盾时，这些决策层往往不知如何决断，有的更看不到长期的利益在哪里，是什么。社会在进步，市场在发展变化，国内的汽车行业正处于巨变之中，这就要求汽车维修行业的决策层要具备战略发展的眼光，具备深厚的行业知识、灵活的应对技巧，去面对行业的变化，适时地修订、完善企业的战略规划，使其更加符合市场以及自己企业的现实状况。另外，汽车维修企业也要加强并实施企业文化建设，未来的竞争是品牌的竞争，是综合实力的竞争，企业文化是一个企业的标牌、强心针和凝聚剂。企业文化应该包括：企业的品牌、企业的发展口号、企业的内部准则，以及企业员工的文化活动等。例如，每年举办一次公司内所有员工可以带家属参加的内部文艺活动同时聚餐，也可以是一个一举多得的文化活动。

2) 汽车维修企业决策层缺乏领导力，不会善用团队，不能建立健康和谐的团队环境。当前许多的汽车维修企业的决策层，缺乏领导能力和管控能力，而企业也没有内部约束机制，同时也缺乏适合的考核机制，企业的中层管理者缺乏授权，遇到任何事情都上报管理层，从而导致企业所有的事情都要决策层亲自过问。殊不知，凡事都过问，反而什么事情都处理得不够完善。另外，如果不能建立一个健康和谐的团队氛围，那么企业就缺乏凝聚力，就无法发挥团队的力量，企业的竞争力就会下降。如果汽车维修企业的领导层自己的领导能力较弱，那么建议建立一套适合自己企业的中层管理团队，对其充分合理授权，并制订目标考核制，同时进行一定的约束。如此运作的结果将是企业在发展壮大，中层团队在努力工作以获得更大回报，而决策层则比较轻松地实现了利益的最大化。

3) 汽车维修企业决策层缺乏对企业未来发展的人力架构和人力布局规划。国内的汽车行业进步速度超过了许多人的预测，用不到10年的时间走完了国外30年的汽车行业发展的进程。汽车服务企业原来坐等客户上门的市场阶段已经过去了，如何规划人力资源架构、增加企业内部的人力、设定未来要增加的职位和员工人数，都是汽车维修企业决策层要面对的。建议汽车维修企业的决策层增加营销职能部门，加大客户的分类整理，同时由专人负责客户分类;增加人力资源部门,对自己企业的人力资源架构以及未来的人力资源布局进行系统完善的规划;增加对外合作部门,加强对政府、行业协会、媒体、目标服务合作企业以及集团客户的沟通和联系,建立长期的合作关系。

4)汽车维修企业缺乏对员工的职业规划和指导,使员工不能对自身清晰定位,也把握不准未来的发展方向。汽车维修企业的领导层应该对企业内部的员工设定较好的、合适的职业规划。如果员工缺乏对企业发展的信心,同时看不到自己的发展前景,就会导致企业的员工流失率较高,从而造成企业内部的不稳定。记住:企业培养一个新员工所付出的成本是留下一个老员工的5~8倍。汽车维修企业应该建立自己内部员工的档案,针对每个人制订合适的职业规划,并对每个人制订合适的培训发展计划,创造一个团结向上的氛围,从而使企业稳步茁壮成长。

5)汽车维修企业内部组织结构不够完善,特别是缺少营销部门、人力资源部门、CRM部门、对外关系部门。当汽车维修企业发展到一定阶段之后,企业的决策层就应该设立专门的人力资源部门和对外关系部门,并对其进行合理的授权,分担决策层的部分职能。

6)汽车维修企业缺乏合理有效的员工评价和约束机制,企业员工的奖惩晋升制度也比较模糊,内部激励机制缺乏合理性、公平性和有效性,内部激励不能及时兑现,员工对未来发展缺乏信心。汽车维修企业的管理层仅靠个人对员工的评价进行奖罚,或者制订的奖励措施不太符合企业的内部现状,从而导致员工的满意度降低。特别是员工的薪水和奖金,无论企业的财务状况如何,都应该把员工工资、奖金的发放放在第一位。只有满意的员工,才能创造客户的满意,才能提升企业竞争力,使企业永续健康发展。

7)汽车维修企业决策者缺乏人才架构合理布局的战术,对于各个职位的基本定位不清,责任权利义务模糊,导致成功时争抢功劳,失误时争推责任。同时员工比例不合理。汽车服务行业是一个非常庞大和复杂的行业,每个企业的内部架构又不尽相同,同时不同的企业对同一个职位的授权程度相差也很大,比较容易造成混乱的局面。对于各职能部门的员工配比,不要凭想象去安排,可以通过指标核算制来设定员工人数。在设定员工人数时,同一职位一定要设定老、中、青三类人才,而青年人才可以是身兼三个职位的人才。如此运作,任何职位的人员离职,很快就会有人补上。

8)汽车维修企业决策层缺乏"人力资源市场化"的理念,内部的工资奖金制度缺乏与其他汽车维修企业的横向比较,导致人才流失率较高。员工

第六章　汽车维修企业人力资源管理

无论如何都会首先考虑薪水的回报，作为决策层，首先要把企业与行业内其他的企业进行比较，给自己的企业一个清晰的定位，然后使员工的薪资略高于企业所在档次的企业的平均工资。同时对于员工，尽可能建立综合保障体系，不仅仅用工资留人，还可以用分红留人、用免息贷款留人、用保险留人等，努力构建一个稳定发展、不断成长的内部团队。

9）汽车维修企业缺乏"留人"的人文环境，福利、生活、工作条件不佳，员工缺乏工作安全感，导致人员流失率偏高。员工工作不仅仅是为了获得金钱的回报，另外还有精神安定以及健康的保障等回报。当前许多汽车维修企业的职工餐厅不仅饭菜质量普通，而且用餐环境一般，有的企业甚至没有员工餐厅。汽车维修企业的健身运动场所更是缺乏，连乒乓球室、棋牌室都没有的也不在少数。员工在工作之外，吃饭是第一重要的，如果缺乏较好的就餐环境，员工的工作积极性很难调动起来。用餐和工作之外，每个人总要有自己的爱好，如果汽车维修企业的决策层能够增加健身等体育项目，对于员工满意度的提升，将起到极大的推动作用。

10）汽车维修企业缺乏与企业相匹配的内部培训体制。对于任何一家汽车维修企业，如果仅仅靠外部培训来提升企业的整体实力，那么效果显然不是很好。汽车维修企业只有设立培训专员，了解自己企业内部培训的需求，设定年度、季度、月度的培训计划，同时找到合适的培训讲师进行培训，或者在企业内部进行交叉培训，才能实现企业员工知识的更新和提升，进一步提升企业的竞争力。

11）汽车维修企业人力资源管理缺乏有效的内部监督体系。国内大部分汽车维修企业仅靠投资者或决策层亲自进行监督，殊不知，就算决策层有三头六臂也不能做到对企业24h全方位监督。汽车维修企业要建立有效的内部监督体系，做到营销、售后、财务、CRM和行政五大部门相互监督，每个部门都要有自己的考核指标，指标都有相同与不同之处，每个部门都有权否定其他部门的计划和建议；同时定期成立稽核小组，对部分部门进行紧急稽核，预防重大问题的发生。

12）民营汽车维修企业走不出家族企业管理的瓶颈。在用人上，基本上选用自己亲戚作为中层领导，其想法是即使亲戚在管理上出了漏洞，也是失误造成，不是有意的；即使亲戚额外获得了贿赂，也认为肥水不流外人田。民营企业老板要明白企业的永续健康发展是第一重要的，而不是用企业的重大损失去换取亲情。伟大的管理学家美国的德鲁克曾经说过："对于一个懒惰无能的亲戚，给他钱但不给他工作，比让他在企业中占个位置要便宜得多，即使是名义上的头衔也不行，因为这样会让整个团队失去对企业的尊敬。"有合理的人力资源架构，有合理、有效的内部监督制约机制，引进职业经理人来管理自己企业应该是许多民营企业老板的不错选择。

◆ 第三节　汽车维修企业的选人策略 ◆

任何企业的一切事情都需要人去做，没有人就没有企业，而企业的永续经营更离不开人力资源的不断输入和成长，企业如何选择适合的人才是企业永续健康成长的前提条件。

选人之前首先要了解人，了解人的分类。古人认为：德才兼备者称为圣人，德高才低者称为君子，德低才低者称为庸人，德低才高者称为小人。古时候大家对小人都深恶痛绝，因为一个道德不好的人，其能力越高，对社会的危害程度越高。在现代企业的运行中，大家同样要选德才兼备者，就是能力强和态度好者。能力强和态度好者称为企业的精品，态度好能力弱者称为企业的半成品，态度差能力强者称为企业的危险品。对于危险品，管理层如果使用得当，可以为企业创造较好的业绩；如果用不好，会给企业带来极大的浪费或者带来很不好的负面影响。态度差同时能力也弱者称为企业的废品，无可救药，只能放弃。图6-1所示为企业员工的分类。

国内汽车行业在飞速发展，汽车维修企业对各种人才有强大的需

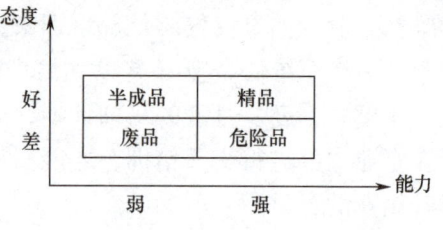

图6-1　企业员工分类

求，建议汽车维修企业在选人时，尽量选择态度好能力较强者，通过不断的培养，使人才融合到企业体系中，发挥自己的能力。企业内部的人才架构可以分为四个层次：师、帅、将、匠。

（1）师　师要传道授业解惑，自己一定要先悟道、精业、无惑，必定是非凡之人。在汽车维修企业中，师可能是董事长或者执行董事，也可能是外聘的顾问。身为师应该具备以下特征：

1）要具有战略的眼光，头脑中思考的不是事而是道，是全局性的和系统性的发展战略。

2）要传授的是方法，是如何解决问题的策略，是如何教会下属去做，而不是本人直接去做。

3）要具备个人魅力，即要有让人从心底信服的能力，只有这样，才可以让人相信，才可以依命行事。国内汽车维修企业60%的管理层不具有师才

第六章 汽车维修企业人力资源管理

的资格，同时许多的管理层愿意聘请汽车行业资深的顾问，即外聘师，但纵观国内汽车行业，具备以上三方面的师者寥寥无几，就连国内汽车 EMBA 班也缺乏此方面的教授。

（2）帅　帅统领三军，要能够统帅团队打好每一场战役。因此帅要领悟师道，组织团队，克敌制胜，打拼江山。在汽车维修企业中，帅往往是总经理或者站长。汽车维修企业的帅绝大部分受过高等教育，已经具备帅者的基本条件，但目前国内汽车行业缺乏的是既懂售后管理、又懂营销管理的帅才。

（3）将　将是带领士兵战斗之人。将要能够深刻领会帅的作战意图并坚决贯彻执行，能够带领一帮人马，分析战场，制订小战术，打好局部战争。在汽车维修企业，将一般是服务总监、客户服务部经理、配件经理、营销经理等中层主管。身为将，要具备很强的执行能力，具备较好的团队协调能力以及具备灵活的随机应变能力。

（4）匠　匠是指能够把某一领域的工作做到尽善尽美的工作人员，他们能利用自己的技能和手艺达成自己所在小部门的目标。在汽车维修企业中，匠一般指服务顾问、技师和客户专员、营销专员等。身为匠才，要掌握某一项技术。

从汽车维修企业的人力资源架构中，可以看出一个成功的企业需要四个层次的人力资源布局，但作为一个正在运作的汽车维修企业，更要把每一个具体岗位的用人要求全面明细化之后，才能找到合适的人才。

一个普通的汽车维修企业除去售后部门以外，应该有营销部、市场策划部、客户关系部、零件部、财务部、人事部和行政部，一个大的汽车服务集团还会设有采购部和公共关系部等部门。各部门应根据各自的特点选择合适的人才。

◆ 第四节　汽车维修企业主要职位分析 ◆

一、汽车维修企业的主要职位（以豪华车维修企业为例）

（一）总经办

总经理

（1）岗位职责

1）全面主持店面的日常事务，保证运营目标的实现。

2）确定店面的经营方针与经营计划。

3）领导下属各部门的运营和管理工作。

4）规范店面各项规章制度、工作标准及流程，并检查、监督执行，确保负责的店面运营规范、高效。

5）组织处理店面紧急突发事件及重大客户投诉事件。

6）负责各部门员工的绩效评估、岗位调整、培训发展计划及激励措施。

（2）任职要求

1）大专以上学历，汽车工程或汽车销售相关专业优先。

2）熟悉汽车维修、售后服务业务，具备主修车4S店管理经验者优先。

3）在售后服务管理方面有很强的专业水平和经验。

4）具备一定的财务、人力资源管理能力及优秀的组织、协调能力和团队领导力。

5）热爱汽车行业，有很强的事业心和开拓创新精神及抗压能力。

6）有豪华车售后管理经验、保险行业管理经验优先。

（二）营销中心

1. 营销经理

（1）主要职责

1）根据公司下达的营销任务，制订营销战略和营销计划。

2）基于营销计划，结合市场动态，更新营销策略。

3）协调相关资源，领导下属员工完成目标。

4）营销标准、流程的实施与控制。

5）营销团队建设和人员培养。

（2）岗位要求

1）大专以上学历，至少5年以上汽车行业工作经验，从事过汽车售后或保险工作者优先。

2）熟悉新客户开发和老客户的维系。

3）熟悉事故车开发流程。

2. 事故车开发主管

（1）岗位职责

1）负责完成公司事故车业务目标。

2）客户车辆入厂前的检查。

3）负责保险理赔车辆的手续检查及追踪。

4）跟踪车辆维修保养过程，完善客户维修资料。

（2）岗位要求

1）大专以上学历，对汽车行业有一定了解，从事过汽车售后或保险工作者优先。

2）熟悉事故车维修接待程序，与本地保险公司、交通等相关部门有良好关系，具有 1 年以上工作经验。

3）较好的沟通交流技巧及谈判技巧。

3. 事故车开发专员

（1）岗位职责

1）负责完成公司事故车业务目标。

2）客户车辆入厂前的检查。

3）负责保险理赔车辆的手续检查及追踪工作。

4）跟踪车辆维修保养过程，完善客户维修资料。

（2）岗位要求

1）大专以上学历，对汽车行业有一定了解，从事过汽车售后或保险工作者优先。

2）熟悉事故车维修接待程序，与本地保险公司、交通等相关部门有良好关系，具有 1 年以上工作经验。

3）较好的沟通交流技巧及谈判技巧。

4）诚实、勤奋、好学，有较好的团队合作精神。

5）具有较强的语言表达能力、组织协调能力、沟通能力、冲突解决能力和实际动手能力。

6）有 2 年驾照者优先考虑。

4. 市场开发主管

（1）岗位职责

1）带领团队完成公司对外品牌的推广。

2）市场品牌推广活动执行与监督。

3）客户及市场等相关信息的收集与分析。

4）从事客户开发及客户维系工作。

（2）岗位要求

1）大专以上学历，营销、汽车相关专业优先考虑。

2）五官端正，能吃苦，能承受压力。

3）良好的沟通能力及团队合作精神。

5. 市场开发专员

（1）岗位职责

1）公司品牌的宣传与推广。

2）市场活动方案的执行与监督。

3)客户信息搜集及分析。

4)流失客户的分析及跟踪。

5)及时完成公司安排的任务考核指标。

(2)岗位要求

1)男女不限,女,身高160cm以上,男,身高172cm以上,形象较好。

2)性格活泼、开朗,积极乐观的态度,有进取心。

3)善于交际沟通,能吃苦耐劳,有较强的抗压能力。

4)较强的自主能力及团队协作能力。

5)敏锐的市场洞察力,较强的客户服务意识。

6. 电话营销专员

(1)工作职责

1)针对所负责区域客户到店维修、保养,处理客户抱怨问题,关注客户车辆维修进度,提高客户满意度。

2)能够在维护老客户的同时不断从各种渠道获得更多新客户的信息。

3)了解客户目前车辆状态和需求,并做相应的维护工作。

(2)岗位要求

1)声音甜美,形象好,气质佳,普通话标准。

2)良好的沟通能力。

3)有电话营销工作经验者优先考虑。

7. 集团客户开发经理

(1)岗位职责

1)主要负责集团单位的客户开发及维护。

2)集团客户部运营管理,制订并带领团队完成部门任务指标。

(2)任职要求

1)良好的沟通表达能力及较强的社交能力。

2)有良好的社会关系及驾照者优先考虑。

3)两年以上集团客户相关经验。

8. 市场策划主管

(1)岗位职责

1)负责组织搜集相关行业政策、竞争对手信息、客户信息等,分析市场发展趋势;完成稿件写作思路规划。

2)组织促销、节假日等活动的创意构思。

3)负责参与公司汽车类技术营销的文字整理,并进行互联网传播。

4)独立撰写各类稿件(新闻稿、综述稿、评论稿、专访稿等)、策划方案、报告等。

5）负责公司策划案的撰写，并协助各个部门执行市场推广方案。

（2）任职要求

1）本科及以上学历，对互联网营销有一定了解。

2）1年以上编辑和推广经验，熟练运用计算机办公软件，具备较强的文字功底和推广能力。

3）有较强的新闻敏感性，可快速撰写新闻事件、产品描述、流行话题等文章。

9. 市场策划专员

（1）岗位职责

1）协助市场经理完成公司促销活动方案的设计、公司市场营销信息的管理、市场调研方案的策划与实施。

2）在市场经理的领导下，负责制订市场调研方案，收集市场信息，分析调研结果。

3）在公司的微信公众号上进行软文投放，并进行跟踪管理，实时与客户互动。

4）负责公司物料制作和广告费用的统计并归档。

5）负责市场报表的收集、整理、归档，并协助市场经理对其市场活动进行审批与管理，对各项广告投入进行备案。

6）完成领导交办的其他工作。

（2）任职要求

1）大专以上学历，2年以上市场策划专员工作经验。

2）1年以上编辑和推广经验，熟练运用计算机办公软件，具备较强的文字功底和推广能力。

3）有较强的市场敏感性和事件营销经验。

10. 互联网营销专员

（1）岗位职责

1）负责公司在天猫、京东等电商平台的运营工作。

2）利用互联网渠道，包含微信、微博、论坛、贴吧、视频贴片等渠道进行集客及品牌营销。

3）开发符合网络消费车主的网络产品，提升网购单数和金额。

（2）任职要求

1）大专以上学历，电子商务、新闻传播相关专业优先。

2）热爱网络推广，热爱IT行业，有良好的沟通能力和团队合作精神。

3)从事过互联网营销工作者优先。

11. 保险续保经理

(1)岗位职责

1)根据公司的战略,制订不同保险公司的保费的金额和占比,从而实现事故车产值和毛利的最大化。

2)利用公司提供的客户数据,开展汽车保险营销。

3)带领团队完成保险销售目标。

4)为客户提供准确、专业的保险信息。

(2)岗位要求

1)具有较强的沟通协调能力。

2)熟悉汽车保险相关知识,具有4S店或保险行业1年以上车险销售工作经验。

12. 保险出单员

(1)岗位职责

1)续保到期客户的导出,以及分类跟进。

2)合作保险公司车辆续保的计算报价。

3)可以通过与客户电话沟通,完成保险销售目标。

4)可以为客户提供快速、准确与专业的保险信息及疑问咨询。

(2)岗位要求

1)形象好,气质佳,具有较强的沟通协调能力。

2)熟悉汽车保险相关知识,具有4S店或保险行业1年以上车险销售工作经验。

3)具备团队合作精神。

4)熟练掌握保险公司出单系统的优先考虑。

13. 营销助理

(1)岗位职责

1)对营销部门数据进行统计分析,整理汇总各项原始数据。

2)负责提供营销部门日报、周报、月度、季度、年度统计数据,做好数据的搜集、整理工作。

3)负责统计数据的管理和归档工作,积累成为权威、准确的统计数据库。

4)有1年以上同类工作经验或4S店客服工作经验者优先考虑。

(2)任职要求

1)大专或大专以上学历,2年以上营销相关工作经验。

2）熟练应用办公软件：Word、Excel、PPT。

3）工作认真细心，有一定的数据统计和分析能力。

（三）运营中心

1. 运营经理

（1）岗位职责

1）根据公司发展方向与经营管理要求，制订并推行公司内部运营计划与流程。

2）负责车间、前台、配件的运营管理工作。

3）协调各工种的工作进度，进行质量监督，组织技术培训和交流。

4）建设和完善管理体系，做好技术团队的建设工作。

5）确保各项工作有序进展并按时完成。

（2）岗位要求

1）大专及以上学历，8年以上汽车售后等相关工作经验。

2）精通主修车型，具有丰富的车间、前台管理工作经验。

3）有较强的管理能力和处理紧急突发状况的能力。

2. 服务顾问主管

（1）岗位职责

1）根据公司下达的售后任务，协助运营经理制订服务运营计划。

2）负责售后前台接待与服务的管理工作，执行并实施前台操作规范。

3）负责业务接待的指导工作，定期反馈和总结业务经验。

4）妥善处理客户投诉，不断提高客户满意度。

5）完成上级交办的其他工作。

（2）岗位要求

1）大专以上学历，汽车相关专业。

2）熟悉汽车售后服务模式，有丰富的客户接待经验、电话沟通技巧。

3）有很强的学习能力、沟通能力和协调能力以及独立处理各种突发事件的能力。

4）有驾驶证及4S店同岗位工作经验者优先考虑。

3. 服务顾问

（1）岗位职责

1）有效贯彻公司的各类服务策略，完成各项服务指标。

2）负责来店客户的服务接待工作，并为客户提供车辆保养、维修、增值业务等咨询及办理。

3）负责车辆维修过程中与客户的沟通与质量把关工作。

4)负责向客户交送车辆,并结清相关账款。

5)建立并完善客户及车辆档案,并及时更新,维护良好的客户关系。

(2)岗位要求

1)大专或大专以上学历,汽车相关专业毕业,熟悉汽车维修流程,有驾驶证和驾驶经验。

2)掌握扎实的汽车基础知识,2年以上汽车4S店服务顾问工作经验。

3)有奔驰、宝马、奥迪等主修车4S店工作经验者优先考虑。

4)具有较强的语言表达能力、组织协调能力、冲突解决能力和实际动手能力,能熟练进行计算机操作。

4. 事故理赔(SA)

(1)岗位职责

1)按照公司规章制度,接待事故车业务,做好接待洽谈、验车估价、车损拍照、理赔手续办理、相关资料清点等工作。

2)及时转交相关单据,保证维修流程顺利。

3)负责相关保险公司的业务公关工作,并及时汇报给本部门经理。

4)负责调查、分析维修保险等方面的市场信息,及时向本部门经理汇报并提出建议。

5)负责保险业务相关基础资料及单据的统一保管。

6)维护好与保险公司相应人员的关系。

(2)岗位要求

1)汽车或保险专业中专以上学历,3年以上事故理赔工作经验。

2)全面了解保险公司的定损理赔流程。

3)良好的沟通能力和临场应变能力。

5. 技术培训兼质检主管

(1)岗位职责

1)负责制订和实施维修质量、培训、工具、资料等相关技术管理制度和工作流程。

2)组织成立内部技术攻关组,对疑难问题进行攻关。

3)负责对本公司维修技能情况进行评价和分析,并制订相应的改进措施。

4)负责收集并反馈重大、安全、批量质量相关信息,配合对应品牌车型开展技术管理工作。

5)负责收集、整理技术培训方面的资料,对维修人员进行技术培训,提升其故障解决能力。

第六章　汽车维修企业人力资源管理

（2）岗位要求

1）汽车相关专业，大专以上学历，具有5年以上主修汽车机电维修经验，具有解决各种车辆疑难杂症的能力。

2）熟悉汽车技术发展的状况，并了解主修车型的维修技术进展，熟悉各种检测仪器和维修设备。

3）良好的职业操守和钻研精神，较强的沟通能力和保密意识，熟练运用办公软件。

6. 车间主管

（1）岗位职责

1）对维修车辆派工进行合理安排，根据维修项目指派适合此车的主修技师，抓好车间调度、派工工作，合理派工，协调班组关系，做到均衡生产。

2）进行维修过程控制，制订方案，抓好车辆维修工期管理，落实到点，积极协调好故障诊断、故障解除、配件供应各方面的关系。

3）切实抓好车间质量管理，严格检验，抓好车间安全工作，严格操作规程。

4）负责车间员工的培训工作，不断提高员工业务素质和技术素质，定期对车间员工进行考核。

5）领导交办的其他工作。

（2）岗位要求

1）5年以上维修工作经验，2年以上车间管理工作经验。

2）熟悉车间的维修流程，能够熟练使用车间设备。

3）较强的组织协调能力，思维敏捷。

4）具有良好的学习能力与团队管理能力。

7. 机电维修技师（奔驰、宝马、奥迪）

（1）岗位职责

1）进行车辆故障诊断并制订维修方案。

2）对重大事故车辆维修进度跟进。

3）对车间各班组人员进行技术培训与资源分配。

4）配合总部生产技术中心收集、制作维修案例数据库。

（2）岗位要求

1）从事德系主修车维修5年以上，奔驰、宝马、奥迪4S店班组长以上工作经验优先考虑。

2）表述清晰有条理性，具备理论与实操培训经验。

3）具有良好的团队合作精神。

4）持有 C1 以上驾驶证，驾龄 2 年以上。

8. 钣金技师

（1）岗位职责

1）根据安排，完成车辆的钣金维修工作。

2）负责本工位设备及工具的维护与保养。

3）负责工序质量的自检和互检。

4）负责工位区域环境的 5S 管理。

（2）岗位要求

1）具有钣金相关技术能力及操作经验，了解汽车构造及钣金专业知识。

2）2 年以上工作经验，熟悉奔驰、宝马、奥迪等相关主修车的拆装及车体修复技术。

3）服务意识强，有团队合作精神。

9. 喷漆技师

（1）岗位职责

1）根据安排，完成车辆的喷漆维修工作。

2）负责入厂车辆施工工作，保证车辆完工时间。

3）负责对车辆完工自检、互检，保证质量达标。

（2）岗位要求

1）具有喷漆相关技术能力及操作经验，具备相关喷漆专业知识。

2）2 年以上喷漆经验，熟悉奔驰、宝马、奥迪等相关主修车的喷漆技术及喷涂流程，擅长干磨者优先。

3）能吃苦耐劳，有较强的服务意识、爱岗敬业，做事认真细致。

10. 配件主管

（1）岗位职责

1）参与制订各品牌配件年度目标。

2）保证配件的及时供应及合理的库存结构，并做好价格维护工作。

3）负责制订配件的储备上下限定额，制订仓库配件采购审核、分配安全管理措施，管控配件的出入库流程等。

4）根据分店维修车辆的维修进度，制订配件订货计划和库位改善措施。

5）负责定期召开部门会议，组织配件知识的培训，不断提高配件工作人员的业务水平。

（2）岗位要求

1）大专以上学历，汽车检修、机械工程相关专业，受过系统全面的汽车配件培训者优先。

2）3年以上配件管理工作经验，有奔驰、宝马、奥迪、保时捷、路虎等高档车配件管理经验者优先。

3）熟悉4S店配件采购、供货、出入库、结算等业务流程。

4）具备一定的团队管理能力，较强的技术培训指导能力。

5）持有驾驶证，熟悉计算机操作。

11. 配件专员

（1）岗位职责

1）负责配件的询价、订货以及到货后的提醒。

2）负责配件的到货验收、配件搬运、摆放。

3）负责配件领料出库工作。

4）负责配件的月度盘点工作。

（2）岗位要求

1）大专以上学历，汽车维修相关专业毕业。

2）熟悉汽车基本构造，有2年以上汽车配件管理经验。

3）有责任心，善于学习，有吃苦耐劳和团队合作精神并且作风正派。

4）有主修车4S店配件管理工作经验者优先。

12. 精品美容主管

（1）岗位职责

1）负责汽车精品及服务项目的推广工作。

2）负责精品销售人员的管理。

3）处理精品部日常事宜，完成公司下达的精品销售指标。

4）负责货品的采购、摆放整理工作及精品展示区的管理。

5）负责洗车美容团队的管理。

（2）岗位要求

1）大专以上学历，形象好，气质佳，良好的沟通表达能力。

2）有2年以上洗车美容工作经验。

3）有汽车精品销售经验者优先。

13. 精品助理

（1）岗位职责

1）汽车加装、精品、美容项目预约工作安排。

2）施工进度跟进。

3）相关数据统计（日报、周报、月报）等。

4）进销存管理。

5）与供应商对账和督促付款。

（2）岗位要求

1）熟练使用 Office 办公软件（Word、Excel）。

2）工作认真、细心，态度诚恳。

3）中专以上学历，财务专业优先。

14. 美容技师

（1）岗位职责

1）负责抛光打蜡、清洗内室、封釉、精细镀膜、贴膜等美容项目的施工。

2）负责美容施工所需设备的保管及保养。

3）领导交办的其他事项。

（2）岗位要求

1）中技及以上学历，汽车美容技术熟练，从事汽车美容行业 2 年以上。

2）有汽车美容清洁的经验，熟悉汽车美容清洁设备的操作使用。

3）能够独立完成美容贴膜施工，诚实勤劳，工作积极，能服从公司安排。

4）有驾驶证，驾车熟练者优先。

15. 美容学徒兼洗车工

（1）岗位职责

1）执行洗车、擦车标准工作流程。

2）配合美容施工工作。

（2）岗位要求

1）中专或中专以上学历，汽车相关专业，年龄在 18～24 岁之间。

2）了解汽车美容清洁设备的操作使用，喜欢汽车售后行业。

3）诚实勤劳，吃苦耐劳，工作态度好，服从公司安排。

4）有驾驶证者优先考虑，技校、职业院校实习生优先。

（四）客户关系管理部

1. 客户关系管理经理

（1）职位职责

1）负责客服部门制度及流程的制订。

2）搭建客户服务系统平台，并不断优化。

3）建立、维护和改善客户服务体系的工作标准和模式。

4）制订客户服务质量标准，保证客服工作流程化、标准化，并进行管理监督。

5）制订客服计划以提高客户满意度。

（2）岗位要求

1）5年以上客服实操管理经验，具有汽车相关领域从业经验者优先。

2）丰富的客户服务专业知识，熟悉客户关系管理原则和方法。

3）优秀的团队建设和管理能力，良好的沟通能力和协调能力。

4）充分代表公司形象和利益，具备较强的服务意识。

2. 客户回访专员

（1）岗位职责

1）对维修后的客户进行定期维护，统计回访结果，分析客户满意度。

2）收集、整理和分析客户投诉，并分别归类存档。

3）及时有效地将各类客户投诉以公司要求的形式报告给相关部门。

4）及时统计客户的建议并反馈至领导，进行及时的解决。

（2）岗位要求

1）大专以上学历，了解汽车基础知识。

2）普通话标准，声音甜美，有责任心，协调沟通能力较强。

3）熟练操作 Word、Excel、PPT 等办公软件，有相关工作经验者优先考虑。

3. 数据统计分析专员

（1）岗位职责

1）完成具体指定的营销和运营数据统计分析工作。

2）负责营销、运营数据的整理、统计和审核工作，确保数据的准确性。

3）对于日常店面经营和营销数据进行专项追踪和评估。

4）完成事故车报备、散客户报备、续保报备的统计工作。

5）定期向管理层提供分析报表及报告。

6）完成领导交办的其他工作。

（2）岗位要求

1）熟练使用 Office 办公软件，尤其擅长 Excel 软件的使用。

2）有较强的逻辑思维能力，具备良好的报告撰写能力和数据分析能力。

3）具备纵向与横向思维，具有全局意识，有综合分析能力。

4）具有1年以上统计分析岗位工作经验。

4. 会员卡专员

（1）岗位职责

1）会员卡的办理、客户信息录入等会员维护工作。

2）会员现金的预存、会员积分的录入。

3）相关活动内容介绍，积分兑换礼品及其他礼品发放。

4）协助处理会员卡的相关投诉。

5）协助主管处理其他会员管理事项。

（2）岗位要求

1）大专以上学历。

2）1年以上服务行业工作经验者优先。

3）熟悉客户服务流程和接待技巧，熟练操作办公软件。

4）形象良好、沟通能力、应变能力及语言表达能力强。

5）有会员卡办理、扣除、管理经验者优先。

（五）财务部

1. 财务经理

（1）岗位职责

1）制订、维护、改进公司财务管理程序和政策，制订年度、季度财务计划。

2）指导并协调财务稽核、审计、会计、资金等工作并监督其执行。

3）及时发现公司潜在问题和风险，提出改进意见。

4）负责配件采购的财务对接与管理监督工作。

5）向公司管理层提供各项财务报告和必要的财务分析。

（2）岗位要求

1）大专以上学历，财会、金融、经济、管理等相关专业毕业。

2）5年以上财务经理工作经验，必须持有会计上岗证，具有中级职称者优先考虑。

3）具备丰富的财务及审计理论知识，熟悉最新的会计法规与相关准则、税法。具备良好的风险管理意识。熟悉大型企业集团运作流程，掌握内控制度、流程体系的建立、运营、维护、监控。

4）责任心强、作风严谨、工作认真仔细，有较强的人际沟通、协调能力及处事应变能力。

2. 财务会计

（1）岗位职责

1）主持日常财务、会计及税务管理工作，管理监督基础财务的工作质量。

2）建立公司的会计核算体系，制订会计核算制度及财务管理制度，并监督执行。

3）定期组织资产清查盘点，保证财产安全。

第六章　汽车维修企业人力资源管理

4）确保资金的有效管理，加速资金周转，考核资金使用效果，规避资金和债务风险。

5）完成各项财务结算、会计核算，上报财务执行情况，为管理层提供分析数据。

6）定期清理往来账户，及时催收和清偿款项，做好账务核对，组织审计工作。

7）全面负责账务问题处理及税务的协调工作，维系好与银行及税务机关的关系。

（2）岗位要求

1）大专以上学历，会计或相关专业毕业，3年以上会计工作经验。

2）熟练运用财务软件和 Excel 等办公软件。

3）熟悉增值税发票管理相关政策和库存管理会计实务。

4）持有会计从业资格证书。

3. 财务收银员

（1）岗位职责

1）及时准确地收款、刷卡、挂账。

2）及时准确地报送相关财务报表。

3）及时准确地处理各种促销政策的实施，提供有关数据的查询与统计。

4）完成领导交办的临时工作。

（2）岗位要求

1）大专以上学历，财务相关专业毕业，持有会计从业资格证书。

2）稳重、认真、仔细，责任心强。

3）有收银工作经验，计算机操作熟练。

4）形象好，气质佳，良好的沟通能力。

（六）行政人事部

1. 人事行政经理

（1）岗位职责

1）根据公司战略，协助制订人力资源战略规划，推动企业战略转型改革工作。

2）完善人力资源管理体系，特别是完善和执行公司的绩效及薪酬福利管理体系。

3）提供有关人力资源战略、组织建设等方面的有效建议，并致力于提高公司的综合管理水平。

4）实施公司年度培训计划，完善公司员工培训体系，为公司发展做好梯队人才储备。

5）营造和谐的团队氛围和工作环境，协调人力资源部与公司其他部门之间的业务关系，并及时处理公司管理过程中的重大人力资源问题。

（2）岗位要求

1）大专以上学历，人力资源管理、企业管理等相关专业。

2）5年以上人力资源工作经验，3年以上人力资源管理经验，任职大型连锁集团公司者优先考虑。

3）对人力资源管理各个职能模块均有较好的认识，并且有丰富的实践经验，特别是对于培训及薪酬绩效管理有较系统的了解和管理实操经验。

4）有经历企业快速发展阶段及企业战略转型阶段的项目推动经验者优先考虑。

5）有较强的沟通协调能力，善于处理复杂的人际关系，良好的团队精神，能够承受高强度的工作压力，有良好的职业操守。

2. 人事专员

（1）岗位职责

1）负责公司人员招聘、培训、人事管理、员工关系、企业文化等工作。

2）负责公司资产管理、证照办理、文件会议管理、费用管控、5S管理等行政后勤保障工作。

（2）岗位要求

1）全日制大专以上学历，人力资源、行政管理、工商管理等专业优先考虑。

2）能吃苦、热情友好，有拼搏精神，有较强的服务意识和责任心，有良好的学习能力并喜欢分享。

3）2年以上实际工作经验，能独立处理员工劳动关系。

4）熟悉招聘流程，完善公司合同管理，档案管理分类。

5）熟练运用各种办公软件。

3. 行政专员

（1）岗位职责

1）负责企业日常办公制度维护、管理。

2）负责企业各部门后勤保障工作。

3）处理公司对外接待工作。

4）组织公司内部各项定期和不定期集体活动。

5）协助总经理处理行政外部事务。

6）按照公司行政管理制度处理其他相关事务。

（2）岗位要求

1）20~35岁，大专以上学历，行政管理、人力资源管理相关专业。

2）有企业外部关系处理能力和紧急事务的应变能力。

3）较强的语言表达能力、组织协调能力，熟练应用Word、Excel等办公软件。

4）有驾驶证者优先。

二 汽车维修企业招聘注意事项

对于汽车维修企业总经理、服务经理和营销经理等几个重要职位进行系统分析之后，汽车维修企业在招聘中要多注意以下几个要点：

1）汽车维修企业在招聘时不要寻找"超人"，能招聘到满足自己条件70%~80%的人即可。人无完人，世上也没有"超人"，了解到企业缺乏的职位，然后根据职位的需要去招聘人。

2）汽车维修企业需要任何人才时，要选到合适的人，不是选全优的人。合适的才是最好的，人放在一个合适的位置上，才能让其最大限度地发挥能量。企业只有招聘到合适的人才，才能给企业带来最好的效益。

3）招聘时要尽量使企业能给的条件与应聘者的需求基本达成一致。招聘与应聘就像谈婚论嫁，如果企业所给的条件远远低于应聘者的需要，那么这段"婚姻"将是短暂的。

4）招聘时不仅要关注管理和技术，还要关注应聘者的综合素质，特别是学习精神和团队合作精神。招聘员工是为企业补充能量，管理和技术固然重要，但不同企业之间的差别很大，所以应该关注其学习精神、上进心，特别是团队合作精神。

5）招聘时尽可能听取应聘者原工作单位或者汽车业内人士对他的意见和评价。无论应聘者的自我评价多优秀，建议请业内人士对其进行客观的评价，中肯的第三方评价非常重要。

6）招聘面试时尽量让部门主管、总经理和人力资源经理同时在场，共同做出决策。如果分开单独面试，大家要求的条件侧重点不同，评价时站的角度不同，所以可能会出现意见不统一。所以面试时，最好三者同时在场，同时协调做出决断。

7）重要的职位最好由业内重要人士推荐。汽车维修企业如果招聘服务总监、总经理级别的人，最好由业内重要人士推荐，因为这样可以少走不少的冤枉路，同时业内重要人士也不会随意推荐一个人选，其推荐时也是经过深思熟虑的。

人不是没有才能,而是现在没有派上用场。一个好的心态+一本成功的教材+一个无限的舞台=成功。每个人的潜能是无限的,关键是能有一个能充分发挥潜能的舞台。汽车维修企业要选对人才能发挥其才能与潜能。

汽车维修企业要选择适合企业发展的人才,并将其安排到合适的职位上,让人尽其才,汽车维修企业才会有很好的发展。

◆ 第五节　汽车维修企业的人力资源管理妙招 ◆

1. 汽车维修企业用人的关键点

汽车维修企业选人的目的是用人,汽车维修企业用人的关键点在于如下几点:

1) 要了解员工的特点并找出其长处。
2) 将员工放在适合其发挥特长的岗位上,并给予充分授权。
3) 要找出企业员工的个人目标是什么,并尽量满足;将员工的个人目标与企业的目标用绩效考核评估体系连接起来,建立利益共同体。

同样是七个人,不同的分配制度,就会有不同的风气。所以一个企业如果有不好的工作风气,一定是机制问题,一定是没有完全公平、公正、公开,没有严格的奖勤罚懒制度。如何制订这样一个制度,是每个领导者需要考虑的问题。

2. 汽车维修企业的人力资源管理诀窍

对于汽车维修企业的人力资源管理有以下几个妙招:

1) 用人之先是要知其人。尽量避免有才不知,知而不任,任而不用。尽量授权给合适、优秀的人才,让其在自己的岗位上施展才华。

2) 知人之后要会用其长。天下没有100%完美的人,做到人尽其才,尽量避其短即可。而化短为长则是领导者对下属特点了解的最高明的境界。尽量不用不求上进者和缺乏团队合作精神的人。

3) 用人所长之本质是善于合理授权。授权要遵循以下原则:自己要清晰地知道预期的结果;充分了解被授权者;有合理有效的评价标准;适当地对其进行帮助;避免模糊授权;授权之后不能失去控制。

留个缺口给他人,并不说明自己的能力不强。实际上,这是一种管理的智慧,是一种更高层次上带有全局性的圆满。给猴子一棵树,让它不停地攀登;给老虎一座山,让它自由纵横。也许,这就是企业管理用人的最高境界。

4) 合理有效的员工激励机制。企业不仅要满足员工的物质需求,而且

第六章　汽车维修企业人力资源管理

要满足员工的安全需求、个人成长需求、尊重需求和自我实现需求等精神需求。

5）建立汽车维修企业内部约束机制。企业不仅要有激励机制，而且还要建立监督和控制体系，因为绝对的权利会导致权利滥用。

3. 汽车维修企业的上下级沟通

在企业管理中，管理者与被管理者都是具体实在的人，人与人之间要达到协调配合，首先需要相互沟通，尤其是对于企业内处于上下级关系的人来说，这种沟通更是十分必要的。

首先，掌握信息的不均衡性使得上下级之间需要进行沟通。上级总会比下级更多地掌握着企业宏观面的信息，而在处理具体问题时，则显然具体负责这项工作的下级人员更有发言权。

其次，每个员工都有自己的个人想法及个人问题，不可能在工作中时时保持理智，在这种情况下，上级找下级谈谈心，显然比直接的批评呵斥更有效果。

最后，一个有效率的企业，内部人员关系的融洽是非常重要的，虽不至于要求企业内部上下级的员工都如"哥们"，但至少不应该除了工作关系之外就毫不相干。每一个成功的企业，管理者都非常重视同员工之间的沟通。

汽车维修企业的领导者，最少的也要管几十人，多则上百人，总要和自己的下级、员工打交道，总要接触人。经常与下属进行沟通，也让下属之间进行沟通，是帮助领导者管理成功的有效手段。员工到底有多强的工作能力，是每个企业家都想知道的事情。不过，这个问题并不应该由员工来回答，因为员工到底有多强的工作能力，也许连他们自己也不知道。

员工工作能力的大小除了取决于他们的本能和工作热情外，最主要的因素还是企业管理模式。过去，某些企业员工的工作积极性不高，但是在转换企业制度或加强管理之后，员工工作能力仿佛一下子提高了，原先要两三个人才能干完的活现在一个人也能干完。

也许，有效的企业管理并没有从根本上提高员工的工作能力，而只是让他们的工作潜能得以充分发挥而已，而这正是汽车维修企业所需要的。

4. 激发员工潜力的方法

从管理角度激发员工工作潜力的方法如下：

1）巧妙安排工作。被誉为"科学管理之父"的弗雷德里克·泰勒先生曾经得出一个经过事实证明的结论："干体力劳动的人，如果休息时间多的话，每天就可以做更多的工作。"泰勒曾经观察过，工人每人每天可以往货车上装大约12.5t的生铁，但照他的计算，他们几乎可以做到目前成绩的4

倍,而且不会产生疲劳感。泰勒选了一位施密德先生,让他按照规定来工作。旁边有一个人拿着一只钟表在指挥施密德:"现在拿起一块生铁,走……现在坐下来休息……现在走……现在开始休息。"

结果怎样呢?别人每天只能装 12.5t 的生铁,而施密德每天却能装 47t 的生铁。他之所以能够做得到,是因为他在疲劳之前就开始休息,每个小时他大约工作 26min,而休息 34min。

他的休息时间要比他的工作时间多得多——可是他的工作成绩却差不多是其他人的 4 倍。

你的员工尽了最大的努力,但他们是否就是干得最好的呢?不一定!这里面有一个巧妙安排的问题,如果安排得适当,就会激发出更多的潜能,干出原来根本不可能干的事情。

2) 学会放权给下属。有些总经理每天总是被淹没在请示、汇报之中,这种管理方式是可悲的。作为管理者,要学会适度地放权给下属,这样不仅能解脱自己,而且可以最大限度地发挥自己团队的创造力,达到企业整体实力提升的目的。

3) 让下属带来问题的同时,也带来解决办法。无论你是一个怎样的天才,无论你多么能干,一个人的能力总是有限的。一个好的主管,并不是把每件事都包揽下来,而是巧妙地安排工作,让下属来做。有些下属部门不习惯于解决问题,并不是他们不能解决问题,而是上级没有安排他们去做。高明的主管会对下属说:"你自己分析一下,提出措施来吧",问题便解决了。

4) 激发员工的工作热情。在目前的汽车维修企业中,工作的标准很难制定,同时从事汽车维修服务的技工又在与不会说话的汽车接触,如何激发员工的工作热情,汽车维修企业的管理层需要好好向海尔伍德学习。

海尔伍德以激励员工奋发向上的管理方法,使他的公司不断发展壮大。员工到底具有多大的工作能力,其实在很大程度上取决于管理者。汽车维修管理部门可以参考这个案例。

5) 重视员工的意见。员工是在为谁工作,站在不同的角度会有不同的答案。老板也许会认为员工是在为他们自己工作,而员工的答案却取决于老板对他们的态度。

只有善于将企业利益同职工利益统一在一起的老板,才能真正让员工们感到其是在为自己工作。能够为企业利益着想的员工不但对待本职工作兢兢业业,而且还会时常为企业的发展提出一些中肯的意见。这就涉及一个如何对待员工意见的问题。有的老板对此仅是听听而已,并不重视,这是一个致命的错误。员工能对企业提出意见和建议,说明他关心企业,把自己真正当成了企业的主人。如果老板对他们的意见置之不理,就会挫伤他们的积极性,对企业的发展毫无益处。作为领导者,往往会因一念之差而拒绝接受别人(员工)的一条本来十分有益的建议。在员工向自己提出建议的时候,不妨认真听听。如果确实太忙,就让其他部门的负责人先对这个建议进行可行性分析。

其实在用人大师的眼里,没有废人,正如武功高手,不需名贵宝剑,摘花飞叶即可伤人,关键是看其如何运用。

国内汽车行业在迅猛发展,汽车维修企业随着市场的变化而变化,汽车维修企业的员工也应该不断地提升自己的技能和素质,紧跟市场的变化,不被市场淘汰。国内汽车维修企业的管理层如何给企业留下合适的人,又如何辞去不太适合企业发展的人,请参考下一节内容。

◆ 第六节　汽车维修企业的合理留人和流人 ◆

汽车维修企业的持续稳定发展离不开稳定的人才团队,随着汽车行业的快速发展,汽车服务行业人才的缺口也越来越大,因此如何留住人才对于汽车维修企业来说是非常重要的事情!

要想留住人才,就要考虑和了解企业人才自身的需求是什么。因为上班不仅仅为挣钱,也不仅仅为职位的提升,其实人在职业生涯的不同阶段,同一时期的不同的人,概括起来工作共有三种需求:一是金钱和物质需求;二是自身能力提高的需求;三是自己人脉关系的提升和发展需求。

汽车维修企业的管理层应该抽出一定时间,系统化地对内部的员工进行需求分析,然后尽量满足其需求。对于汽车维修企业的决策层,可以尽量采用方法和技巧留人。以下是汽车维修企业留人的十大方法:

1)企业有诱人的发展前景;企业要有一年、三年、五年规划,甚至是十年以上的规划。

2)企业有鼓动积极性、主动性和创造性发挥的健全机制;公司内部机制完备。

3)企业有令员工比较满意的薪资和福利,如定期聚会、特别福利等。

4)企业要有能力较强的中层领导,并逐步培养中层领导。

5)企业要有良好的文化氛围和文化理念。

6)企业要有保证员工不断进步发展的系统的培训机制。

7)企业要给人才比较适合的对口岗位,做到人尽其才。

8)公司要对员工有较深的情谊;关注员工的工作环境、饮食,以及员工的家庭情况。

9）对于中高层管理者最好有分红或股份。

10）企业最好用制度和法规留人，不仅仅靠人情。

留人与流人是对立统一的，留人是相对的，暂时的；流人是绝对的，永久的。一个没有合理人员流动的企业可能造成员工没有压力，效率低下，缺乏创新精神。对汽车维修企业领导层，不仅要有留人的艺术，还要有淘汰员工的原则和方法。

对于可以走可以留之人，知心谈话之后，顺其自然；对于走了更好的员工，和气地祝贺其另谋高就；对于绝对不能让其离开之人，一定要用尽一切办法将其留下。淘汰员工的原则是尽量做到公平客观，不要伤害其自尊心，要尽量避免矛盾激化，尽可能给予其部分精神和物质补贴。

如果淘汰员工，要遵循以下原则：对被淘汰的员工讲明原因，争取其理解；尽量不要伤害员工的自尊，不要让其对企业产生反感，造成不利的后果；对于离职的员工，不要全盘否定其过去的业绩，要实事求是；对于即将离职的员工，不要掺杂个人的恩怨，避免加入个人主观的因素，要按流程进行；不要以罚代管，处罚不是目的，企业良性盈利的发展才是追求的目标；不要与将离职的员工产生矛盾，从而避免可能给企业带来的不必要的损失；对即将离职的员工，尽量给予部分精神和物质补偿，安抚其内心的不满。

对于要淘汰的员工，可以实施以下方法：合同到期不再续约；委以虚职，将其架空；削减权力，降低其影响力；累计过去的小过失，从而达到让其自动离职的目的；可以请第三方主动来聘任。

实际上员工最现实的需求是薪水的需求，一个汽车维修企业如何建立适合的、有效的激励机制，运用良好的薪水制度来增加员工工作的积极性，来改善自己企业的工作氛围，请参考下一节的内容。

◆ 第七节　汽车维修企业的绩效考核和薪金机制 ◆

建立完善的薪资以及激励制度对于汽车维修企业非常关键，因为无论哪位员工，工作的目标都是尽量获得最大满意的回报，但不同的员工在其职业的不同阶段，其需求不尽相同。

一、绩效考核

1. 人的需求分析

人最低层的需求是生理需求：包括对水、食物、空气和住房等方面的需求，这是一个人生存的最基本需求。人的第二层需求是安全需求：对生活环

第六章　汽车维修企业人力资源管理

境、工作条件、薪资待遇和福利保障等能够使人产生安全感的相关因素的需求。在汽车维修企业中，员工的安全需求主要表现为：有安全保障的工作环境、公开客观的规章制度、薪资的保证，以及较好的社会福利保障。人的第三层需求是社会需求：自身对社会交往、感情和友谊等方面的需求。在汽车维修企业中，社会需求包括工作中认识行业其他的人士，与同行协作的机会，以及相互学习等。人的第四层需求是受尊重的需求：每个人都希望从他人那里获得尊重，同时也在不断提升自身尊重的需求。在汽车维修企业中，员工所追求的受尊重是指希望通过自己的努力工作，获得管理层和同事的尊重。人的最高层次的需求是自身价值实现的需求：能够找到适合自己发挥的平台，最大限度地发挥自己的潜力，表现自己的才干和技能。在汽车维修企业中，表现为希望通过工作实现自己的价值，并且向更高的层次发展，特别是职位的提升。

第一和第二层需求是物质方面的需求，第三、第四和第五层的需求是精神方面的需求。通常，人的第一和第二层的需求得到满足之后，才会去追求较高层次的需求。一般来讲，人的一生能够达到第四层的需求已经相当不错。了解到人的需求层次，汽车维修企业的管理层在激励员工时，要尽量做到精神和物质奖励共同使用，尽量满足员工的需求。

2. 汽车维修企业的激励机制

目前国内汽车维修企业"大锅饭"的薪资制度已经不多，因为只有合理有效的奖罚措施，才能充分调动员工的积极性，才能给企业带来利润的最大化。实际上，企业和员工是利益和命运的共同体。

汽车维修企业对员工的奖罚，要掌握一定的技巧。对于表扬奖励，要掌握以下技巧和方法：表扬激励的内容一定要具体，何时何地谁做过什么；要真心真意地表扬，不要以走过场的形式表扬；表扬激励要及时，时间太久会失去意义；表扬奖励的方式要不断地变化，可以刺激员工的内心；注意奖励的整体效果，不要因为奖励一个人，而挫伤了大多数人的积极性；物质奖励和精神奖励同时并用；利用店庆或者节日庆祝，请员工的家属参加，发挥口碑宣传的效应。

汽车维修企业在进行员工激励时要尽量做到客观、公正、合理，并且能够被绝大多数内部员工接受，在进行激励时要注意遵循以下原则：

1）激励的方向应该与企业的目标一致，切忌因为激励不当引起员工的行为与企业的发展方向不一致。管理层制订激励政策时，尽量用数字说话，至少80%的奖励与所达成的数字直接挂钩，同时留下20%给予综合评定奖励。激励员工必须做到及时。研究表明，及时的奖励其有效度为80%，而滞后的奖励有效度仅仅为8%。汽车维修企业如果不能及时兑现其对员工的奖励,将极大地打击员工的工作积极性以及其对企业的忠诚度,进而影响工作效率和客户满意度。

2)激励员工时应该强化优点,尽量弱化缺点。没有完美的汽车维修企业,同样汽车维修企业也没有完美的员工,每个人都有自己的优缺点,管理层应该了解员工的优点,尽量让其发挥,而不是去挑员工的缺点。激励员工时,尽量做到不用惩罚和恐吓。惩罚和恐吓的目的是使员工少犯或不犯错误,但是人无完人,大部分员工的错误或不达标都不是员工自愿的,是其自身能力较弱或外部环境造成了最终的结果。除去故意犯错之外,对大部分不达标或犯小错误的员工尽量给其改过的机会。

3. 汽车维修企业的约束机制

汽车维修企业不仅要建立良好的员工激励机制,同时也要建立系统化的约束机制。至少汽车维修企业的财务是要独立的,特别是超出总经理权限的财务支出一定要董事长审批。

(1)绩效考核管理 绩效考核管理是指通过系统的方法和原理来评定和测量员工在其职务上的工作行为和工作效果,与提前设定的绩效目标进行对比,使员工了解自身绩效与公司发展之间的关系,从而促进员工充分发挥自身潜能的管理过程。绩效考核管理是企业管理者与员工之间的一项管理沟通活动。

在汽车维修企业中,绩效考核管理主要体现在以下几个方面:
1)为员工的薪资调整和奖金发放提供依据。
2)为员工的职位调整提供依据。
3)为公司高层与员工之间提供一个沟通的平台。
4)让员工清楚公司对自己的真实评价。
5)让员工清楚公司对自己的期望。
6)企业管理层及时准确地获得员工的工作信息,为自己的决策提供参考。

建立一套有效合理的绩效考核管理系统是保证汽车维修企业发展的重要的工作手段,应按照企业的发展现状,制订适合企业的绩效考核指标。绩效考核管理的特点是将员工的业绩评价结果与员工的工资、奖金等利益联系在一起,这样会在企业内部具有较强的激励效果。

汽车维修企业可以以季度和年度为单位,对员工的工作绩效进行考核评估;同时建立一套适合企业发展的,具有可操作性的员工绩效评估体系,并且不断完善绩效评估体系的基础和评估内容,以适应市场和自身的发展

第六章 汽车维修企业人力资源管理

变化。

制订企业内部绩效考评体系时，要重点考虑三个方面：制订合理有效的考评标准，公正客观的考评方法，严格有序的考评执行。

考评标准反映的是企业的基本目标或主要任务，体现的是企业的价值取向，是内部职工的风向标，考评标准是员工绩效考评的核心和依据。制订考评标准时要遵循以下原则：确定综合的目标、合适的尺度和有效的权重。考评标准一旦形成，可以分季度进行修改，但不能经常乱改，否则就会失去作用。

汽车维修企业在进行绩效考评时可以选择使用不同的考评方法：上级考评、同级考评和自我考评等。现在的汽车维修企业一般选择上级考评目标管理的方法对公司员工进行考评。

考评结束之后，绩效结果要按时执行，对于季度考核的优秀者和年度考核的优秀者，要给予适当的精神和物质的奖励。年度考核的末位员工可以选择换岗或淘汰。

（2）薪资体系 汽车维修企业的永续健康发展，离不开企业内部员工的勤奋努力工作，而让员工努力工作的最大动力是企业有一套合理有效的薪资体系，使企业的发展进步与员工的自身回报有机地结合。汽车维修企业实施合理的薪酬管理的目的就是协调企业和员工个人的发展目标，提高员工的工作动力和责任心。

汽车维修企业全面的薪资激励体系包括物质奖励和精神奖励两个方面，物质奖励是最有效的激励手段，但同时不能忽视精神奖励的重要性。

1）物质奖励。对员工的物质奖励可以包含以下几方面内容：

① 员工的基本薪资。员工的基本薪资与员工的职位相关，反映其在企业内的价值。

② 员工的级别薪资。员工的级别薪资与员工在企业工作时间长短有关，反映其职位的适合程度。

③ 员工的激励薪资。员工的激励薪资与员工绩效挂钩。

④ 员工的福利制度。所有员工享有基本的福利制度，高层管理人员享有特殊的福利。

2）精神奖励。对员工的精神奖励，主要有以下几方面内容：

① 内部培训体系。根据企业自身发展的需求以及员工个人发展需求，给员工提供培训机会。

② 员工荣誉奖励。给有特别贡献的员工颁发荣誉奖，也可以进行周、月、季度单项冠军奖励。

③ 员工的情感奖励。加强关注员工的家庭问题和生活问题。

3）工资发放方式。汽车维修企业有了比较合理的薪资体系构成之后，还要选用比较合理的薪资评估发放体系，目前汽车维修企业一般采用绩效工资、业绩挂钩工资和小组业绩挂钩工资三种方式。

① 绩效工资是将员工的工资与员工的业绩直接挂钩，建议汽车维修企业在初期阶段采用绩效工资，工资仅仅与服务产值挂钩，而不是与净利润挂钩。其优点如下：员工受到激励，为得到更多工资会投入更多的努力；报酬与产值直接挂钩，公开透明。绩效工资同时也有缺点：汽车维修企业许多服务产值的利润率差别较大，如何定位提成比率要谨慎；另外汽车维修企业的开始阶段，对服务产值的预测不够准确，也会难以精确确定提成比率。开始阶段，建议不断试验、不断磨合，并与员工充分沟通，合理有效地使用绩效工资。

② 业绩挂钩工资不仅关注产值的大小，而且关注员工实际为企业贡献的利润。员工先设定目标，然后利用设定的评估体系进行评估，最后得出结果，分配报酬。汽车维修企业采用业绩挂钩工资体系，需要具备一定的条件：企业已经发展到盈利阶段；工资体系可以让员工工资有较大的差距；业绩衡量必须量化有效；管理层必须公开客观地分配指标。对于业绩挂钩工资体系，管理层关注最多的是可能导致员工之间缺乏相互的沟通交流，缺乏团队合作精神，各自为战。而小组业绩挂钩工资，可以对以上问题进行解决，汽车维修企业的工资奖金发放以小组为单位，可以提高企业员工的团队合作意识，可以让员工之间更多地交流合作，可以较快地提升员工的整体能力。建议汽车维修企业发展到盈利时期之后，使用小组业绩挂钩工资体系。

总之，业绩考核是用来观察和评估员工个人和团队工作表现和成绩的，旨在对照原来设定的工作目标来衡量实际的工作表现。业绩考核应该有明确的目标、计划、业绩考核指标和标准，明确地达成共识和奖励。汽车维修企业的业绩考核要使内部员工更有信心在企业发展成长。

二 薪酬设计

薪酬设计的要点在于"对内具有公平性，对外具有竞争力"。建立一套"对内具有公平性，对外具有竞争力"的薪酬体系，是目前国内许多汽车维修企业人力资源经理和总经理的当务之急。

不同的人对"薪酬"有不同的理解。这里"薪酬"可以理解为员工所获得的一切有形的（财物形式）和无形的（非财物形式）劳动报酬。它既包括工资和奖金等现金性收入，也包括各种形式的福利和奖励。

第六章 汽车维修企业人力资源管理

要设计出合理科学的薪酬体系和薪酬制度，一般要经历以下几个步骤：

1）职位分析。职位分析是确定薪酬的基础。结合公司经营目标，公司管理层要在业务分析和人员分析的基础上，明确部门职能和职位关系，人力资源部和各部门主管合作编写职位说明书。

2）职位评价。职位评价（职位评估）重在解决薪酬的对内公平性问题。它有两个目的：一是比较企业内部各个职位的相对重要性，得出职位等级序列；二是为进行薪酬调查建立统一的职位评估标准，消除不同公司间由于职位名称不同或即使职位名称相同但实际工作要求和工作内容不同所导致的职位难度差异，使不同职位之间具有可比性，为确保工资的公平性奠定基础。它是职位分析的自然结果，同时又以职位说明书为依据。

职位评价的方法有许多种，比较复杂和科学的是计分比较法。它首先要确定与薪酬分配有关的评价要素，并给这些要素定义不同的权重和分数。在国际上，比较流行的如 Hay 模式和 CRG 模式，都是采用对职位价值进行量化评估的办法，从三大要素、若干个子因素方面对职位进行全面评估。不同的咨询公司对评价要素有不同的定义和相应分值。

科学的职位评价体系是通过综合评价各方面因素得出工资级别，而不是简单地与职务挂钩，这有助于解决"当官"与"当专家"的等级差异问题。比如，高级技术工程师并不一定比销售经理的等级低。前者注重于技术难度与创新能力，后者注重于管理难度与综合能力，两者各有所长。

大型企业的职位等级有的多达 16 级以上，中小企业多采用 10~15 级。国际上有一种趋势是减级增距（Broadbanding），即企业内的职位等级逐渐减少，而工资级差变得更大。

3）薪酬调查。薪酬调查重在解决薪酬的对外竞争力问题。企业在确定工资水平时，需要参考劳动力市场的工资水平。公司可以委托比较专业的咨询公司进行这方面的调查。外企在选择薪酬调查咨询公司时，往往集中在中国美国商会、美世人力资源咨询公司（William Mercer）、华信惠悦（Watson Wyatt）、翰威特（Hewitt）、德勤事务所等。一些民营的薪酬调查机构正在兴起，但调查数据的取样和职位定义都还不够完善。

薪酬调查的对象，最好是选择与自己有竞争关系的公司或同行业的类似公司，重点考虑员工的流失去向和招聘来源。薪酬调查的数据，要有上年度的薪资增长状况、不同薪酬结构对比、不同职位和不同级别的职位薪酬数据、奖金和福利状况、长期激励措施以及未来薪酬的走势分析等。

只有采用相同的标准进行职位评估，并各自提供真实的薪酬数据，才能保证薪酬调查的准确性。在报纸和网站上，经常能看到"××职位薪酬大解密"之类的文章,其数据多含有随机取样的成分,准确性很值得怀疑。即使是国家劳动部门的统计数据,也不能取代薪酬调查用作定薪的依据。由于目前汽车行业人员比较缺乏,中层流动比较频繁,可以利用招聘面试、人员跳槽的机会,了解竞争者的薪酬水平,但要防止以偏概全。

薪酬调查的结果是根据调查数据绘制的薪酬曲线。在职位等级－工资等级坐标图上,首先标出所有被调查公司的员工所处的点,然后整理出各公司的工资曲线。从图上可以直观地反映某家公司的薪酬水平与同行业相比处于什么位置。

4)薪酬定位。在分析同行业的薪酬数据后,需要做的是根据企业状况选用不同的薪酬水平。影响公司薪酬水平的因素有多种。从公司外部看,国家的宏观经济、通货膨胀、行业特点、行业竞争、人才供应状况甚至外币汇率的变化,都会对薪酬定位和工资增长水平有不同程度的影响。在公司内部,盈利能力、支付能力和人员的素质要求是决定薪酬水平的关键因素,企业发展阶段、人才稀缺度、招聘难度、公司的市场品牌和综合实力,也是重要影响因素。

同产品定位相似的是,在薪酬定位上,企业可以选择领先策略或跟随策略。薪酬上的领头羊未必是品牌最著名的公司,因为品牌著名的公司可以依靠其综合优势,不必花费最高的工资也可能找到最好的人才。往往是那些财大气粗的后起之秀最易采用高薪策略。它们多处在创业初期或快速上升期,投资者愿意用金钱买时间,希望通过挖到一流人才来快速拉近与巨头公司的差距。

在薪酬设计时有个专用术语称为25P、50P、75P,意思是说,假如有100家公司(或职位)参与薪酬调查的话,薪酬水平按照由低到高排名,它们分别代表着第25位排名(低位值)、第50位排名(中位值)、第75位排名(高位值)。一个采用75P策略的公司,需要雄厚的财力、完善的管理、过硬的产品相支撑。因为薪酬是刚性的,降薪几乎不可能,一旦企业的市场前景不妙,将会使企业的留人措施变得困难。

5)薪酬结构设计。报酬观反映了企业的分配哲学,即依据什么原则确定员工的薪酬。不同的公司有不同的报酬观。有的甚至制定了"人才基本法",把报酬观列入"公司宪法"中。新兴企业的薪酬措施往往不同于成熟的官僚化企业。汽车维修企业应特别注重其绩效考核方式要与自身的行业特点、企业发展的阶段相一致。

许多公司在确定人员工资时,往往要综合考虑三个方面的因素:一是其职位等级;二是个人的技能和资历;三是个人绩效。在工资结构上与其相对

第六章 汽车维修企业人力资源管理

应的,分别是职位工资、技能工资和绩效工资。也有的将前两者合并考虑,作为确定一个人基本工资的基础。

职位工资由职位等级决定,它是一个人工资高低的主要决定因素。职位工资是一个区间,而不是一个点。企业可以从薪酬调查中选择一些数据作为这个区间的中点,然后根据这个中点确定每一职位等级的上限和下限。例如,在某一职位等级中,上限可以高于中点20%,下限可以低于中点20%。

相同职位上不同的任职者由于其在技能、经验、资源占有、工作效率和历史贡献等方面存在差异,导致他们对公司的贡献并不相同(由于绩效考核存在局限性,这种贡献不可能被完全量化体现出来),因此技能工资有差异。所以,同一等级内的任职者,基本工资未必相同。如上所述,在同一职位等级内,根据职位工资的中点设置一个上下的工资变化区间,就是用来体现技能工资的差异。这就增加了工资变动的灵活性,使员工在不变动职位的情况下,随着技能的提升、经验的增加而在同一职位等级内逐步提升工资等级。

绩效工资是对员工完成业务目标而进行的奖励,即薪酬必须与员工为企业所创造的经济价值相联系。绩效工资可以是短期性的,如销售奖金、项目浮动奖金和年度奖励,也可以是长期性的,如股份期权等。此部分薪酬的确定与公司的绩效评估制度密切相关。

综合起来说,确定职位工资需要对职位做评估;确定技能工资,需要对人员资历做评估;确定绩效工资,需要对工作表现做评估;确定公司的整体薪酬水平,需要对公司盈利能力和支付能力做评估。每一种评估都需要一套程序和办法。所以说,薪酬体系设计是一个系统工程。

不论工资结构设计得怎样完美,一般总会有少数人的工资低于最低限或高于最高限。对此可以在年度薪酬调整时进行纠偏,比如对前者加大提薪比例,而对后者则少调甚至不调等。

6)薪酬体系的实施和修正。在确定薪酬调整比例时,要对总体薪酬水平做出准确的预算。目前,大多数企业是财务部门在做此测算。这里建议,为准确起见,最好同时由人力资源部门再做一次此测算。因为按照惯例,财务部门并不清楚具体工资数据和人员变动情况。人力资源部门需要建好工资台账,并设计一套比较好的测算方法。

在制订和实施薪酬体系过程中,及时的沟通、必要的宣传或培训是保证薪酬改革成功的因素之一。从本质意义上讲,劳动报酬是对人力资源成本与员工需求之间进行权衡的结果。世界上不存在绝对公平的薪酬方式,只存在员工是否满意的薪酬制度。人力资源部门可以利用薪酬制度问答、员工座谈会、满意度调查、内部刊物甚至论坛等形式,充分介绍公司的薪酬制订依据。为保证薪酬制度的适用性，规范化的公司都对薪酬的定期调整做了规定。

依照上述步骤和原则设计基本工资体系，虽然比较烦琐，但却可以收到良好的效果。员工对薪酬向来是既患寡又患不均。尽管有些公司的薪酬水平较高，但如果缺少合理的分配制度，将会适得其反。汽车维修企业管理层的薪酬结构，最好能够与其贡献值直接挂钩，尽量做到用数值说话。

了解完汽车维修企业内部的激励机制后，面对现实的企业人才状况，如何使内部的员工以及管理层紧跟市场的变化。答案只有一个，就是通过企业内部系统的培训才能提升企业的人才层次，才能提升企业的竞争力，请参考下一节的内容。

◆ 第八节　汽车维修企业的培训 ◆

企业所需求的人才不是天生就有的，是靠日常不断的培训磨炼培养出来的。一个良性运作的汽车维修企业，管理层一定要了解培训的重要性，以及如何进行日常的各种基础知识、技能和技巧的培训。

1. 汽车维修企业培训需求现状

1）服务顾问专业知识水平参差不齐，需加大学习。服务顾问需要加强专业知识的学习，了解自有品牌汽车性能优劣势、常见问题和疑难杂症。

2）服务缺乏技巧性，需进行系统培训。接待人员应具有良好的营销意识，充分满足客户的消费心理与需求。对于不同的客户类别（公务车还是私家车），采取不同的应对方式。

3）各汽车组装厂商标准林立，各品牌培训单一，缺乏全面系统的培训。汽车维修企业是汽车组装厂商的一线销售服务场所，但汽车组装厂商原则上只对自己品牌的汽车进行培训，几乎没有对目前市场上全系列车型以及对整体的汽车行业知识进行培训，以至于不能充分回答客户所关注的相关问题。

4）服务意识不足，缺乏培训。目前汽车维修企业服务人员服务态度一般，专业知识不足，主要原因是服务意识不足，缺乏系统的培训。

5）实战性强的汽车培训机构较少，汽车维修企业所需的培训内容缺乏。目前国内缺乏比较专业的对国内目前汽车行业现状比较了解并且有自己一套合理解决方案的培训师和培训机构。

2. 如何做好汽车维修企业培训准备

（1）明确企业的培训目的　没有目的，培训就不可能有针对性，没有针对性的培训就没有明确的参加对象。如此培训就只有两个结果：要么学员自

第六章　汽车维修企业人力资源管理

己走,要么把老师赶走——学员的时间都是金钱,学员的耐心很有限。再加上另外一个原因:任何培训师拿到一个没有具体要求的培训方案做起来都会心虚,因为他自己不知道问题在哪里,授课准备就可能满足不了培训学员的需求,自己也没有传导者的感觉,尤其没有触及学员的兴趣点和实际需求点的感觉。看着台下面无表情以完成任务为目的的学员,任何培训师都会郁闷心慌。因此,人力资源经理必须准确无误地将培训目的和培训背景阐述给讲师,最好能结合自己公司文化与过去受训的经历,使讲师更好地把握培训目的的核心。

注意在确定培训时,不要把目标设置得过于复杂和多样化,目标应尽量集中和单一化。每次培训的时间都不长,能解决的问题是有限的,寄希望于一次培训尽量多地解决问题和多学知识的想法往往导致培训师无所适从,也会使受训员工消化不了如此多的知识和理念,最终使培训事与愿违。培训目标的设置也应参照 SMART 原则⊖进行,特别是培训目标一定要确定得合乎实际,因为培训能帮到汽车服务企业的地方仅仅是帮助学员建立和更新理念,或者介绍新的知识技能。而这些都是"领入门"的过程,具体"修行"还必须通过企业和个人的努力才能逐渐实现。

(2) 充分合理地界定参加某一类别培训的学员　特定的培训目标,需要特定的课题来解决,特定的课题适合于特定的学员群,并不是所有人都适合听同一个课题。比如一个很适合高层管理学员的战略营销管理类课题,让中层经理来听会觉得内容空洞,基层员工来听则可能会觉得在听"天书";而适合中层的管理和激励类课程,给高层经理来听会觉得"幼稚",基层员工听来会觉得不实用;适合基层员工的销售和沟通课程,在有经验的经理听来,多半都是一些"小儿科"的内容。

因此,在确定培训目标后,第一任务就是界定学员群体类别。如果学员来个"大杂烩",课程也设置一个"大杂烩",肯定会出现众口难调的局面。学员群的确定应注意学员与培训目标之间要有比较紧密的关联性,学员之间共性越多越好,这样实际的培训需求将更集中,有利于提高学员对培训的满意度。而与培训目标无关者最好不要参加,特别是层次悬殊和分工差异太大的员工。基于以上原因,汽车维修企业内部的人力资源经理希望通过培训取悦多方的安排多半难以达到目标。因此,在培训前严格界定好学员的类别,对培训有益无害(最好不要有人数越多越好,可以分摊培训成本的想法)。

⊖ SMART 原则:Specific(明确性)、Measurable(衡量性)、Attainable(可实现性)、Relevant(相关性)、Time – bound(时限性)。

(3) 调查企业内部的培训需求

1) 培训需求调查：要准确把握学员需求很不容易。身为汽车维修企业，在激烈竞争和变革之中问题颇多。汽车维修企业在公司组织架构、人员编制和职能分工等方面，或多或少存在管理上、沟通上和协调上的问题。在这样的环境中计划培训，需要考虑的因素很多，尤其需要避开干扰因素和表面现象，这样才能抓到真实需求。人力资源部门在做培训计划时的沟通，不仅要与相应负责人保持密切沟通，更需要与一线员工进行面谈。要了解不同层次和类别的员工对培训的要求和期望。当然，企业领导的意见自然更有道理，但不一定就准确无误；员工的意见也不一定不对，其间各有可取之处。关键是要统观全局，依据培训目标，将两者的意见加以整理、分析和提炼，才能比较准确地把握企业内在的培训需求。否则，仅仅依据领导的意思或表面现象主观地进行判断，这样把握需求不一定准确。即使培训相对符合意愿，但如果对需求把握不具体、不细致，培训仍然会让员工认为没有重点、没有针对性，效果就会大打折扣。

2) 培训需求沟通：把培训需求传递给培训机构或者直接传递给培训师，中间信息遗失的可能性很大。尤其是前者，如果把培训交给一家对汽车行业不甚了解的公司来做，那么效果一定不好。身为汽车维修企业人力资源主管，要知道培训师的背景，并牢记培训师一定要有本行业的经验和经历，否则当向其提问时，他们可能无法回答，毕竟汽车行业是相对复杂的行业。因此人力资源经理一定要知道如何培训，甚至要求培训公司做内部培训需求调研，应知道需要提供哪些信息、数据和背景将对培训实施起作用。由于汽车行业非常特殊，汽车维修企业、汽车4S店、汽车卖场、零部件供应商在汽车行业的产业环境和产业链中都处于特殊的位置，各自特征明显不同。不仅在人员编制上差异很大，而且在经营战略上也各不相同，并且各自所处环境和竞争状况又有很大不同。向培训师提供一个对企业背景的准确描述，将对培训产生非常积极的影响。在这个过程中，最让人担心的问题就是企业与培训机构、培训机构与讲师之间沟通的信息失真问题。汽车维修企业的人力资源部门要相当了解自己公司的现状和员工需求，但如果不能清晰和明确地传递给培训师，与培训师之间仅限于粗略沟通便开始培训，培训师对企业和学员的了解很难透彻，甚至还可能把握不准。这些工作，人力资源经理不要指望培训公司来做，因为所有信息来源于企业，如果不给出充分和准确的信息，培训公司很难在短期内了解、把握并制订切合企业需求的培训方案和内容。

3. 汽车维修企业如何进行培训

(1) 找到合适的培训机构　在选择培训合作机构时也应慎重行事。国外

第六章　汽车维修企业人力资源管理

知名的培训机构授课质量比较有保障，而本土知名的培训机构具有了解本土的汽车市场情况，培训内容更符合现阶段汽车行业所需等特点。建议董事长和总经理接受国外知名培训机构培训，而中层以下人员最好接受本土培训机构培训。

（2）选择合适的培训讲师　培训讲师的来源有两个方向：专业汽车讲师和普通培训讲师。前者了解汽车、了解市场，用以培训汽车营销、管理和技能等，能很贴近汽车企业的日常运作；后者则更多地倾向于通用的营销、管理激励，用以带入新的理念，对注入团队活力和改善员工心态比较有帮助，因此在汽车维修企业确定要培训的内容之后，应选择合适的培训讲师。

（3）针对不同的培训内容，安排不同的员工参加　针对不同部门、不同层次的员工，安排不同的培训师进行不同内容的培训，尽量避免接受培训的员工参差不齐。对于汽车基础知识、汽车行业知识和行业对企业的要求等通用性的内容，可以安排所有的员工参加。但对于战略性的、方向性的、全局性的培训，最好安排中、高层参加。而对于客户接待和沟通技巧等内容，可以尽量安排一线人员参加。

（4）培训结束之后，进行合适的培训后续跟进工作　培训结束后应对学员进行整体性跟进调查，找出潜在问题并设法消除和解决。如果出现不满的意见，应该将这些不满以相应的方式进行化解，而不是仅仅收集反馈向总经理汇报。要做到学以致用，培训结束后，应与受训部门主管人员商议如何学以致用的问题，将培训的结果落到实处。

培训的各个环节环环相扣，相互关联，相互影响，只有提前做好培训的准备，培训时配合好培训师的培训课程，培训结束后好好总结，好好运用，才能稳步提升自己的整体能力。

4. 汽车维修企业目前最需要的培训内容

当国内客户越来越挑剔时，当具有技术背景的服务顾问缺乏时，当技术出身的服务总监管理整个维修车间时，当客户投诉越来越多时，当市场竞争越来越激烈时，汽车维修企业更需要进行以下培训：服务顾问的培训、CRM人员的培训、营销培训、国内汽车行业知识和竞争对手情况培训，以及服务顾问等中层人员的管理能力和领导能力培训。

真正做好汽车服务培训绝非易事，因为目前国内汽车市场的特点与汽车行业管理的较高的期望，决定其对培训内容适用性和前瞻性的要求较高，而目前能深入洞察国内汽车市场情况，切实了解不同企业的培训需求，及时给出合理有效的培训方案和培训内容的培训公司和培训讲师屈指可数。汽车类培训公司能提供最好的、最令人满意的和最实用的培训是当前所有汽车企业中、高层人士最迫切、最现实的要求和期望。

了解到汽车维修企业培训如此重要，而很多企业又需要培训，这就要求汽车维修企业高级管理层首先要自己修炼好自己。大家都知道：教育管理别人之前，要先培训好自己！身为汽车维修企业的领导者不仅要对汽车行业和维修知识有相当的认知，更要有良好的经营和管理知识，并且掌握一定的经营管理策略和拥有高超的领导艺术和方法。

记住："对员工最大的福利是培训"，培训是贵的，但不培训更贵。因为从培训中节省的投入，一定从客户流失和成本增加中损失出去，培训带来的企业整个平台的提高以及竞争力的提升，是仅仅靠空降一两个高级人才所不能达到的。

以上是对汽车维修企业人才培训的系统阐述。在当前的市场环境下，汽车维修企业领导者的能力、素质，以及日常操控管理水平，几乎决定着企业的命运。既然汽车维修企业领导层对企业发展如此重要，那么他们应该达到什么境界和水平才能使企业永续健康发展呢？请参考下一节内容。

◆ 第九节　汽车维修企业领导者如何合理授权　◆

身为汽车维修企业的领导者，不可能做到每件事都亲力亲为，要成为一名合格而优秀的领导者，就要了解授权的目的、授权的方式，如何合理地授权以及授权之后如何进行监督。

1. 汽车维修企业领导者授权的目的

授权，用最简洁的语言来讲，包括领导者向另外一个人指派一项特定的任务或项目，以及被指派者对于完成该任务或项目做出承诺。这是成功的领导者展示的最重要的技能之一，而它又常常被那些"工作狂"式的领导者所忽视。有成效的授权者会花时间去筹划工作分派，并以最有可能产生结果的方式去实现业务目标。当领导者对下属进行授权时，领导者不仅把职责传递给了下属，而且也把保持已建立的标准的责任传递给了下属。

2. 合理授权的益处

有成效的授权对于汽车维修企业的领导者、企业的员工和汽车维修企业都具有长期和短期的效益。如果进行了授权，那么原本列入领导者工作日程的任务便可由其他有资格的人去做，这样便减轻了领导者的工作负荷和紧张程度，使领导者有更多的时间、精力投入那些需要领导者的特别技能和职权的项目上去，以及制订长期规划和发展政策等更高层次的项目上去。授权效益一览表见表6-3。

第六章 汽车维修企业人力资源管理

表6-3 授权效益一览表

获得效益的对象	获得效益的方式
领导者	● 增强了和员工之间的信任与沟通 ● 可以实现需要集体合作努力才能实现的目标
公司的员工	● 使员工能够巩固现有技能并掌握新的技能 ● 增强了员工干好工作完成任务的热情,使员工具有一种完成了重大使命的成就感
所在企业	● 通过确保把任务授权给合适的人选节省了开支 ● 通过最充分地利用本企业的资源使企业的生产率和工作效率得到全面提高

3. 在工作授权中会遇到的障碍

授权使得很多领导者感到忧虑,他们害怕失去对员工和项目的控制,担心会失去威信。有的时候,这些领导者认为只有由他们自己去做某项工作才会取得最高的成效。如果从长远的观点来看,这些担心和想法大多是没有道理的。再怎么优秀的领导者也不可能做到每件事亲力亲为,只有合理地授权才可能把事情做得比较完美。

(1) 部分领导者反对授权的常见理由 表6-4列出了部分领导者反对授权的常见理由。

表6-4 部分领导者反对授权的常见理由

理 由	常见的答复
这项工作自己比员工做得更好、更快	你的目标是在做这项工作时支持你的员工
对员工没有信心	可以先从对小的任务和项目进行授权入手,这将会使你逐步建立起信心
比起对这项任务进行组织、解释和监控,自己来做要容易得多	这是一种短期的观点。一般来说,花费在项目规划上的时间将会物有所值,并且随着时间的推移,你的员工将能够对接受授权的工作承担更多规划和组织管理方面的职责
喜欢按自己的方式做事	应该将精力集中在传授经验和质量标准上,而不要把精力集中在控制任务本身,这一投资不仅能使当前的项目受益,而且也能使将来的项目受益
员工将会拒绝额外的工作	应该对员工进行未来发展的展望,而不是仅仅停留在目前的本职工作之内,任何人都有自己的理想和抱负
员工希望他们的经理既能解决问题,又能做出决定	应该对员工的期望进行管理,要明确你的作用是支持员工自己去做出决定。同时,还要明确这样做意味着有机会去从事新的和有兴趣的工作

(2) 领导授权需要改善的信号　身为汽车维修企业的领导者，日常工作中应该对照下列的授权"警告信号"进行自我检验。身为汽车维修企业的领导者，以下这些信号听起来是否感到非常熟悉？

1) 邮件箱总是满满的，经常加班做那些"只有自己才能去做的"工作。
2) 经常被请求指导和请求明确工作职责的要求打断自己的工作。
3) 已安排的授权在指定的时限之内未能完成。
4) 直接下属感到他们被工作压得抬不起头，而且缺少权力去完成授权的任务。
5) 事后对员工的决定进行批评，并且亲自动手重做员工在授权中所做的不尽如人意之处。
6) 直接下属对完成指派的工作感到准备不足。
7) 经常干预已经授权给某位员工的任务或项目。
8) 员工士气低落，离职数量开始增多。
9) 员工没有在授权的任务或项目中履行自己的职责。

4. 领导有效授权的指导原则

身为汽车维修企业的领导，需要为有效授权营造恰当的氛围，授权时要遵循以下原则：

1) 鼓励员工就其个人兴趣和对新项目所能投入的时间与自己进行积极的交流。与员工建立起相互了解的感情是授权过程中十分重要的一步。
2) 避免只把单调乏味或困难重重的工作倾泻给自己的员工。自己所授权的项目和任务应能激发员工的兴趣并使其感到愉快。
3) 通过向员工授权能在上级经理或其他组织的高层经理人员周围抛头露面的项目、任务或职责，可以为其提供个人发展的机会。
4) 向那些自己认为判断力强并能胜任工作的人授权。
5) 要认识到，无论对自己还是对员工，授权都是一个学习的过程，因此需要提供必要的培训或指导。
6) 对于工作不太熟练的员工，应授权一些容易完成的任务，以便使其建立起工作信心，同时应为其提供必要的支持来鼓励其上进。
7) 只要有可能，就应当把一个项目或一项职责完整地授权给个人，以便调动其完成任务的积极性。
8) 制订明确的跟踪反馈原则，并保持交流联络畅通。
9) 要明确目标、预期结果以及对成果的衡量标准，以便减少在时间和资源方面的浪费，确保任务、项目或职责的顺利完成。

5. 领导的合理授权方式

授权工作可以通过多种方式进行。一般来说，最好的方式是将整个任

第六章　汽车维修企业人力资源管理

务、项目或职能的责任全部授权给一个人，而不是在许多人员中划分责任。这样能避免产生责任不清，同时还能激励首创精神和解决问题的热情。如果这个人接下来再将任务委托给其他人员，双方也都明确知道到底是谁对结果负有最终的责任。

（1）按任务进行授权　按任务进行授权是最容易的途径，同时，对于那些初次进行授权工作的人员来说，也是一个较好的起点。此种途径涉及授予员工关于具体的任务权力。这些任务包括撰写报告、进行研究或筹划会议。身为汽车维修企业的领导者，可以按年度预算、年度计划和大型活动进行授权。

（2）按服务项目类别进行授权　一个服务项目包括与达到特定目标相关联的一系列任务。按项目进行授权增加了授权责任的范围，一般需要一位能承担整体责任的员工。例如，按项目进行授权的工作可能包括编写新员工手册、进行客户调查等许多方面。身为汽车维修企业领导，可以分营销、售后、CRM、配件进行授权。

（3）按职能进行授权　管理大批直接下属员工的领导者可以选择按职能进行授权的方法。所谓职能是指与当前进行的某一项活动，如营销活动、员工活动或培训活动等相关联的全部多级任务和项目。在这种模式中，每一项职能都指派给一位员工，由这位员工将这项职能所包括的各种活动的最新进展情况向领导定期报告。

（4）对授权进行准备　当准备进行授权时，首先需要对授权的目的做到心中有数。是想减轻自己的工作负荷？要激励员工们掌握新的技能？要启动一个全新的项目或职责？还是想给员工提供表现和展示才华的机会？其次，需要确定要授权的是什么任务，以及要成功地完成这项授权任务需要哪些技能和能力。最后，还要为这项授权任务配置最合适的人选。

（5）决定授权什么和不授权什么　领导层应仔细考虑一下自己的工作负荷，确定其中哪些任务、项目和职能可以授权给他人。要对工作公开进行授权，因为其中某些工作可以给员工原本单调的工作增加一点新鲜感，还可以给那些合适的人选提供动力和挑战。有些工作可以由一些训练有素或经验丰富的人员来完成。授权这些更具挑战性的工作可以给员工提供掌握新技能、发展自己天赋的机会，还可以增加能担当重要授权责任的人才储备。

在有些领域里，领导层愿意与别人分担任务。例如，要写一份报告时，可以与下属员工一起商量报告的主要内容，然后再由助理来起草整个报告，而不是由自己执笔撰写，但并非所有任务都要授权给他人去做。应当对下列工作负有责任：监督员工的工作表现；错综复杂的客户谈判；需要运用专有技术和技能的工作。

(6) 确定某项要授权的工作所要求的技能　只有已经分析过某项授权所涉及的工作，并确定了这项工作所需要的技能时，才能够为这项授权挑选最佳的人选。对工作进行分析需要领导者回答以下三个问题：

1) 这项工作需要哪些思考技能（如解决问题的能力、逻辑思维、决策、规划、有创造性的设计）？

2) 必须进行什么活动、需要什么设备（如建立档案、使用计算机、使用投影仪、组织活动、开展培训）？

3) 要完成这项工作授权，需要哪方面与人相处的本领（如了解客户的需要、联系所需资源、向有关人士咨询）？

(7) 为某项任务配备人选　一旦已经确定了某项工作授权和这项工作所需要的技能，就应对每位员工进行个性和能力比较。一定要考虑以下几点：

1) 原先曾经提出过的而有可能在这次工作授权中予以解决的升迁发展问题。

2) 有多少员工可以胜任这项授权，如果某位人选正在从事的重要项目会因此而中断，就应避免选择他。

3) 要完成某项授权工作的员工需要领导者何种程度的协助，以及领导者能够为其提供多少可用的时间。对于那些表现出某种首创精神并寻求挑战的员工来说，这是一次很好的检验机会。

4) 这位员工从事所授权的工作所需的时间。对于新员工，在他们适应新工作之前，应避免给他们额外增加授权和负荷。

5) 以前对这位员工进行授权的次数。要尽量给所有员工都授权工作，避免有些员工产生领导者偏爱某人的感觉。

6) 是否有可能将任务划分给两位或更多的员工，以便充分利用他们的技能。

(8) 委派工作　对任何授权进行讨论的首要目的都是明确授权任务并取得员工的承诺。在这个相互影响的过程中，无拘束地交流和信任是至关重要的两个因素。要做到这一点，讨论中必须包括以下要点：

1) 明确项目、任务或职责以及将要被授权的责任范围。

2) 重温工作要求，即成功的标准和完成任务的时限。

3) 对可利用的资源进行调查。

4) 对于被授权工作的权限进行专门的说明。

5) 对过程进行监控和反馈。

(9) 赋予权力　领导者在向员工赋予权力时，首先应当制订明确的方针

第六章 汽车维修企业人力资源管理

和预期结果。准备给予某人多大的权力完全取决于他的能力和领导者对他的信任程度。作为领导者，在授权时应当做到以下几点：

1）在做出决定时要评价该员工过去的工作表现和成绩。

2）确定要成功完成授权的工作至少需要多大的权力。

3）考虑如果这位员工做出错误的决定会产生怎样的后果，并确定你愿意承担多大程度的风险。

"权力统一体"展示了可供领导者在授权时进行挑选的权力等级范围，如图6-2所示。在决定授权的权力等级之后，务必把决定传达给每一个与这项授权有关的人员。

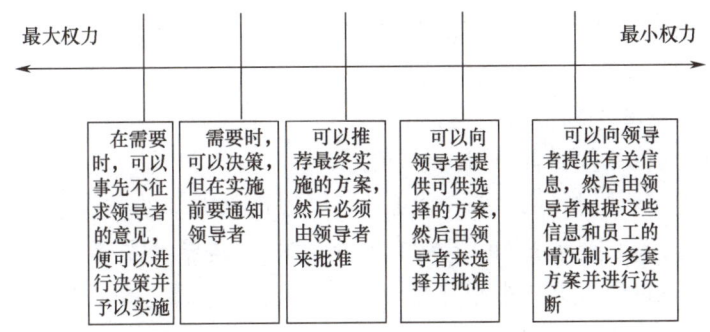

图6-2 权力统一体

（10）对授权的工作进行监控 根据授权工作的数量和复杂程度，可以运用下列方法中的一个或多个来对授权的工作进行监控：

1）为每项任务和每个项目建立记录档案。

2）建立一本工作授权日志，对自己管理的所有项目、任务或职责进行跟踪。

3）在墙上挂一张大幅任务进度表。

4）定期召开员工会议。

5）准备书面状况汇报。

6）使用项目管理及跟踪软件。

7）状况汇报的模板可从共享网络中调阅。

（11）提供支持 某项工作一经授权，还需要在不过分干预的情况下不断对其予以支持。当处于下列情况时，一定要权衡利弊得失。

1）根据对类似项目的经验事先指出可预见的所有困难。

2）不断提供必需的信息，如参考资料或可能对该项授权有影响的报告文件。

3）检查完成授权任务所需要的资源并保证及时供应。

4）告知所有相关人员进行授权时所授予的权力范围。

5）只有在授权对象提出要求时才可以通过提供忠告和指导的办法来对授权任务的执行情况进行调停。

6）牢记要关注结果而不是关注取得结果的过程中所采用的方法和途径。

7）明确告知被授权的员工在何种情况下必须让自己介入。例如，当某项承诺看起来将不会被遵守或当主要问题已经出现时。

（12）反向授权　当被授权的员工想把工作交回给领导者时，或希望由领导者去解决难题和做出决定时，这便是反向授权。此时，领导者必须抵制住介入的诱惑，这是在员工中树立威信和自信心的好机会，要做到：

1）积极完善迄今为止已做的工作。

2）帮助员工分析所面临的情况。

3）对员工的决断能力保持信心。

4）鼓励员工提出解决问题的办法。

5）提供需要的指导，以便帮助员工更好地掌握新的技能。

（13）当授权遇到麻烦时　在有些情况下，领导者需要对员工成功完成一项工作任务的能力进行重新评价。在大多数情况下，员工都会在领导者的协助之下克服工作中的困难。为了使项目回到正常的运行轨道，作为领导者应当做到如下几点：

1）从该项授权中挑选出某些部分并予以完成，以便减轻员工的负担。

2）如果可能，提供更多的资源帮助。

3）要帮助员工解决问题，而不是在其遇到困难时对其进行责备。

4）制订一份双方一致同意的行动计划和解决问题的时间表。

只有在极端的情况下，才可以考虑撤消授权。只有当主要问题已经显而易见时，如将要错过时机或重要时限，或者不实现预定目标将对其他项目产生严重的不良影响，才可以这样做。

（14）授权任务完成之后　为了吸取授权工作的经验教训，领导者要对每一次的授权任务进行回顾和总结。领导者要与员工进行一次关于如何评价的讨论，讨论的内容如下：

1）征求这位员工对授权任务的意见。

2）了解这位员工的成果，并对完成得好的工作予以积极的肯定。

3）将已取得的成果与期望的标准进行比较。

4）不要对问题进行批评和指责，而要讨论在今后的工作中哪些方面可以改进。

5）制订一份行动计划，通过不断地指导或培训来继续对员工的进步予以支持。

应当采取一些合适的方式使员工能够感受到其工作不仅只被领导者认可，而且也得到了同事、高层以及客户的赏识。

6. 常见的授权问题

1）领导者怎样才能不让员工感到在对他们施加工作压力？

① 用一些能令员工感兴趣、愉快以及可获得他人承认的任务和项目来平衡那些看似单调乏味和困难重重的授权任务。

② 将看似"苦差事"的任务或项目分解，让多人承担，甚至你自己也可以承担一部分，以便大家能感到人人都有责任去承担"苦差事"。

③ 了解员工对哪种类型的工作分配感兴趣或感到具有挑战性，并寻求进行授权的最佳时机。

④ 了解员工对利益和机会的看法。

2）在晋升某位员工之前是否可以采用授权的方式检验其能力？

可以。有这样一个机会来承担一些与新的职位有关联的责任，对于员工来说，确实很有帮助。这对于领导者和员工来说，都是一次机会。通过这个机会，领导者可以评价员工的个人能力，可以检验其拟采用的工作技能是否互相匹配。如果需要加强培训，则可以将培训列入发展计划或作为职位晋升的一个组成部分。

3）如果领导者在员工身上找不到完成某项任务所需要的技能时该怎么办？

① 对该员工进行培训或指导，使其具备所需要的技能。

② 考虑在小组或组织之外寻找所需要的专家。可以去借用一位喜欢该工作机会的人员，或聘用临时工作人员短期或者在一段时间内负责该项工作。

③ 重新审查一下任务安排，看是否可以将其分解为若干个子任务，也许员工正好具有某项子任务所需要的工作技能。

4）怎样处理上级的授权？

① 对上级进行授权是要求更高一级的管理层提供帮助的正常合理请求。应当认识到，这样做并不是企图把难题扔回给某位经理。

② 经理应当明白，他们有时候需要代表承担某项具体任务或项目的员工向高层管理人员提出有关要求。

5）向合适人选授权的步骤。

① 明确与特定任务或职责相联系的思考能力。

② 熟悉自己的长处和短处以及员工的长处和短处。

③ 协调每一个成员的技能以便达到最大程度的互补。

④ 必要时寻找团队之外的资源，同时不要忘记，上级也是可以利用的资源。

⑤ 考虑利用组织以外的资源。

7. 授权时要明确的几个问题

1）明确与特定任务或职责相联系的思考能力。几种思考能力是经常与特定的任务或职责相联系的。例如，一个能简明扼要地提炼概念的人可能会成为一名出色的培训师，而组织能力对于一个负责经营管理的人来说是十分重要的。进行授权时，一定要牢记这些判断方法，以便确保能够最有效地为授权任务配备人选。

2）熟悉自己的长处和短处以及员工的长处和短处。要清楚自己企业每一位员工能做什么、不能做什么。不要认为某些能力可以应付所有的场面。例如，一位电话销售高手可能会在面对面的销售场合中手足无措。

① 不要害怕利用多名员工的能力优势去完成一项任务。例如，一位具有非凡写作才能的员工可以去撰写新的宣传手册，然后将其完成的文字交给另一位具有绘图、制版和策划能力的员工去完成版面布置的工作。

② 要通过授权挑战自己的员工，从而检验他们的技能，并使他们能够发现自己还具有新的能力。

③ 要保持对具有特长的员工进行跟踪，因为有可能需要向他授权一些特殊的项目。

3）协调每一个成员的技能以便达到最大程度的互补。作为领导者，如果拥有人才储备可供选择，就应当把可以在技能方面互补的人员进行匹配，这样有助于得到最好的结果。例如，可以请一位擅长待人接物的员工去从事与客户进行电话会晤的工作，而请另一位擅长分析的员工去研究反馈意见并撰写报告。了解员工的长处和短处能够帮助你组建最精良的团队来完成任何一项工作任务。

4）必要时寻找团队之外的资源，同时不要忘记，上级也是可以利用的资源。有时，在员工内部找不到具有所需技能的合适人选去完成某项工作授权，或自己已经用尽了所有资源，这时，就应当在团队之外寻找资源，如从同事中间或者其他的部门里挑选所需的专门人才；同时应以服务互换的方式回报他们给予的协助。如果上级是一位合适的人选，千万别犹豫，可以把工作交给他。

5）考虑利用企业以外的资源。汽车维修企业的高级管理层有时需要考虑使用外部的咨询专家或临时工作人员。这样做可以填补短期的员工空缺，

第六章 汽车维修企业人力资源管理

提供特殊的专业知识，进行一次独立的评价，协助进行长期规划，从长期来看可以节省时间和开支。

在聘用任何一位咨询专家之前，应核查推荐材料并要求其提供一份能解决当前问题的书面提案；同时要对所有聘用的咨询专家或临时员工进行管理。下达工作委派的步骤如下：

1) 与你将要对之授权的人员进行面谈。

① 在进行授权时，与员工当面沟通是授权过程中十分关键的一步，且面谈应当个别进行。

② 建议最好在面谈之后留下一份书面的备忘录，简要地记录双方讨论的关键问题。可以自己进行记录，也可以请他人执笔。

2) 明确说明授权的任务、项目或职责。

① 明确授权的目的，以及该目的如何与工作全局相配合。

② 再度明确员工的职责范围。

③ 确定将会涉及的其他人员。如果有，应当详细描述他们各自所起的作用。

④ 讨论完成该授权任务的时间期限。

⑤ 提供所有开展工作所需要了解的信息。

3) 建立双方共同认可的绩效评估标准、成功衡量标准和职责范围。

① 对质量、时间和成本等要素制订切实可行的标准。

② 向员工明确他在实现你们已经一致同意的标准的过程中的义务与职责。

4) 界定可供利用的资源和可以得到的支持。

① 明确要完成该项工作授权所需要的人力资源和物质资源，并对上述资源的按时提供进行确认。

② 如有必要，安排额外人员帮助实现该项授权任务的目标。

③ 询问员工，看看在执行授权工作的整个过程中需要从你这里得到什么支持。

5) 确定是否需要、在哪些方面需要专门培训或指导以及将如何进行。

① 如果这项授权需要员工掌握新的技能，就应当商定一份适当的培训计划。

② 讨论是否需要指导，并由双方商定一份日程表以便给予必需的支持。

③ 商定对授权工作执行情况进行检查的日期，确定是否有增加培训或继续指导的需要。

8. 有效授权的技巧

1) 了解员工的能力。

2）相信员工能够胜任这项工作。

3）注重结果，不要评价和询问任务是如何完成的。

4）考虑将授权作为开发员工技能或在与上级管理部门打交道时获取有利地位的一种方式。

5）始终把任务授权给能够完成任务的最低层次的员工以最充分地利用员工资源。

6）清楚地说明授权的工作并为成功完成任务提供必要的资源。

7）要给员工提供不间断的反馈意见并帮助他们纠正错误。

8）避免反向授权。不要主动去解决问题或替员工做决定。集中精力一起寻找可供选择的方案。

9. 选择授权内容的技巧

1）评估自己的工作负荷并确定哪些任务、项目或职责需要你的特殊技能和权限。

2）确定那些可以由其他员工或外来人员轻松完成的日常事务、具体项目或完整职责。

3）确定那些可以由其他人经过较少的指导或在职培训后就能完成的任务、项目或职责。

4）确定那些可由某位员工经过自己或其同事给予额外培训或指导便能完成的任务、项目或职责。

5）确定需要来自所在企业内或组织之外的有专长或技能的专业人士才能完成的任务、项目或职责。

面对一个已经存在的汽车维修企业，如何对企业进行人力资源的诊断，如何系统地了解企业的人力资源状况，请参考下一节的内容。

◆ 第十节 汽车维修企业人力资源诊断 ◆

一 人力资源诊断前的准备

1. 人力资源诊断的意义

人是生产诸要素中最重要的因素，也是汽车维修企业各种资源中最宝贵的资源，因而汽车维修企业活力的源泉在于企业中的全体员工的整体素质。员工整体素质的高低决定了汽车维修企业的盛衰。汽车维修企业人力资源诊断是通过对企业人力资源管理诸环节的运行、实施的实际状况和管理效果进行系统评估，分析人力资源管理工作的性质、特点和存在的问题，提出合理

第六章　汽车维修企业人力资源管理

的改良方案以使企业人力资源管理工作达到"人"与"事"的动态适应性为目的的提高行动。由此可见，人力资源诊断过程是帮助企业人力资源管理层改进工作、提高管理效率、开发和引导人力资源的有效途径。因此，人力资源诊断的作用一方面体现在人力资源诊断专员凭自己丰富的管理知识优势，较为迅速地发现企业人力资源管理工作中存在的问题，提高管理水平；另一方面，通过人力资源诊断活动，可以使企业管理者的实践经验和知识技能得以总结和提升，有利于提高企业管理者的经营决策能力。

2. 诊断准备

预备诊断是为正式诊断而做的准备，因此正式诊断的规模越大，预备诊断越应该细致，只有预备诊断做得好，正式诊断才能比较迅速、准确。汽车维修企业人力资源诊断要准备表6-5中所列的18项资料。

准备完表6-5所列的资料后，首先要收集和整理现行的人事政策和人事管理程序，包括汽车维修企业在人事工作方面的例行原则、工作贯彻等。同时要了解汽车维修企业劳动环境的特殊性；要准备企业诊断计划和调查问卷，调查问卷要根据企业的实际情况进行设计，要避免勉强套用其他企业现成的问卷；要了解和掌握同行业的工时效率水平、人员结构状况、行业内享有较高知名度的人物及其成长过程；要了解和掌握本企业的经营战略与组织战略，以及围绕经营战略而拟订的未来发展计划、流程改进计划和未来投资计划，还包括与人力资源开发有关的其他资料或初步设想。

表6-5　汽车维修企业人力资源诊断要准备的资料

序号	准备的资料	序号	准备的资料
1	企业员工人数及构成情况	10	现场整顿和安全卫生状况
2	组织结构及职权范围	11	培训情况及其效果
3	工作纪律和出勤情况	12	提薪、晋级手续及执行状况
4	过去一年的维修台次情况	13	部门之间、人员之间的信息交流情况
5	各类人员的变动情况	14	日常设施的利用状况
6	工资和奖金的情况	15	管理层及普通人员的素质状况
7	离职制度及其执行情况	16	对外合作关系状况
8	作业规则的实施情况	17	内部员工的工作热情
9	人事考核和能力评价的方法	18	近三年的产值和利润的变化情况

其次，要确定企业诊断小组的成员，一般根据汽车维修企业的状况、规模、诊断人员的能力以及人力资源管理部门的实际情况而定。诊断小组一般由诊断组长、人力资源主管和企业总经理共同组成。最后，还需要收集内外资料，包括汽车行业的特点、面临的市场竞争和劳动力市场状况等有关

信息。

二、人力资源诊断的基本内容和准则

汽车维修企业人力资源诊断是通过对企业人力资源管理诸环节的运行、实施的实际状况和管理效果进行调查评估，分析人力资源工作的性质、特点和存在的问题，提出合理的改进方案以使企业人力资源管理工作达到"人"与"事"的动态适应的一种活动。它是帮助汽车维修企业高层管理者和人力资源主管改进工作、提高管理效率、开发和引导人力资源的有效途径。

汽车维修企业人力诊断过程，是一个"痛苦的重生"过程，要求对企业进行客观的评价，汽车维修企业领导层应心平气和地接受，并严格要求自己，敢做敢为。如果实施企业人力资源诊断，其行为本身就表现了领导者的一种境界：敢于直面自己，剖析自己，心胸宽广并有果敢精神。

汽车维修企业人力诊断方案的重点是自我评估，约定评估项目，认真评定。不害怕承认企业决策层在某些方面上的弱点，因为弱点正是需要改善的地方。人力资源诊断的内容主要包括如下几个方面：

1. 人力资源方针和人力资源管理组织诊断

在汽车维修企业的日常管理中，人是居于主导地位的。因此，重视人的作用、加强人力资源管理、大力开发人才是企业提高产值效率和增加收益的重要途径。人力资源方针和人力资源管理组织诊断的要点是：

1）企业有无明确的人力资源方针和政策。
2）人力资源管理组织是否适应企业特点和规模。
3）企业员工是否了解企业人力资源方针和政策。
4）人力资源管理制度是否健全。
5）人力资源部门与其他部门的关系是否协调和融洽，沟通是否有效。

2. 人力资源考核诊断

人力资源考核是对汽车维修企业人员进行考查的重要手段，是进行人员安排、晋升、奖惩和能力开发的科学管理依据。考核的目的主要是教育和培训，促进员工素质的提高。人力资源考核诊断是企业人力资源管理诊断的主要内容之一，其诊断要点如下：

1）人力资源记录是否完整、实事求是。
2）对评定人员是否进行了培训。
3）企业有无完整的考核制度和严格的考核规程。
4）人力资源考核方法和程序是否适应不同考核目的和不同考核对象。
5）人力资源考核的间隔时间是否适当。

第六章　汽车维修企业人力资源管理

6）人力资源考核结果是否具有权威性和是否被有效运用。

3. 能力开发和培训诊断

内部员工能力开发和培训是汽车维修企业经营的战略任务，企业人员能力不足是汽车维修企业普遍存在的问题。为了不断提高企业的素质和增强竞争能力，企业经营者应该越来越重视对企业员工的能力开发和培训工作。能力开发和培训诊断成为企业人力资源劳动管理诊断的重要课题，其诊断要点如下：

1）能力开发是否是在职务分析的基础上进行的。
2）有无系统培训计划，实施情况如何。
3）系统培训是否与能力开发和工作调动有机结合。
4）系统培训与人员晋升是否做到有机结合。
5）系统培训的方法、设施和时期是否合适。
6）领导者培育部属态度诊断细节如下：

① 应本着坚定的态度培育部属。光是有态度还是不够明确，领导者对培育方面的重要观念要有明确的认识。态度含糊，或有在上司指示下才行动的态度，只会使培育虚有其表、空洞化。

② 本着使命感，认真地、专心地、积极地培育部属。领导者培育部属时，除了要表明态度外，即使遇到障碍也不会影响决心，而应自我鞭策。此外，应让部属了解领导者热心而且认真的态度，这样比较容易推进培训进度。

③ 要有信心启发部属的意愿，应多费心于策动部属。此外，领导者还可以借以检查部属所不懂的教导内容。最重要的是让部属参与探索必要点、共有化和决定方式等一连串的过程，而且要避免一意孤行，一起参与可刺激部属的意愿。

④ 要认真积极地培育部属，就不会造成空洞化。之所以会导致空洞化，是因为态度不够积极。不可只是敷衍，应设法提高学习成果。因此，为了避免空洞化的现象产生，持之以恒是非常重要的。

⑤ 培育部属也可使管理者成长。领导者本身若不能自我启发、自我成长，自然也就无法去培育和领导部属。

4. 企业员工的工资诊断

员工的工资诊断包括工资总额诊断、工资体系诊断、基本工资诊断和奖金诊断等。诊断要点分析如下：

（1）工资总额诊断　它是指对工资、津贴、资金和各种福利等伴随员工的使用而支付的全部费用的管理，其中心是根据企业支付能力，判断工资总额规定是否适当。工资总额诊断，就是要根据企业的财务报表，对工资总额的管理状况进行诊断，其诊断要点如下：

1) 员工工资总额是如何确定的，是参照汽车行业平均水平决定的，还是根据本企业的工资平均水平决定的。现在的状况是员工工资总额占服务产值的 12%~18%。

2) 制订工资总额时是否考虑了内部员工的意见。

3) 是否考虑了本企业对工资费用的支付能力。

(2) 工资体系诊断　工资体系是构成工资总额的各种工资支付项目的总括，其诊断要点如下：

1) 现行工资体系的作用如何，与企业的经营方针是否一致，是否有利于工时效率、管理水平和技术水平的提高，是否有利于录用新人和保持现有人员的稳定，是否有利于调动内部员工的积极性。

2) 企业高层决策者对工资问题的认识如何，是否有改善工资结构的愿望。

3) 现行工资体系存在哪些问题，内部员工对现行工资体系有哪些不满和意见。

(3) 基本工资诊断　汽车维修企业进行基本工资诊断的要点主要有：

1) 基本工资由哪些要素构成，它在工资总额中占多大的比重。

2) 工作业绩在工资中是如何体现的。

3) 汽车维修企业有哪些津贴，与基本工资有何关系。

4) 基本工资的构成方法与企业性质是否相符合。

5) 晋升、提薪的标准是否明确。

6) 各种工资成分的比率是否恰当。

(4) 员工奖金诊断　发放奖金的目的是多种多样的，有的是对有功者的奖励，有的是变相的生活补助，有的是利润分配，有的是对全年工资总额的调节。与发放奖金的目的相对应，其方法也是多种多样的，有的一律平均，有的强调考核，有的突出工作成绩，有的重视年功，有的重视全面考查。企业奖金诊断的要点如下：

1) 企业的奖金与企业经营方针、人力资源方针的关系如何。

2) 发放奖金的目的和发放奖金的方法与本企业特点是否相符。

3) 奖金的固定部分与跟随汽车维修企业盈利状况浮动部分的构成比率是否适当。

4) 奖金总额的决定方法和奖金的分配是否妥当。

5. 人力资源关系诊断

人力资源关系诊断包括对本企业的提案制度、信息交流制度、人力资源

第六章 汽车维修企业人力资源管理

咨询制度以及小组参与制度的诊断，其诊断要点如下：

（1）是否有明确的工作目标

1）企业的全体成员是否都了解其工作目标。

2）领导层和人力资源部门是否定期进行内部员工的意见调查。

3）内部人员完成工作目标的热情如何。

4）内部人员在制订目标时是否充分发表了自己的意见。

5）工作目标确定后，能否根据市场的变化及时进行调整。

6）对完成工作目标的情况是否给予了公正的评价。

（2）资讯交流的状况如何

1）汽车维修企业采用何种手段进行资讯交流，其效果是否明显。

2）妨碍企业与外部进行资讯交流的原因有哪些。

3）各职能部门之间的工作是否协调，有无拖拉现象。

4）上下级之间、同事之间能否经常沟通思想，交流工作情况。

5）现行组织架构能否适应资讯交流的要求。

（3）人力资源咨询制度的执行情况如何

1）人力资源的咨询由谁担当，是上级部门还是人力资源部门。

2）企业内部员工是否能够有反映自己的不满、不快和困难的途径。

3）有无人力资源咨询的记录，在人力资源管理中是如何利用这些资料的。

（4）对领导错误进行诊断

1）以貌取人。"士为知己者死"用今天的话来讲，就是"所有的人都愿为最理解自己的人而尽力效劳"。如果领导者缺乏鉴别下属的能力，下属绝不可能萌发积极性，而且也不肯听从呼唤。今天的上下级关系也是如此，作为领导者，必须公正待人，挑选有用的人才，知人善用地把人才分配在适当的岗位上，这是领导者的首要任务。

从来就有"事在人为"这句老话，而真正能够理解这句话的意义，并能坚持照办的企业管理者却寥寥无几。在同行中规模首屈一指的住友银行，专以网罗人才而闻名于世。他们以堀田庄三总经理、浅井孝二副总经理和董事组成的最高会议，花费时间最多的事务，并不是审查贷款账目，而是鉴别和选择胜任领导职位的人才。

2）非理性的世俗偏见。实践前提下的理性思维，是人获得正确认识的唯一途径，也是选择人才的重要方法。如果人的理性思维受到遏制，是非标准发生变异，就容易受到各种世俗偏见的影响，导致选人失误，主要表现在以下四个方面：

① 重男轻女，男尊女卑。现实中，有人总带着种种思想偏见对待女性，"女不如男"的思维定势，使一些富有才华的女性长期受到压抑。不容否认，由于生理上的差异和其他因素影响，女性在有些方面的素质确实不如男性，但女性中不乏有才华和出类拔萃之人。应该承认，环境造就人。女性成才受到环境的影响和制约，如不能从事强体力劳动，使女人缺少到重要岗位锻炼的机会；而重男轻女的传统观念，又阻碍了女性人才的脱颖而出。其实，男女两性比较，是各有所长的，其作用是不能相互替代的。在生理情感等方面，女性比男性有得天独厚的优势。因而，人才选拔应坚持男女平等、一视同仁的原则，要不拘一格地积极选拔女性人才，自觉抛弃男尊女卑、重男轻女的封建陈腐观念。

② 纠错与举功。常见的表现为选拔人才时，不是看有何特长，而是先盯在有无过错上，若见其历史有"过"，便毛骨悚然，从而大材小用或弃之不用。相反，对那些才能平庸没有过错者，却感到放心并青睐之。岂不知，工作多做多错，少做少错，不做不错，无所事事不干事的人当然不会有错。人犯错误能吃一堑，长一智，可以说也是一件好事，况且人不是静止不变的，缺点能转化，错误能改正。

③ 重年老，轻年轻。在一些人的潜意识中，资历在选拔人的天平上是重要的砝码，有的甚至把它视为选人的首要条件，习惯于在选人时，按资历深浅、年龄辈分排队取舍，处处讲求级别"台阶"，使一些年轻有为而资历尚浅者难以被提拔到重要岗位。

(5) 具有不良行为的领导者分析

1) BOSS 型。BOSS 这个称呼，有"头目""头儿""首领""老板"等意思。在美国，部属对上司、老板，惯用此称呼来表示对他们的亲近感。

所谓"头目型"的不良管理人员有的表现出仗着权力任意发号施令，也有的是以低姿态去笼络部属，打算借此随心所欲地带动部属。他们的行为表现为：偏袒某部属；若无其事地破坏规则；夸示其权威；采取高压态度。由于知识与行为的差距，导致部属各走各的路，他本人对此却浑然不觉，甚至还以为自己是个"很民主的上司"，殊不知问题就出在这里。

2) 高材生型。高材生型领导者了解公司的经营方针，且为它的实现而孜孜努力；责任感很强；事事以身作则。这样的管理人员，基本上会赢得决策层的赏识，被列为公司"杰出"管理者。但是，这一类模范型、理想型和标准规格型的高材生型管理人员，仅仅取信于决策层，如果评价其领导管理部属的方法，就有很多令人不敢恭维之处。从工作场所的实际表现来看，那些被视为才干的高材生型管理人员，他们辖下的部属，少有精锐型人才，更

第六章　汽车维修企业人力资源管理

缺乏团队合作精神。

3）官僚主义型。将个人以及人为判断的余地减到最低限度，只以法则、规则和章程来推动部属去工作的上司，称为"官僚型"管理人员。此类型的不良管理人员的特征为：

① 对某一件事是非的判断基准，并不求之于那件事本身，而只知套在制度上去判断。

② 某一件事即使很有实用的价值，只要不合乎既有的制度，就只好束之高阁，不闻不问。

③ 对制度设置的用意，从不深入探究。

4）公私混淆型。例如，把部属当作"佣人"，毫不客气地为私利而役使，还认为那是理所当然。比方说，故意在部属面前说："这个星期天我要搬家。"或者说："周末，我们家要大扫除。"部属一听，碍于"情面"，不得不说一声："那好，我乐意去帮忙。"当然，部属之中也有马屁精、巴结虫，欣然前往帮忙者并非没有。但是，绝大部分的部属，都是"勉为其难"，心里却大骂不停。

5）只会处罚的管理层。部属犯了错，就处罚他，以为这么做就是让他负起了过失的责任。有这种观念的管理人员相当多。此类管理人员的特点是，部属一犯错，脑海里立刻浮现"我该如何处罚他？"的念头，换句话说，他认为：让部属负起过失之责，其方法就是处罚。其实，对过失有了处分，并不就表示问题已经获得解决。这些不良管理人员，并不知道他应该采取的方法。如果换了优秀管理人员，他就懂得做下面的处理：

① 部属犯了错，自己要与部属一起"善后"。

② "善后"工作完成之后，管理层应该负起监督不周、领导不力的责任，向上层自请处分。

③ 对犯错的部属给予应有的处分。

④ 设法使曾经犯错的部属在未来将功补过。

不良管理人员非但不会处理得如此利落，反而毛病百出，例如，

① 自己不负起监督不周之责。

② 只知一味责备犯错的部属，使部属不但难过万分，也没有"再起"的意愿，更不用提有"自省"的念头。

6）委托而放心不下的管理层。无法把某些事的权限放给部属的管理人员，这也是管理层较弱的一个方面。这类人有以下特点：

① 事无巨细之分，全部掌握在自己手中。

② 支配欲望异常强烈。

③ 不敢把事情交给部属，胆小成性。

④ 个性较急，认为交给部属做，不如亲自做来得快，因此，经常自己工作一大堆，缺乏头绪，一直做不完。

7）小心翼翼型。任何企业都有只知"小心翼翼"，为保全饭碗而"孜孜不倦"的管理人员。这种管理人员的特征是：

① 从来没想到如何照顾部属，只一意保住自己的地位。

② 对自己在企业内的印象，始终记在内心。

③ 上班比一般员工要早，下班也比一般员工要晚，看似标准的上司。

④ 自以为严守上下班的时间，对部属也如此严格要求。

8）缺乏创意的管理层。此类管理者只知道处理日常定型的工作，始终激发不出一点创意。之所以造成如此的局面，理由如下：

① 缺乏激发创造性的思考力。

② 对想出种种创意感到麻烦。

③ 自认为提出改善方案必定遭到反对，干脆图个清静，免得吃力又不讨好。

④ 为日常业务忙得团团转，抽不出时间来思考。

⑤ 误以为创意的开发是市场策划部门的工作，只要等着执行结果即可。

6. 企业计划功能如何诊断

汽车维修企业除了要编制长远计划，还要经常对计划功能进行诊断，使之能成功地适应市场变化情况，因此计划功能诊断是非常必要的。其诊断如下：

1）汽车维修企业怎样制订计划才能既适应"正常情况下的运营"，又同时能应付意外事件的发生。

2）在制订长期计划时，一般的管理层认为，计划工作是经营主管人员的任务，他们每个人都必须对他们的计划及其执行负责。中层管理者认为，长期计划应该是高层制订的。但这两种做法在实际工作中很难一致。

3）良好的计划工作就是要能成功地适应变化的情况。鉴于在计划工作中有许多易变的和不确定的因素，要做好如何着手去解决问题的准备。

4）要学会运用计划工作的主要原理来阐明目标和任务。

7. 人力资源诊断工作准则

1）企业人力资源诊断要有明确的目标。人力资源诊断的根本目的在于充分发挥企业员工的积极性、创造力和潜能，以及改善人力资源管理效果，提高企业组织效率。因而人力资源诊断不是为了把员工管"死"，也不会损害员工的根本利益，企业管理人员和全体员工必须理解并认识到这一点，人力资源诊断工作才能顺利、有效地进行，所提供的改良计划才能得到广大员工的广泛认可。

2）要掌握和分析人力资源部门与企业其他各职能部门的联系。人力资源管理涉及绩效、士气、价值取向和行为方式等，均能体现在企业员工投入、转换和产出的各项基础活动中，与营销管理、财务管理、售后管理、仓库管理和信息管理的功效关系十分密切。因此进行人力资源诊断不仅仅局限于人力资源部门内部，而是要树立全方位的、全过程的系统人力资源管理观念，只有这样才能正确认识企业人力资源工作中存在的实质问题，在制订改善方案时，才能与汽车维修企业各职能部门的业务管理工作和整个企业的经营管理有机衔接，不至于"只见树木，不见森林"，导致人力资源管理工作与其他部门的工作割裂开来。

3）人力资源诊断应与员工培训工作结合起来，以提高企业人力资源部门工作人员的综合素质。诊断是短期的，管理却是长期的，只有通过诊断活动普及有关系统化的管理理论和实践知识，使人力资源管理者掌握科学的人力资源管理方法，才能保证企业人力资源工作长久高效运作。

4）人力资源诊断必须尊重企业现行的人力资源政策和人力资源安排。一个企业得以生存发展，必有其存在的依据，其原有的人力资源管理制度、体系和规程与企业生产经营的性质和管理风格有密切联系，片面否定自己企业原有制度的做法，只会造成管理上的混乱。因此，人力资源诊断应把握住"分寸"，既要克服阻力，大胆革新，又要循序渐进，与其他改进措施配套进行，人力资源诊断才会取得比较满意的效果。

三 人力资源诊断方法

由于人力资源诊断涉及企业"人"的管理和"事"的管理，采用的方法与一般经营诊断的侧重点略有不同。人力资源诊断多采取如下方法：

1. 调查问卷法

调查问卷法也是人力资源诊断最常用的方法之一，即通过设计问卷来了解企业员工的意愿。依据不同的人力资源诊断目的，可以设计出不同调查对象、不同结构和不同调查内容的问卷。对调查结果进行加工、分析和核对后所提出的相应的改革措施，员工也易于接受。经验表明，人们对他们能影响的决定是支持的。

调查问卷法可以用来诊断企业运营状况，也可以用来分析单个人力资源管理部门的管理效果，是人力资源诊断中最有效的方法之一。问卷调查法调查面较广，属于抽样调查方法。问卷调查的进行一般先设计问卷，根据调查目的编制一套结构性的问句，并让回答人在不受干扰的条件下独立填写，在规定时间内收回，最后由调查人员汇总整理。问卷调查中必须注意如下六点：

1) 问句贴切，用词正确，所问之处与调查目的相一致。
2) 一问不能两答，语义明确，不要含糊其辞。
3) 不用威胁性的语句。
4) 问句排列要合乎逻辑，便于员工思考。
5) 问卷回收率必须达到一定比例，至少80%。
6) 要对问卷信任度进行分析。

2. 量表调查法

量表调查法是采用一种标准化的等级量表，通过组织测评、员工测评、自己测评等多种途径，对汽车维修企业人员管理状况进行全面调查的方法。量表调查法的优点是调查项目设计严格，调查的问题明确，被调查对象的意向选择比较规范，计量方法统一且合理，调查结果便于计量，便于比较分析。

3. 面谈调查法

面谈是人力资源诊断的一个有效方法。一名优秀的企业诊断专家只需与企业少数人进行面谈，便可以对企业人力资源管理乃至整个企业状况有较准确的理解，并对组织运转状况有较准确的认识。因此，面谈是人力资源诊断获取第一手资料的一个有效的方法。

4. 统计分析法

统计分析法即对人力资源管理部门提供的有关报表，用数理统计方法分析，揭示某方面的变动趋势。由于统计分析手段较客观，所得出的数据也较有说服力。

5. 个案分析法

个案分析法是指寻找和选择典型事件、典型人物和典型单位进行人员组织、结构、功能、发展规划和人力开发方面的研究，力求分析方法的科学性和应用上的可操作性。

人员功能测评是人员业绩考核的工具，一般要求采用"多层测评法"，即评定时，既要求有足够的评定人数，又要求评定人分层取样，保持一个合理结构。人力资源诊断还要求评定专员在没有外界干涉的条件下，独立自主地进行评定，以保证客观公正，并从多种角度摄取信息，防止评价的片面性。

6. 图像描绘法

人力资源诊断的目的在于改善人力资源管理状况，最终需通过诊断专

第六章　汽车维修企业人力资源管理

员、企业管理者和全体员工三方共同努力，促进企业的发展。因此，诊断人员将分析结果加以量化，形成图像，让全体人员学习，听取诊断专员的解释和评论。显然，用这种方法所取得的效果比刻板的说教更易于让员工理解，也较容易获得他们的支持。相反，大量的文字和数据则往往使人不知所措，因而缺乏说服力。

7. 数据抽样法

这是一种诊断企业的新方法，其基本步骤是由诊断专员对企业有关方面数据进行抽样，然后分析这些数据，并做出带有几个探索主要方面问题的初步报告，再将可供选择的处理观点制成一览表，要求对此提供反馈或不同意见，当这些步骤得到最大限度回答时，即可最后定稿。

四　汽车维修企业内部员工士气低落的原因

1. 控制过于严厉

大多数员工认为适当的控制是必要的，但控制过严，他们会认为是一种妨碍，而失去努力工作的积极性。许多员工认为管理层过多地介入他们的工作，是对他们的工作不满意的表现，从而心情不畅、士气低落。

2. 工作标准不合理

如果任意制定工作标准，甚至不符合客观情况，就会产生负面作用。例如，不加分析地把费用减少了10%，就会严重影响员工的积极性。又如，服务项目要求出错率为0，准时完工率为100%，这是任何人都不可能达到的。因此汽车维修企业制定的标准要合理。

3. 企业管理水平低

领导层对激励的原因和技巧越了解，激励效果越好。激励因素很多，涉及信念、价值观等。例如，在一家知名公司工作的员工会产生一种自豪感，从而产生一种激励作用，会努力工作以保持自己的形象。另外，自信也是很重要的激励因素。公司在当地是一流的，公司是他们强有力的后盾，员工就会充满自信地开展工作，没有后顾之忧。

4. 工作评价不到位

不是所有的工作都是可以做定量评价的。但许多公司都是从定量的标准去评价工作成绩。比如，客户服务这样的工作就无法用定量的标准来衡量。例如，有些员工不能完成目标，有可能是目标设置不合理，有可能是有些因素自己无法控制，而不是个人工作的问题。

5. 上下级之间缺乏沟通

管理层与员工缺乏沟通，员工不清楚领导的意图，对工作的内容、方式和结果没有明确的认识。领导者不了解员工的思想状态,员工会有一种被忽略的感觉。

6. 没有工作地位

如果员工认为自己的工作微不足道,就会产生一种失落感。遇到这种情况,汽车维修企业管理层应激励员工,承认其重要性,建立起员工的自信心。

7. 员工认为受到不公平对待

员工认为自己受到了不公平的对待。有时这种感觉是对的,有时是一种误解。为预防这种情况的发生,汽车维修企业管理层在制定政策、评价工作时,应有一个合理的解释,尽量体现公平的原则。

8. 缺乏对决策层的信任

如果员工认为企业的服务、战略和竞争实力都不能与竞争对手抗衡,就会失去对企业的信任和对工作的热情。

9. 缺乏认可员工的氛围

工作被认可会产生积极的工作态度,人人都希望自己的工作被认可。

10. 薪金制度不合理

薪金太低或分配不合理,会影响员工士气。汽车维修企业高层领导者应意识到合理薪金制度的重要性。

11. 工作无安全感

一个总是担心自己报酬的员工,是不会取得很好的业绩的。汽车维修企业管理层应设计合理公平的薪金制度以消除员工的不安全感。

12. 员工如何提升比较模糊

如果业绩好的员工,就有可能进入管理层,这对很多员工都是一个很大的激励。

13. 工作干好与干坏一个样

如果对业绩较差的员工不采取措施,员工就会认为干好干坏都一样,这样会使整个员工团队士气比较低落。

第七章 汽车维修企业行政管理

第一节　行政部门组织机构图与岗位职责描述

行政部门组织机构如图7-1所示。

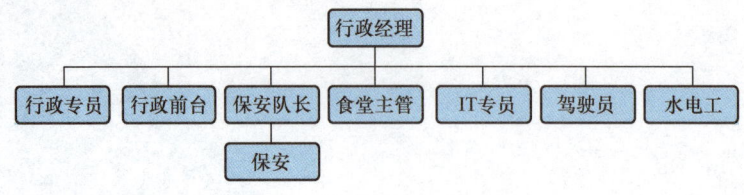

图7-1　行政部门组织机构

1. 行政经理

直接上司：总经理。

主要工作：规划、指导、协调公司行政服务支持等各项工作，组织管理下属人员完成本职工作。对公司行政后勤、行政前台、保安、食堂等工作进行指挥、指导、协调、监督和管理。

岗位职责：（具体工作）

1）每天不定时检查公司范围内主干道畅通、停车位车辆停放情况。

2）每天不定时检查保安值班情况。

3）每天检查服务规范范围的卫生和花草的养护情况。

4）每天检查保安服务规范性。

5）每天检查行政前台轮岗情况。

6）每天检查行政前台指引客户到所属车型前台的情况。

7）每天检查客户到店后及时为客户提供茶水及问询服务的情况。

8）每天检查大厅及公司外围的卫生情况（包括有无垃圾、噪声、异味等）。

9）在新的行政员工入职一周时，按照工作岗位要求对员工进行提问，得分纳入相关主管考核分数。

10）记录停电、停水、网络故障、电话故障等情况。

11）每周检查客户娱乐室计算机情况。

12）记录行政部门员工对公司提出的合理化建议。

13）每季度完成行政部门员工绩效考核表。

14）月度、季度工作总结。

15）每季度完成车辆违章、各种证件手续情况的更新、年检。

16）每季度完成固定资产的盘点。

17）完成外围行政关系的维护。

18）费用抽查，行政经理的费用支配权力是200元以内，单项超过200

第七章　汽车维修企业行政管理

元的支出需要汇报总经理，能够做到货比三家；每季度对办公劳保用品进行价格分析控制调整；每季度及时关注废品及机油的回收市场价格。

2. 行政专员

直接上司：行政经理。

主要工作：向电话询问者提供信息，收发日常邮件，进行文档管理，对其他行政和业务方面的工作提供行政支持。

岗位职责：（具体工作）

1）接听行政办公室电话，向电话询问者提供信息，记录留言，转接电话。

2）收发与回复日常邮件。

3）撰写会议通知、会议纪要、日常信件和工作报告。

4）会谈、会务安排。

5）将签呈及其他记录归档。

6）备份信件及其他文档。

7）安排商务旅行，做好预订工作。

8）接待访客。

9）采购、分发和控制办公用品，库存管理分发。

10）行政日常报表的汇总提交。

3. IT专员

直接上司：行政经理。

主要工作：维护好各分店工单系统相关工作，负责IT采购价格询价；执行企业保密制度，严守企业商业机密。

岗位职责：（具体工作）

1）负责计算机网络系统的日常维护和管理。

2）负责系统软硬件的调研、询价、采购、安装、升级、保管、维护等工作。

3）负责软件有效版本的管理。

4）负责计算机网络、系统软件安全运行；服务器安全运行和数据备份；Internet对外接口安全以及计算机系统防病毒管理；各种软件的用户密码及权限管理；协助各部门进行数据备份和数据归档。

5）执行企业保密制度，严守企业商业机密。

4. 水电工

直接上司：行政经理。

主要工作：做好公司水电相关工作。

岗位职责：（具体工作）

1) 负责公司水、电、项目改造等工作。

2) 负责水电费的管理工作，深入了解情况，发现问题，及时处理或上报。

3) 自觉执行材料领用制度，修旧利废，杜绝浪费。

4) 完成领导交办的其他工作。

5) 强化安全意识，按规定程序操作，及时检查和排除用电安全隐患，若因工作失误，导致安全事故发生，承担相应的责任。

5. 驾驶员

直接上司：行政经理。

岗位职责：（具体工作）

1) 完成行政经理交办的各项事务。

2) 应爱惜行政车辆，平时要负责行政车辆的保养、卫生保持，检查车辆的主要机件；每月至少用半天时间对自己所开车辆进行检修，确保车辆正常行驶。

3) 因故意违章或证件不全被罚款的，费用不予报销；违章造成后果由当事人负责。

4) 保证手机每天 24h 开机，任何情况不得处于关机状态。

5) 未经公司领导批准，不得将自己保管的车辆随便交给他人驾驶或练习驾驶；严禁将车辆交给无证人员驾驶。

6) 行政车辆夜里必须归还公司，如果不归还需要总监以上领导签用车协议。

7) 负责出车费用报销，需经办人在票据上签名，并注明时间、目的地；负责公司车辆的年审和缴纳车辆保险费。

6. 行政前台

直接上司：行政经理。

主要工作：做好公司日常行政事务工作，保证公司信息通信顺畅，提高公司运作效率。

岗位职责：（具体工作）

1) 转接总机电话，收发传真、信件、报刊和机票。

2) 接待来访客人，并通报相关部门。

3) 管理办公用品，管理复印机、碎纸机等办公器材。

4) 管理宣传栏张贴的文件。

5) 更新和管理员工通信地址和电话号码等联系方式。

6) 大厅卫生、花草、鱼缸状况的监督和检查维护。

第七章　汽车维修企业行政管理

7）协助组织公司活动。

8）大厅正常秩序的维护。

9）客户午餐的安排协调和服务。

7. 保安队长

直接上司：行政经理。

岗位职责：（具体工作）

1）负责进行新保安培训。

2）协助公安、消防部门做好公司的安全防范工作，发现不安全因素及时报告，提出整改意见。

3）负责治安、消防安全宣传工作，收集相关信息，组织公司内部员工进行治安、消防知识学习和消防演练。

4）负责消防设施、消防通道的监督检查，确保消防设施处于良好状态，通道畅通。

5）负责组织保安的日常训练工作。

6）负责保安的值勤、排班、调休等日常管理工作。

7）交接班时，将注意事项交代清楚，并将值勤中所见重要事项或事故列入"保安值班记录簿"，及时检查有关资料。

8）负责将保安工作中有关资料定期呈报行政部门审阅。

9）应熟记公司内各处水、电开关、门锁、消防器材的位置，以免发生事故时慌乱，重要路口照明灯、门窗、围墙有缺损时，应及时建议行政部门处理。

10）认真做好公司财产和员工人身、财产安全保卫工作，时刻准备与不良行为做斗争。

11）执勤中应时刻提高警惕，严守岗位，不得撤离职守、饮酒、聊天、阅读书报、睡觉等做与工作无关的事情。

12）对应急和防身器材按规定放置和佩戴，以应付恶性突发事情并做好交接。

13）负责协助行政部门物流等日常事务。

14）公司废旧物资的出售，保证价格。

8. 保安

（1）白班保安

1）维护公司区域内的公共秩序，防止闲杂人等、小商贩、推销人员进入办公区域。

2）客户车辆到店，应主动上前问好，将客户车辆指引到相应品牌的车间，帮客户打开车门，同时用对讲机通知相应品牌的服务顾问接车，标准呼叫语："××前台，请接车，车牌号为×××××××。"

3）负责到店车辆的停放（车头统一朝向，车身无明显积灰；各个车间门口应停放相应车型的车辆）、疏导，保持公司门前交通畅通。

4）工作过程中要微笑服务，车辆手势要标准化，站势、走势要军事化。在工作的同时，应积极配合其他部门工作，不推诿，不扯皮。

5）负责大厅外围的卫生清理和花草养护。

6）形象岗保安应用标准手势对进厂车辆敬礼。

(2) 夜班保安

1）负责接听前台电话，做好记录。铃响三声之内接起，接电话标准用语："您好！××企业，很高兴为您服务，……"

2）如接到客户救援电话，应及时通知运营总监安排前去救援并做好记录；如接到客户的咨询电话，无论大小，应给予回复："我已经记好您的电话号码，我会请相关人员5min内跟您联系"。然后联系服务顾问或者服务总监给客户回复。(要确认服务顾问回复客户电话）

3）负责检查各车间大门、侧门是否锁好，水、电、气及设备是否关闭，针对水、电没有关闭情况进行记录。

4）负责巡视外围，保证外围停放车辆的安全，最少每小时巡视一次。巡视过程中，要提高警惕，不停地回头和左右观看（严禁长时间低头行进），便于发现问题和保护自己。夜间巡视时，要带好自卫器材、照明用具和通信器材。发现有异常情况时，要沉着冷静，看清情况后，再果断处理；如果情况严重，要先汇报，待支援人员到来后再采取行动。在遇重大节日或有安全隐患及重点部位应提高巡视的频率。

5）负责晚上监控配件部报警系统的检查。如接到报警电话，应及时通知相关责任人处理。负责检查旧料库、仓库是否锁好。负责检查霓虹灯工作是否正常。

6）对公司车辆要做好登记，行政车辆除非是紧急救援否则一般不予外借，如果救援需要记录用车人的去向，行政车辆使用在外过夜的要取得行政经理的同意，还车时仔细检查车辆的外观和内饰。

7）定期对饮料机进行清理。在保洁下班后检查客户洗手间是否干净并点燃檀香。

8）夏季、冬季的空调关闭时间是19:00，如果有特殊情况，需要延长空调使用时间的，需要报请行政经理。客户离店后需要及时关闭电视、计算机等服务设备。

9）22:00左右对服务场所进行简单的卫生整理，如烟灰缸、加班餐具等。

10）负责花草的养护浇水。

11）遇到特殊情况（火灾、暴力、盗窃、破坏），及时通知行政经理，并做好应急措施。

9. 食堂主管

直接上司：行政经理。

主要工作：做好公司食堂后勤工作。

岗位职责：（具体工作）

1）主持食堂的全面工作，处理食堂的日常事务，竭尽全力搞好伙食工作。

2）制订食堂工作计划和规章制度，使食堂工作制度化、正规化、科学化。

3）制订菜单，合理配料，提高质量，杜绝浪费。

4）严格执行食品卫生法，搞好食堂内环境卫生，加强水源管理和食物鉴别，严防食物中毒事故发生。

5）定期主持盘点，杜绝贪污盗窃、私分、私领、多占现象。

6）提高警惕，加强防火，防盗，防止重大责任事故的工作。

◆ 第二节 行政部门工作流程 ◆

1. 办公用品领用

1）领用人根据有关办公用品清单及实际需要，由本部门相关人员每月月末向行政部门提出申请，月初统一向行政部门签字领取。

2）办公用品采购，原则上由各部门向行政部门提出申请后统一采购，特殊物品采购打签呈由部门领导及总经理签字同意后另行购买。

3）员工离职时，应认真清点办公用品，到行政部门填写交接清单并签字。

2. 复印

任何人不得利用公司机器复印与工作无关的文件，行政部门一经发现，有权根据公司有关规章制度，通知人力资源部门进行处罚。

3. 传真收发

1）公司与外界联系需对方发送传真时，尽量要求对方注明本公司具体收件人，以便行政部门及时分发。

2）行政部门收到传真后，负责通知收件人及时领取。

3）没有标注收件人的传真件要留底保存。

4. 信件收发

1）公司所有收发管理工作均由行政部门行政前台统一负责。收发业务范围包括：文件、邮件、报刊、挂号、EMS 的发送、登记，以及特殊文件资料的递送。

2）收发人员需根据相关文件资料填写收件登记簿、发文登记。

3）收到信件资料由行政部门负责通知收件人及时领取。

4）对贵重物品、汇款、邮包，要进行专门登记，并及时通知个人签字领取。

5）对投递错误的邮件，应及时退回或设法转移。

5. 名片管理

1）公司名片由公司策划部门设计，由公司行政部门联系印刷业务。

2）印制名片申请者填写名片印刷申请单，经部门领导签字后交由行政部门负责印制。

3）名片印制前需确认名片职务、职称、部门是否相符，姓名、联系方式等需确认无误，业务相关人员的联系方式必须是公司配发的手机号码。

6. 车辆管理

1）公司行政车辆主要供公司接送客户使用，需要在用车登记本进行登记。

2）如果用车需要外出过夜，应总监以上人员签订外出车辆使用协议。

3）行政车辆由驾驶员负责管理，具体包括保洁、保养、年审、维修。

4）行政部门每月将所有车辆耗油量及行驶里程记录报行政总监查核一次，以防浪费，如超过耗油标准时（指不正常）应送请调整修理。

5）油料管理：任何一笔油料充值都要有签呈，行政车辆加油由行政经理确认签字，油卡大金额充值使用公对公账户直接打款。

7. 水电、办公设备维修流程

1）报修人员先将报修信息反馈给网管或水电工。

2）行政部门根据情况组织及时维修。

8. 网络管理

1）各应用部门应按照计算机使用的规范要求规范使用计算机，如做到定时杀毒、不安装与工作无关的软件、下班关机等。计算机出现故障并向计算机维护人员报告故障时，应详细描述故障现象。

2）软件维护公司对公司使用的软件进行管理，自己公司的 IT 专员负责计算机硬件的管理。

9. 资产管理

严格执行企业固定资产新增、调拨、报废等审批手续。

政策及权限：

1）负责全公司所有资产的采购、登记、保管、调拨、维修、保养、报废等手续的办理。

2）行政经理负责批准费用在 200 元以下的资产采购、维修；总经理负责批修费用在 2000 元以下的资产采购、维修；2000 元以上金额需要报请董事长。

3）对公司资产统一登记并进行电子台账管理。

4）由财务部门负责审批各部门固定资产的报废。

5）重点关注项目：车辆、发电机、电动车、数码相机、录音笔、计算机。

6）网络管理员每月发送固定资产变更报告（新增、改变使用人，改变地点，报废等）给财务经理。

10. 公章管理

除了维修合同等常规公章使用项目，其他人因故需要公章要填写公章使用申请单，请总经理签字后，在公章登记本上登记后使用。外借公章，必须填写公章使用申请单。

11. 工装管理

1）根据财务预算对车间工装和二线员工工装进行招标，选择合适的工装供应商，建议车间工装和二线人员工装分两家供货。

2）除西服之外，车间工装、二线的 T 恤以及衬衣需要进行备货，给新进员工储备部分工装。

12. 办公区和车间安全管理

1）除每周进行 5S 检查外，每周电工还需要对重点区域进行安全检查。

2）夏季和冬季的空调系统检查。

3）冬季加热器使用检查。

◆ 第三节　前厅接待礼仪 ◆

1. 外在形象

1）工装统一、整洁、无褶皱。视季节更换工作服。鞋子必须为黑色商务高跟鞋，鞋面保持干净，无破损。春秋冬应佩戴丝巾装饰。

2）每天淡妆上岗（粉底、眼线、眼影、睫毛膏、描眉），着妆清新、大方、自然。头发干净、整齐不凌乱、不披发，头发发绳使用黑色。配饰不超过三件、不佩戴夸张饰品。

3) 前台就座时需上身挺直,切忌随意趴于台面。目光平视前方,表情自然和蔼,双手自然平放于桌面,两腿合拢屈膝向右倾斜。右脚并拢于左边放置。

4) 站立时两脚自然分开,两臂自然下垂,双手合拢置于小腹前或两臂放于背后呈现自然状态。身体挺直。

5) 行走时步伐轻盈,身体挺直,收腹,两臂自然下垂,双肩平行,两眼平视前方。

2. 服务标准

1) 客户进门要第一时间上去迎接,面带微笑,态度热情大方,同时致欢迎词:"早上/上午/中午/下午/晚上好!"

2) 给客户指引至休息区时上半身前倾,五指并拢,前臂微屈指向客户所需的方向,必要时需亲自带领客户到所需地点,此时要行走于客人右前方加以规范手势指引,步伐轻盈,提示语为:"请这边走!"至座时示意用语:"您好,请这边就座!"

3) 在客户落座1min内为客户提供饮品时。介绍饮品时用语:"您好,请问需要喝点什么?我们为您准备的免费热饮有咖啡、奶茶、果汁;茶水有铁观音、菊花茶。"夏季时要先介绍冷饮:"您好,请问需要喝点什么?我们为您准备的免费冷饮有可乐、雪碧、芬达;热饮有咖啡、奶茶、果汁;茶水有铁观音、菊花茶。"为客户端饮品时左手执杯底部,右手执杯子中间部位,饮品容量要七分满。送饮品时若客户正在忙,提示语为:"您好,请慢用!"

4) 客户需要休息时可视情况提供毯子等相关物品。

5) 电话接听需在电话响起三声内接听。

标准用语为:"您好,××企业,很高兴为您服务!"

转接用语为:"请稍候/请稍等!"

提供帮助为:"您好,请问有什么需要帮助的?"

结束用语为:"感谢您的来电,再见!"

当客户要求某位不在位置的服务顾问回复电话时,要把相关信息传递给服务顾问本人。

6) 不能直接拒绝客户的要求,如果实在是自己无法处理可以直接反馈给行政经理或总经理。

3. 必备的职业素质

1) 掌握公司的企业文化,了解公司发展历程及发展前景,清晰掌握公司内部的组织机构分布、办公地点及相关职能。以上资料可以参见企业资料及通讯录。

2) 具备一些基本的专业知识:能够清晰地回复公司准确的地址,能够

第七章 汽车维修企业行政管理

指引客户从高速出口到公司的路线；了解公司其他店面的基本情况。

3）认识公司各主要领导、成员，准确掌握对方的办公地点及对应的座机号。

4）时刻关注掌握公司的相关市场活动，每月服务促销活动开始后，行政经理需要组织行政前台学习，以便介绍给客户。

5）关注进店客户，了解客户的基本信息，知道哪些是老客户及他的车型、日常到店喜好等。询问新客户的相关信息，是否第一次到店，在修车型，对我店的服务有什么好的意见和建议，以及平时到我店的休闲爱好都有哪些等。

6）培养自己的创新意识和学习能力。行政前台是公司的形象岗和名片，是与客户面对面沟通的一线，如果自己想进一步发展，需要把自己的工作从良好做到卓越。

4. 前厅接待工作时的禁忌

1）任何情况任何时间内，行政前台不允许在工作岗位吃零食、喝水、看报、玩手机、上网、化妆、看电视、勾肩搭背、闲谈等做与工作无关的事。

2）工作期间前台处不允许出现空岗、漏岗、脱岗现象。

3）行政前台接听电话一定要使用标准普通话，使用标准服务用语，在岗期间不允许讲方言，不允许用公司电话拨打私人电话聊天。

4）客户休息区电视在客户没有自行选择的情况下应调到CCTV新闻频道，显示公司品位，耳濡目染对自己的谈吐也会有帮助。

◆ 第四节 行政部门各岗位工作职责 ◆

1. 行政经理

行政经理的岗位职责见表7-1。

表7-1 行政经理岗位职责

区域	项目	要求	检查标准	检查人	责任人	备注
接待大厅门前	地面	每天检查两次，随时整理清洁	无垃圾口无积水口无杂物口无污渍口无物料堆积口			
	花草	每天早晚各检查一次	造型保持完整口土壤干湿适中口叶片常绿口花朵饱满口花坛内外无杂物口花盆外侧无污渍口花盆内无枯叶口花盆下边无水渍口			
	主通道	每天检查若干次	通道口车辆畅通口车辆摆放车头统一朝一个方向口车间门前无拥堵口			
车间门前		每天检查若干次	车间门前车辆统一摆放口车间侧面无杂物堆积口车间门口无拥堵口			

（续）

区域	项目	要求	检查标准	检查人	责任人	备注
接待大厅	行政前台	每天检查若干次	桌面无多余物品（只摆放企业报纸、电话、台历、签字笔、盒抽、记事本）□迎宾台整洁无污渍□盆花□盒抽□			
	收银前台	每天检查若干次	桌面无多余物品□打印机□计算机□验钞机□电话□			
	服务顾问前台	每天早晨检查一次	名片盒、烟缸在客人左手边□名片盒内名片三分之二数量□宣传单页、姓名牌号、水果盘在右手边□桌面不放置其他物品□座椅背后无杂物、灰尘堆积□			
	精品区前台	每天早晨检查一次	名片盒、烟缸在客人左手边□名片盒内名片三分之二数量□宣传单页、姓名牌号、水果盘在右手边□桌面不放置其他物品□座椅背后无杂物、灰尘堆积□			
	精品柜台	每天早晨检查一次	精品橱窗物品整齐□灯具照明齐全□橱窗玻璃无水渍□			
	上网区	每天检查两次	计算机桌面整洁□茶几明亮□沙发、椅子无灰尘□计算机机箱、显示器无灰尘□照明完整□			
	客户休息区	每天检查两次	沙发摆放整齐□沙发地毯无污渍、浮灰□沙发夹缝中无杂物□液晶电视屏幕及背后无浮灰□饮水机外观明亮□咖啡机、可乐机清洁□擦鞋机工作正常，无灰尘□热水器正常使用□			
	大厅玻璃幕墙	每天检查两次	玻璃幕墙干净明亮□遮阳布保持在统一高度□			
	大厅广告画	每天检查两次	广告画报完整□表面无明显污渍、整齐□颜色鲜亮□			
	大厅顶灯	每天检查两次	顶棚整齐□照明灯管照明完整□			
门口广场环境	通道指示牌	每天检查一次	指示牌字母和汉字齐全无残缺□立柱干净无灰尘□立柱无破损□大路上横广告牌色彩鲜艳□立柱招牌色彩鲜明□			
	车间店招	每天检查一次	广告字完整□店招照明完整□表面无明显污渍□颜色鲜亮□			
办公及会议区	环境	每天检查一次	会议室角落无蜘蛛网□楼梯角落无蜘蛛网□财务室办公通道不堵塞□总经理办公室清洁干净□办公台面无灰尘□办公区域花草干净□门窗墙壁干净□			

第七章 汽车维修企业行政管理

（续）

区域	项目	要求	检查标准	检查人	责任人	备注
消防设施	消火栓、灭火器	每天检查一次	消防通道畅通□灭火器在有效期内且压力合格□消火栓责任人明确□消火栓四周2m内无杂物堆放			
车间环境	机修车间	每天检查一次	车间环境整洁□洗手间整洁，无水溢出□车间无存油及易燃易爆物品□电路无裸露隐患□			
	钣金车间	每天检查一次	电路无裸露隐患□楼通道畅通□楼梯角落处无灰尘、蜘蛛网□			
	喷漆车间	每天检查一次	车间环境整洁□洗手间整洁，无水溢出□电路无裸露隐患□			
	洗车房	每天检查一次	洗车间地面干净□洗车间商品陈列规范□商品柜干净、无灰尘□			

2. 前台接待工作

前台工作明细见表7-2。

表7-2 前台工作明细

类型	时间	内容	具体安排
正常值班	8:10~8:30	晨会	所有人员到齐做好值班准备。8:15 开晨会
	8:30~9:30	工作	1. 和保安做好交接工作，如果有问题及时向经理反映 2. 服务好到店的每位客户 3. 一楼大厅添加湿巾和糖果 4. 检查咖啡机和可乐机的使用情况，及时添加原料 5. 检查所缺物品，及时到行政部门去领 6. 做好报纸、杂志的更换工作 7. 做好一楼鲜花的换水工作 8. 检查鱼缸，及时加水。另外做好喂鱼工作 9. 清洗抹布，确保每天抹布干净 10. 定时给卫生间的花草换水 11. 每天冲洗水壶 12. 关掉大厅不必要的电源和灯，因天气情况而定 13. 打扫前台卫生，包括桌面和地板 14. 电视和音乐的正常播放 15. 检查当天接收的快件的发放情况，保证当天的快件当天送到各个部门

（续）

类型	时间	内容	具体安排
正常值班	8:30~9:30	工作	16. 服务好每位客户，关闭所有门窗，打开空调 17. 打开上网区电脑，确保都能上网 18. 如果影视厅没客户，把窗户打开通风。在有客户情况下关窗开空调，并把硬盘安装好，确保能正常看电影 19. 定时清洗玻璃缸
	9:30~11:30	工作	1. 所有人员在自己的岗位上，做好本职工作，不能出现脱岗和漏岗现象 2. 接好电话的同时，时刻关注每位进店客户，做好引导和服务工作；经常巡视大厅，特别是屏墙后边；经常去上网区和台球室巡视，及时给客户添加饮料 3. 帮助客户收发传真和复印文件 4. 帮忙所有部门接收邮件和邮寄文件
	11:30~13:30	客户用餐	1. 提前做好餐厅的准备工作，打开餐厅空调，切好水果供客户享用，打开餐厅消毒柜给餐具消毒，餐桌物品添加好 2. 饭送来之后及时把餐具摆放到相应位置，打开电视机 3. 一切工作就绪之后，通知客户就餐 4. 客户就餐过程中做好服务工作 5. 客户就餐后及时整理餐具，倒垃圾时一定注意不要把饭菜弄到墙上或地面上 6. 就餐完毕及时把空调、电视机关掉，打开窗户通风换气 7. 服务好新到客户和用过餐的客户
午休时间	13:30~14:30	轮休	员工轮流休息，另外做好下午的准备工作
正常值班	14:30~18:00	工作	与上午工作流程一样
晚班人员	18:00—19:00	下班交接	1. 服务好客户 2. 下班之后把湿巾和杂志收回前台 3. 做好来电统计、分析，把数据报给行政经理 4. 下班之后锁好柜子，在没有客户的情况下，应该把所有电源都切断，打开所有门窗，包括上网区、台球室和影视厅，对流通风换气。如果还有客户应该跟保安交接，做好后续工作

第七章　汽车维修企业行政管理

3. 保安工作

保安工作明细见表7-3、表7-4。

表7-3　白班保安工作明细

时间	工作内容	工作要求	完成打"√"	备注
	填写人：	填写日期：		
8:00~8:10	整理着装，保持服装整洁，做好交接班工作			
	交接班询问夜班有无所交办的事情	有的话在备注栏填写		
	打扫广场周边卫生；清扫花池中的杂草、垃圾			
	巡视停车周围区域及大厅外墙卫生情况，发现需要维修或者打扫的问题及时上报行政部门			
	巡视旧件库，鱼池是否正常；保持鱼池四天清理一次			
8:10~8:30	周一到周五开晨会			
8:30~11:30	迎接到店车辆，接待好每位到店车辆及客户	标准用语：先生/女士，上午/下午好！ 服务顾问，请接车，车牌号为×××××× 标准站姿：跨立站于入口太阳伞下或车间入口处 标准手势：正确运用直行、大转弯、小转弯、车位指示动作、停车指挥动作、倒车指挥动作		
	完成行政部门及其他各部门交代的临时任务			
	保持广场卫生，有杂物要及时清理			
	保持广场停放车辆的有序性和安全性	车头统一朝一个方向 非公司维修品牌车辆不能停放在标准停车位置 长期停放车辆定期清洗		
	至少有一个人值班			
	发现可疑人员（如推销人员）要及时谢绝，防止他们进入办公区域			

（续）

填写人：		填写日期：		
时间	工作内容	工作要求	完成打"√"	备注
11：30~14：00	值班人员轮流用餐及休息，保证公司门口至少有一个人值班			
14：00~18：00	迎接到店车辆，接待好每位到店车辆及客户	标准用语：先生/女士，上午/下午好！ 服务顾问，请接车，车牌号为××××××× 标准站姿：跨立站于入口接待处 标准手势：正确运用直行、大转弯、小转弯、车位指示动作、停车指挥动作、倒车指挥动作		
	完成行政部门及其他各部门交代的临时任务			
	保持红旗迎风招展			
	保持广场卫生，有杂物要及时清理			
	保持广场停放车辆的有序性和安全性			
	至少有一个人值班			
	发现可疑人员（如推销人员）要及时谢绝，防止他们进入办公区域			
18：00~19：00	与夜班人员做好交接工作（对讲机、钥匙、当天收到的包裹以及其他特殊事宜）	交接对讲机____部，钥匙____把		

总结：

第七章　汽车维修企业行政管理

表7-4　夜班保安工作

时间	工作内容	工作要求	完成打"√"	备注
填写人：		填写日期：		
18:00~19:00	与白班人员做好交接工作（对讲机、钥匙以及其他特殊事宜）	交接对讲机____部，钥匙____把		
19:00~次日8:00	打扫广场卫生			
	给门口的花木浇水及除杂草；把情况不好的花及时清除出去			
	服务好来店客户，给客户倒水			
	转接来电	标准用语："您好！×××店，很高兴为您服务，……"		
	检查水电情况	今天没有及时关闭水电的部门有：_____		
	夜间每小时巡视一次机修车间、喷漆车间、霓虹灯等			

总结：

4. 其他需要提交的报表

其他需要提交的报表见表7-5。

表7-5　其他报表

项目	行政经理	行政专员	驾驶员	IT专员	水电工	行政前台	保安队长	备注
日志	√	√		√	√	√		每天
月度总结	√	√	√	√	√	√	√	每月5号之前
季度总结	√	√	√	√	√	√	√	每季度后5号之前
食堂菜价统计表		√						每周二

（续）

项目	行政经理	行政专员	驾驶员	IT专员	水电工	行政前台	保安队长	备注
行政费用统计分摊		√						每月5号之前
办公劳保采购需求		√						每月5号之前
工装部门分摊		√						每月5号之前
公司固定资产盘点表	√	√	√	√	√	√	√	每季度盘点一类
行政仓库盘点表	√							每月5号之前
证件统计表格		√						每季度一次
油卡费用统计表			√					每月5号之前
车辆违章统计			√					每月一次
固定电话话费审核				√				每月5号之前
水电费用统计表					√			每月5号之前
员工话费补助统计		√						每月底之前
员工油卡补助统计		√						每月底之前
5S检查统计		√						每周
消防器材维护统计							√	每季度后5号之前
花草位置统计表格							√	每季度后5号之前
超越自动备份检查	√			√				每月检查一次
旧件机油回收	√							每月10号、25号
行政费用对比分析	√							每月检查一次

◆ 第五节 安全知识 ◆

公司应给每一位入职员工及时购买意外伤害险，任何时候，出现安全意外事故，第一时间打电话给行政经理和人力资源专员，打保险公司电话报案。

一 安全基础知识概论

1. 安全知识培训目的

首先，对员工进行安全教育，是国家对企业安全管理的要求，是企业安全工作的需要，是提高全体员工安全预防能力的一项基础性工作。

其次，开展员工安全教育是保护员工人身财产安全和合法权益的需要。

最后，如果员工的安全意识淡薄，安全常识缺乏，逃生自救能力低下，

第七章　汽车维修企业行政管理

一旦发生安全问题，势必造成严重后果。

因此，必须对员工进行安全教育，提高员工的安全意识。

2. 安全的相关概念

（1）安全生产基础概念　安全生产是指为了使劳动过程在符合安全要求的物质条件和工作秩序下进行，防止伤亡事故、设备事故及各种灾害的发生，保障劳动者的安全健康和生产作业过程的正常进行而采取的各种措施和从事的一切活动。

按照安全生产"管生产必须管安全"的原则，员工的安全生产由生产经营单位管理。

（2）广义的安全　广义的安全是指一切活动领域中所有安全问题，具体包括以下内容。

1）生产领域：安全生产。

2）生活领域：生活安全、交通安全、公共安全、消防安全、用电安全等。

3）生存领域：台风、水灾、雷击、海啸、地震等各种自然灾害的防范。

3. 安全生产方针

2005 年国家提出了"安全第一、预防为主、综合治理"的新方针。

4. 安全管理基础概念

（1）工伤　工伤也称为职业伤害，是指劳动者（职工）在工作或者其他职业活动中因意外事故伤害和职业病造成的伤残和死亡。

（2）工伤保险　工伤保险又称为职业伤害保险，是指劳动者由于工作原因并在工作过程中遭受意外伤害，或因职业危害因素引起职业病，由国家或社会给负伤、致残及死亡者生前供养亲属提供必要的物质帮助的一种社会保险制度。

5. 员工在安全生产方面的权利和义务

（1）员工在安全生产方面的权利

1）享受工伤保险和伤亡求偿权。

2）危险因素和应急措施的知情权。

3）安全管理的批评检控权。

4）拒绝违章指挥、强令冒险作业权。

5）紧急情况下的停止作业和紧急撤离权。

（2）员工在安全生产方面的义务

1）遵章守规，服从管理的义务。

2）佩戴和使用劳动防护用品的义务。

3) 接受培训,掌握安全生产技能的义务。
4) 发现事故隐患及时报告的义务。

二、安全常识

1. 消防安全

水火无情,惨痛的教训使我们痛定思痛,消防安全工作已引起全社会的高度重视,人们的消防安全意识也日益增强。员工应提高消防安全意识,掌握消防自救措施。

(1) 灭火的基本原理　燃烧是一种放热发光的化学反应。燃烧现象发生时具备三个基本条件:可燃物、氧化剂和着火源。这就是通常所说的燃烧三要素。

防止燃烧条件的产生,不使燃烧三个条件相互结合并发生作用,以及采取限制、削弱燃烧条件发展的办法,阻止火势蔓延,这就是灭火的基本原理。

(2) 灭火的基本方法　从灭火的原理分,灭火的基本方法有以下四种。

1) 隔离法。这是一种消除可燃物的方法,就是将火源处或其周围的可燃物质隔离或移开,燃烧会因缺少可燃物而停止。

2) 窒息法。它是指阻止空气流入燃烧区,减少空气中氧气的含量,使火源得不到足够的氧气而熄灭,就是阻止空气流入燃烧区或用不燃物质冲淡空气,使燃烧物质得不到足够的氧气而熄灭。

3) 冷却法。这种方法是用水或其他灭火剂喷射到燃烧物上,将燃烧物的温度降低到燃点以下,迫使物质燃烧停止;或将水和灭火剂喷洒到火源附近的可燃物上,降低可燃物温度,避免火情扩大。

4) 化学抑制法。这种方法是抑制燃烧连锁反应的进行,用含氟、溴的化学灭火剂喷向火焰,让灭火剂参与到燃烧反应中去,使燃烧链反应中断,达到灭火的目的。

(3) 灭火器材的构造及使用方法

1) 消火栓的构造及使用方法。

① 构造:消火栓设备通常装置在具有玻璃门的专用箱内,由水枪、水带和消火栓三部分组成。

消火栓适用于扑救木材、纸张、塑胶等固体可燃物和建筑物等发生的普通火灾。

② 使用方法:消火栓使用时需两人以上进行操作,一人将水带铺开(采用滚动),接好水枪头,另一人将水带与消火栓水阀进行连接,并开启水阀。

第七章　汽车维修企业行政管理

③ 使用注意事项：

a. 当开启水阀时，水带将产生较大的力，应防止水带滑落伤人。

b. 当水带注满水后，应防止重物压水带以免水带爆裂。

c. 在铺开水带时，应防止水带打结。

d. 使用后的水带应及时晒干及卷好放入消火栓箱内。

2）干粉灭火器的构造及使用方法。

① 构造：手提式干粉灭火器有内装式、外置式和贮压式三种结构，现以内装式为主。它一般由筒体、筒盖、贮气钢瓶、喷射系统和开启机构等部件构成。

手提式干粉灭火器适用于扑救石油、石油产品、油漆、有机溶剂和电器设备等物质的火灾。

② 使用方法：手提式干粉灭火器使用时，在离火几米远处，将灭火器立于地上，一手握紧喷嘴胶管，另一手拉住提环，用力向上拉起并向火源移近，这时器内就会喷出一股带大量白色粉末的强大气流。

③ 使用注意事项：在室外使用时，应占据上风方向喷射。

3）二氧化碳灭火器的构造及使用方法。

① 构造：手提式二氧化碳灭火器由钢瓶、瓶头阀和喷射系统组成。

手提式二氧化碳灭火器适用于扑救贵重仪器和制备，不能扑救金属钾、钠、镁、铝等物质的火灾。

② 使用方法：手提式二氧化碳灭火器使用时，可手提灭火器的提把，或把灭火器扛在肩上，迅速赶到火场。在距起火点大约5m处，放下灭火器，一只手握住喇叭形喷筒根部的手柄，把喷筒对准火焰，另一只手或者旋开手轮，或者压下压把，二氧化碳就喷射出来。

③ 灭火注意事项：

a. 灭火时应注意，在密闭的空间内要采取防止人员窒息的措施。

b. 灭火时应处于上风方向喷射。

(4) 不能用水扑救的五种火灾

1）电器。电器发生火灾时，首先要切断电源。在无法断电的情况下千万不能用水和泡沫扑救，因为水和泡沫都能导电。电器发生火灾时，应选用二氧化碳、干粉灭火器或者干沙土进行扑救，而且要与电器设备和电线保持2m以上的距离。

2）油锅。油锅起火时，千万不能用水浇。因为水遇到热油会形成"炸锅"，使油火到处飞溅。油锅起火的扑救方法是用锅盖或能遮住油锅的大块湿布遮盖到起火的油锅上，使燃烧的油火接触不到空气缺氧熄灭。

3)燃料油、油漆。燃料油或油漆起火千万不能用水浇,应用泡沫、干粉灭火器或沙土进行扑救。

4)计算机。计算机着火应马上拔下电源,使用干粉或二氧化碳灭火器扑救。如果发现及时,也可以拔下电源后迅速用湿地毯或棉被等覆盖计算机,切勿向失火计算机泼水。因为温度突然下降,也会使计算机发生爆炸。

5)化学危险物品。例如,硫酸、硝酸、盐酸、碱金属钾、钠、锂,易燃金属铝粉、镁粉等化学危险物品遇水后极易发生反应或燃烧,是绝不能用水扑救的。

2. 用电安全

为了确保人身安全,应特别注意安全用电。

1)不超负荷用电。以免过载烧毁,引发电器火灾。要特别注意装修时的临时用电。

2)安装保护器。在家用电表的出线侧安装一只漏电过电压双功能保护器。一方面可防止家用电器设备漏电伤人;另一方面可在供电电压过高或太低时自动跳闸切断电源,保护人身及家用电器的安全。

3)电器外壳要可靠接地。最好要配三孔插座,并接好地线,以防外壳带电时发生触电危险。

4)严禁使用代用品。不能用铜丝、铝丝、铁丝代替熔丝;不能用信号传输线代替电源线;不能用医用胶布代替黑胶布。

5)防止电器元件过流。电饭锅、电水壶、电暖气等大功率电热器不要随便接在小功率照明插座上,防止过流烧毁。意外停电时要拔下所有的插头(特别是电热器插头)。

6)正确维修电器。不要用湿手、湿布触摸操作电器,不要用金属丝捆扎电线,不要把电线缠在铁钉或其他金属物上。

7)要养成良好习惯。做到人走断电,停电关开关,触摸壳体用手背,插拔电源插头手握绝缘部分。

8)发现异常,立即停电。发现电压升高、异常响声、异味、温度升高、冒烟、火光等现象要立即切断电源,再进行检查或灭火抢救。如有人触电,先切断电源或用木棍等绝缘物挑开带电体。

3. 燃气使用安全

燃气是生产生活使用的主要燃料之一,主要有液化石油气、煤气、天然气等。燃气使用不当会发生爆炸、火灾和中毒等事故,燃气安全使用注意事项如下:

1)熟悉常识,保持通风。使用前,要认真阅读灶具使用说明书和燃气公司提供的《燃气安全使用常识手册》，使用时保持室内通风。

2）使用完毕，双阀关闭。每次使用后，除关闭灶具自身的开关外，还要关闭管路上的阀门，如长期不使用燃气，一定要关闭表前阀门。

3）常查软管，严防泄漏。使用中要经常注意检查连接软管的状况，严防出现挤压、烫坏、裂纹。连接灶具的软管长度不要超过2m。

4）点燃灶具，不要远离。使用燃气时，务必看到灶具点燃后再从事炊事活动，并且不要远离，以防烧干、水溢出将火浇灭或风将火焰吹灭，造成跑气。如遇突然停气，先关好燃气器具开关，再打电话报修或查询，以防恢复供气时出现跑气。

5）安装过户，办理手续。燃气管道绝对不同于水暖管道，用户不得私自拆、装、改造，应到燃气公司办理有关手续。

6）气灶旁边，禁放燃物。严禁随意安装使用燃气管道设施、灶具，以防泄漏时对人身造成伤害。不得在燃气灶具旁存放易燃物品，以防火灾。

7）燃气器具，严禁包裹。严禁装修时对燃气管道、燃气表、热水器等进行包裹，以免漏气时不易发现，形成局部积累，遇明火发生危险。

8）如遇异味，立即查处。关闭阀门，切断气源；打开门窗，进行通风；杜绝明火，严禁开启电器开关，如开灯、打电话等；到室外拨打当地燃气抢修电话报修。

三　应急救护

1. 救护原则

对危急病人和意外事故受伤人员必须遵循先"救"后"送"，先"救命"后"治伤"的原则。即对伤病员先进行急救，采取必要的救护措施，然后通过各种通信工具向救护站或医院呼救，或直接送医院进行进一步的抢救和治疗。

2. 救护方法

（1）人工呼吸方法　人工呼吸是对呼吸停止的患者进行紧急复苏的方法，是现场急救的重要手段。人工呼吸有多种方法，但最好的方法是口对口人工呼吸或口对鼻人工呼吸。

1）口对口人工呼吸。这种方法的实施步骤是：首先，使病人仰卧，然后松解其腰带和衣扣，最后清除病人口腔内的痰液、呕吐物、血块、泥土等，使病人保持呼吸道畅通。

具体操作技巧是：救护人员一手将病人下颌托起，并使其头尽量后仰，将其口撑开，另一只手捏住病人两只鼻孔，深吸一口气，对住病人用力吹气,然后立即离开病人的口,同时松开捏鼻孔的手。

吹气量要适中,成人16~18次/min,儿童18~24次/min为宜。

2)口对鼻人工呼吸。病人牙关咬紧等原因,不能进行口对口人工呼吸,可采用口对鼻人工呼吸法,方法与口对口人工呼吸法基本相同,只是把捏鼻改成捏口,对住鼻孔吹气,吹气量要大,时间要长。

(2)胸外心脏按压法 由于电击、窒息或其他原因所致心搏骤停时,应使用胸外按压法进行急救。方法如下:

1)将病人仰卧在地上或硬板床上,救护人员跪或站于病人一侧,面对病人,将右手掌置于病人胸骨下段及剑突部,左手置于右手上以身体的重量用力把胸骨下段向后压向脊柱,随后将手腕放松。

2)每分钟按压80~100次。

3)在进行胸外心脏按压时,宜将病人头部放低以利于静脉血液回流。

4)若病人伴有呼吸停止,在进行心脏按压时,还应进行人工呼吸。一般做15次胸外按压,做2次人工呼吸。

3. 触电急救

一旦发现触电人员,首先要采用正确的方法使其脱离电源,然后根据伤者情况,迅速采取人工呼吸或人工胸外心脏按压法进行抢救。同时,与医疗部门联系,争取医护人员接替救治。

1)首先采用正确的方法使其脱离电源。

① 拉闸。迅速拉下闸刀或拔出电源。

② 拔线。一时找不到闸刀,应使用干燥的木棒或木板将电线拔离。

③ 砍线。用绝缘柄斧子砍线。

④ 拽衣。如触电者衣干、鞋燥,可用干毛巾或衣服包住施救者一只手,拉住触电者衣服,使其脱离电源。

上述办法仅适用于220/380V低压触电方法急救。对于高压触电应及时通知供电部门,采用相应的措施,以免发生新的事故。

2)脱离电源后,如伤势较轻,应让其安静休息1h,再送医院观察;如伤势较重,无知觉,甚至心脏停止跳动,应立即进行人工呼吸,同时进行胸外心脏按压,在送往医院途中,不能停止人工呼吸和胸外按压抢救。

4. 机械性伤害的急救

机械性伤害是指由于撞击、摔打、坠落、挤压、摩擦穿刺等造成人体闭合性、开放性创伤,骨折,出血,休克,失明等的伤害。现场救护基本方法如下:

1)止血。可采用的止血方法有压迫止血法、止血带止血法、加压包扎

第七章 汽车维修企业行政管理

止血法和加垫屈肢止血法。

2）包扎。有外伤的伤员经过止血后，就要立即用急救包、纱布、绷带或毛巾等进行包扎。

3）固定。骨折是一种多见的创伤，发生骨折必须利用一切可利用的条件，迅速、及时而准确地给伤员进行临时固定。

4）救运。搬运伤员是一个非常重要的环节。如搬运不当，可使病情加重，甚至瘫痪，难以治疗。如伤势不重，可采用背、抱、扶；大腿骨折，应用担架抬送；脊柱骨折用硬担架并固定抬送。

5. 急性中毒的急救

1）应使中毒者立即脱离中毒现场至空气流通处。

2）迅速解开患者衣服、纽扣、腰带，同时注意保暖。

3）对皮肤、衣物被污染者，应立即脱去衣服，用温水、清水洗净皮肤。严重者一定要抓紧时间送医院治疗。

4）发现有人煤气中毒时，应用毛巾捂住口鼻，打开门窗，同时，将中毒者移至空气新鲜处，使其呼吸畅通。

5）对中毒较重的病人，应立即进行人工呼吸和胸外按压抢救，并立即送医院治疗。

6. 烧伤、烫伤急救

烫伤与烧伤时，最重要的是冷却。

1）轻度烫伤。一般明显红肿的要立即用冷水冲洗几分钟，用干净纱布包好即可。

2）重度烫伤。局部起水泡、疼痛难忍、发热，立即用冷水冲洗 30min 以上；为了使烫伤部位不留下痕迹，如烫伤的局部很脏，可用肥皂水冲洗，不可用力擦洗，蘸干水后，盖上消毒纱布。

3）烧伤。烧伤包括热力烧伤、电击伤和化学灼伤，如水泡已破，局部被脏物污染，先用生理盐水处理，清洁周围皮肤，再盖上消毒纱布，用绷带加压包扎，简单处理后最好到医院诊治。

第八章 汽车维修企业财务管理

第七章 汽车维修企业行政管理

◆ 第一节 战略成本管理 ◆

一 战略成本管理概述

美国会计学界的两位著名教授库珀（Cooper）和斯拉莫得（Slagmulder）认为，战略成本管理（Strategic Cost Management，SCM）是指企业运用一系列成本管理方法来同时达到降低成本和加强战略地位的目的。这一界定十分简明，也反映了SCM的目标导向，但未将SCM的基本特征全面概括。综合当今SCM的思想观念，笔者认为，与传统的成本管理相比，SCM至少具有以下特点：

1）SCM的目的不仅在于降低成本，更重要的是建立和保持企业的长期竞争优势。也就是说，企业必须探求提高（或不损坏）其竞争地位的成本降低途径。一方面，如果某项成本降低途径削弱了企业的战略地位，则应弃之不用；另一方面，如果某项成本的增加有助于增加企业的竞争实力，则这种成本的增加是值得鼓励的。如某细分市场上的客户需要设立某项特殊的产品售后服务，虽然这一做法会增加企业成本，但它吸引了客户，保持了企业的竞争优势，从长远来看利大于弊；当然企业也可通过工程再造（Reengineering）来重组业务流程，以达到同时降低成本和强化企业竞争地位的目的。比如，某医院通过精简就诊程序来降低成本，并且力图使重新设计后的就诊程序有利于减轻病人的心理压力。医院这一举措使患者增加，战略地位得到巩固。

2）SCM是全方位、多角度、突破企业边界的成本管理。首先，由于当今企业成本结构中，产前与产后的成本比重逐步增加，则其成本管理不应停留在产品生产过程的耗费控制方面，而是要着眼于产前的产品设计和材料采购成本、产后的产品营销和客户使用成本控制。因而SCM要深入企业的研发、供应、生产、营销及售后服务部门，以全面、细致地分析和控制各部门内部及部门之间（Inter Organizational）相互联系的成本。其次，SCM不局限于企业内部，而是超越企业边界进行跨组织（Intra Organizational）的成本管理，如与企业价值链相关的上游（供应商）与下游（分销商）企业建立电子资料信息交换系统（EDI）、及时运输系统，相互协调地进行成本改进。值得注意的是，在当今全球经济一体化的条件下，企业成本管理不应局限于国内，而应在全球范围内重构企业价值链，以获取全球经济的组合优势。最后，还应对企业外部（Extra Organizational）竞争对手成本资讯进行推测与分析，在相互比较中找出本企业的成本差距，重塑企业的成本与竞争优势。

3）传统成本管理重在成本节省（Cost Reduction），即力求在生产过程中不消耗无谓的成本和改进工作方式以节约本将发生的成本支出，它表现为"成本维持"和"成本改善"两种执行形式。减少废品损失、节约能耗、零库存、作业分析与改进等皆属于传统成本管理。而 SCM 重在成本避免（Cost Avoidance），立足于预防。在进行企业策划时就对企业的地理位置、市场定位、经营规模等一系列具有源流特质的成本动因进行全面综合的考虑，以从源头上控制成本的发生。另外，在产品的设计与开发阶段，为避免后续成本的发生，应尽力设计满足目标成本要求且具有竞争力的产品。

二 战略成本管理方法

为了达到取得企业长期竞争优势的目的，可以从以下两个层面来归纳为实现这一目的而采取的 SCM 方法。一个是战略成本规划（Strategic Costing）层面，旨在帮助企业通过事先的成本规划与控制，从根本上改进其长期的盈利能力。这一层面的方法主要有源于战略管理的价值链分析法，以及用于制订成本目标的产品生命周期成本法、目标成本规划法等。另一个是经营改进（Operational Improvement）层面，旨在改善企业日常经营活动效率，落实成本规划。顺应这一思路的方法有 Kaizen 成本法、竞争对手成本分析法和标杆制度、成本动因分析法等。当然这种区分不可能像刀切那样清楚。事实上，在获取企业成本优势的过程中，这两个层面相辅相成，同时这些方法也是集成与整合在一起的。

1. 价值链分析法

价值链分析法是由美国哈佛大学商学院教授迈克尔·波特首先提出的。价值是指买方愿意支付企业向其提供的产品的价格，价值活动是企业所从事的物质上的和技术上的界线分明的各项活动。迈克尔·波特将其划分为基本活动和辅助活动两大类，前者如内部后勤、生产作业等，后者如采购、人力资源管理等，两者皆可进一步划分为若干显著不同的具体活动。价值链是一系列由各种纽带连接起来的相互依存的价值活动的集合。也就是说，价值链并不是独立活动的汇集，而是相互依存的活动构成的一个系统。在这一系统内，各项活动之间相互联系，即某项活动进行的方式影响其他活动的成本与效率。迈克尔·波特将其划分为内部联系和纵向联系（企业价值链与供应商、买方及购销渠道价值链之间的联系）两大类。联系的普遍存在意味着仅仅考察一项活动本身并不能全面理解这项活动的成本形态，同时为降低相互联系的活动的总成本创造了机会，企业可通过协调或优化这些联系来创建其

第七章　汽车维修企业行政管理

整体成本优势。

1）识别与优化价值链的内部联系。企业价值链内部的联系体现在辅助活动与基本活动之间，如实际采购影响外购投入的质量及生产成本、检查成本和产品质量。更多的联系体现在各种基本活动之间，如加强对投入部件的检查会降低后面生产工艺过程中的质量保证成本。

2）识别与协调价值链的纵向联系。这一联系存在于同一行业内部为消费者提供某种最终产品或服务的相关企业之间。上、下游与渠道企业的产品或服务特点，及其与企业价值链的其他连接点能够十分显著地影响企业的成本。如供应商产品的适当包装能减少企业的搬运费用。改善价值链的纵向联系将使得企业与其上、下游及渠道企业共同降低成本，提高这些相关企业的整体竞争优势。例如，施乐公司通过计算机终端向供应商提供其生产进度表，使供应商的元器件能及时运来，这样同时降低了双方的库存成本。找出和追求这种机会需要对供应商、买方及购销渠道的价值链进行仔细的研究。

3）价值链重构。在对各类联系进行深入分析的基础上，根据所处产业竞争环境的变化，企业可对其价值链进行适应性重构。例如，可通过改变产品组合、工艺流程、服务方式与服务范围，重新选择价值链的上游、下游与购销渠道或调整它们之间的联系等方式来进行价值链的剪裁与重新构建，以从根本上改变其成本地位，提高其核心竞争力。

2. 产品生命周期成本法

从生产经营者的角度来看，产品生命周期是指产品从"孕育"到"消亡"的全过程。这一过程包括如下 5 个阶段：产品研究和初始设计、产品开发和测试、生产、销售和客户使用。产品在上述 5 个阶段中所发生的全部耗费即产品生命周期成本。近年来，由于对环境的日益重视，有关专家认为，应将产品废置成本考虑进来，以更全面地反映其生命周期成本。

对产品生命周期成本的全面计量与分析的目的有三点：第一，帮助企业更好地计算产品的全部成本，便于企业在将产品推向市场之前，做好总体成本效益预测，以决定开发该产品是否有利可图。第二，帮助企业根据产品生命周期成本各阶段的分布状况，来确定进行成本控制的主要阶段。产品研究开发与设计阶段现已成为 SCM 所关注的焦点，这不仅因为开发设计本身的成本很高，而且因为设计方案确定之后，导致相关的成本锁入（Locked In-cost）。据专家测算，这一阶段所确定的产品成本占全部成本的比例高达 75%~90%。这意味着其成本基本确定后，各阶段只能在这一框架内进行小幅调整，成本降低余地不大。第三，由于扩大了对成本的理解范围，有利于在产品设计阶段考虑客户使用与产品废置成本，以便有效地管理这些成本。

3. 目标成本规划法

如何改进产品与工序设计，在满足市场需求及企业所期望的盈利水平的前提下，降低设计阶段被锁定的80%左右产品成本？20世纪60年代由日本丰田汽车公司发明的目标成本规划法可担此重任。这一方法对提高日本工业企业（尤其是汽车制造业）的经济效益与竞争实力，立下了汗马功劳。20世纪80年代以来，这一方法被欧美许多著名企业（如福特汽车公司）相继采用，大大改进了其成本与财务状况。

1）目标成本是指企业在新产品开发设计过程中，为了实现目标利润而必须达到的成本目标值，即产品生命周期成本下的最大成本容许值。目标成本规划法的核心工作就是制订目标成本，并且通过各种方法不断地改进产品与工序设计，以最终使产品的设计成本小于或等于其目标成本。这一工作需要由包括营销、开发与设计、采购、工程、财务与会计，甚至供应商与客户在内的设计小组或工作团队来进行。主要操作过程如下：首先，制订目标成本。由于目标成本＝目标售价－目标利润，要先制订目标售价，这需要进行市场研究，预测市场目前和将来需要的产品及其主要功能、需求量、消费者愿意支付的价格，还应了解竞争者的产品功能与价格。然后，可根据企业中长期的目标利润计划，并考虑对投资报酬与现金流量的期望等因素来确定目标利润（率），这样由市场驱动的目标成本就可以确定。

2）改进设计以达到目标成本。产品的目标成本确定后，可与公司目前的相关产品成本相比较，确定成本差距。而这一差距就是设计小组的成本降低目标，也是其所面临的成本压力。设计小组可把这一差距从不同的角度进行分解，如可分解为各成本要素（原材料、配件、人工等）或各部分功能的成本差距，也可按上述设计小组内的各部门（包括零部件供应商）来分解，以使成本压力得以分配和传递，并为实现成本降低目标指明具体途径。然后，设计小组可运用质量功能分解（Quality Function Deployment，QFD）、价值工程（Value Engineering，VE）、工程再造等方法来寻求满足要求的产品与工序设计方案。QFD旨在识别客户需求，并比较分析其与设计小组计划满足的需求的差距，以支持VE的设计过程。VE是一种评价与改进设计方案的方法，同时也是一种提高产品价值的系统性方法。可通过下述两种方式实现成本降低目标：一是在保证产品功能的前提下，削减其零部件成本和制造成本；二是通过削减不必要的产品功能来降低成本。工程再造通过对设计的或已存在的加工过程进行再设计，以期进一步降低成本。

4. Kaizen 成本法

设计过程中确定的产品各功能和企业各部门的目标成本，是产品制造及

第七章 汽车维修企业行政管理

销售过程的成本控制依据。在这个过程中，企业可利用 Kaizen 成本法来逐步降低成本，以达到或超过这一目标，并分阶段、有计划地达到预定的利润水平。日本制造商最早发明了此法。源于日语的"Kaizen"意指小的、连续的、渐进的改进，这一方法是指企业通过改进一系列生产经营过程中的细节活动来降低成本，如持续减少搬运等非增值活动、消除原材料浪费、改进操作程式、提高产品质量、缩短产品生产时间、不断地激励员工。其计算公式为

$$改善值 = 本年（月）的实际成本 - 上年（月）的实际成本$$

这一方法的指导思想是企业有能力不断地降低产品成本，这是一种永无止境、目标不断提高的成本管理思想和方法，这种成本意识使企业长期保持成本优势。

5. 竞争对手成本分析法

在进行竞争对手成本分析时，必须首先从各种渠道获知大量相关资讯，初步估计竞争对手的各项成本指标，如找出竞争对手的供应商，以及他们提供的零部件的成本，分析竞争对手的人工成本及其效率，评估竞争对手的资产状态及其利用能力等。可采用拆卸分析法（Tear down Analysis）将竞争对手的产品分解为零部件，以明确产品的功能与设计特点，推断产品的生产过程，对产品成本进行深入了解。另外，还需根据对手其他资讯来调整上述估计指标，如竞争对手现在及未来战略及其所导致的成本水平变化、企业环境的新趋势以及产业的潜在进入者的行为。当竞争对手的成本结构被确定下来之后，公司可以使用这一成本资讯作为计量其自身成本业绩的标杆（Benchmark），即以此作为目标和尺度来进行系统的、有组织的学习与超越。通过这一分析方法，可找出公司与最佳业绩者之间的现在和未来的成本差异，找出公司所处的相对位置，并指出了改进的具体目标与途径。

6. 成本动因（Costdriver）分析法

20 世纪 80 年代中后期以来，由美国著名会计学教授卡普兰等所倡导的作业成本计算（Activity Based Costing，ABC），在美国、加拿大的许多先进制造企业得以成功应用。结果发现，这一方法不仅解决了成本扭曲问题，而且它提供的相关资讯（如各项作业的资源耗费情况、相应的成本动因及其数量等）为企业进行成本分析与控制奠定了很好的基础。虽然成本动因（即成本发生的原因与推动力）是 ABC 的核心概念，但并不专属于 ABC 模式。因为从 SCM 的高度来看，成本动因不仅包括这一模式下围绕企业的作业概念展开的微观层面上的执行性成本动因，而且包括决定企业整体成本定位的结构性成本动因。分析这两个层次的成本动因，有助于企业全面地把握其成本动态，并发掘有效路径来获取成本优势。

1) 执行性成本动因分析。它包括对每项生产经营活动所进行的作业动因和资源动因分析。作业动因是指作业贡献于最终产品的方式与原因，如购货作业动因是发送购货单数量，可通过分析作业动因与最终产出的联系，来判断作业的增值性。为生产最终产品所必需的且不可替代的作业或为最终产品提供独特价值的作业为增值作业，反之，则为非增值作业。一般企业的购货、加工、装配等均为增值作业，而大部分的仓储、搬运、检验，以及供、产、销环节的等待与延误等，由于并未增加产出价值，为非增值作业，应减少直至消除，以使产品成本在保证产出价值的前提下得以降低。

资源动因是指资源被各作业消耗的方式和原因。它是把资源成本分配到作业的基本依据。如购货作业的资源动因是从事这一活动的职工人数。对资源动因进行分析，有利于反映和改进作业效率（作业量/资源费用）。在确定作业效率高低时，可将本企业的作业与同行业类似作业进行比较，然后通过资源动因的分析与控制，寻求提高作业效率的有效途径，尤其应注意分析与控制在总成本中占有重大比例或比例正在逐步增长的价值活动的资源动因。例如，可采取减少作业人数、降低作业时间、提高设备利用率等措施来减少资源消耗，提高作业效率，降低产品成本。

2) 结构性成本动因分析。当我们将视角从企业的各项具体活动转向企业整体时，就会发现大部分企业成本在其具体生产经营活动展开之前就已被确定，这部分成本的影响因素称为结构性成本动因。综合影响企业价值活动的 10 种结构性成本驱动因素（即成本动因）分别是规模经济、学习、生产能力利用模式、联系、相互关系、整合、时机选择、自主政策、地理位置和机构因素。结构性成本动因从深层次影响企业的成本地位，如产业政策、规模是否适度、厂址的选择、关于市场定位、工艺技术与产品组合的决策等，将会长久地决定其成本地位。创建长期成本优势，应比竞争对手能更有效地控制这类成本动因。例如，美国西南航空公司为了应对激烈的竞争，将其服务定位在特定航线而非全面航线的短途飞行，避免从事大型机场业务，采取取消用餐、定座等特殊服务，以及设立自动售票系统等措施来降低成本。结果，每日发出的众多航班与低廉的价格吸引了众多的短程旅行者，成本领先优势得以建立。

3) 成本动因的相互作用。尽管可能一个成本动因对一类价值活动的成本产生重大影响，但若干个成本动因常常相互作用以决定该项成本。这种相互作用采取两种形式：相互加强或相互对抗。例如，规模经济或学习效应可以强化企业在时机选择中的优势，纵向整合的成本优势也可能被生产能力利用不足所抵消。因此，<u>企业还应重视分析各成本动因之间的相互作用</u>，以避

第七章 汽车维修企业行政管理

免成本动因间的相互抵触，并充分利用成本动因间的相互加强的效果来获得持久竞争优势。

◆ 第二节 财务管理分析 ◆

财务管理组织结构大多数由财务经理和会计组成。财务经理根据市场分析和前期销售的情况对下期资金做出调度、安排，另外还有融资、部门内部管理、报表审核等内容。在大的方向上，财务经理还负责组织制订财务的核算流程，对整个财务核算进行监控管理。会计则负责维修业务成本核算，主要包括配件、人工、单独配件的销售及汽车美容装饰等业务核算。以下从整车销售的核算管理和汽车售后服务的核算管理这两个方面对财务管理进行分析。

一 汽车销售的财务管理

1. 整车销售财务管理的相关概念

1）整车销售的财务管理。整车销售的财务管理主要是资金管理、销售情况的统计、库存的核对以及厂家的账务核对。其中，整车采购资金的来源主要有两个方面：自有的资金和三方协议贷款资金。在实际工作中，主要是三方协议贷款资金的控制和管理较麻烦。在资金运用的过程中应注意资金的周转率、在途时间的长短，与厂家按类型和型号订购的车辆，企业融资能力的强弱等。三方协议贷款资金是指由汽车维修企业、厂家、银行这三方所签订的贷款协议。以70%的银行贷款资金和汽车维修企业30%左右的自有资金从厂家购车，所购汽车的质押合格证要交给银行，汽车维修企业还完银行贷款资金后，银行将质押合格证还给汽车维修企业。

2）三方协议贷款资金的运用。三方协议贷款资金的运用在进行财务管理时应注意以下几点：其一，严格管理进入银行的质押合格证，确保银行存放的质押合格证与汽车维修企业库存信息保持动态一致。这里的库存信息是财务的统计台账。其二，根据客户订车时间来计算所需的资金并换回质押合格证。其三，每天统计汽车的销售情况并根据库存情况来补充车辆（按类别和型号）。其四，当客户下订单时应和银行预约换取质押合格证，避免拖延时间给客户带来不便。其五，确保流程顺利、操作规范，使资金的利用效率提高，继而提高存货周转率。其六，质押合格证换发的过程中应登记好库存台账，将销售核算做好并与库管台账进行仔细核对。

3）汽车维修企业进货财务管理。汽车维修企业进货情况有：货先到发票后到，发票和货品同时到。为了及时进行资产登记、质押合格证的管理，在实际工作中采取备查台账的形式。

在实际工作中应注意以下几点。其一，整车的销售利润主要有前面所提及的销售差价以及厂家按返利制度根据销售量情况的返利。这部分的利润应进行每月的预提或摊销而进入每月利润。其二，广告费也是汽车维修企业中金额较大的一笔支出。一般情况下，厂家承担大多数广告和宣传活动费用的一半。所以，当支付完广告费后，财务人员应向广告商索取各半等额的两份发票：一份以汽车维修企业的名义开；另一份以厂家的名义开。

2. 二级汽车维修企业的销售财务管理

二级汽车维修企业主要分布在二级城市。在实际工作中这类二级汽车维修企业可以采取付部分订金或买断的方式进行销售和管理。其中采取部分订金这种方式进行经营的，库存明细上应单独列示，约定有销售返利的，月末还应进行销售返利核算。为了很好地了解二级汽车维修企业店内的销售情况，应将这两部分分别核算，月底再进行仔细分析。

二、汽车售后服务的财务管理

在实际工作中，汽车售后服务主要包括以下内容：售后维修业务、配件销售业务、汽车装饰业务和保险业务。

1. 售后维修业务的核算管理

汽车售后维修业务的核算内容主要有工时费和配件款。一般情况下，工时费和配件款的核算要借助详细的维修结算清单进行。此单也是与客户结算的依据和开发票的依据，单上的数据已事先设置好，成本和毛利是计算机自动计算的数据。汽车的售后维修、配件销售、保险业务等都有一定比例的业务提成。这些可记入每项业务成本，也可在销售费用中体现出来，进行成本的核算。

2. 配件销售业务的核算管理

配件主要由维修工根据维修的需要来填领用清单，然后从配件部领出，并按照相应的成本进行结转。月底根据领料单和库存配件进行核对，并进行结果统计。如果领料单和库存配件核对结果无误，则依据维修结算清单就可统计出配件维修所产生的毛利。

3. 保险核算管理

保险收入是配件销售业务利润中的重要部分，同时也是汽车维修企业中一项较大的业务，它涉及整车的销售和售后的维修。其中在整车销售过程中，汽车维修企业一般情况下会替客户购买保险，而保险公司就会给一定的

第七章　汽车维修企业行政管理

代收手续费和返利。这笔费用汽车维修企业在核算时，应该将其单独列账核算，月底时财务管理人员应将代收手续费和返利转入到利润的部分。售后维修时，售后维修部应根据核赔定损的清单进行相关部位维修，核算时应和一般的维修相同对待，可能其核赔的定损清单上的金额比维修所需的费用多，这时应先将差额挂在应付账款上，半年或一年后再经总经理办公会及根据保险清查的情况将其转到利润。对于费用的控制和核算，应每月进行环比，并与去年同期情况进行对比，对每项总费用所占比例进行比较并仔细分析引起相关变化的原因。

在大多数汽车维修企业的财务管理中，财务管理大多以高效、低成本、程序流畅、数据反映及时并为下一步的决策提供详细财务资料为基本原则，可见财务管理在汽车维修企业中的重要性。

◆ 第三节　财务管理制度 ◆

规范的运营管理标准手册将协助企业做好营运过程中的财务管理工作，可以明确汽车维修企业的投资标准和运营资金需求，明确每月必须提交的标准财务报表，确保合理的库存和资金正常运转，应收账款的管理要明晰，并且不能超标。

一、财务管理总则

1. 资金合理配置原则

资金合理配置是汽车维修企业持续和高效经营必不可少的条件。在财务管理工作中，要把企业资金合理地配置在生产经营的各个阶段上，并保证各项资金能顺畅运行。

2. 收支平衡原则

资金收支不仅要在一定期间总量上求得平衡，而且要在每一时点上协调平衡。资金收支的平衡取决于购产销活动的平衡，它对各项经营活动有积极的影响。在财务管理中要利用开源节流、资金融通等各种积极的办法实现收支平衡。

3. 成本效益原则

对运营活动中的付出与所得进行分析比较，对经济行为的得失进行衡量，使成本与收益得到最优的结合，以求获得最多的盈利。企业一切经济财务活动都要发生资金耗费和资金收入，对每一项具体的经济财务活动，都要分析研究其成本与收益，求得资金增值。

4. 收益风险均衡原则

收益风险均衡原则是指对每项财务活动要分析其收益性和安全性，使企业可能承担的风险与可能获得的收益相适应，据以做出决策。

二、财务管理关键指标

1. 成本控制

通过财务表格进行有效管理，参见相关财务报表（营业费用表、管理费用表、财务费用表）。

2. 流动资金标准

严格执行需求订货、开票和回款政策，有充分的流动资金用于经营（参考：财务零件库存为月平均销售额的 1.5 倍，配件至少 2 个月周转一次）。

三、财务风险控制

对企业进行财务关键性指标分析，可以使汽车维修企业的管理者更好地加强企业管理，确保企业保持良好的营运状态。

1. 回款控制要点

汽车维修企业应自行检查零件欠款的还款情况，在还款到期的前 3 天时注意还款进度。对于未及时付款导致的零件无法发出，对零件部门和财务部门要进行处罚。

2. 企业盈亏平衡点

盈亏平衡分析是项目不确定性分析的重要方法之一，通过盈亏平衡分析可以判断当不确定性因素发生不利变化时，项目是处于盈利状态还是亏损状态，找到各个不确定性因素使项目处于盈亏平衡状态的临界值，进而结合预测的各个不确定性元素可能的变动范围，对项目的风险情况及项目对各个因素不确定性的承受能力进行科学判断，提高项目投资决策的科学性和可靠性。盈亏平衡分析图如图 8-1 所示。

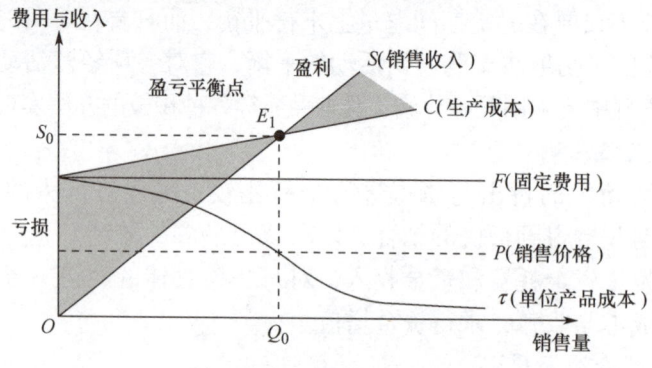

图 8-1　盈亏平衡分析图

第七章 汽车维修企业行政管理

企业获得利润的前提是生产过程中的各种消耗能够得到补偿,即销售收入至少要等于生产成本。为此,企业必须确定保本点产值和保本点的台次。其计算过程如下:

$$销售收入 = 台次 \times 车单价$$

$$成本 = 固定成本 + 变动成本$$

盈亏平衡点销售量 = 固定成本/(车单价 − 单位成本) = 固定成本/单位产品贡献值

上述公式表明,当单位产品贡献值为正数时,在进店台次达到一定水平时,全部售后收入将和全部成本相抵,而全部固定成本等于单位产品销售单价与单位可变成本之差乘以盈亏平衡点销售量。企业(维修服务)盈亏平衡点月度表见表 8-1。

表 8-1 企业(维修服务)盈亏平衡点月度表

项 目 名 称	费 用
维修量/台	
售后服务业务总收入	
售后服务业务成本	
售后服务厂家商务支持收入	
售后服务差价(边际贡献)	
售后服务固定费用	
售后服务业务利润	
边际贡献率	
盈亏临界点产值	
盈亏临界点台次	

3. 财务营运能力指标

通过对财务状况进行计算和分析,从而做到及时提醒和防范风险,具体指标如下:

(1) 现金比率

现金比率 = (货币资金 + 短期投资 + 应收票据)/流动负债 × 100%

评价:现金比率过低表明企业偿债能力差,过高表明企业资金利用不充分。现金比率一般在 0.3 左右比较合适。

(2) 存货周转率和存货周转天数

存货周转率 = 主营业务成本/平均存货

平均存货＝（期初存货＋期末存货）/2

存货周转天数＝360/存货周转率＝平均存货×360/主营业务成本

评价：存货周转天数越少越好，存货周转率越高越好，表明产品销售的数量增长，销售能力增强。若周转率低，则表明必须重视市场开拓和广告宣传。

（3）售后利润率　售后利润率是企业利润总额与主营业务收入净额的比率，反映企业新创价值在售后收入中所占的比例。因为利润总额等于净利润加企业所得税，所以售后利润率也称为售后利税率。

售后利润率＝利润总额/主营业务收入净额×100%

评价：售后利润率越高，表明企业为社会新创价值越多，贡献越大。

（4）售后毛利率　售后毛利率是反映毛利与主营业务收入净额的比率，反映毛利在售后收入中所占的比例。毛利是主营业务收入净额减主营业务成本。

售后毛利率＝毛利/主营业务收入净额×100%

评价：售后毛利率是售后利润率的最初基础，没有足够高的毛利率便不能盈利。企业在预计利润和粗估成本时，售后毛利率很有利用价值。

（5）售后净利率　售后净利率是净利润与主营业务收入净额的比率，反映净利润在售后收入中所占的比例。

售后净利率＝净利润/主营业务收入净额×100%

评价：售后净利率表明每一元净售后收入可实现的净利润是多少。

（6）成本费用利润率　成本费用利润率是利润总额与成本费用总额的比率，反映企业新创价值与耗费的关系。

成本费用利润率＝利润总额/成本费用总额×100%

评价：成本费用利润率越高，表明企业付出一定耗费完成的新创价值越多，获利能力越强。由此可以看出企业获利能力的提高，一方面要靠增收，另一方面还要靠节支，加强成本的控制能力。

四　财务报表

财务报表是一套包括了汽车维修企业全部财务信息的表格。

财务报表综合反映了汽车维修企业的经济活动过程和结果，管理者拿到了财务报表就可以对公司目前的经营情况一目了然。本书列出如下报表供读者参考使用：汽车维修企业资产负债表（表8-2）、汽车维修企业利润表（表8-3）和汽车维修企业资金流量表（表8-4）。

第七章 汽车维修企业行政管理

表 8-2 汽车维修企业资产负债表

编制单位： ___年___月___日 （单位：元）

资产	期末余额	年初余额	负债和所有者权益（或股东权益）	期末余额	年初余额
流动资产：			流动负债：		
货币资金			短期借款		
交易性金融资产			交易性金融负债		
应收票据			应付票据		
应收账款			应付账款		
预付款项			预收款项		
应收利息			应付职工薪酬		
应收股利			应交税费		
其他应收款			应付利息		
存货			应付股利		
一年内到期的非流动资产			其他应付款		
其他流动资产			一年内到期的非流动负债		
流动资产合计			其他流动负债		
非流动资产：			流动负债合计		
可供出售金融资产			非流动负债：		
持有至到期投资			长期借款		
长期应收款			应付债券		
长期股权投资			长期应付款		
投资性房地产			专项应付款		
固定资产			预计负债		
在建工程			递延所得税负债		
工程物资			其他非流动负债		
固定资产清理			非流动负债合计		
生产性生物资产			负债合计		
油气资产			所有者权益（或股东权益）：		
无形资产			实收资本（或股本）		
开发支出			资本公积		
商誉			减：库存股		
长期待摊费用			盈余公积		
递延所得税资产			未分配利润		
其他非流动资产			所有者权益（或股东权益）合计		
非流动资产合计					
资产总计			负债和所有者权益(或股东权益)总计		

表 8-3　汽车维修企业利润表

编制单位：　　　　　　　　　　　年　　月　　　　　　　　　　（单位：元）

项目	本期金额	上期金额
一、营业收入		
减：营业成本		
营业税金及附加		
销售费用		
管理费用		
财务费用		
资产减值损失		
加：公允价值变动收益（损失以"－"号填列）		
投资收益（损失以"－"号填列）		
其中：对联营企业和合营企业的投资收益		
二、营业利润（亏损以"－"号填列）		
加：营业外收入		
减：营业外支出		
其中：非流动资产处置损失		
三、利润总额（亏损总额以"－"号填列）		
减：所得税费用		
四、净利润（净亏损以"－"号填列）		
五、每股收益：		
（一）基本每股收益		
（二）稀释每股收益		

第七章 汽车维修企业行政管理

表 8-4 汽车维修企业资金流量表

单位名称：　　　　　　　　　　　　　　　　　　　年　　月　　　　　　　　　　　　　　　　（单位：元）

项目	行号	金额	项目	行号	金额
经营活动产生的现金流量			支付的个人所得税	21	
经营活动产生的现金流入			支付的企业所得税费	22	
销售整车收到的现金	1		支付的其他经营活动有关的现金	23	
销售配件收到的现金	2		经营活动产生的现金流出合计	24	
提供服务收到的现金	3		经营活动产生的现金流量净额	25	
其他经营收到的现金	4		投资活动产生的现金流量	26	
收到的税费返还	5		投资活动产生的现金流入	27	
收到的其他与经营活动有关的现金	6		收回投资所收到的现金	28	
经营活动产生的现金流入合计	7		取得投资收益所收到的现金	29	
经营活动产生的现金流出	8		处置固定资产、无形资产和其他长期资产所收回的现金净额	30	
购买整车支付的现金	9		收到的其他与投资活动有关的现金	31	
购买配件支付的现金	10		投资活动产生的现金流入合计	32	
支付给职工工资的现金	11		投资活动产生的现金流出	33	
支付给职工福利费的现金	12		购建固定资产所支付的现金	34	
支付租金的现金	13		购买无形资产和其他长期资产所支付的现金	35	
支付广告的现金	14		投资活动所支付的现金	36	
支付促销费的现金	15		支付的其他与投资活动有关的现金	37	
支付装修费的现金	16		投资活动产生的现金流出合计	38	
支付的增值税税费	17		投资活动产生的现金流量净额	39	
支付的各项流转税	18				
	19				
	20				

(续)

项目	行号	金额
筹资活动产生的现金流量		
筹资活动产生的现金流入		
吸收投资所收到的现金	40	
借款所收到的现金	41	
收到其他与筹资活动有关的现金	42	
筹资活动现金流入合计	43	
筹资活动产生的现金流出	44	
偿还债务所支付的现金	45	
分配股利、利润或偿付利息所支付的现金	46	
支付的其他与筹资活动有关的现金	47	
筹资活动现金流出合计	48	
筹资活动产生的现金流量净额	49	
汇率变动对现金的影响	50	
现金及现金等价物净增加额	51	
补充资料	52	
将净利润调节为经营活动现金流量	53	
净利润	54	
加:计提的资产减值准备	55	
固定资产折旧	56	
无形资产摊销	57	
长期待摊费用摊销	58	
待摊费用减少(减:增加)	59	
	60	
	61	

项目	行号	金额
预提费用增加(减:减少)	62	
处置固定资产、无形资产和其他长期资产的损失(减:收益)	63	
固定资产报废损失	64	
财务费用	65	
投资损失(减:收益)	66	
递延税款贷项(减:借项)	67	
存货的减少(减:增加)	68	
经营性应收项目的减少(减:增加)	69	
经营性应付项目的增加(减:减少)	70	
其他	71	
经营活动产生的现金流量净额	72	
不涉及现金收支的投资和筹资活动	73	
债务转为资本	74	
一年内到期的可转换公司债券	75	
融资租入固定资产	76	
现金及现金等价物净增加情况	77	
现金的期末金额	78	
减:现金的期初余额	79	
加:现金等价物的期末余额	80	
减:现金等价物的期初余额	81	
现金及现金等价物净增加额	82	

第七章 汽车维修企业行政管理

◆ 第四节 汽车维修企业纳税评估案例 ◆

一、行业评估方法

(一) 收入项目计算法

1. 适用对象

主要适用于一、二类维修企业。由于三类维修企业往往规模较小，账面不能准确反映技术工人工时以及材料成本，较难使用该方法。

2. 原理描述

收入项目计算法就是根据维修企业的主要收入来源集中在工时费收入和材料费收入，分别计算评估期企业各收入项目的收入并汇总，与纳税人申报信息进行对比分析的方法。

3. 评估模型

评估期测算营业收入 = 工时费收入 + 材料费收入 + 其他收入

$$工时费收入 = \sum（工时单价 \times 结算定额工时）$$

材料费收入 = 维修用新材料成本 ×（1 + 成本利润率）+ 修旧零配件费用

测算税收差异 =（测算营业收入 - 申报营业收入）× 适用税率（征收率）

4. 标准值参考范围

(1) 工时单价 含税工时单价的一般计算标准，见表8-5。

表8-5 含税工时单价的一般计算标准　　（单位：元/工时）

类别	工时	单价	备注
一类维修企业	各工种	8（工时费用按维修汽车品牌的不同每小时差额很大）	不含辅料费
二类维修企业	各工种	6	不含辅料费
三类维修企业	各项维修	4	含辅料费

注：上述工时单价为中准单价，维修企业可上、下各浮动20%。

(2) 定额工时 定额工时按中华人民共和国交通部令2005年第7号《机动车维修管理规定》中规定的各级维护作业项目执行标准计算；标准范围以外的其他附加项目，按该项小修定额工时另外加计。

小修定额工时，即车辆运行中发生的临时性修理项目及维护车辆进修理厂经检测、诊断后，确定的附加修理项目的工时。

例如，汽车小修工时定额规定，拆换发动机总成：微型轿车26工时、普通轿车 35 工时、中级轿车 46 工时、高级轿车 55 工时（无车型维修工时定额的，参照同类车型工时定额执行）。

在各维修企业日常经营中，一般已经将工时单价以及定额工时转换为各维修项目收费标准。

（3）材料费收入　维修用新材料成本包括汽车维修过程中耗用的各种配件、材料、油漆、油料等材料的总和。

成本利润率一般在 15% ~ 30%。

修旧零配件是指经修复后符合质量标准的基础件、总成件和零部件。修旧基础件（如缸体、车架、变速器、前桥、后桥等）按不超过新件市场价的 50% 结算，修旧总成件按不超过新件市场价的 60% 结算，修旧零部件按不超过新件市场价的 70% 计算。

5. 数据获取途径

1）从企业计算机管理系统或账册中取得维修工时情况。

2）从企业收费标准取得工时单价。

3）从企业计算机管理系统或账册中取得材料耗用情况，并与实际库存核对。

6. 疑点判断

1）若评估期测算营业收入与实际申报营业收入基本一致，则视为企业核算比较正常。

2）若评估期测算营业收入小于实际申报营业收入，则企业有可能存在将外购的配件材料直接用于销售，或者将外购的材料市场价格调高。

3）评估期测算营业收入大于实际申报营业收入，则企业有可能存在未记或少记维修收入，将外购配件直接销售未记或少记收入等。

7. 应用要点

应用收入项目计算法的重点在于核实工时单价、总工时以及耗用材料成本。由于熟练工人计酬方式多采用计件工资、计时工资或效益工资，核算工时费收入可结合工人工资测算；耗用材料成本可结合库存盘点核实。

（二）保本经营计算法

1. 适用对象

适用于第一、二、三类维修企业。

2. 原理描述

保本经营计算法是根据计算、统计维持正常生产经营所需全部费用与行业毛利率结合测算出营业额的方法。

3. 评估模型

评估期营业收入 = 当期成本费用总额 ÷ （1 - 行业毛利率）

4. 标准值参考范围

1）当期成本费用总额包括：

① 汽车维修过程中耗用的各种配件、材料、油漆、油料等材料成本。

② 车间工人工资总额（只含车间工人工资）。

③ 车间工具设备折旧（不含经营场所租赁费或者折旧费）。

④ 不含水电费、管理费等。

2）行业毛利率。行业毛利率为20%，可上下浮动5%。

5. 数据获取途径

1）从企业计算机管理系统或账册中取得材料成本及工人工资。

2）从经营场地出租方核实场地租赁费用的真实性。

3）从供水、供电部门取得企业水电费金额。

6. 疑点判断

1）若评估期测算营业收入与实际申报营业收入基本一致，则视为企业核算比较正常。

2）若评估期测算营业收入小于实际申报营业收入，则企业有可能存在将外购的配件材料直接用于销售，或者材料市场价格调高。

3）评估期测算营业收入大于实际申报营业收入，则企业有可能存在未记或少记维修收入、将外购配件直接销售未记或少记收入等。

7. 应用要点

由于汽车售后企业大部分企业规模小、管理混乱，账册难以准确反映成本费用，保本经营计算法应用范围较广。

二 纳税评估案例

某市FD汽车维修有限公司纳税评估案例如下。

评估时间：2017年1月。

1. 企业基本情况

FD汽车维修有限公司成立于2009年5月20日，注册类型为私营有限责任公司，注册资本500万元，职工人数40人，经营范围是机动车维修，具有行业一类维修资质。2014年1月1日认定为增值税一般纳税人，企业所得税由地税征收。

2. 指标分析

评估人员利用征管软件、数据应用系统等数据，对该公司的各项相关指标进行分析，主要指标见表 8-6。

表 8-6　2015—2016 年的纳税基本情况　　　　　　　　（单位：万元）

基础数据	2015 年 1~9 月	2016 年 1~9 月	增减幅度
主营业务收入	1696.95	1085.70	-36.02%
增值税额	105.38	53.74	-49.00%
增值税税负率	6.21%	4.95%	-20.29%
主营业务成本	763.89	623.1	-18.43%
营业费用	568.37	426.53	-24.96
利润率	12.03%	1.16%	
期末应收账款	103.43	165.10	59.62%
期末应付账款	360.25	315.51	-12.42%
期末存货成本	675.38	742.47	9.93%

注：数据源自企业纳税申报表、损益表以及资产负债表。

从分析发现该公司申报数据存在以下疑点：

1）从交通管理部门获得的数据，某市机动车（汽车）保有量自 2016 年突破 400 万辆后，年均增长接近 20%，相应的汽修行业的业务量也应该快速增长，但该公司 2014 年、2015 年维修收入持平，2016 年维修收入却大幅下降，该公司业务发展与行业整体形势相反。

2）主营业务收入与主营业务成本不同步变化。主营业务收入下降比例为 36.02%，而同期主营业务成本、营业费用下降比例分别为 18.43% 和 24.96%，低于收入下降幅度。同时，利润率由原来的 12.03% 下降到 1.16%，降幅异常。

3）增值税税负率偏低。该公司评估期增值税税负率为 4.95%，比 2015 年同期下降 20.29%，且略低于行业增值税税负率的下限。从该公司评估期资产负债表数据分析，期末存货成本 742.47 万元比 2015 年同期期末存货成本 675.38 万元增加幅度是 9.93%，该公司未能解释增值税税负率偏低的原因。

4）期末应收账款变动异常。企业收入下降，但应收账款增长 59.62%。

3. 核实调查，测算税收差异

（1）数据采集　评估人员到达该公司进行核实调查，发现该公司经营面积约 3600m²、烤漆房及设备、车身校正设备、总成吊装设备、汽车举升机等齐全。使用汽配汽修工单管理系统实施软件管理，维修材料价格、工时单价能按车主类型分类管理，做到分层次、分档次管理维修业务；系统中设置维修工时费优惠率、维修材料费管理费率、税率，能自动计算总的维修费用。评估人员认为该公司核算较为清晰，从系统中采集了该公司的经营数据。

第七章 汽车维修企业行政管理

1) 工时记录。

① 取得维修工时费收费标准。从该公司技术部门取得维修工时费收费标准，见表8-7。

表8-7 维修工时费收费标准 （单位：元）

排量 价格 项目	一类 排量≥4000mL	二类 4000mL＞ 排量≥3000mL	三类 3000mL＞ 排量≥2000mL	四类 2000mL＞ 排量≥1000mL
定期保养A	280	280	225	120
定期保养B	440	385	320	240
更换机油、机滤	65	65	50	50
四轮定位及调整	240	240	240	200
检修制动系统	360	360	360	320
检修前悬架系统	520	480	400	320
…	…	…	…	…

② 取得各项目工时。

③ 统计总工时费收入。经核对汽配汽修管理系统内数据，确认该公司评估期内工时费收入4 287 049.5元。

2) 材料成本记录。材料耗用成本6 231 046.07元。（备注：数据源自该企业汽配汽修工单管理系统）

为进一步核实该公司真实的库存状况，评估人员对仓库进行了抽样盘点，实际盘存数量与账面数量基本一致。此外，账面反映外修旧零件费用为33.6万元。

3) 费用项目。每年工人工资165.36万元，经营场地租赁费20.44万元，水电费24.48万元。

(2) 确定评估方法及评估模型

1) 收入项目计算模型。

评估期营业收入 = 工时费收入 + 材料费收入 + 其他收入

工时费收入 = Σ（工时单价×结算定额工时）

材料费收入 = 维修用新材料成本 ×（1 + 成本利润率）+ 修旧零配件费用

测算税收差异 =（测算营业收入 – 申报营业收入）×适用税率（征收率）

2) 保本经营计算模型。

评估期营业收入 = 当期成本费用总额 ÷（1 – 行业毛利率）

(3) 运用评估方法分析

1) 运用收入项目计算方法分析。

① 工时费收入。工时费收入428.70万元。

② 材料费收入。由于该公司是一类维修企业，确定其成本利润率为15%。

材料费收入 = 维修用新材料成本 × （1 + 成本利润率） + 修旧零配件费用
= [623.1 × (1 + 15%) + 33.6] 万元 = 750.17 万元

③ 其他收入项目。经查阅该公司账册，该公司有应征增值税的代理服务费收入、废旧零件销售收入等其他收入47.27万元。

④ 评估期营业收入为

评估期营业收入 = （428.70 + 750.17 + 47.27）万元 = 1226.14 万元

⑤ 评估收入与企业申报收入差异为

评估收入与企业申报收入差异 = （1226.14 − 1085.70）万元 = 140.44 万元

2）运用保本经营计算方法分析。

评估期营业收入 = 当期成本费用总额 ÷ （1 − 行业毛利率）

评估期成本费用包括账面材料成本623.1万元、旧零配件费用33.6万元、工人工资165.36万元、经营场地租赁费20.44万元、水电费24.48万元。

评估期营业收入 = （623.1 + 33.6 + 165.36 + 20.44 + 24.48）÷
（1 − 35%） = 1333.82 万元

评估收入与企业申报收入差异 = （1333.82 − 1085.70）万元 = 248.12 万元

3）鉴于该公司规模较大，核算清晰，税务评估人员认为采用收入项目计算方法更能反映该公司经营情况。

4. 约谈确认问题

根据上述相关数据的测定，评估人员对该公司的法定代表人和财务主管人员进行了约谈。在约谈时，评估人员向该公司通报了同行业各相关指标，并就发现的疑点要求纳税人进行解释。该公司法定代表人解释2016年企业经营面临几大困难：一是由于汽车修理行业竞争激烈，且大量不正规维修企业对其正常经营带来很大的冲击，客户有所流失；二是公司经常以折扣优惠吸引顾客，使毛利下降；三是材料价格有所上升，但公司不敢转嫁给客户，而是通过不增加毛利率，价格不提升留住老客户。以上因素导致2016年的收入及利润有不同程度的下降。评估人员认为上述因素在一定程度上解释了该公司数据异常的原因，但对成本与收入不同步以及应收账款异常增长仍然未能给出合理解释。经过评估人员与该公司财务人员多角度核对数据，该公司最终承认存在常年挂账单位的未结算收入132.6万元未申报缴税。

5. 评定处理

该公司在评估约谈后，主动申报并补缴税款22.5万元。该公司补充申报的销售收入与评估人员采用测算的申报收入差异140.44万元基本一致。补缴税款后，该公司税负由4.95%提高到6.26%，基本符合汽车行业标准。

附　　　录

总经理 KPI 考核表

序号	部门	KPI	解释	目标	得分	备注
1	1. 营销	1.1 散客户报备	每月设定散客户报备任务，考核以录入系统为准			
2		1.2 新客户结算台次	消费满100元的新客户台次			
3		1.3 主修车型产值占比				
4	2. 保险	2.1 续保单数	每月续保单数			
5		2.2 续保金额	平均单车保费6000元(豪华车)			
6		2.3 续保率	续保单数/每月进店客户数			
7		2.4 事故车产值与保费比例	当月事故车产值/保费			
8		2.5 事故车送修与保费比例	当月保险公司主动送修事故车产值/当月保费金额			
9	3. 运营	3.1 总产值	当月产值（不含保费和延伸服务收入）			
10		3.2 事故车产值	事故车贡献产值			
11		3.3 非事故车产值	非事故车贡献产值			
12		3.4 工时产值				
13		3.5 结算台次				
14		3.6 非事故车单车产值	非事故车贡献产值/非事故台次			
15		3.7 SA人均接车台次	接车台次/SA人数			
16		3.8 技师人均台次	台次/技师人数			
17		3.9 超期未结算工单占比	超期未结算工单/当月工单数			
18		3.10 有效作业时间占有率（生产力）	工单系统中显示有效工作时间/上班时间			
19		3.11 8h交车率	客户进店8h交车台次/8h接车台次			
20	4. CRM	4.1 工单完整率	完整工单（客户信息、电话、保险公司、保险到期日）/总工单			
21		4.2 投诉客户占比	投诉单数/结算工单数			
22		4.3 客户增长率	当月新增客户数/月初保有客户数			
23		4.4 客户流失率	当月流失客户数/月初保有客户数			
24		4.5 忠诚客户占比	忠诚客户数/保有客户			
25		4.6 月净增客户数	当月新增客户数 - 当月流失客户数			

(续)

序号	部门	KPI		解释	目标	得分	备注
26	5. 零件	5.1	零件毛利率	（零件产值－零件出库成本）/零件产值			
27		5.2	零件周转率	当月零件出库成本/〔（月初库存＋月底库存）/2〕			
28		5.3	滞销库存比例	超过6个月零件/当月库存零件			
29		5.4	零件差错率	月差错零件单数/月订购零件总单数			
30	6. 人力	6.1	SA人均产值	产值/SA人数			
31		6.2	技师人均产值	产值/技师人数			
32		6.3	关键岗位离职率	营销经理、运营经理、保险出单、电话营销、人力经理、财务经理6个岗位离职			
33		6.4	员工离职率	当月离职的员工数/当月员工总数			
34	7. 财务	7.1	散客开发费用	市场开发费用/新增客户数			
35		7.2	事故车开发费用比例	事故车开发费用/事故车产值			
36		7.3	一线员工工资占比	营销、运营员工工资/总工资			
37		7.4	人均产值	总产值/总人数			
38		7.5	毛利率	毛利/产值			
39		7.6	净利润	净利润			
40		7.7	费用率	当月销管费用/当月收入			
41		7.7	应收账款占比	超过协议还款1个月账款/当月产值